1 MONTH OF
FREE
READING

at

www.ForgottenBooks.com

By purchasing this book you are eligible for one month membership to ForgottenBooks.com, giving you unlimited access to our entire collection of over 1,000,000 titles via our web site and mobile apps.

To claim your free month visit:
www.forgottenbooks.com/free407753

ISBN 978-0-656-41427-7
PIBN 10407753

For support please visit www.forgottenbooks.com

TRATTATI E CONVENZIONI

FRA

IL REGNO D'ITALIA E GLI ALTRI STATI

R. MINISTERO DEGLI AFFARI ESTERI

TRATTATI E CONVENZIONI
FRA
IL REGNO D'ITALIA E GLI ALTRI STATI

VOLUME 28°

Atti conchiusi dal 1° gennaio al 31 dicembre 1922

ROMA
TIPOGRAFIA DEL MINISTERO DEGLI AFFARI ESTERI
1931 (IX)

INDICE CRONOLOGICO

DEGLI ATTI INTERNAZIONALI CONTENUTI

NEL PRESENTE VOLUME

VI.

1922, 6 febbraio, Washington.

VII.

1922, 22 febbraio, Dresda.

VIII.

1922, 11 marzo, Berna-Roma.

IX.

1922, 11 marzo, Parigi.

X.

1922, 14 marzo, Vienna.

XI.

1922, 31 marzo, Parigi.

1922

I.

20 gennaio 1922.

BUDAPEST.

Notifica del Governo Italiano al Governo Ungherese dell'elenco di trattati convenzioni ed accordi rimessi in vigore tra Italia ed Ungheria conformemente all'art. 224 del trattato di Trianon.

A seguito dell'uso fatto dal R. Governo italiano della facoltà conferitagli dall'art. 224 del Trattato di Pace del Trianon, firmato il 4 giugno 1920 e ratificato il 26 luglio 1921, il R. Governo con Nota 20 gennaio 1922, significava al Ministero ungherese degli Affari Esteri, che a partire dalla stessa data (20 gennaio 1921) venivano rimessi in vigore nei riguardi dell'Ungheria i seguenti trattati, convenzioni ed accordi già stipulati dal Regno d'Italia con l'ex impero austro-ungarico :

1. Convenzione consolare del 15 maggio 1874 e dichiarazione interpretativa dell'art. 11, al. 2°, relativa agli Atti dello Stato Civile ; (Vedi Vol. V pag. 142 della presente Raccolta).

2. Intelligenze dell'agosto 1880 – 1° marzo 1883, circa lo scambio di pubblicazioni legislative ; (Vedi Vol. X pag. 846, R. T.).

3. Dichiarazione del 29 settembre – 15 ottobre 1883, per la reciproca comunicazione degli Atti di Stato Civile ; (Vedi Vol. IX pag. 308, R. T.).

4. Convenzione dell'8 luglio 1890 per la tutela della proprietà letteraria ; (Vedi Vol. XII pag. 363, R. T.).

5. Convenzione del 27 febbraio 1869 per l'estradizione dei malfattori ; (Vedi Vol. III pag. 300, R. T.).

6. Convenzione del 6 dicembre 1882 per l'estradizione in transito ; (Vedi Vol. IX, pag. 66, R. T.).

7. Dichiarazione del 15-27 maggio 1871 per estendere ai militari la convenzione d'estradizione del 27 febbraio 1869 ; (Vedi Vol. IV, pag. 187, R. T.).

8. Scambio di note del 6 marzo − 4 aprile 1872 per la comunicazione delle sentenze penali ; (Vedi Vol. IV, pag. 312).

9. Convenzione del 9 febbraio 1883 per gratuito patrocinio (per quanto concerne le materie penali) ; (Vedi Vol. IX, pag. 105, R. T.).

10. Dichiarazione dell'11−27 aprile 1875 per la traduzione delle rogatorie scambiate fra i Tribunali ungheresi e italiani ; (Vedi Vol. V, pag. 287, R. T.)

11. Scambio di note del 28 marzo − 5 aprile 1871 circa le spese di rimpatrio degli espulsi per misure di polizia ; (Vedi Vol. IV, pag. 170, R. T.).

12. Dichiarazione del 2−6 agosto 1874 per il rimpatrio degli espulsi che hanno perduto la cittadinanza originaria ; (Vedi Vol. V, pag. 169).

13. Scambio di note del 24−28 marzo 1877 circa il trasporto degli espulsi appartenenti ad un terzo Stato ; (Vedi Vol. VI, pag. 145, R. T.).

14. Scambio di note del 12-17 dicembre 1896 per il rimpatrio degli indigenti ; (Vedi Vol. XIV, pag. 396, R. T.).

15. Convenzione del 25 giugno 1896 per l'assistenza degli ammalati indigenti ; (Vedi Vol. XV, pag. 526, R. T.).

16. Accordo del 23 dicembre 1908 per l'importazione dei prodotti medicinali ; (Vedi Vol. XX, pag. 326, R. T.).

17. Convenzione dell'11 febbraio 1906 contro le epizoozie ; (Vedi Vol. XVIII, pag. 181, R. T.).

1922
20 gennaio

18. Convenzione del 19 settembre 1909 per l'assicurazione contro gli infortuni sul lavoro ; (Vedi Vol. XX, pag. 421, R. T.).

19. Scambio di note del 16 maggio − 7 luglio 1891 per la comunicazione dei dati dei censimenti ; (Vedi Vol. XII, pag. 726, R. T.).

20. Accordo del 13 febbraio 1889 per la protezione dei marinai abbandonati ; (Vedi Vol. XII, pag. 34, R. T.).

II.

27 gennaio 1922.

GRAZ.

Accordo fra l'Italia, l'Austria, la Cecoslovacchia, la Polonia, la Romania, lo Stato S. C. S.
e l'Ungheria circa i passaporti e i visti.

Considérant que la Conférence convoquée à Paris
en octobre 1920 par la Société des Nations a adopté
des résolutions tendant soit à faciliter considêrable-
ment la délivrance des passeports et des visas, soit à
unifier et à réduire les taxes y affèrentes, résolutions
qui n'ont pas encore été mises en exécution d'une
façon générale ;

et considérant que la Conférence de Portorose
a renvoyé la question des passeports et des visas à
une Conférence complémentaire des Etats Successeurs convoquées à Graz, afin de traiter les meilleurs
moyens pour l'application des résolutions ci-dessus
mentionnées ;

à cet effet les Parties Contractantes représentées
comme il suit :

LE PRÉSIDENT FÉDÉRAL
DE LA RÉPUBLIQUE D'AUTRICHE :

M. Robert Lukes, consul général de 1ère classe ;
M. Egon Hein, consul général de 2ème classe ;

SON ALTESSE SERENISSIME LE GOUVERNEUR
DE HONGRIE :

M. Ladislas Gömöry-Laiml de Dedina, conseiller ministeriel ;

SA MAJESTÉ LE ROI D'ITALIE :

M. Carlo De Constantin de Chàteauneuf, consul de Sa Majesté ;
    Comm. Avv. Michele Adinolfi, conseiller de préfecture ;
    Cav. Dr. Fausto Pizzichelli, chef de section ;

LE CHEF D'ETAT DE LA RÉPUBLIQUE POLONAISE:

M. Stanislas Millak, sous-chef de division ;
M. Zbigniew Auguste Miszke, vice-consul gérant du consulat à Trieste ;

SA MAJESTÉ LE ROI DE ROUMANIE :

M. Georges Grigorcea, conseiller à la Légation Royale à Vienne ;

SA MAJESTÉ LE ROI
DES SERBES, CROATES ET SLOVENES :

M. Vladimir Budisavljevic de Prijedor, représentant consulaire à Graz ;

LE PRÉSIDENT DE LA RÉPUBLIQUE TCHECOSLOVAQUE:

Dr. Richard Stretti, conseiller ministériel ;

lesquels, après avoir échangé leurs pleins-pouvoirs reconnus en bonne et due forme, ont convenu des dispositions suivantes :

A. - Délivrance des passeports.

1. *Modèle uniforme de passeport ordinaire.* – Un modèle uniforme de passeport ordinaire (non diplomatique), « type international » (modèles : Annexe I et II de la Résolution de Paris) est établi, sauf les voeux exprimés par la Conférence de Graz.

2. *Durée de validité du passeport.* – La durée de la validité du passeport est de deux ans au maximum et d'un an au minimum, sauf les cas exceptionnels, où la durée de la validité est inférieure, mais seulement pour le passeport délivré pour un seul voyage.

3. *Taxe perçue.* – La Taxe perçue n'aura pas un caractère fiscal et elle sera perçue sans distinction aucune entre les pays pour lesquels le passeport sera délivré, ainsi que dans des conditions d'absolue égalité entre nationaux et non nationaux, dans les cas où les passeports seraient délivrés par un Etat Successeur à d'autres qu'à ses nationaux.

B. - Visas préliminaires.

4. *Les visas préliminaires* (c'est-à-dire les visas apposés par les autorités ayant délivré le passeport ou par leurs représentants) ne seront exigés que dans les cas où la validité du passeport est l'objet d'un doute ; ils seront toujours apposés à titre gratuit.

C. - Visa de sortie.

5. *Les visas de sortie* sont supprimés pour les ressortissants des Puissances Contractantes.

D. - Visa d'entrée.

6. *Passeports ne comportant pas toutes destinations.* – Les visas ne seront pas accordés pour l'entrée dans le territoire d'un pays qui n'est pas inscrit sur le passe-

port comme pays de destination, sous réserve de l'exercice légitime du droit d'asile.

7. *Durée de validité du visa.* – Pour le passeport valable pour un seul voyage, le visa aura la même durée de validité que le passeport. Pour le passeport valable au moins un an, le visa aura une validité d'un an ou une validité pour un seul voyage, selon la requête du titulaire du passeport.

Le visa d'un an (12 mois) est valable pour un nombre de voyages (passages de frontières) illimité.

Sauf motifs exceptionnels justifiés par la situation sanitaire ou les intérêts de la sécurité nationale, les visas délivrés seront toujours valables pour toutes frontières.

8. *Taxe perçue.* – Il est entendu que la taxe du visa est fixée d'après la nationalité du requérant, indépendamment du pays où il se trouve.

La taxe pour un visa d'entrée valable pour un an est fixée à dix francs or, pour un seul voyage à cinq francs or, sauf les accords particuliers plus favorables qui ont été ou seraient conclus entre les différents Etats Successeurs.

Les visas d'entrée seront délivrés gratuitement aux personnes qui démontrent que leurs revenus ne dépassent pas la somme nécessaire d'après la situation économique de leur lieu de séjour, pour leur maintien et pour celui de leurs familles. Cette preuve n'est en général pas nécessaire, quant aux employés fixes et auxiliaires des administrations publiques y compris les militaires de terre et de mer, employés auxiliaires artisans, ouvriers, domestiques, personnel de bateaux et journaliers, ainsi qu'à tous ceux qui se rendent à l'étranger pour un travail manuel. Cette disposition se rapporte aussi aux familles des personnes susmentionnées (femmes, enfants), même si elles voyagent séparément, ainsi qu'aux veuves et orphelins desdits employés fixes. La preuve peut être exigée, si l'autorité requise a des doutes fondés sur l'existence des raisons motivant la dispense totale des taxes.

Sont de même exemptes des taxes de visa, les personnes prenant part effectivement à des Congrès scientifiques et artistiques.

E. - Visa en transit.

9. *Apposition du visa.* – Le visa en transit sera, sauf motifs exceptionnels, délivré aux ressortissants des Puissances Contractantes immédiatement, sur simple vue du visa d'entrée du pays de destination, ainsi qu'éventuellement des visas en transit des pays intermédiaires.

10. *Durée de validité du visa.* – La validité du visa en transit est égale à celle du visa de destination.

11. *Taxe perçue.* – La taxe pour un visa en transit est fixée à un franc or, sauf accords particuliers plus favorables, qui ont été ou qui seraient conclus entre les différents Etats Successeurs.

Les stipulations concernant la gratuité mentionnées au paragraphe 8 s'appliquent aussi au visa en transit.

Le visa en transit apposé sur un passeport délivré pour un seul voyage est valable pour l'aller et le retour au prix d'un franc or.

F. - Passeport collectif.

12. *Passeports de famille.* – Les dispositions précêdentes seront applicables aux passeports de famille (marins, femmes, enfants de moins de 15 ans) ; un passeport de famille étant assimilé, notamment pour la perception des taxes, à un passeport individuel.

G. - Facilités.

13. *Simplification des formalités à la frontière.* −
Les Etats Successeurs s'engagent à supprimer, dans
un délai de trois mois après la mise en vigueur de cet
accord, toute taxe de manipulation perçue à l'occasion de la révision des passeports aux frontières.

14. *Comparution personnelle du requérant de visa.* −
En ce qui concerne le visa d'entrée, la comparution
personnelle est la règle. Dans des cas digne d'égards,
les autorités apposant les visas renonceront à exiger
la comparution personnelle du requérant.

Quant au visa en transit, la comparution personnelle ne sera pas exigée, sauf les cas où les autorités
apposant le visa ont des doutes.

15. *Compétence territoriale.* − Pour obtenir le visa
le requérant doit s'adresser à l'autorité diplomatique
ou consulaire compétente pour l'endroit de son domicile.

Toutefois, dans des cas dignes d'égards, l'autorité
diplomatique ou consulaire peut délivrer des visas
à des personnes qui ne sont pas domiciliées dans sa
circonscription.

16. *Nécessité et raison du voyage.* − La nécessité
du voyage ne devra pas être prouvée par le requérant
du visa sauf les cas spéciaux où la présence de certaines personnes pourrait constituer un danger pour la
sécurité nationale ou pour la situation sanitaire ou
lorsque des difficultés intérieures d'ordre économique
imposent la preuve.

Afin de fixer la taxe du visa, le requérant sera tenu
de faire connaître la raison du voyage.

17. *Enquête et approbation préalable.* − Les visas
seront délivrés immédiatement sans enquête ou approbation préalable.

En cas de danger pour la sécurité nationale ou pour la situation sanitaire, et en ce qui concerne le visa d'entrée, pour des difficultés intérieures d'ordre économique (par exemple pour régler le marché de travail) une enquête peut être faite. A la demande du requérant, l'autorité requise devra faire l'enquête par voie télégraphique ; dans ce cas, ce délai pour la réponse définitive (affirmative ou négative) ne devra pas excêder quinze jours. Les frais nécessaires à l'êchange de télégrammes entre l'autorité diplomatique ou consulaire et l'autorité, qui est appelée à faire l'enquête, seront à la charge du requérant.

Le présent accord sera ratifié.

Le dépôt des ratifications sera effectué à Vienne, dans les deux mois après la signature de cet accord.

Un procès-verbal de dêpôt des ratifications sera dressé, dès que l'accord aura été ratifié par l'Autriche, la Hongrie, l'Italie et la Tchécoslovaquie.

Dès la date de ce procès-verbal, l'accord entrera en vigueur entre les Parties Contractantes qui l'auront ainsi ratifié.

L'accord entrera en vigueur pour la Pologne, la Roumanie et l'Etat Serbe-Croate-Slovène à la date de leur adhésion ultérieure et du dépôt de leurs ratifications.

Le Gouvernement autrichien remettra à toutes les Puissances signataires une copie certifiée conforme des procès-verbaux de dêpôt des ratifications.

Cet accord pourra être dénoncé par chacune des Parties Contractantes après l'expiration d'une année à partir de la date du premier procès-verbal de dépôt des ratifications ; il cessera alors d'être en vigueur après un délai de trois mois à partir du jour où la dénonciation aura été notifiée à l'autre Partie Contractante.

En foi de quoi, les Plénipotentiaires susnommés ont signé le présent accord.

Fait à Graz, le vingt-sept janvier mil neuf cent-vingt-deux, en un seul exemplaire, qui restera déposé dans les archives de la République d'Autriche et dont des expéditions authentiques seront remises à chacune des Puissances signataires.

Signé : LUKES
EGON HEIN
LADISLAS GOMÖRY-LAIML DE DEDINA
C. DE CONSTANTIN
M. ADINOLFI
FAUSTO PIZZICHELLI
Dr. RICARD STRETTI

Sous réserve de l'adhésion ultérieure de la République polonaise aux points 1, 2, 3, 5, 7, 8, 10, 11, 12, et deuxième alinéa du point 16.

STANISLAO MILLAK
ZBIGNIEW A. MISZKE

Pris acte *ad referendum* :

GEORGES GRIGORCEA

Pris acte *ad referendum* :

VLADIMIR BUDISAVLJEVIC DE PRIJEDOR.

Ratifica dell'Italia : 27 marzo 1922.

III.

6 febbraio 1922.

WASHINGTON.

Trattato relativo alla limitazione dell'armamento navale.

Les Etats-Unis d'Amérique, l'Empire Britannique, la France, l'Italie et le Japon ;

Désireux de contribuer au maintien de la paix générale et de réduire le fardeau imposé par la compêtition en matière d'armement ;

Ont résolu, pour atteindre ce but, de conclure un traité limitant leur armement naval.

A cet effet, les Puissances Contractantes ont dêsigné pour leurs Plénipotentiaires :

LE PRÉSIDENT DES ETATS-UNIS D'AMÉRIQUE :

Charles Evans Hughes,
Henry Cabot Lodge,
Oscar W. Underwood,
Elihu Root,
citoyens des Etats-Unis ;

SA MAJESTÉ LE ROI DU
ROYAUME-UNI DE GRANDE-BRETAGNE ET D'IRLANDE
ET DES TERRITOIRES BRITANNIQUES AU DELÀ DES MERS
EMPEREUR DES INDES :

Le Très-Honorable Arthur James Balfour, O. M., M. P., Lord Président du Conseil du Roi ;

Le Très-Honorable Baron Lee of Fareham, G. B.
E., K. C. B., Premier Lord de l'Amirauté.

Le Très-Honorable Sir Auckland Campbell Geddes, K. C. B., Son Ambassadeur Extraordinaire et Plénipotentiaire aux Etats-Unis d'Amérique ;

Et

pour le DOMINION DU CANADA :

Le Très-Honorable Sir Robert Laird Borden G. C. M. G., K. C. ;

pour le COMMONWEALTH D'AUSTRALIE :

Le Très-Honorable George Foster Pearce, Sénateur, Ministre de l'Intérieur et des Territoires ;

pour le DOMINION DE LA NOUVELLE ZÉLANDE :

L'Honorable Sir John William Salmond, K. C., Juge à la Cour Suprème de Nouvelle-Zélande ;

pour l'UNION SUD-AFRICAINE :

Les Très-Honorable Arthur James Balfour, O. M., M. P. ;

pour l'INDE :

Le Très-Honorable Valingman Sankaranarayana Srinivasa Sastri, Membre du Conseil d'Etat de l'Inde ;

LE PRÉSIDENT DE LA RÉPUBLIQUE FRANÇAISE :

M. Albert Sarraut, Député, Ministre des Colonies ;

M. Jules J. Jusserand, Ambassadeur Extraordinaire et Plénipotentiaire près le Président des Etats Unis d'Amérique, Grand Croix de l'Ordre National de la Légion d'Honneur ;

SA MAJESTÉ LE ROI D'ITALIE :

L'Honorable Carlo Schanzer, Sénateur du Royaume.

L'Honorable Vittorio Rolandi Ricci, Sénateur du Royaume, Son Ambassadeur Extraordinaire et Plénipotentiaire à Washington :

L'Honorable Luigi Albertini, Sénateur du Royaume ;

SA MAJESTÉ L'EMPEREUR DU JAPON :

Le Baron Tomosaburo Kato, Ministre de la Marine, Junii, Membre de la Première Classe du l'Ordre Impérial du Grand Cordon du Soleil Levant avec la Fleur de Paulonia ;

Le Baron Kijuro Shidehara, Son Ambassadeur Extraordinaire et Plénipotentiaire à Washington, Joshii, Membre de la Première Classe de l'Ordre Impérial du Soleil Levant ;

M. Masanao Hanihara, Vice-Ministre des affaires Etrangêres, Jushii, Membre de la Seconde Classe de l'Ordre Impérial du Soleil Levant ;

lesquels, après avoir échangé leurs pleins pouvoirs, reconnus en bonne et due forme, ont convenu des dispositions suivantes :

CHAPITRE I.

Dispositions générales relatives à la limitation de l'armement naval.

ART. 1. — Les Puissances Contractantes conviennent de limiter leur armement naval ainsi qu'il est prévu au présent traité.

ART. 2. — Les Puissances Contractantes pourront conserver respectivement les navires de ligne énumérés au chapitre II, partie 1. A la mise en vigueur du présent Traité et sous réserve des dispositions ci-dessous du présent article, il sera disposé comme il est prescrit au chapitre II, partie 2, de tous les autres navires de ligne des Etats-Unis, de l'Empire Britannique et du Japon, construits ou en construction.

En sus des navires de ligne énumérés au chapitre II, partie 1, les Etats-Unis pourront achever et conserver deux navires actuellement en construction de la classe *West Virginia*. A l'achèvement de ces deux navires, il sera disposé du *North Dakota* et du *Delaware* comme il est prescrit au chapitre II, partie 2.

L'Empire Britannique pourra, conformément au tableau de remplacement du chapitre II, partie 3, construire deux nouveaux navires de ligne ayant chacun un déplacement type maximum de 35,000 tonnes (35,560 tonnes métriques). A l'achèvement de ces deux navires, il sera disposé du *Thunderer*, du *King George V*, de l'*Ajax* et du *Centurion* comme il est prescrit au chapitre II, partie 2.

Art. 3. — Sous réserve des dispositions de l'article 2, les Puissances Contractantes abandonneront leur programme de construction de navires de ligne et ne construiront ou n'acquerront aucun nouveau navire de ligne, à l'exception du tonnage de remplacement qui pourra être construit ou acquis comme il est spécifié au chapitre II, partie 3.

Il sera disposé selon les prescriptions du chapitre II, partie 2, des navires remplacés conformément au chapitre II, partie 3.

Art. 4. — Le tonnage total des navires de ligne de remplacement, calculé d'après le déplacement type, ne dépassera pas, pour chacune des Puissances Contractantes, savoir : pour les Etats-Unis, 525,000 tonnes (533,400 tonnes métriques) ; pour l'Empire Britannique 525,000 tonnes (533,400 tonnes métriques) ; pour la France 175,000 tonnes (177,800 tonnes métriques) ; pour l'Italie 175,000 tonnes (177,800 tonnes métriques) ; pour le Japon 315,000 tonnes (320,040 tonnes métriques).

ART. 5. — Les Puissances Contractantes s'engagent à ne pas acquérir, à ne pas construire et à ne pas faire construire de navire de ligne d'un déplacement type supérieur à 35,000 tonnes (35,560 tonnes métriques), et à ne pas en permettre la construction dans le ressort de leur autorité.

ART. 6. — Aucun navire de ligne de l'une quelconque des Puissances Contractantes ne portera de canon d'un calibre supérieur à 16 pouces (406 millimètres).

ART. 7. — Le tonnage total des navires porte-aéronefs, calculé d'après le déplacement type, ne dépassera pas, pour chacune des Puissances Contratantes, savoir : pour les Etats-Unis 135,000 tonnes (137,160 tonnes métriques) ; pour l'Empire Britannique 135.000 tonnes (137,160 tonnes métriques) ; pour la France 60,000 tonnes (60,960 tonnes·métriques) ; pour l'Italie 60,000 tonnes (60,960 tonnes métriques) ; pour le Japon 81,000 tonnes (82.296 tonnes métriques).

ART. 8. — Le remplacement des navires porte-aéronefs n'aura lieu que selon les prescriptions du Chapitre II, partie 3 ; toutefois il est entendu que tous les navires porte-aéronefs construits ou en construction à la date du 12 novembre 1921 sont considérés comme navires d'expérience et pourront être remplacés, quel que soit leur âge, dans les limites de tonnage total prévues à l'article 7.

ART. 9. — Les Puissances Contractantes s'engagent à ne pas acquérir, à ne pas construire et à ne pas faire construire de navire porte-aéronefs, d'un déplacement type supérieur à 27,000 tonnes (27,432 tonnes métriques), et à ne pas en permettre la construction dans le ressort de leur autorité.

1922
6 febbraio

Toutefois chacune des Puissances Contractantes pourra, pourvu qu'elle ne dépasse pas son tonnage total alloué de navires porte-aéronefs, construire au plus deux navires porte-aéronefs, chacun d'un déplacement type maximum de 33,000 tonnes (33,528 tonnes métriques) ; à cet effet et pour des raisons d'économie, chacune des Puissances Contractantes pourra utiliser deux de ses navires, terminés ou non terminés, pris à son choix parmi ceux qui, sans cela, devraient être mis hors d'état de servir pour le combat aux termes de l'article 2. L'armement d'un navire porte-aéronefs ayant un déplacement type supérieur à 27,000 tonnes (27,432 tonnes métriques) sera soumis aux dispositions de l'article X, avec cette restriction que, si cet armement comporte un seul canon d'un calibre supérieur à 6 pouces (152 millimètres), le nombre total de canons ne pourra dépasser huit, non compris les canons contre aéronefs et les canons d'un calibre ne dépassant pas 5 pouces (127 millimètres).

ART. 10. — Aucun navire porte-aéronefs de l'une quelconque des Puissances Contractantes ne portera de canon d'un calibre supérieur à 8 pouces (203 millimètres). Sous réserve de l'exception prévue à l'article 9, si l'armement comprend des canons d'un calibre supérieur à 6 pouces (152 millimètres), le nombre total des canons pourra être de dix au maximum, non compris les canons contre aéronefs et les canons d'un calibre ne dépassant pas 5 pouces (127 millimètres). Si, au contraire, l'armement ne comprend pas de canon d'un calibre supérieur à 6 pouces (152 millimètres), le nombre des canons n'est pas limité. Dans les deux cas, le nombre des canons contre aéronefs et des canons d'un calibre ne dépassant pas 5 pouces (127 millimètres) n'est pas limité.

1922
6 febbraio

ART. 11. — Les Puissances Contractantes s'engagent à ne pas acquérir, à ne pas construire et à ne pas
faire construire, en dehors des navires de lignes ou des
navires porte-aéronefs, de navires de combat d'un
déplacement type supérieur à 10,000 tonnes (10,160
tonnes métriques), et à ne pas en permettre la construction dans le ressort de leur autorité. Ne sont pas
soumis aux limitations du présent article les bâtiments
employés soit à des services de la flotte, soit à des
transports de troupes, soit à toute autres participa-
tion à des hostilités qui ne serait pas celle d'un navire
combattant, pourvu qu'ils ne soient pas spécifiquement construits comme navires combattants ou pla-
cés en temps de paix sous l'autorité du Gouvernement dans un but de combat.

ART. 12. — En dehors des navires de ligne, aucun
navire de combat de l'une quelconque des Puissances
Contractantes, mis en chantier à l'avenir, ne portera
de canon d'un calibre supérieur à 8 pouces (203 millimètres).

ART. 13. — Sous réserve de l'exception prévue à
l'article 9, aucun navire à déclasser par application
du présent Traité ne pourra redevenir navire de guerre.

ART. 14. — Il ne sera fait, en temps de paix, aucune installation préparatoire sur les navires de commerce en vue de les armer pour les convertir en navires
de guerre ; toutefois, il sera permis de renforcer les
ponts pour pouvoir y monter des canons d'un calibre
ne dépassant pas 6 pouces (152 millimètres).

ART. 15. — Aucun navire de guerre construit pour
une Puissance non Contractante dans le ressort de
l'autorité d'une Puissance Contractante ne devra dépasser les limites de déplacement et d'armement prévues au présent Traité pour les navires similaires à
construire par ou pour les Puissances Contractantes.

Toutefois la limite du déplacement type des navires porte-aéronefs construits pour une Puissance non Contractante ne devra en aucun cas dépasser 27,000 tonnes (27,432 tonnes métriques).

ART. 16. — Si un navire de guerre, quel qu'il soit, est mis en construction pour le compte d'une Puissance non Contractante dans le ressort de l'autorité d'une Puissance Contractante, cette dernière fera connaître, aussi rapidement que possible, aux autres Puissances Contractantes la date de signature du contrat de construction et celle de mise sur cale du navire ; elle leur communiquera également les caractéristiques du navire, en se conformant au Chapitre 11, partie 3, section I (*b*), (4) et (5).

ART. 17. — Si l'une des Puissances Contractantes vient à être engagée dans une guerre, elle n'emploiera pas comme tels les navires de guerre quels qu'ils soient, en construction ou construits mais non livrés, dans le ressort de son autorité, pour le compte de toute autre Puissance.

ART. 18. — Les Puissances Contractantes s'engagent à ne disposer ni à titre grauit, ni à titre onéreux, ni autrement, de leurs navires de guerre, quels qu'ils soient, dans des conditions permettant à une Puissance étrangère de les employer comme tels.

ART. 19. — Les Etats-Unis, l'Empire Britannique et le Japon, conviennent de maintenir, en matière de fortifications et de bases navales, le *statu quo* tel qu'il existe au jour de la signature du présent traité dans leurs territoires et possessions respectifs ci-après désignés :

1. Les possessions insulaires, soit actuelles, soit futures, des Etats-Unis dans l'océan Pacifique, à l'exception : *a*) de celles avoisinant la côte des Etats-Unis, de l'Alaska et de la zone du Canal de Pa-

nama, non compris les Iles Aléoutiennes ; *b*) des Iles Hawaï ;

2. Hong-Kong et les possessions insulaires, soit actuelles, soit futures, de l'Empire Britannique dans l'Océan Pacifique, situées à l'est du méridien de 110° est de Greenwich, à l'exception : *a*) de celles avoisinant la côte du Canada ; *b*) du Commonwealth d'Australie et des ses Territoires ; *c*) de la Nouvelle-Zélande ;

3. Les territoires et possessions insulaires du Japon dans l'Océan Pacifique, ci-après désignés : Iles Kouriles, Iles Bonin, Amami-Oshima, Iles Liou-Kiou, Formose et Pescadores, ainsi que tous territoires ou possessions insulaires futurs du Japon dans l'Océan Pacifique.

Le maintien du *statu quo* visé ci-dessus implique : qu'il ne sera établi dans les territoires et possessions ci-dessus visés ni bases navales, ni fortifications nouvelles ; qu'il ne sera pris aucune mesure de nature à accroître les ressources navales existant actuellement pour la réparation et l'entretien des forces navales ; et qu'il ne sera procédé à aucun renforcement des défenses côtières des territoires et possessions ci-dessus visés. Toutefois, cette restriction n'empêchera pas la réparation et le remplacement de l'armement et des installations détériorés, selon la pratique des établissements navals et militaires en temps de paix.

ART. 20. — Les règles de détermination du déplacement, telles qu'elles sont posées au Chapitre II, partie 4, s'appliqueront aux navires de chacune des Puissances Contractantes.

CHAPITRE II.

Règles concernant l'exécution du traité.
Définition des termes employés.

PARTIE 1.

Navires de ligne
qui peuvent être conservés par les Puissances Contractantes.

Pourront être conservés par chacune des Puissances Contractantes, conformément à l'article II, les navires énumérés dans la présente partie.

Navires qui peuvent être conservés par les Etats-Unis.

Nom :	Tonnage
Maryland	32.600
California	32.300
Tennessee	32.300
Idaho	32.000
New Mexico	32.000
Mississippi	32.000
Arizona	31.400
Pennsylvania	31.400
Oklahoma	27.500
Nevada	27.500
New York	27.000
Texas	27.000
Arkansas	26.000
Wyoming	26.000
Florida	21.825
Utah	21.825
North Dakota	20.000
Delaware	20.000
Tonnage total	500.650

Quand les deux unités de la classe *West Virginia* seront achevées et quand le *North Dakota* et le *Delaware* seront déclassés, ainsi qu'il est indiqué à l'article II, le tonnage total à conserver par les Etats-Unis sera de 525.850 tonnes.

Navires qui peuvent être conservés par l'Empire Britannique.

Nom :	Tonnage
Royal Sovereign	25.750
Royal Oak	25.750
Revenge	25.750
Resolution	25,750
Ramillies	25.750
Malaya	27.500
Valiant	27.500
Barham	27.500
Queen Elizabeth	27.500
Warspite	27.500
Benbow..	25.000
Emperor of India	25.000
Iron Duke	25.000
Marlborough	25.000
Hood	41.200
Renown	26.500
Repulse	26.500
Tiger	28.500
Thunderer	22.500
King George V.	23.000
Ajax	23.000
Centurion	23.000
Tonnage total	580.450

Quand les deux unités nouvelles à construire seront achevées, et quand le *Thunderer*, le *King George V*, *l'Ajax* et le *Centurion* seront déclassés, ainsi qu'il est indiqué à l'article II, le tonnage total à conserver par l'Empire Britannique sera de 558.950 tonnes.

Navires qui peuvent être conservés par la France.

Nom :	Tonnage (tonnes métriques)
Bretagne	23.500
Lorraine	23.500
Provence	23.500
Paris	23.500
France	23.500
Jean Bart	23.500
Courbet	23.500
Condorcet	18.890
Diderot	18,890
Voltaire	18.890
Tonnage total	221.170

La France pourra mettre en chantier des navires neufs en 1927, 1929 et 1931, ainsi qu'il est prévu à la partie 3, section II.

Navires qui peuvent être conservés par l'Italie.

Nom :	Tonnage (Tonnes métriques)
Andrea Doria	22.700
Caio Duilio	22.700
Conte di Cavour	22.500
Giulio Cesare	22.500
Leonardo Da Vinci	22.500
Dante Alighieri	19.500

Tonnage
(Tonnes métriques)

Roma	12.600
Napoli	12.600
Vittorio Emanuele	12.600
Regina Elena	12.600
Tonnage total	182.800

L'Italie pourra mettre en chantier des navires neufs en 1927, 1929, et 1931, ainsi qu'il est prévu à la partie 3, section II.

Navires qui peuvent être conservés par le Japon.

Nom :   Tonnage

Mutsu........................	33.800
Nagato	33.800
Hiuga	31.260
Ise	31.260
Yamashiro...................	30.600
Fu-so	30.600
Kirishima	27.500
Haruna	27.500
Hiyei.......................	27.500
Kongo	27.500
Tonnage total	301.320

PARTIE 2.

Règles applicables au déclassement des navires de guerre.

Les règles suivantes devront être observées pour les déclassement des navires de guerre dont on doit disposer comme il est prescrit aux article 2 et 3.

1. Un navire pour être déclassé doit être mis hors d'état de servir pour le combat.

2. Pour obtenir ce résultat d'une manière définitive, on devra employer l'un des moyens suivants :

a) submersion du navire sans possibilité de renflouement ;

b) démolition. Cette opération devra toujours comprendre la destruction ou l'enlèvement de toutes machines, chaudières, cuirasses, ainsi que de tout le bordé de pont, de flanc et de fond ;

c) transformation pour l'usage exclusif de cible. Dans ce cas, on devra observer au préalable toutes les dispositions du paragraphe III de la présente partie, à l'exception du sous-paragraphe (6), (dans la mesure nécessaire pour utiliser le navire comme cible mobile), et du sous-paragraphe (7). Aucune des Puissances Contractantes ne pourra conserver, pour s'en servir comme de cible, plus d'un navire de ligne à la fois ;

d) parmi les navires de ligne arrivant à partir de 1931 à l'époque de leur déclassement, la France et l'Italie sont autorisées à conserver chacune deux bâtiments navigants, qui seront affectés exclusivement aux écoles de cannonage ou de torpilles. Pour la France, ces deux navires seront du type *Jean Bart*. Pour l'Italie, l'un d'eux sera le *Dante Alighieri*, le second sera du type *Giulio Cesare*. La France et l'Italie s'engagent à ne plus utiliser comme navires de guerre les navires ainsi conservés dont les blockhaus devront alors être enlevés et détruits.

3. *a*) Sous réserve des exceptions spéciales de l'Article 9, quand un navire doit être déclassé, la première opération du déclassement, qui consiste à mettre le navire hors d'état de remplir ultérieure-

ment un service de combat, doit être immédiatement commencée.

b) Un navire sera considéré comme mis hors d'état de remplir ultérieurement un service de combat quand on aura enlevé et mis à terre ou détruit à bord du navire :

(1) tous les canons et parties essentielles de canons, les hunes de direction de tir et les parties tournantes de toutes les tourelles barbettes et fermées ;

(2) toute la machinerie hydraulique ou électrique de manoeuvre des affûts ;

(3) tous les instruments et les télémètres de direction de tir ;

(4) toutes les munitions, les explosifs et les mines ;

(5) toutes les torpilles, cônes de charge et tubes lancetorpilles ;

(6) toutes les installations de télégraphie sans fil :

(7) le blockhaus et toute la cuirasse de flanc, ou, si l'on préfère, tout l'appareil moteur principal ;

(8) toutes les plateformes d'atterrissage et d'envol et tous autres accessoires d'aviation.

4. Les délais dans lesquels les opérations de déclassement des navires devront être accomplies sont les suivants :

a) S'il s'agit de navires à déclasser d'après le premier alinéa de l'article 2, les opérations nécessaires pour mettre ces navires hors d'état de remplir ultérieurement un service de combat en observant les prescriptions du paragraphe 3 de la présente Partie, devront être achevés dans un délai de six mois et le déclassement devra être complètement terminé dans un délai de dix-huit mois, l'un et l'autre à dater de la mise en vigueur du présent traité.

b) S'il s'agit de navires à déclasser d'après les alinéas 2 et 3 de l'Article 2 ou d'après l'Article 3 les opérations nécessaires pour mettre chacun de ces navires hors d'état de remplir ultérieurement un service de combat, en observant les prescriptions du paragraphe 3 de la présente Partie, devront être commencées au plus tard à la date de l'achèvement du navire de remplacement et devront être terminées dans les six mois qui suivront cette date. Le déclassement, opéré conformément au paragraphe 2 de la présente Partie, devra être terminé dans les dix-huit mois qui suivront l'achèvement du navire de remplacement. Si, cependant, l'achèvement du nouveau navire est retardé, on devra commencer, au plus tard quatre ans après sa mise sur cale, les opérations nécessaires pour mettre le vieux navires hors d'état de remplir ultérieurement un service de combat, conformément au paragraphe 3 de la présente Partie, et ce travail devra être terminé en six mois. Le vieux navire devra être définitivement déclassé, dans les conditions du paragraphe 2 de la présente partie, dix-huit mois après le commencement des travaux de ladite mise hors d'état.

PARTIE 3.

Remplacements.

Le remplacement des navires de ligne et des navires porte-aéronefs se fera selon les règles de la section I et des tableaux de la section II de la présente Partie.

1922
6 febbraio

SECTION I.

Règles de remplacement.

a) Sous réserve des cas prévus à l'article 8 et aux tableaux de la section II de la présente partie, les ligne et les navires porte-aéronefs pourront être remplacés, vingt ans après le jour de leur achèvement, par des constructions neuves, mais seulement dans les limites prévues aux articles 4 et 7. Sous réserve des exceptions prévue à l'article 8 et aux tableaux de la section II de la présente partie, les nouveaux navires ne pourront être mis sur cale que dix-sept ans après l'achèvement de l'unitê à remplacer. Toutefois il est entendu qu'à l'exception des navires visés au troisième alinéa de l'article II et à l'exception du tonnage de remplacement spécifié la section II de la présente Partie, aucun navire de ligne ne sera mis sur cale avant l'expiration d'une période de dix ans à partir du 12 novembre 1921.

b) Chacune des Puissances Contractantes communiquera aussi rapidement que possible aux autres les informations suivantes :

1. les noms des navires de ligne et des navires porte-aéronefs qui doivent être remplacés par des constructions neuves ;

2. la date de l'autorisation gouvernementale donnée pour la construction des navires de remplacement ;

3. la date de mise sur cale de chaque navire de remplacement ;

4. le déplacement type en tonnes et en tonnes métriques de chaque unité nouvelle à mettre sur cale ainsi que ses principales dimensions, à savoir : longueur à la flottaison ; largeur maximum à ou sous la

ligne de flottaison ; tirant d'eau moyen correspondant au déplacement type ;

5. la date d'achèvement de chaque nouvelle unité et son déplacement type en tonnes et en tonnes métriques, ainsi que ses principales dimensions à l'époque de l'achèvement, à savoir : longueur à la ligne de flottaison ; largeur maximum à ou sous la flottaison ; tirant d'eau moyen correspondant au déplacement type.

c) Les navires de ligne et les navires porte-aéronefs pourront, en cas de perte ou de destruction accidentelle, être remplacés immédiatement, dans les limites de tonnage spécifiées aux articles 4 et 7, par des constructions neuves effectuées conformément aux dispositions du présent Traité ; le programme de remplacement prévu pour la Puissance intéressée sera considéré comme ayant été avancé en ce qui concerne le navire perdu ou détruit.

d) La seule refonte autorisée pour les navires de lignes et les navires porte-aéronefs conservés consistera à munir ces unités de moyens de défense contre les attaques aériennes et sous marines dans les conditions suivantes : les Puissances Contractantes pourront, dans ce but, ajouter aux navires existants des soufflages et caissons, ainsi que des ponts de protection contre les attaques aériennes, pourvu que l'augmentations de déplacement qui en résultera pour les navires ne dépasse pas 3.000 tonnes (3,048 tonnes métriques) pour chaque navire. Sera interdit tout changement dans la cuirasse de flanc, le calibre et le nombre des canons de l'armement principal, ainsi que tout changement dans son plan général d'installation. Il est fait exception :

1. pour la France et l'Italie, qui pourront, dans les limites de l'augmentation de déplacement accordée

pour le souffiage, accroître les cuirassements de protection ainsi que le calibre des canons portés par leurs
navires de lignes existants, à la condition que ce
calibre ne dépasse pas 16 pouces (406 millimètres) ;

2. pour l'Empire Britannique, qui sera autorisé
à achever sur le *Renown*, les modifications de cuirassement déjà commencées et provisoirement arrêtées.

SECTION II.

Remplacèment et déclassement des navires de ligne.

ETATS-UNIS.

Année	Navires mis sur cale	Navires achevés	NAVIRES À DÉCLASSER (âge entre parenthèse)	Navires conservés Nombre total Pre-Jutland	Post-Jutland
			Maine (20), Missouri (20), Virginia (17), Nebraska (17), Georgia (17) New Jersey (17), Rhode Isand (17), Connecticut (17), Louisiana (17), Vermont (16), Kansas (16), Minnesota (16), New Hampshire (15), South Carolina (13), Michigan (13), Washington (0), South Dakota (0), Indiana (0), Montana (0), North Carolina (0), Iowa (0), Massachusetts (0), Lexington (0), Constitution (0), Constellation (0), Saratoga (0), Ranger (0), United States (0). *	17	1
1922 .	....	A. B. (a)	Delaware (12), North Dakota (12).	15	3
1923 .	....	....	....	15	3
1924 .	....	....	....	15	3
1925 .	....	....	....	15	3
1926 .	....	....	....	15	3
1927 .	....	....	....	15	3
1928 .	....	....	....	15	3
1929 .	....	....	....	15	3
1930 .	....	....	....	15	3

* Les Etats-Unis pourront conserver l'*Oregon* et l'*Illinois* pour des destinations autre que le combat en se conformant aux dispositions de la Partie 2, III, (b).

(a) 2 de la classe « West Virginia ».

(Segue) *Remplacement et déclassement des navires de ligne.*

ÉTATES-UNIS.

Année	Navires mis sur cale	Navires achevés	NAVIRES À DÉCLASSER (âge entre parenthèse)	Navires conservés Nombre total Pre-Jutland	Post-Jutland
1931 .	C, D	....	....	15	3
1932 .	E, F	....	....	15	3
1933 .	G	....	....	15	3
1934 .	H. I	C. D	Florida (23), Utah (23), Wyoming (22)...................	12	5
1935 .	J	E. F	Arkansas (23), Texäs (21), New York (21)...................	9	7
1936 .	K, L	G	Nevada (20), Oklahoma (20)	7	8
1937 .	M	H, I	Arizona (21), Pennsylvania (21).	5	10
1938 .	N, O	J	Mississipi (21)	4	11
1939 .	P, Q	K. L	Nex Mexico (21), Idaho (20).....	2	13
1940 .	....	M	Tennesse (20)	1	14
1941 .	....	N, O	California (20) ,Maryland (20)....	0	15
1942 .	....	P, Q	2 Navires de la classe « West Virginia»	0	15

NOTE. — Les lettres A, B, C, D, etc., représentent chacune un navire de ligne de 35,000 tonnes de déplacement type, mis sur cale et achevé dans les années indiquées.

Remplacement et déclassement des navires de ligne.

EMPIRE BRITANNIQUE.

Année	Navires mis sur cale	Navires achevés	NAVIRES À DÉCLASSER (âge entre parenthèse)	Navires conservés Nombre total	
				Pre-	Post-
				Jutland	
			Commonwealth (16), Agamemnon (13), Dreadnought (15), Bellerophon (12), St. Vincent (11), Inflexible (13), Superb (12), Neptune (10), Hercules (10), Indomitable (13), Temeraire (12), New Zealand (9), Lion (9), Princess Royal (9), Conquerer (9), Monarch (9), Orion (9), Australia (8), Agincourt (7), Erin (7), 4 en construction ou en projet. *	21	1
1922 .	A, B, (a)	....	....	21	1
1923 .	....	....	....	21	1
1924 .	....	....	....	21	1
1925 .	....	A: B,	King George V. (13), Ajax (12,) Centurion (12), Thunderer (13).	17	3
1926 .	....	....	....	17	3
1927 .	....	....	....	17	3
1928 .	....	....	...•..........................	17	3
1929 .	....	....	....	17	
1930 .	....	....	....	17	
1931 .	C, D	....	....	17	
1932 .	E, F	....	....	17	3

* L'Empire Britannique pourra conserver le *Colossus* et le *Collingwood* pour des destina-tions autres que le combat en se conformant aux dispositions de la Partie 2, III, (b).

(a) 2 navires de 35,000 tonnes de déplacement type.

(Segue) *Remplacement et déclassement des navires de ligne.*

EMPIRE BRITANNIQUE.

Année	Navires mis sur cale	Navires achevés	NAVIRES À DÉCLASSER (âge entre parenthèse)	Navires conservés Nombre total Pre- Jutland	Post- Jutland
1933 .	G	....	....	17	3
1934 .	H, I	C, D	Iron Duke (20), Marlborough (20), Emperor of India (20), Benbow (20)	13	5
1935 .	J	E, F	Tiger (21), Queen Elizabeth (20), Warspite (20), Barham (20)	9	7
1936 .	K, L	G	Malaya (20), Royal Sovereign (20)	7	8
1937 .	M	H, I	Revenge (21), Resolution (21) ...	5	10
1938 .	N, O	J	Royal Oak (22).................	4	11
1939 .	P, Q	K, L	Valiant (23), Repulse (23)	2	13
1940 .	....	M	Renown (24)	1	14
1941 .	....	N, O	Ramillies (24), Hood (21)	0	15
1942 .	....	P, Q	A (17), B (17)	0	15

NOTE. — Les lettres A, B, C, D, etc., représentent chacune un navire de ligne de 35,000 tonnes de déplacement type, mis sur cale et achevé dans les années indiquées.

Remplacement et déclassement des navires de ligne.

FRANCE.

Année	Navires mis sur cale	Navires achevés	NAVIRES À DÉCLASSER (âge entre parenthèse)	Navires conservés Nombre total Pre-Jutland	Post-Jutland
1922 .	.. , ...	....	....	7	0
1923 .	....	....	...•...........................	7	0
1924 .	....	....	........................•.......	7	0
1925 .	....	....	....	7	0
1926 .	....	....	....	7	0
1927 .	35,000 tonnes	....	....	7	0
1928 .	....	....	....	7	0
1929 .	35,000 tonnes	....	....	7	0
1930 .	....	35,000 tonnes	Jean Bart (17), Courbet (17)	5	(*)
1931 .	35,000 tonnes	......	....	5	(*)
1932 .	35,000 tonnes	35,000 tonnes	France (18)	4	(*)
1933 .	35,000 tonnes	......	....	4	(*)
1934 .	....	35,000 tonnes	Paris (20), Bretagne (20)	2	(*)
1935 .	....	35,000 tonnes	Provence (20)	1	(*)
1936 .	....	35,000 tounes	Lorraine (20)	0	(*)

* Dans les limites du tonnage total ; nombre non fixé.

38   ITALIA E VARI STATI

(Segue) *Remplacement et déclassement des navires de ligne.*

FRANCE.

Année	Navires mis sur cale	Navires achevés	NAVIRES À DÉCLASSER (âge entre parenthèse)	Navires conservés Nombre total	
				Pre-	Post-
				Jutland	
1937 .	....	....	....	0	(*)
1938 .	....	....	....	0	(*)
1939 .	....	....	....	0	(*)
1940 .	....	....	....	0	(*)
1941 .	....	....	....	0	(*)
1942 .	....	....	....	0	(*)

NOTE. — La France réserve expressément son droit d'employer son allocation de tonnage de navires de ligne comme elle le jugera bon, pourvu que le déplacement de chaque navire ne dépasse pas 35,000 tonnes et que le tonnage total de navires de ligne reste dans les limites imposées par le présent Traité.

Remplacement et déclassement des navires de ligne.

ITALIE.

Année	Navires mis sur cale	Navires achevés	NAVIRES À DÉCLASSER (âge entre parenthèse)	Navires conservés Nombre total Pre-Jutland	Post-Jutland
1922 .	....	....	....	6	0
1923 .	....	....	....	6	0
1924 .	....	....	....	6	0
1925 .	....	....	....	6	0
1926 .	....	....	....	6	0
1927 .	35,000 tonnes	....	....	6	0
1928 .	....	....	....	6	0
1929 .	35,000 tonnes	....	....	6	0
1930 .	....	....	....	6	0
1931 .	35,000 tonnes	35,000 tonnes	Dante Alighieri (19).............	5	(*)
1932 .	45,000 tonnes	....	....	5	(*)
1933 .	25,000 tonnes	35,000 tonnes	Leonardo da Vinci (19)..........	4	(*)
1934 .	....	....	....	4	(*)
1935 .	....	35,000 tonnes	Giulio Cesare (21)..............	3	(*)
1936 .	....	45,000 tonnes	Conte di Cavour (21), Duilio (21)	1	(*)
1937 .	....	25,000 tonnes	Andrea Doria (21)	0	(*)

* Dans les limites du tonnage total ; nombre non fixé.

NOTE. — L'Italie réserve expressément son droit d'employer son allocation de tonnage de navires de ligne comme elle le jugera bon, pourvu que le déplacement de chaque navire ne dépasse pas 35,000 tonnes, et que le tonnage total de navires reste dans les limites imposées par le présent Traité.

Remplacement et déclassement des navires de ligne.

JAPON.

Année	Navires mis sur cale	Navires achevés	NAVIRES À DECLASSER (âge entre parenthèse)	Navires conservés Nombre total Pre-Jutland	Post-Jutland
			Hizen (20), Mikasa (20), Kashima (16), Katori (16), Satsuma (12), Aki (11), Settsu (10), Ikoma (14) Ibuki (12), Kurama (11), Amagi (0), Akagi (0), Kaga (0), Tosa (0), Takao (0), Atago (0), Projet de programme 8 navires non sur cale. *	8	2
1922 .	....	....	....	8	2
1923 .	....	....	....	8	2
1924 .	....	....	....	8	2
1925 .	....	....	....	8	2
1926 .	....	....	....	8	2
1927 .	....	....	....	8	2
1928 .	....	....	....	8	2
1929 .	....	....	....	8	2
1930 .	....	....	....	8	2
1931 .	A	....	....	8	2
1932 .	B	....	....	8	2
1933 .	C	....	....	8	2
1934 .	D	A	Kongo (21)....................	7	3

* Le Japon pourra conserver le *Shikishima* et l'*Asahi* pour des destinations autres que le combat, en se conformant aux dispositions de la Partie 2, III, (b).

(Segue) *Remplacement et déclassement des navires de ligne.*

JAPON.

Année	Navires mis sur cale	Navires achevés	NAVIRES À DÉCLASSER (âge entre parenthèse)	Navires conservés Nombre total Pre-	Post-
				Jutland	
1935 .	E	B	Hiyei (21), Haruna (20)	5	5
1936 .	F	C	Kirishima (21)	4	4
1937 .	G	D	Fuso (22)	3	6
1938 .	H	E	Yamashiro (21)	2	7
1939 .	I	F	Ise (22)	1	8
1940 .	....	G	Hiuga (22)	0	9
1941 .	....	H	Nagato (21)...................	0	9
1942 .	....	I	Mutsu (21)	0	9

NOTE. — Les lettres A. B. C. D., etc., représentent chacune un navire de ligne de 35,000 tonnes de déplacement type, mis sur cale et achevé dans les années indiquées.

1922
6 febbraio

NOTE VISANT TOUS LES TABLEAUX
DE LA SECTION II.

Dans les tableaux précédents, l'ordre suivant lequel sont inscrits les navires à déclasser est celui de leur âge. Il est entendu que, quand les remplacements commenceront conformément aux dits tableaux, l'ordre de déclassement des navires de chaque Puissance Contractante pourra être changé au gré de cette Puissance, pourvu qu'elle déclasse chaque année le nombre de navires indiqué par ces tableaux.

PARTIE 4.

Definitions.

Dans le présent Traité, les expressions suivantes doivent s'entendre respectivement avec le sens ci-après.

NAVIRE DE LIGNE.

Un navire de ligne, en ce qui concerne les navires à construire dans l'avenir, est un navire de guerre autre qu'un navire porte-aéronefs, dont le déplacement type est supérieur à 10.000 tonnes (10.160 tonnes métriques), ou qui porte un canon d'un calibre supérieur à 8 pouces (203 millimètres).

NAVIRE PORTE-AÉRONEFS.

Un navire porte-aéronefs est un navire de guerre d'un déplacement type supérieur à 10.000 tonnes (10,160 tonnes métriques), spécifiquement et exclusivement destiné à porter des aéronefs. Il doit être construit de manière qu'un aéronef puisse y prendre son vol ou s'y poser. Son plan et sa construction

ne doivent pas lui permettre de porter un armement
plus puissant que celui autorisé soit par l'article IX,
soit par l'article X, selon le cas.

DÉPLACEMENT TYPE.

Le déplacement type d'un navire est le déplacement du navire achevé avec son équipage complet,
ses machines et chaudières, prêt à prendre la mer,
ayant tout son armement et toutes ses munitions,
ses installations, équipements, vivres, eau douce
pour l'équipage, approvisionnements divers, outil-
lages et rechanges de toute nature qu'il doit empor-
ter en temps de guerre, mais sans combustible et
sans eau de réserve pour l'alimentation des machines et chaudières.

Le mot tonne employé dans le présent traité sans
la qualification de « métrique » désigne une tonne de
2,240 lbs. ou 1.016 kilogrammes.

Les navires actuellement achevés continueront à
figurer avec le déplacement qui leur est attribué
selon leur système national d'évaluation. Toutefois,
lorsqu'une Puissance compte le déplacement de ses
navires en tonnes métriques, elle sera considérée,
pour l'application du présent Traité, comme ne pos-
sédant que le tonnage équivalent en tonnes de 2,240
lbs.

Les navires achevés par la suite seront comptés
pour leur déplacement type tel qu'il est défini au 1er
alinéa de la présente définition.

CHAPITRE III.

Dispositions diverses.

ART. 21. — Si, pendant la durée du présent
Traité, une Puissance Contractante estime que les

exigences de sa sécurité nationale, en ce qui touche la défense navale, se trouvent matériellement affectées par des circostances nouvelles, les Puissances Contractantes se réuniront en Conférence sur sa demande pour examiner à nouveau les dispositions du présent Traité et s'entendre sur les amendements à y apporter.

En raison des possibilités de progrès dans l'ordre technique et scientifique, les Etats-Unis provoqueront la réunion d'une Conférence de toutes les Puissances Contractantes après les avoir consultées. Cette Conférence se tiendra aussitôt que possible après l'expiration d'une période de huit ans à dater de la mise en vigueur du présent Traité et examinera les changements à y apporter, s'il y a lieu, pour faire face à ces progrès.

ART. 22. — Si l'une des Puissances Contractantes se trouve engagée dans une guerre qui, dans son opinion, affecte sa sécurité nationale du côté de la mer, cette Puissance, pourra sur avis préalable donné aux autres Puissances Contractantes, se dégager, pour la durée des hostilités, de ses obligations résultant du présent Traité, à l'exception de celles qui sont prévues aux articles 13 et 17. Toutefois, cette Puissance devra notifier aux autres Puissances Contractantes que la situation est d'un caractère assez critique pour exiger cette mesure.

Dans ce cas, les autres Puissances Contractantes échangeront leurs vues pour arriver à un accord sur les dérogations temporaires que l'exécution du Traité devrait comporter, s'il y a lieu, en ce qui les concerne. Si cet échange de vues ne conduit pas à un accord, conclu régulièrement selon les procédures constitutionnelles auxquelles elles sont respectivement tenues, chacune d'entre elles pourra, après en avoir donné

1922
6 febbraio

notification aux autres, se dégager, pour la durée des hostilités, des obligations résultant du présent Traité, à l'exception de celles qui sont prévues aux articles 13 et 17.

A la cessation des hostilités les Puissances Contractantes se réuniront en Conférence pour examiner les modifications à apporter, s'il y a lieu, au présent Traité.

ART. 23. — Le présent traité restera en vigueur jusqu'à 31 décembre 1936. S'il n'est fait notification deux ans avant cette date par aucune des Puissances Contractantes de son intention de mettre fin au traité, ce dernier restera en vigueur jusqu'à l'expiration d'un délai de deux ans à dater du jour où l'une des Puissances Contractantes notifiera son intention de mettre fin au Traité. En ce cas le Traité prendra fin pour toutes les Puissances Contractantes. La notification devra être faite par écrit au Gouvernement des Etats-Unis, qui devra immédiatement en trasmettre aux autres Puissances une copie authentique avec l'indication de la date de réception. La notification sera considérée comme faite à cette date, à partir de laquelle elle produira son effet. Dans le cas où le Gouvernement des Etats-Unis notifierait son intention de mettre fin au Traité, cette notification sera remise aux représentants diplomatiques à Washington des autres Puissances Contractantes ; la notification sera considérée comme faite et prendra effet à la date de la communication aux dits représentants diplomatiques.

Toutes les Puissances Contractantes devront se réunir en Conférence dans le délai d'un an à partir de la date à laquelle aura pris effet la notification, par une des Puissances, de son intention de mettre fin au Traité.

ART. 24. — Le présent Traité sera ratifié par les Puissances Contractantes selon les procédures constitutionnelles auxquelles elles sont respectivement tenues. Il prendra effet à la date du dépôt de toutes les ratifications, dépôt qui sera effectué à Washington, le plus tòt qu'il sera possible. Le Gouvernement des Etats-Unis remettra aux autres Puissances Contractantes une copie authentique du procès verbal de dépôt des ratifications.

Le présent Traité, dont les textes français et anglais feront foi, restera déposé dans les archives du Gouvernement des Etats-Unis ; des expéditions authentiques en seront remises par ce Gouvernement aux autres Puissances Contractantes.

En foi de quoi les Plénipotentiaires susnommés ont signé le présent Traité.

Fait à Washington le six février mil-neuf-cent-vingt-deux.

> (L. S.) CHARLES EVANS HUGHES
> (L. S.) HENRY CAROT LODGE
> (L. S.) OSCAR W. UNDERWOOD
> (L .S.) ELIHU ROOT
> (L. S.) ARTHUR JAMES BALFOUR
> (L. S.) LEE OF FAREHAM
> (L. S.) A. C. GEDDES
> (L. S.) R. L. BORDEN
> (L. S.) G. F. PEARCE
> (L. S.) JOHN W. SALMOND
> (L. S.) ARTHUR JAMES BALFOUR
> (L. S.) V. S. SRINIVASA SASTRI
> (L. S.) A. SARRAUT
> (L. S.) JUSSERAND
> (L. S.) CARLO SCHANZER
> (L. S.) V. ROLANDI RICCI

(*L. S.*) LUIGI ALBERTINI   1922
(*L. S.*) T. KATO   6 febbraio
(*L. S.*) K. SHIDEHARA
(*L. S.*) M. HANIHARA.

Ratifica dell'Italia : 17 agosto 1923.
Esecuzione per Legge : 15 ottobre 1923, n. 2481.

IV.

6 febbraio 1922.

WASHINGTON.

Trattato per la protezione della vita dei neutri e dei non combattenti in mare
e divieto di impiego di gas e prodotti chimici nocivi.

Les Etats-Unis d'Amérique, l'Empire Britannique, la France, l'Italie et le Japon, ci-après désignés les Puissances Signataires, désireux de rendre plus efficaces les règles adoptées par les nations civilisées pour la protection de la vie des neutres et des non-combattants sur la mer en temps de guerre et d'empêcher l'emploi dans la guerre des gaz et des produits chimiques nuisibles, ont décidé de conclure un traité à cet effet et ont nommé pour leurs Plénipotentiaires, savoir :

LE PRÉSIDENT DES ETATS-UNIS D'AMÉRIQUE :

Charles Evans Hughes ;
Henry Cabot Lodge ;
Oscar W. Underwood ;
Elihu Root,
citoyens des Etats-Unis ;

SA MAJESTÉ LE ROI DU
ROYAUME-UNI DE GRANDE-BRETAGNE ET D'IRLANDE
ET DES TERRITOIRES BRITANNIQUES AU DELÀ DES MERS
EMPEREUR DES INDES :

Le Très Honorable Arthur James Balfour, O. M., M. P., Lord Président du Conseil du Roi ;

Le Très Honorable Baron Lee of Fareham, G. B. E., K. C. B., Premier Lord de l'Amirauté ;

Le Très Honorable Sir Auckland Campbell Geddes, K. C. B., Son Ambassadeur Extraordinaire et Plénipotentiaire aux Etats-Unis d'Amérique ;

Et,

pour le DOMINION DU CANADA :
Le Très Honorable Sir Robert Laird Borden, G. C. M. G., K. C. ;

pour le COMMONWEALTH D'AUSTRALIE :
Le Très Honorable George Foster Pearce, Sénateur, Ministre de l'Intérieur et des Territoires ;

pour le DOMINION DE LA NOUVELLE-ZÉLANDE :
L'Honorable Sir John William Salmond, K. C., Juge à la Cour Suprème de Nouvelle-Zélande ;

pour l'UNION SUD-AFRICAINE :
Le Très Honorable Arthur James Balfour, O. M., M. P. ;

pour l'INDE :
Le Très Honorable Valingman Sankaranarayana Srinivasa Sastri, Membre du Conseil d'Etat de l'Inde ;

LE PRÉSIDENT DE LA RÉPUBLIQUE FRANÇAISE :

M. Albert Sarraut, Député, Ministre des Colonies ;
M. Jules J. Jusserand, Ambassadeur Extraordinaire et Plénipotentiaire près le Président des Etats-Unis d'Amérique, Grand Croix de l'Ordre National de la Légion d'Honneur ;

4

' SA MAJESTÉ LE ROI D'ITALIE :

L'Honorable Carlo Schanzer, Sénateur du Royaume ;

L'Honorable Vittorio Rolandi Ricci, Sénateur du Royaume, Son Ambassadeur Extraordinaire et Plénipotentiaire à Washington ;

L'Honorable Luigi Albertini, Sénateur du Royaume ;

SA MAJESTÉ L'EMPEREUR DU JAPON :

Le Baron Tomosaburo Kato, Ministre de la Marine, Junii, Membre de la Première Classe de l'Ordre Impérial du Grand Cordon du Soleil Levant avec la Fleur de Paulonia ;

Le Baron Kijuro Shidehara, Son Ambassadeur Extraordinaire et Plénipotentiaire à Washington, Joshii, Membre de la Première Classe de l'Ordre Impérial du Soleil Levant ;

M. Masanao Hanihara, Vice-Ministre des Affaires Etrangêres, Jushii, Membre de la Seconde Classe de l'Ordre Impérial du Soleil Levant ;

lesquels, après avoir échangé leurs pleins pouvoirs reconnus en bonne et due forme, ont convenu des dispositions suivantes :

ART. 1er. — Les Puissances Signataires déclarent qu'au nombre des règles adoptées par les nations civilisées pour la protection de la vie des neutres et des non combattants en mer en temps de guerre les règles suivantes doivent être considérées comme faisant déjà partie du droit international :

1. Un navire de commerce ne peut être saisi avant d'avoir reçu l'ordre, en vue de déterminer son

caractère, de se soumettre à la visite et à la perquisition.

Un navire de commerce ne peut être attaqué que
si, après mise en demeure, il refuse de s'arrêter pour
se soumettre à la visite et à la perquisition, ou si,
après saisie, il refuse de suivre la route qui lui est
indiquée.

Un navire de commerce ne peut être détruit que
lorsque l'équipage et les passagers ont été préalablement mis en sureté.

2. Les sous-marins belligérants ne sont, en aucune circonstance, dispensés des règles universelles
ci-dessus rappelées ; au cas où un sous-marin ne serait pas en mesure de capturer un navire de commerce
en respectant lesdites règles, il doit d'après le droit
des gens reconnu, renoncer à l'attaque ainsi qu'à la
saisie et laisser le navire de commerce continuer sa
route sans être molesté.

ART. 2. — Les Puissances signataires invitent
toutes les autres Puissances civilisées à adhérer à
la reconnaissance de ce droit établi, de sorte qu'il y
ait une entente publique universelle bien définie
quant aux règles de conduite selon lesquelles l'opinion publique du monde jugera les belligérants de
l'avenir.

ART. 3. — Les Puissances signataires, désireuses
d'assurer l'exécution des lois d'humanité déjà reconnues et confirmées par elles relativement à l'attaque,
à la saisie et à la destruction des navires de commerce,
déclarent en outre que tout individu au service de
quelque puissance que ce soit, agissant ou non sur
l'ordre d'un supérieur hiérarchique, qui violera l'une
ou l'autre desdites règles, sera réputé avoir violé
les lois de la guerre et sera susceptible d'être jugé
et puni comme s'il avait commis un acte de piraterie.

1922
6 febbraio

Il pourra être mis en jugement devant les autorités civiles et militaires de toute Puissance dans le ressort de l'autorité de laquelle il sera trouvé.

ART. 4. — Les Puissances signataires reconnaissent qu'il est pratiquement impossible d'utiliser les sous-marins à la destruction du commerce sans violer, ainsi qu'il a été fait au cours de la guerre de 1914-1918, les principes universellement acceptés par les nations civilisées pour la protection de la vie des neutres et des non combattants, et, dans le dessein de faire universellement reconnaître comme incorporée au droit des gens l'interdiction d'employer les sous-marins à la destruction du commerce, conviennent de se considérer comme liées désormais entre elles par cette interdiction et invitent toutes les autres nations à adhérer au présent accord.

ART. 5. — L'emploi en temps de guerre des gaz asphyxiants, toxiques ou similaires, ainsi que de tous liquides, matières ou procédés analogues, ayant été condamné à juste titre par l'opinion universelle du monde civilisé, et l'interdiction de cet emploi ayant été formulée dans des traités auxquels le plus grand nombre des Puissances civilisées sont parties :

Les Puissances signataires, dans le dessein de faire universellement reconnaître comme incorporée au droit des gens cette interdiction, qui s'impose également à la conscience et à la pratique des nations, déclarent reconnaître cette prohibition, conviennent de se considérer comme liées entre elles à cet égard et invitent toutes les autres nations civilisées à adhérer au présent accord.

ART. 6. — Le présent Traité sera ratifié aussitôt que possible par les Puissances signataires selon les procédures constitutionnelles auxquelles elles sont respectivement tenues. Il prendra effet à la date du dépôt qui sera effectué à Washington. Le Gouvernement des Etats-Unis remettra à toutes les Puissances signataires une expédition authentique du procès-verbal de dépôt des ratifications.

Le présent Traité, dont les textes français et anglais feront foi, restera déposé dans les archives du Gouvernement des Etats-Unis ; des expéditions authentiques en seront remises par ce Gouvernement à chacune des Puissances signataires.

ART. 7. — Le Gouvernement des Etats-Unis fera parvenir ultérieurement à toutes les Puissances non signataires une expédition authentique du présent Traité et les invitera à y donner leur adhésion.

Toute Puissance non signataire pourra adhérer au présent Traité en faisant parvenir l'Instrument portant adhésion au Gouvernement des Etats-Unis, qui en transmettra une expédition authentique à chacune des Puissances signataires ou adhérentes.

En foi de quoi les Plénipotentiaires sus-nommés ont signé le présent Traité.

Fait à Washington, le six février mil neuf cent vingt-deux.

(L. S.) CHARLES EVANS HUGHES
(L. S.) HENRY CABOT LODGE
(L. S.) OSCAR W. UNDERWOOD
(L. S.) ELIHU ROOT
(L. S.) ARTHUR JAMES BALFOUR
(L. S.) LEE OF FAREHAM
(L. S.) A. C. GEDDES
       R. L. BORDEN   (L. S.)
       G. F. PEARCE   (L. S.)
       John W. SALMOND   (L. S.)
       ARTHUR JAMES BALFOUR   (L. S.)
       V. S. SRINIVASA SASTRI   (L. S.)
       A. SARRAUT   (L. S.)

1922   JUSSERAND   (L. S.)
6 febbraio   .   CARLO SCHANZER   (L. S.)
                 (L. S.)   V. ROLANDI RICCI
                 (L. S.)   LUIGI ALBERTINI
                 (L. S.)   T. KATO
                 (L. S.)   K. SHIDEHARA
                 (L. S.)   M. HANIHARA.

V.

6 febbraio 1922.

WASHINGTON.

Trattato relativo alla indipendenza della Cina e parità di favore per tutte le nazioni in ordine al commercio ed all'industria in Cina.

Les Etats-Unis d'Amérique, la Belgique, l'Empire Britannique, la Chine, la France, l'Italie, le Japon, les Pays-Bas et le Portugal :

Désireux d'adopter une politique de nature à stabiliser les conditions de l'Extrême Orient, à sauvegarder les droits et intérêts de la Chine et à développer les relations entre la Chine et les autres Puissances sur la base de l'égalité des chances ;

Ont décidé de conclure un traité à cet effet et ont désigné pour leurs plénipotentiaires respectifs :

LE PRÉSIDENT DES ETATS-UNIS D'AMÉRIQUE :

Charles Evans Hughes ;
Henry Cabot Lodge ;
Oscar W. Underwood ;
Elihu Root,
citoyens des Etats-Unis ;

SA MAJESTÉ LE ROI DES BELGES :

Le Baron de Cartier de Marchienne, Commandeur de l'Ordre de Léopold et de l'Ordre de la Couronne, Son Ambassadeur Extraordinaire et Plénipotentiaire à Washington ;

SA MAJESTÉ LE ROI DU
ROYAUME UNI DE GRANDE-BRETAGNE ET D'IRLANDE
ET DES TERRITOIRES BRITANNIQUES AU DELÀ DES MERS
EMPEREUR DES INDES :

Le Très Honorable Arthur James Balfour, O. M.,
M. P., Lord Président du Conseil du Roi ;
Le Très Honorable Baron Lee of Fareham, G. B.
E., K. C. B., Premier Lord de l'Amirauté.
Les Très Honorables Sir Auckland Campbell Ged-
des, K. C. B., Son Ambassadeur Extraordinaire et
Plénipotentiaire aux Etats-Unis d'Amérique ;

Et,

pour le DOMINION DU CANADA :

Le Très Honorable Sir Robert Laird Borden,
G. C. M. G., K. C. ;

pour le COMMONWEALTH D'AUSTRALIE :

Le Très Honorable George Foster Pearce, Sénateur, Ministre de l'Intérieur et des Territoires ;

pour le DOMINION DE LA NOUVELLE-ZÉLANDE :

L'Honorable Sir John William Salmond, K. C.,
Juge à la Cour Suprême de Nouvelle-Zélande ;

pour l'UNION SUD-AFRICAINE :

Le Très Honorable Arthur James Balfour, O. M.,
M. P. ;

pour l'INDE :

Le Très Honorable Valingman Sankaranarayana
Srinavasa Sastri, Membre du Conseil d'Etat de
l'Inde ;

LE PRÉSIDENT DE LA RÉPUBLIQUE CHINOISE :

M. Sao-Ke Alfred Sze, Envoyé Extraordinaire et Ministre Plénipotentiaire à Washington ;

M. V. K. Wellington Koo, Envoyé Extraordinaire et Ministre Plénipotentiaire à Londres ;

M. Chung-Hui Wang, Ancien Ministre de la Justice ;

LE PRÉSIDENT DE LA RÉPUBLIQUE FRANÇAISE :

M. Albert Sarraut, Député, Ministre des Colonies ,

M. Jules J. Jusserand, Ambassadeur Extraordinaire et Plénipotentiaire près le Président des Etats-Unis d'Amérique, Grand Croix de l'Ordre National de la Légion d'Honneur ;

SA MAJESTÉ LE ROI D'ITALIE :

L'Honorable Carlo Schanzer, Sénateur du Royaume ;

L'Honorable Vittorio Rolandi Ricci, Sénateur du Royaume, Son Ambassadeur Extraordinaire et Plénipotentiaire à Washington ;

L'Honorable Luigi Albertini, Sénateur du Royaume ;

SA MAJESTÉ L'EMPEREUR DU JAPON :

Le Baron Tomosaburo Kato, Ministre de la Marine, Junii, Membre de la Première Classe de l'Ordre Impérial du Grand Cordon du Soleil Levant avec la Fleur de Paulonia ;

Le Baron Kijuro Shidehara, Son Ambassadeur Extraordinaire et Plénipotentiaire à Washington, Joshii, Membre de la Première Classe de l'Ordre Impérial du Soleil Levant ;

M. Masanao Hanihara, Vice-Ministre des Affaires

Etrangères, Jushii, Membre de la Seconde Classe de l'Ordre Impérial du Soleil Levant ;

SA MAJESTÉ LA REINE DES PAYS-BAS :

Le Jonkheer Frans Beelaerts van Blokland, Son Envoyé Extraordinaire et Ministre Plénipotentiaire ;
Le Jonkheer Willem Hendrik de Beaufort, Ministre Plénipotentiaire, Chargé d'Affaires à Washington ;

LE PRÉSIDENT DE LA RÉPUBLIQUE PORTUGAISE :

M. Josè Francisco de Horta Machado de Franca, Vicomte d'Alte, Envoyé Extraordinaire et Ministre Plénipotentiaire à Washington ;
M. Ernesto Julio de Carvalho e Vasconcelos, Capitaine de Vaisseau, Directeur Technique du Ministère des Colonies.

lesquels, après avoir échangé leurs pleins pouvoirs reconnus en bonne et due forme, ont convenu des dispositions suivantes :

ART. 1er. — Les Puissances Contractantes, autres que la Chine, conviennent :

1. de respecter la souveraineté et l'indépendance ainsi que l'intégrité territoriale et administrative de la Chine ;

2. d'offrir à la Chine, de la manière la plus complète et la plus libre d'entraves, la possibilité de s'assurer les avantages permanents d'un Gouvernement stable et efficace ;

3. d'user de leur influence en vue d'établir effectivement et de maintenir en application sur tout le territoire de la Chine le principe de la chance égale pour le commerce et l'industrie de toutes les nations ;

4. de s'abstenir de tirer avantage des circonstances en Chine pour rechercher des droits ou privilèges spéciaux susceptibles de porter atteinte aux
droits des ressortissants d'Etats amis ; elles s'abstiendront également de favoriser toute action constituant
une menace pour la sécurité des dits Etats amis.

ART. 2. — Les Puissances Contractantes conviennent de ne participer à aucun traité, accord, arrangement ou entente soit conclus entre elles, soit conclus
séparément ou collectivement avec une ou plusieurs
Puissances, qui porterait atteinte ou contreviendrait
aux principes déclarés dans l'Article 1.

ART. 3. — En vue d'appliquer avec plus d'efficacité les principes de la porte ouverte ou de la chance
égale pour le commerce et l'industrie de toutes les
nations en Chine, les Puissances Contractantes autres
que la Chine, conviennent de ne pas rechercher, ni
aider leurs ressortissants à rechercher :

a) la conclusion d'accords qui tendraient à
établir en faveur de leurs intérêts des droits généraux
supérieurs à ceux des autres touchant le développement commercial ou économique dans une région
déterminée de la Chine ;

b) l'obtention de monopoles ou traitements préférentiels de nature à priver les ressortissants d'autres
puissances du droit d'entreprendre en Chine toute
forme légitime de commerce ou d'industrie, ou de
participer, soit avec le Gouvernement chinois, soit
avec des autorités locales, à toute catégorie d'entreprises ayant un caractère public, ou de monopoles ou
traitements préférentiels qui, en raison de leur portée,
de leur durée ou de leur étendue territoriale, seraient
de nature à constituer en pratique une violation du
principe de la chance égale. Toutefois le présent accord ne devra pas être interprété comme interdisant

1922
6 febbraio

l'acquisition de tels biens ou droits qui pourraient être nécessaires soit à la conduite d'entreprises particulières commerciales, industrielles ou financières, soit à l'encouragement des inventions et recherches.

La Chine s'engage à adopter les principes ci-dessus comme guides en ce qui concerne la suite à donner aux demandes de droits et privilèges économiques de la part de Gouvernements ou ressortissants de tous pays étrangers, qu'ils soient ou non parties au présent Traité.

ART. 4. — Les Puissances Contractantes conviennent de ne pas donner leur appui à des accords qui seraient conclus entre leurs ressortissants respectifs avec l'intention d'établir au profit de ces derniers des sphères d'influence ou de leur assurer des avantages exclusifs dans des régions déterminées du territoire chinois.

ART. 5. — La Chine s'engage à n'appliquer ni permettre, sur aucun chemin de fer chinois, aucune discrimination directe ou indirecte, quelle qu'elle soit en matière de tarifs ou de facilités de transports, qui soit basée :

soit sur la nationalité des voyageurs,

soit sur le pays dont ils viennent, soit sur celui de leur destination,

soit sur l'origine des marchandises, le caractère des propriétaires, ou le pays de provenance ou de destination,

soit sur la nationalité du navire ou sur le caractère du propriétaire du navire ou de tout autre moyen de transport à l'usage des voyageurs ou des marchandises, employé avant ou après le transport par un chemin de fer chinois.

Les autres Puissances Contractantes prennent de leur côté un engagement similaire concernant les

lignes chinoises de chemin de fer sur lesquelles soit
elles-mêmes, soit leurs ressortissants seraient en mesure d'exercer le contrôle en vertu d'une concession,
d'un accord spécial ou autrement.

ART. 6. — Les Puissances Contractantes, autres
que la Chine, conviennent de respecter pleinement,
au cours des guerres auxquelles la Chine ne participe-
rait pas, les droits de cette dernière en tant que puissance neutre ; la Chine, d'autre part, déclare que lorsqu'elle sera neutre, elle observera les règles de la
neutralité.

ART. 7. — Les Puissances Contractantes conviennent que, dans le cas où une situation se produirait
qui, dans l'opinion de l'une ou l'autre d'entre elles,
comporterait l'application des stipulations du présent
Traité et en rendrait la discussion désirable, les Puissances Contractantes en cause échangeront à cet
égard de franches et complètes communications.

ART. 8. — Les Puissances non-signataires au présent traité, dont le Gouvernement est reconnu par les
Puissances signataires et qui ont des relations par
traités avec la Chine, seront invitées à adhérer audit
présent traité. Dans ce but le Gouvernement des
Etats-Unis fera aux Puissances non-signataires les
communications nécessaires ; il informera les Puissances Contractantes des réponses reçues. L'adhésion
de toute Puissance deviendra effective dès réception
des notifications faites à cet égard par le Gouvernement des Etats-Unis.

ART. 9. — Le présent Traité sera ratifié par les
Puissances Contractantes selon les procédures constitutionnelles auxquelles elles sont respectivement
tenues. Il prendra effet à la date du dépôt de toutes les
ratifications, dépôt qui sera effectué à Washington,
le plus tôt qu'il sera possible. Le Gouvernement des

Etats-Unis remettra aux autres Puissances Contraetantes une copie authentique du procès-verbal de
dépôt des ratifications.

Le présent Traité, dont les textes français et anglais feront foi, restera déposé dans les archives du
Gouvernement des Etats-Unis ; des expéditions
authentiques en seront remises par ce Gouvernement
aux autres Puissances Contractantes.

En foi de quoi, les Plénipotentiaires sus-nommés
ont signé le présent Traité.

Fait à Washington le six février mil neuf cent
vingt-deux.

CHARLES EVANS HUGHES	(L. S.)
HENRY CABOT LODGE	(L. S.)
OSCAR W. UNDERWOOD	(L. S.)
ELIHU ROOT	(L. S.)
BARON DE CARTIER DE MARCHIENNE	(L. S.)
ARTHUR JAMES BALFOUR	(L. S.)
LEE OF FAREHAM	(L. S.)
A. C. GEDDES	(L. S.)
R. L. BORDEN	(L. S.)
G. F. PEARCE	(L. S.)
JOHN W. SALMOND	(L. S.)
ARTHUR JAMES BALFOUR	(L. S.)
V. S. SRINIVASA SASTRI	(L. S.)

(L. S.)	SAO-KE ALFRED SZE
(L. S.)	V. K. WELLINGTON KOO
(L. S.)	CHUNG-HUI WANG
(L. S.)	A. SARRAUT
(L. S.)	JUSSERAND
(L. S.)	CARLO SCHANZER
(L. S.)	V. ROLANDO RICCI
(L. S.)	LUIGI ALBERTINI

T. KATO	(L. S.)
K. SHIDEHARA	(L. S.)
M. HANIHARA	(L. S.)

BEELAERTS VAN BLOKLAND	(*L. S.*)	1922
W. DE BEAUFORT	(*L. S.*)	6 febbraio
ALTE	(*L. S.*)	
ERNESTO DE VASCONCELLOS.	(*L. S.*)	

Ratifica dell'Italia : 5 agosto 1925.
Esecuzione per Legge : 4 settembre 1925, n. 2485.

VI.

6 febbraio 1922.

WASHINGTON.

Trattato relativo alla revisione delle tariffe delle dogane cinesi.

Les Etats-Unis d'Amérique, la Belgique, l'Empire Britannique, la Chine, la France, l'Italie, le Japon, les Pays-Bas et le Portugal :

Dans le but d'accroître les revenus du Gouvernement chinois, ont convenu de conclure un traité touchant la revision du tarif des douanes chinoises et autres matières connexes, et ont désigné pour leurs plénipotentiaires :

LE PRÉSIDENT DES ETATS-UNIS D'AMÉRIQUE :

Charles Evans Hughes,
Henry Cabot Lodge,
Oscar W. Underwood,
Elihu Root,
citoyens des Etats-Unis ;

SA MAJESTÉ LE ROI DES BELGES :

Le Baron de Cartier de Marchienne, Commandeur de l'Ordre de Léopold et de l'Ordre de la Couronne, Son Ambassadeur Extraordinaire et Plénipotentiaire à Washington ;

SA MAJESTÉ LE ROI DU
ROYAUME-UNI DE GRANDE-BRETAGNE ET D'IRLANDE
ET DES TERRITOIRES BRITANNIQUES AU DELÀ DES MERS
EMPEREUR DES INDES :

Le Très Honorable Arthur James Balfour, O. M.,
M. P., Lord Président du Conseil du Roi ;
Le Très Honorable Baron Lee of Fareham, G. B.
E., K. C. B., Premier Lord de l'Amirauté.
Le Très Honorable Sir Auckland Campbell Ged-
des, K. C. B., Son Ambassadeur Extraordinaire et
Plénipotentiaire aux Etats-Unis d'Amérique ;

Et,

pour le DOMINION DU CANADA :

Le Très Honorable Sir Robert Laird Borden, G.
C. M. G., K. C. ;

pour le COMMONWEALTH D'AUSTRALIE :

Le Très Honorable George Foster Pearce, Sénateur, Ministre de l'Intérieur et des Territoires ;

pour le DOMINION DE LA NOUVELLE-ZÉLANDE :

L'Honorable Sir John William Salmond, K. C.,
Juge à la Cour Suprême de Nouvelle-Zélande ;

pour l'UNION SUD-AFRICAINE :

Le Très Honorable Arthur James Balfour, O. M.,
M. P. ;

pour l'INDE :

Le Très Honorable Valingman Sankaranarayana
Srinivasa Sastri, Membre du Conseil d'Etat de
l'Inde ;

5

LE PRÉSIDENT DE LA RÉPUBLIQUE CHINOISE :

M. Sao-Ke Alfred Sze, Envoyé Extraordinaire et Ministre Plénipotentiaire à Washington ;
M. V. K. Wellington Koo, Envoyé Extraordinaire et Ministre Plénipotentiaire à Londres ;
M. Chung-Hui Wang, ancien Ministre de la Justice ;

LE PRÉSIDENT DE LA RÉPUBLIQUE FRANÇAISE :

M. Albert Sarraut, Député, Ministre des Colonies ;
M. Jules J. Jusserand, Ambassadeur Extraordinaire et Plénipotentiaire près le Président des Etats-Unis d'Amérique, Grand Croix de l'Ordre National de la Légion d'Honneur ;

SA MAJESTÉ LE ROI D'ITALIE :

L'Honorable Carlo Schanzer, Sénateur du Royaume;
L'Honorable Vittorio Rolandi Ricci, Sénateur du Royaume, Son Ambassadeur Extraordinaire et Plénipotentiaire à Washington ;
L'Honorable Luigi Albertini, Sénateur du Royaume ;

SA MAJESTÉ L'EMPEREUR DU JAPON :

Le Baron Tomosaburo Kato, Ministre de la Marine, Junii, Membre de la Première Classe de l'Ordre Impérial du Grand Cordon du Soleil Levant avec la Fleur de Paulonia ;
Le Baron Kijuro Shidehara, Son Ambassadeur Extraordinaire et Plénipotentiaire à Washington, Joshii, Membre de la Première Classe de l'Ordre Impérial du Soleil Levant ;
M. Masanao Hanihara, Vice-Ministre des Affaires Etrangères, Jushii, Membre de la Seconde Classe de l'Ordre Impérial du Soleil Levant ;

SA MAJESTÉ LA REINE DU PAYS-BAS :

Le Jonkheer Frans Beelaerts van Blokland Son Envoyé Extraordinaire et Ministre Plénipotentiaire ;
Le Jonkheer Willem Hendrik de Beaufort, Ministre Plénipotentiaire Chargé d'Affaires à Washington ;

LE PRÉSIDENT DE LA RÉPUBLIQUE PORTUGAISE :

M. Josè Francisco de Horta Machado da Franca, Vicomte d'Alte, Envoyé Extraordinaire et Ministre Plénipotentiaire à Washington ;

M. Ernesto Julio de Carvalho e Vasconcelos, Capitaine de Vaisseau, Directeur Technique du Ministère des Colonies ;

lesquels, après avoir échangé leurs pleins pouvoirs reconnus en bonne et due forme, ont convenu des dispositions suivantes :

ART. 1er. — Les représentants des Puissances Contractantes ayant adopté le 4 février 1922 à Washington la résolution annexée au présent article au sujet de la revision du tarif des douanes chinoises, afin que le taux des droits soit équivalent à 5 % effectif *ad valorem*, comme il est prévu dans les traités existant entre la Chine et les autres pays, les Puissances Contractantes déclarent confirmer ladite résolution et s'engagent à accepter le taux résultant de cette revision qui entreront en vigueur aussitôt que possible après l'expiration d'un délai de deux mois après leur publication.

ANNEXE

En vue de créer des revenus additionnels destinés à faire face aux besoins du Gouvernement chinois, les Puissances représentées à la Conférence, à savoir : les Etats-Unis d'Amérique, la Belgique, l'Empire Britannique, la Chine, la France, l'Italie, le Japon, les Pays-Bas et le Portugal sont convenues de ce qui suit :

Le tarif des droits de douane à l'importation en Chine adopté le 19 décembre 1918 à Shanghaï par la Commission de Revision du Tarif sera immédiatement revisé afin que le taux des droits soit équivalent à 5 % effectif *ad valorem*, comme il est prévu dans divers traités commerciaux auxquels la Chine est partie.

Une Commission de revision se réunira à Shanghaï à une date aussi rapprochée que possible pour effectuer cette revision sans retard et suivant les lignes générales de la dernière revision.

Cette Commission se composera de représentants des Puissances précitées et de représentants de toutes autres Puissances désirant siéger dans cette Commission dont le Gouvernement est actuellement reconnu par les Puissances participant à la présente Conférence et dont les traités avec la Chine comportent un tarif d'importation et d'exportation ne devant pas dépasser 5 % *ad valorem*.

La revision se fera aussi rapidement que possible de manière à être terminée dans les quatre mois qui suivront la date de l'adoption de la dite résolution par la Conférence de Washington.

Le tarif revisé entrera en vigueur aussitôt que possible après l'expiration d'un délai de deux mois consécutifs à la publication dudit tarif par la Commission de Revision.

Le Gouvernement des Etats-Unis qui a convoqué la présente Conférence est invité en cette qualité à communiquer immédiatement les termes de la présente résolution aux Gouvernements des Puissances qui, quoique non représentées à la dite Conférence, ont participé à la revision du tarif de 1918.

ART. 2. — Une Conférence spéciale sera chargée de prendre immédiatement les mesures nécessaires en vue de préparer l'abolition, dans le plus bref délai, des likins, ainsi que la réalisation des autres conditions mises par l'article 8 du traité entre la Grande-Bretagne et la Chine du 5 septembre 1902 et par les articles 4 et 5 du traité du 8 octobre 1903 entre les Etats-Unis et la Chine et par l'article 1 du traité sup-

plémentaire du 8 octobre 1903 entre le Japon et la
Chine, à la perception des surtaxes prévues auxdits
articles.

La Conférence spéciale sera composée de représentants tant des Puissances signataires que de celles qui,
désirant participer aux travaux de cette Conférence,
adhéreraient aux présent Traité conformément aux
dispositions de l'article 8 en temps utile pour que leurs
représentants soient en mesure de prendre part à
ces travaux. Elle se réunira en Chine dans les trois
mois après l'entrée en vigueur du présent Traité, au
lieu et à la date qui seront fixés par le Gouvernement
chinois.

ART. 3. — La Conférence spéciale prévue à l'ar-
tiele 2 étudiera les dispositions provisoires à appliquer jusqu'à l'abolition des likins et la réalisation des
autres conditions stipulées aux articles des traités
mentionnés à l'article 2 ; elle autorisera la perception
d'une surtaxe sur les importations soumises aux
droits. La Conférence décidera à partir de quelle
date, pour quelles destinations et dans quelles conditions cette surtaxe sera perçue.

La surtaxe sera fixée à un taux uniforme de 2 ½ %
ad valorem, sauf pour certains articles de luxe susceptibles, d'après la Conférence spéciale, de supporter
sans que cela constitue une entrave sérieuse au commerce une augmentation plus élevée. Dans ce dernier
cas, la surtaxe pourra être plus élevée sans dépasser
toutefois 5 % *ad valorem*.

ART. 4. — La révision immédiate du tarif des
droits de douane à l'importation en Chine, prévue à
l'article 1 sera suivie d'une nouvelle revision qui portera effet à l'expiration d'une période de 4 années à
partir de l'achèvement de la revision immédiate prévue ci-dessus, de façon à assurer que les droits de

douane correspondront effectivement aux taux *ad valorem* fixé par la Conférence spéciale prévue à l'article 2.

Après cette nouvelle revision et dans le même but défini ci-dessus, des revisions périodiques du tarif des droits de douane à l'importation en Chine auront lieu tous les sept ans. Ces revisions remplaceront les revisions décennales prévues par les traités actuels avec la Chine.

En vue d'éviter des retards, les revisions prévues au présent article seront effectuées selon des règles à déterminer par la Conférence spéciale de l'article 2.

ART. 5. — Pour toutes questions relatives aux droits de douane, il y aura égalité absolue de traitement et de chances pour toutes les Puissances Contractantes.

ART. 6. — Le principe de l'uniformité des droits de douane perçus sur toutes les frontières terrestres ou maritimes de la Chine est reconnu. La Conférence spéciale prévue à l'article 2 sera chargée d'arrêter les dispositions nécessaires à la mise en application de ce principe. Elle aura le pouvoir d'autoriser tels ajustements qui paraîtraient équitables dans les cas où le droit préférentiel à abolir avait été consenti comme contrepartie de quelque avantage économique se référant à des considérations locales.

Dans l'intervalle tous relèvements du taux des droits de douane ou surtaxes imposées à l'avenir en application du présent traité, seront perçus à un taux uniforme *ad valorem* sur toutes frontières terrestres ou maritimes de la Chine.

ART. 7. — Jusqu'au moment où les mesures visées à l'article 2 seront entrées en vigueur, le taux des permis de transit sera fixé à 2 ½ % *ad valorem*.

ART. 8. — Les Puissances non signataires au présent Traité, dont le Gouvernement est actuellement reconnu par les Puissances signataires et dont les traités actuels avec la Chine prévoient un tarif à l'importation et à l'exportation ne dépassant pas 5 % *ad valorem*, seront invités à adhérer au dit traité.

Le Gouvernement des Etats-Unis s'engage à faire les communications nécessaires à cet effet et à informer les Gouvernements des Puissances Contractantes des réponses reçues. L'adhésion des Puissances deviendra effective dès réception des notifications par le Gouvernement des Etats-Unis.

ART. 9. — Les dispositions du présent traité prévaudront sur toutes stipulations contraires des traités entre la Chine et les Puissances Contractantes, à l'exception des stipulations comportant le bénéfice du traitement de la nation la plus favorisée.

ART. 10. — Le présent traité sera ratifié par les Puissances Contractantes selon les procédures constitutionnelles auxquelles elles sont respectivement tenues. Il prendra effet à la date du dépôt de toutes les ratifications, dépôt qui sera effectué à Washington le plus tôt qu'il sera possible. Le Gouvernement des Etats-Unis remettra aux autres Puissances Contractantes une copie authentique du procès verbal de dépôt des ratifications.

Le présent traité, dont les textes français et anglais feront foi, restera déposé dans les archives du Gouvernement des Etats-Unis; des expéditions authentiques en seront remises par ce Gouvernement aux autres Puissances Contractantes.

En foi de quoi les Plénipotentiaires susnommés ont signé le présent Traité.

Fait à Washington le six février mil neuf cent vingt-deux.

CHARLES EVANS HUGHES	(L. S.)
HENRY CABOT LODGE	(L. S.)
OSCAR W. UNDERWOOD	(L. S.)
ELIHU ROOT	(L. S.)
BARON DE CARTIER DE MARCHIENNE	(L. S.)
(L. S.) ARTHUR JAMES BALFOUR	
(L. S.) LEE OF FAREHAM	
(L. S.) A. C. GEDDES	
(L. S.) R. L. BORDEN	
(L. S.) G. F. PEARCE	
(L. S.) JOHN W. SALMOND	
(L. S.) ARTHUR JAMES BALFOUR	
(L. S.) V. S. SRINIVASA SASTRI	
SAO-KE ALFRED SZE	(L. S.)
V. K. WELLINGTON KOO	(L. S.)
CHUNG-HUI WANG	(L. S.)
A. SARRAUT	(L. S.)
JUSSERAND	(L. S.)
CARLO SCHANZER	(L. S.)
V. ROLANDI RICCI	(L. S.)
LUIGI ALBERTINI	(L. S.)
(L. S.) T. KATO	
(L. S.) K. SHIDEHARA	
(L. S.) M. HANIHARA	
(L. S.) BEELAERTS VAN BLOKLAND	
(L. S.) W. DE BEAUFORT	
(L. S.) ALTE	
(L. S.) ERNESTO DE VASCONCELLOS.	

Ratifica dell'Italia : 5 agosto 1925.
Esecuzione per Legge : 4 settembre 1925, n. 2486.

VII.

22 febbraio 1922.

DRESDA.

Atto di navigazione dell'Elba e relativo Protocollo.

En vue de déterminer d'un commun accord, conformément aux stipulations du Traité de Versailles du 28 juin 1919, les règles concernant la navigation sur le réseau international de l'Elbe, l'Allemagne, agissant tant en son nom qu'au nom des Etats allemands riverains de l'Elbe, la Belgique, la France, la Grande-Bretagne, l'Italie, la Techécoslovaquie ont désigné pour leurs Plénipotentiaires, savoir :

LE PRÉSIDENT DU REICH ALLEMAND :

M. Arthur Seeliger, Ministre plénipotentiaire ;
M. Max Peters, Secrétaire d'Etat, Conseiller intime actuel ;
M. Hans Gottfried von Nostitz-Drzewiecki, ancien Ministre plénipotentiaire, Conseiller intime actuel ;
M. Johann Daniel Krönig, Conseiller d'Etat.

SA MAJESTÉ LE ROI DES BELGES :

M. Jules Brunet, Ministre plénipotentiaire.

LE PRÉSIDENT DE LA RÉPUBLIQUE FRANÇAISE :

M. André Charguéraud, Président de la Commission centrale du Rhin.

1922
22 febbraio

SA MAJESTÉ LE ROI DU
ROYAUME-UNI DE GRANDE-BRETAGNE ET D'IRLANDE
ET DES TERRITOIRES BRITANNIQUES AU DELÀ DES MERS
EMPEREUR DES INDES :

M. John Grey Baldwin.

SA MAJESTÉ LE ROI D'ITALIE :

Le Marquis Ranieri Paulucci de Calboli, Ambassadeur honoraire.

LE PRÉSIDENT
DE LA RÉPUBLIQUE TCHECOSLOVAQUIE :

M. Bohuslav Müller, Ministre plénipotentiaire, Secrétaire d'Etat au Ministère des Travaux publics ;
M. Antonin Klir, Professeur à la Haute Ecole Polytechnique tchèque de Prague ;

lesquels, après avoir échangé leurs pleins pouvoirs, trouvés en bonne et due forme, ont arrêtê les dispositions suivantes :

CHAPITRE I.

Réseau international.

ART. 1er. — Le réseau international de l'Elbe, ci-après désigné sous le nom d'Elbe, comprend l'Elbe depuis son confluent avec la Vltava (Moldau) jusque dans la pleine mer et la Vltava depuis Prague jusqu'à son confluent avec l'Elbe.

Ce réseau pourra être étendu par décision de l'Etat ou des Etats riverains territorialement intéressés, sous réserve du consentement unanime de la Commission visée à l'article 2.

CHAPITRE II.

Attributions et organisation
de la Commission internationale de l'Elbe.

ART. 2. — La Commission instituée par le Traité de Versailles et composée, aux termes de l'article 340 de ce traité, de :

4 représentants des Etats allemands riverains de l'Elbe ;

2 représentants de l'Etat tchécoslovaque ;

1 représentant de la Grande-Bretagne ;

1 représentant de la France ;

1 représentant de l'Italie ;

1 représentant de la Belgique ;

est chargée :

a) De veiller au maintien de la liberté de navigation et au bon état d'entretien de la voie navigable ainsi qu'à l'amélioration de cette voie ;

b) De se prononcer sur les plaintes auxquelles donne lieu l'application de la présente Convention ainsi que des règlements qu'elle prévoit ;

c) De constater si les tarifs appliqués répondent aux conditions stipulées par la présente Convention ;

d) De se prononcer sur les recours portés en appel devant elle ;

e) Et, d'une manière générale, d'exercer les attributions résultant des stipulations de la présente Convention.

La Commission fait procéder à toutes enquêtes et inspections qu'elle juge utiles par des personnes qu'elle désigne à cet effet. Elle doit faire participer les autorités des Etats riverains à toutes inspections et voyages exécutés par elle-même, ou par des personnes désignées par elle.

ART. 3. — Le siège légal de la Commission est fixé à Dresde.

ART. 4. — Suivant un tour de rôle arrêté par la Commission, la présidence est exercée par chacun des membres, depuis le début d'une session ordinaire obligatoire jusqu'à l'ouverture de la session ordinaire obligatoire suivante.

ART. 5. — La Commission tient normalement deux sessions ordinaires par an, chacune autant que possible dans le même mois, dont l'une est obligatoire et l'autre facultative. Elle se réunit, e . outre, en session extraordinaire, soit sur l'initiative de son Président, soit sur une demande formulée par deux délégations au moins.

Les convocations pour les sessions doivent être adressées aux membres au moins trois semaines à l'avance.

ART. 6. — La Commission ne peut délibérer valablement que si quatre délégations, représentant au moins six voix, sont présentes ou représentées.

Les décisions de la Commission sont prises à la majorité des voix, en dehors des cas spécifiés dans la présente Convention où une majorité spéciale est requise.

En cas de partage des voix, la voix du Président n'est pas prépondérante.

Quel que soit le nombre de ses membres présents, chaque délégation a un nombre de voix égal à celui des représentants auquel elle a droit.

ART. 7. — Il est établi au siège de la Commission un secrétariat qui comprendra un secrétaire-général et un secrétaire-général adjoint, assistés du personnel nécessaire.

Les membres du secrétariat sont nommés, rétribué et licenciés par la Commission.

Le Secrétaire-général et le secrétaire-général adjoint sont désignés par un vote unanime de la Commission. Ils ne peuvent pas appartenir à la même nationalité.

Le secrétaire-général est chargé notamment :

a) De la conservation des archives ;

b) De l'expédition des affaires courantes de la Commission ;

c) De présenter à la Commission un rapport annuel sur les conditions de la navigation et l'état de navigabilité du fleuve.

Le Secrétaire-genéral adjoint est associé à l'instruction de toutes les affaires et remplace le secrétaire-général empêché.

ART. 8. — Les Délégués, le secrétaire-général et son adjoint jouissent des privilèges diplomatiques d'usage. Ils recevront des Etats riverains, ainsi que les personnes désignées par la Commission, toutes les facilités nécessaires pour l'accomplissement des actes de leurs fonctions.

ART. 9. — Pour l'interprétation des Actes de la Commission, le texte français fait foi.

ART. 10. — Les frais et les émoluments des délégués sont supportés par les Gouvernements qu'ils représentent.

Les dépenses générales de la Commission sont réparties entre les Etats représentés proportionnellement au nombre de délégués auquel ils ont droit, dans la mesure où elles ne seraient pas couvertes par d'autres ressources dont la Commission déciderait la création.

ART. 11. — La Commission fixe dans un règlement intérieur les dispositions de détail relatives à son fonctionnement et à son organisation.

1922
22 febbraio

CHAPITRE III.

Regime de la Navigation.

§ 1. - Liberté de Navigation et egalité de Traitement.

ART. 12. — La navigation sur l'Elbe est librement ouverte aux navires, bateaux et radeaux de toutes les nations, à charge pour ceux-ci de se conformer aux stipulations de la présente Convention.

§ 2. - Droits et Redevances.

ART. 13. — Les ressortissants, les biens et les pavilions de toutes les nations seront, sous tous les rapports, traités sur le pied d'une parfaite égalité, de telle sorte qu'aucune distinction ne soit faite, au détriment des ressortissants, des biens et du pavillon d'une Puissance quelconque, entre ceux-ci et les ressortissants, les biens et le pavillon de l'Etat riverain lui-même, ou de l'Etat dont les ressortissants, les biens et le pavillon jouissent du traitement le plus favorable.

§ 3. - Transit.

ART. 14. — En dehors des droits de douane, d'octroi local ou de consommation, ainsi que des taxes prévues par la présente Convention, il ne sera perçu aucun droit, impôt, redevance ou péage d'aucune espèce qui frapperait directement la navigation.

ART. 15. — Le transit est libre sur l'Elbe, qu'il s'effectue directement ou après transbordement ou après mise en entrepôt.

Il ne sera perçu aucun droit du fait de ce transit.

§ 4. - Formalités douauières.

A. - *Transit direct.*

ART. 16. — Le capitaine, patron ou flotteur qui traverse en transit direct le territoire compris à l'in-

1922
22 febbraio

térieur des frontières douanières d'un Etat riverain a le droit de continuer son voyage, sans faire préalablement vérifier son chargement, à la condition, soit de laisser clore les ouvertures donnant accès à la cale qui ne seraient pas déjà closes, soit de recevoir à son bord des gardiens officiels, soit enfin de se soumettre à ces deux formalités douanières ensemble. Les gardiens n'ont droit gratuitement qu'au logement, au feu, à la lumière et à la nourriture.

A la sortie, la douane a le droit de procéder à la vérification des clôtures.

Les Etats riverains reconnaissent réciproquement leurs clôtures douanières. Le bénéfice de cette disposition est étendu aux autres Etats dont les clôtures seraient établies dans les mêmes conditions.

Sauf au cas où un soupçon légitime de contrebande basé sur des faits prouvés peut être relevé, ou lorsque les clôtures douanières ont été brisées, les autorités de l'Etat transité ne peuvent exiger la production du manifeste (article 35) d'un navire ou bateau qui a déjà été clôturé. Ce manifeste, établi en deux exemplaires est remis à cette autorité ; l'autre doit se trouver à bord.

ART. 17. — Lorsque des circonstances exceptionnelles ou quelque accident de nature à compromettre le salut, soit du navire ou bateau, soit de la cargaison, obligent un capitaine ou patron à rétablir les ouvertures donnant accès à la cale, il s'adresse à cet effet, aux employés de la douane la plus voisine et attend leur arrivée. Si le péril est imminent et qu'il ne puisse attendre, il doit en donner avis à l'autorité locale la plus proche qui procède à l'ouverture de la cale et dresse procès-verbal du fait.

Lorsqu'un capitaine ou patron a pris des mesures de son propre chef, sans demander ou sans attendre

1922
22 febbraio

l'intervention des employés de la douane ou de l'autorité locale, il doit prouver d'une manière suffisante que le salut soit du navire ou bateau, soit de la cargaison en a dépendu, ou qu'il a du agir ainsi pour éviter un danger pressant. En pareil cas, il doit, aussitôt après avoir écarté le péril, prévenir les employés de la douane la plus proche ou, s'il ne peut les trouver, l'autorité locale la plus voisine qu'il puisse trouver pour faire constater les faits.

Il doit agire de même dans le cas où les clôtures ont été rompues accidentellement.

ART. 18. — Dans le cas où, par suite des circonstances indiquées à l'article précédent, un capitaine, patron ou flotteur est obligé de relâcher à d'autres endroits que ceux visés à l'article 24, alinéa 1er, il doit se conformer aux stipulations suivantes :

1. S'il relâche dans un endroit où se trouve un bureau de douane, il est tenu de s'y présenter et d'observer les instructions qu'il en recevra.

2. S'il n'existe pas de bureau de douane au lieu de relâche, il doit immédiatement donner avis de son arrivée à l'autorité locale qui constate par procès-verbal les circonstances qui l'ont déterminé à relâcher et en donne avis au bureau de douane le plus voisin du même territoire.

3. Si, pour ne pas exposer les marchandises à d'autres dangers, on juge à propos de décharger le navire, bateau ou radeau, le capitaine, patron ou flotteur est tenu de se soumettre à toutes les mesures légales ayant pour objet de prévenir une importation clandestine. Les marchandises qu'il rêembarque pour continuer sa route ne sont assujetties à aucun droit d'entrée ou de sortie.

Dans le cas où un capitaine, patron ou flotteur agit de son propre chef, sans demander l'intervention des employés de la douane ou de l'autorité locale, les dispositions de l'article 17, alinéa 2, lui sont applicables.

ART. 19. — Lorsqu'un capitaine, patron ou flotteur est convaincu d'avoir tenté la contrebande, il ne peut invoquer la liberté de navigation de l'Elbe pour mettre soit sa personne, soit les marchandises qu'il a voulu importer ou exporter frauduleusement à l'abri des poursuites dirigées contre lui par les employés de la douane, sans cependant qu'une pareille tentative puisse donner lieu à saisir le reste du chargement, ni, en général, à procéder contre lui plus rigoureusement qu'il n'est prescrit par la législation en vigueur dans l'Etat riverain où la contrebande a été constatée.

Si les bureaux de douane d'un Etat découvrent une différence entre la cargaison et le manifeste, il est fait application au capitaine, patron ou flotteur, des lois du pays en vigueur contre les déclarations infidèles.

B. – *Transit avec Transbordement ou Allègement.*

ART. 20. — Les dispositions des articles 16 à 19 sont également applicables au transit avec transbordement ou allègement sous réserve des stipulations suivantes :

Le capitaine ou patron qui désire transborder toute ou partie de sa cargaison ou alléger son navire ou bateau fait part de son intention à l'autorité compétente de l'Etat riverain qui lève les clôtures, surveille les opérations de transbordement ou d'allègement et appose, s'il y a lieu, de nouvelles clôtures ; cette autorité vise la liste des marchandises déchargées et en remet, pour être annexé au manifeste, un exemplaire au capitaine ou patron. Celui-ci est alors autorisé à poursuivre, le cas échéant, sa route dans les mêmes conditions que précédemment.

Pour les marchandises déchargées et réexpédiées

par l'Elbe sur un autre navire ou bateau, il est établi un manifeste visé par l'autorité compétente ; cette autorité a également le droit d'apposer des clôtures sur ce navire ou bateau.

Toutes les autres marchandises sont soumises aux dispositions de l'article 22.

Art. 21. — Sur les points de l'Elbe où le transbordement des marchandises ou l'allègement des navires et bateaux est généralement pratiqué, les services nécessaires doivent être établis et organisés pour que les formalités visées à l'article 20 puissent être effectuées suivant les besoins de la navigation.

La liste de ces points est établie par les Etats riverains et approuvée par la Commission.

C. - *Importation, Exportation, Transit avec Changement de Mode de Transport, Entreposage.*

Art. 22. — En ce qui concerne les marchandises à l'importation, à l'exportation ou en transit avec changement de mode de transport, ainsi que les marchandises entreposées, les formalités de douane se règlent d'après la législation générale de l'Etat riverain sur le territoire duquel les opérations s'effectuent.

§ 5. — Dispositions générales.

Art. 23. — Toutes les facilités qui seraient accordées par l'un quelconque des Etats riverains sur d'autres voies de terre ou d'eau pour l'importation, l'exportation ou le transit, effectués dans les mêmes conditions, seront également concédées à l'importation, à l'exportation et au transit sur l'Elbe.

Les droits d'entrée et de sortie sur les marchandises dans les ports situés sur cette voie d'eau ne peuvent être plus élevés que ceux auxquels sont soumises les marchandises de même nature, de même provenance et de même destination à l'entrée ou à la sortie par toute autre frontière.

§ 6. — Régime des Ports.

ART. 24. — Chacun des Etats riverains fait connaître à la Commission, pour l'étendue de son territoire, tous les ports et lieux publics où les capitaines, patrons et flotteurs ont la faculté de déposer ou de prendre un chargement ou de se réfugier. Il en est de même pour les ports et débarcadères privés.

En ce qui concerne l'utilisation des ports et lieux publics ainsi que de leur outillage, et notamment l'affectation de places fixes à quai, les ressortissants, les biens et les pavillons de toutes les nations seront traités, sous tous les rapports, sur le pied d'une parfait égalité, de telle sorte qu'aucune distinction ne soit faite au détriment des ressortissants, des biens et du pavillon d'une Puissance quelconque, entre ceux-ci et les ressortissants, les biens et le pavillon de l'Etat riverain lui-même ou de l'Etat dont les ressortissants, les biens et le pavillon jouissent du traitement le plus favorable.

ART. 25. — Les Etats riverains veilleront à ce que dans les ports et lieux publics, visés à l'article 24, toutes dispositions nécessaires soient prises, suivant les besoins du trafic, pour faciliter le chargement, le déchargement et la mise en entrepôt des marchandises, et d'une manière générale, pour que l'outillage soit tenu en bon état.

L'affectation de places fixes à quai et d'autres installations dans les ports publics ne peut être faite que dans une mesure raisonnable et pleinement compatible avec le libre exercice de la navigation.

Les Etats riverains mettront en outre à la disposition de la navigation les emplacements nécessaires pour qu'elle puisse effectuer les opérations visées à l'article '21·

ART. 26. — L'utilisation des ouvrages et des installations des ports et lieux publics d'embarquement et de débarquement peut donner lieu à la perception de taxes et redevances raisonnables et égales pour tous les pavillons. Les tarifs seront communiqués à la Commission et affichés dans les ports.

Les taxes et redevances ne peuvent être exigées qu'autant que les ouvrages et installations pour l'usage desquels elles ont été établies ont été effectivement utilisés.

§ 7. - Services publics.

ART. 27. — Tout service public établi dans l'intérêt de la navigation sur l'Elbe ou dans un port situé sur cette voie d'eau doit comporter des tarifs publics appliqués uniformément et calculés de manière à ne pas excéder le prix du service rendu. Ces tarifs sont communiqués à la Commission.

Ces dispositions s'appliquent notamment aux services de pilotage tant à l'amont qu'à l'aval de Hambourg. En amont de ces ports, le pilotage n'est pas obligatoire.

§ 8. - Conditions requises pour la Navigation.

ART. 28. — Aucun navire, bateau ou radeau ne peut naviguer sur l'Elbe sans avoir à bord le titulaire d'un permis de navigation responsable de la conduite du navire, bateau ou radeau et assisté du personnel prescrit par les règlements de police de la navigation, sauf les exceptions prévues par ces règlements.

ART. 29. — Le permis de navigation est délivré dans les conditions déterminées par le règlement visé à l'article 30 :

1. Aux candidats qui ont établi leur domicile dans l'un des pays riverains, par les autorités de ce pays ;

1922
22 febbraio

2. Aux candidats n'ayant pas leur domicile dans l'un des pays riverains, soit par les autorités d'un des pays riverains, soit par la Commission.

ART. 30. — Pour obtenir un permis, il faut avoir pratiqué la navigation sur l'Elbe et avoir subi avec succès un examen de capacité. Les conditions à remplir et le programme de l'examen sont déterminés par un règlement établi comme il est dit à l'article 37 pour les règlements de police de la navigation.

ART. 31. — Chaque permis de navigation mentionne les catégories d'engins flottants que le titulaire est autorisé à conduire et les parties de la voie d'eau sur lesquelles il a le droit de naviguer.

Le permis est valable quelle que soit la nationalité du navire, bateau ou radeau conduit par le titulaire.

ART. 32. — L'autorité qui a délivré un permis a seule le droit de le retirer.

La Commission peut toutefois exiger le retrait d'un permis dont le titulaire aurait fait preuve d'un incapacité constituant un danger pour la navigation.

Le permis devra être retiré au titulaire qui aura été condamné soit pour contravention grave et réitérée aux règlements concernant la sécurité et la police de la navigation, soit pour faits répétés de contrebande, soit pour crimes contre la propriété.

ART. 33. — Toute personne faisant partie de l'équipage d'un bateau naviguant sur l'Elbe doit être munie d'un carnet de route délivré dans les conditions fixées à l'article 29 et suivant un modèle établi par la Commission.

ART. 34. — Tout navire ou bateau naviguant sur l'Elbe doit être muni d'un certificat constatant qu'il

remplit à tous égards les conditions de sécurité nécessaires à la navigation sur la partie du fleuve qu'il
utilise et qui sont fixées dans un règlement établi
comme il est dit à l'article 37 pour les règlements de
police de la navigation.

Le certificat de navigabilité est délivré par les autorités compétentes des Etats riverains, pour les navires et bateaux appartenant à leurs ressortissants.
Chacun des Etats contractants peut proposer à la
Commission d'agréer des organismes spécialement
qualifiés pour la délivrance de ce certificat.

Si un Etat riverain juge nécessaire de contrôler à
ses frais les indications du certificat, ce contrôle
ne peut porter, en ce qui concerne les bateaux chargés, que sur les dimensions extérieures du bateau.

Les radeaux doivent satisfaire aux conditions déterminées par un règlement établi comme il est dit
à l'alinéa 1er.

ART. 35. — A bord de tout navire, bateau ou radeau naviguant sur l'Elbe, doivent se trouver un rôle
d'équipage et, s'il y a lieu, un manifeste indiquant le
poids et la nature des marchandises chargées, le nombre, la nature et les marques des colis ainsi que leurs
lieux de chargement et de déchargement. Pour les
radeaux, le manifeste indique le nombre, l'espèce et
le poids des bois flottés.

ART. 36. — Les dispositions des articles 28 et 35
ne sont applicables ni aux navires de mer naviguant
entre la pleine mer et Hambourg et Harbourg, ni aux
bateaux normalement affectés à la navigation intérieure sur ce secteur.

Lorsque les navires de mer naviguent à l'amont des
ports visés à l'alinéa précédent, les membres de l'équipage ne sont pas soumis aux dispositions de l'article 33.

1922
22 febbraio

§ 9. - **Règlements de Police.**

ART. 37. — Les Etats riverains soumettent des projets de règlements de police de la navigation à la Commission, qui établit le texte définitif de ces règlements : ceux-ci doivent être aussi uniformes que possible et sont mis en vigueur dans chacun de ces Etats par un acte législatif ou administratif de l'Etat appelé à en assurer l'application.

Les Etats riverains communiquent à la Commission les règlements qu'ils édictent pour la police et l'exploitation des ports.

ART. 38. — Les Etats riverains communiquent à la Commission les dispositions législatives et administratives concernant la police générale et toutes les autres matières susceptibles d'intéresser la navigation. Ces dispositions ne doivent, ni dans leur teneur, ni par leur application, entraver, sans motifs valables, le libre exercice de la navigation.

CHAPITRE IV.

Ouvrages et Travaux.

ART. 39. — Chaque Etat riverain est tenu d'exécuter à ses frais les travaux d'entretien du chenal, des chemins de halage en usage et des ouvrages, d'assurer la manoeuvre de ces ouvrages ainsi que l'éclairage et le balisage, de prendre les dispositions nécessaires à l'effet d'écarter tous obstacles ou dangers pour la navigation, et d'une manière générale, de maintenir cette navigation dans de bonnes conditions.

Si, en assurant l'entretien prévu à l'alinéa précédent, un Etat riverain réalise des améliorations, il doit également prendre à sa charge les travaux courants y afférents.

ART. 40. — Sur la section formant frontière entre l'Allemagne et la Tchécoslovaquie, les deux Etats riverains déterminent, d'un commun accord, le mode d'exécution des travaux visés à l'article 39, ainsi que la répartition des dépenses entre eux. A défaut d'une telle entente, la décision appartiendra à la Commission.

ART. 41. — Les Etats riverains fourniront à la Commission la description sommaire de tous travaux autres que ceux visés à l'article 39, qu'ils se proposent d'exécuter ou d'autoriser sur l'Elbe. Cette disposition s'applique tant aux travaux d'amélioration exécutés dans l'intérêt de la navigation qu'à tous autres travaux, tels notamment que les travaux de défense contre les inondations, ainsi que ceux qui concernent les irrigations et l'utilisation des forces hydrauliques.

La Commission ne peut interdire l'exécution de tels travaux qu'en tant qu'ils auraient des conséquences préjudiciables à la navigation. Dans ses décisions la Commission doit tenir compte de tous les intérêts de l'Etat riverain qui se propose d'exécuter ou d'autoriser ces travaux.

Si dans le délai de deux mois à dater de la communication, la Commission n'a formulé aucune observation, il pourra être procédé sans autres formalités à l'exécution desdits travaux. Dans le cas contraire, la Commission devra prendre une décision définitive dans le plus bref délai possible, et au plus tard dans les quatre mois qui suivront l'expiration du premier délai.

ART. 42. — La Commission peut, à titre exceptionnel, décider que les dépenses d'établissement de grands travaux d'amélioration et éventuellement les frais d'entretien supplémentaires qu'entraînent ces travaux ou les frais de fonctionnement des ouvrages dont ils comporteraient la construction, pourront être couverts, en tout ou en partie, par des taxes d'un taux modéré. Le projet de tarifs, contenant notamment l'époque proposée pour le commencement de la perception, devra être soumis à la Commission avec le projet des travaux. Aucune taxe ne peut être établie ni perçue sans une approbation explicite de la Commission, dont le vote n'est acquis que s'il réunit les voix de sept délégués au moins. La Commission a la faculté de limiter à une période déterminée la durée de perception des taxes. Ces taxes ne pourront être prélevées que sur les catégories de navires, bateaux et radeaux dont les travaux auront permis ou facilité la navigation. Elles ne devront en aucun cas excéder, pour chacune des diverses catégories de navires, bateaux et radeaux, le prix du service rendu. Le produit des taxes doit être esclusivement affecté aux travaux qui ont donné naissance à leur établissement.

Art. 43. — Sur la base des propositions d'un Etat riverain, la Commission pourra établir un programme de travaux d'amélioration dont l'exécution serait d'un intérêt primordial.

Sauf motif légitime d'opposition d'un des Etats riverains, fondé soit sur les conditions mêmes de la navigabilité sur son territoire, soit sur d'autres intérêts tels que, entre autres, le maintien du régime normal des eaux, les besoins de l'irrigation, l'utilisation de la force hydraulique ou la nécessité de la construction d'autres voies de communication plus avantageuses, un Etat riverain ne pourra se refuser à exécuter les travaux compris dans ledit programme, à condition de n'être pas tenu de participer directement aux dépenses.

Toutefois, ces travaux ne pourront pas être entrepris tant que l'Etat sur le territoire duquel ils doivent être exécutés s'y oppose du chef d'intérêts vitaux.

CHAPITRE V.

Tribunaux.

ART. 44. — Les Etats riverains font connaître à la Commission le siège et le ressort des tribunaux appelés à juger les contraventions aux prescriptions des règlements de police de la navigation, ainsi que les autres affaires intéressant la navigation, qui seront énumérées dans une convention ultérieure. Le siège de ces tribunaux doit être situé dans des localités aussi rapprochées du fleuve que possible.

ART. 45. — La procédure des tribunaux visés à l'article 44 est réglée par la législation de chaque Etat riverain.

Elle doit être aussi simple et aussi prompte que possible.

ART. 46. — L'appel des jugements rendus par lesdits tribunaux pourra être porté, au gré des parties, soit devant la juridiction du pays dans lequel le jugement a été rendu, soit devant la Commission statuant au contentieux.

ART. 47. — La procédure de l'appel devant la Commission, ainsi que les détails d'application des dispositions du présent chapitre, seront déterminés par la convention visée à l'article 44. Cette convention, additionnelle à la présente Convention, sera élaborée et conclue dans les mêmes conditions que cette dernière.

CHAPITRE VI.

Dispositions diverses.

§ 1. - Uniformisation des Règles applicables en ce qui concerne le Commerce et la Navigation sur l'Elbe.

ART. 48. — La Commission poursuivra, notamment par l'élaboration de projets de convention à soumettre aux Etats intéressés, l'uniformisation du droit et des règles applicables en ce qui concerne le commerce et la navigation sur l'Elbe, ainsi que des conditions généraux du travail du personnel de la navigation intérieure employé sur cette voie d'eau.

§ 2. - Application de la Convention en Temps de Guerre.

ART. 49. — Les stipulations de la présente Convention subsistent en temps de guerre dans toute la mesure compatible avec les droits et devoirs des belligérants et des neutres.

Au cas où des événements de guerre obligeraient l'Allemagne à prendre des mesures ayant pour effet d'empêcher le libre transit de la Tchécoslovaquie sur l'Elbe, l'Allemagne s'engage à fournir à la Tchécoslovaquie, sauf impossibilité matérielle, une autre voie, autant que possible équivalente, sous réserve de l'observation des mesures de sécurité militaire qui seraient requises.

§ 3. - Bacs.

ART. 50. — Les dispositions de la présente Convention ne s'appliquent ni aux bacs, ni aux autres moyens de passage d'une rive à l'autre.

§ 4. Actes antérieurs.

ART. 51. — Les traités, conventions, actes et arrangements relatifs à l'Elbe sont maintenus dans toutes leurs dispositions qui ne sont pas contraires aux stipulations de la présente Convention.

§ 5. Règlements des Différends.

ART. 52. — La Commission statue sur toute question relative à l'interprétation et à l'application de la présente Convention.

Au cas où un différend surgirait du chef de ses décisions pour motif d'incompétence ou de violation de la Convention, chacun des Etats contractants pourra en saisir la Société des Nations, suivant la procédure prévue pour le règlement des différends, après que la Commission aura constaté qu'elle a épuisé tous les moyens de conciliation. Pour tout autre motif, la requête en vue du règlement du différend ne pourra être formée que par l'Etat territorialement intéressé.

§ 6. Ratification et Entrée en vigueur.

ART. 53. — Les ratifications de la présente convention seront déposées au secrétariat-général de la Commission dans le plus bref délai possible et, au plus tard, le 31 mars 1923.

La convention entrera en vigueur trois mois après la clôture du procès-verbal de dépôt des ratifications.

En foi de quoi les plénipotentiaires susnommés ont signé la présente convention, rédigée en un seul exemplaire qui sera déposé dans les archives de la Commission internationale de l'Elbe et dont une expédition authentique sera remise à chacune des Puissances signataires.

Fait à Dresde, le 22 février 1922.

(L. S.) SEELIGER
(L. S.) PETERS

(*L. S.*) Von Nostitz   1922
(*L. S.*) Kronig   22 febbraio
(*L. S.*) J. Brunet
(*L. S.*) A.-Chargueraud
(*L. S.*) John Baldwin
(*L. S.*) Paulucci de Calboli
(*L. S.*) Ing. Bohuslav Müller
(*L. S.*) Ing. Dr. Klir.

PROTOCOLE DE CLOTURE.

Au moment de procéder à la signature de l'Acte
de Navigation de l'Elbe, et en vue d'en préciser le
sens, les plénipotentiaires soussignés sont convenus
de ce qui suit :

Ad Art. 1er. — Il est entendu que la Commission
sera appelée à déterminer d'une manière précise le
point extrême d'amont du réseau international sur
la Vltava.

Ad Art. 3. — Il est entendu que la Commission
peut tenir des sessions hors de son siège dès qu'elle
le juge utile.

Ad Art. 4. — Il est entendu que deux délégués
de la même nationalité ne peuvent pas se suivre
immédiatement à la Présidence, et qu'un même membre ne peut être Président qu'une seule fois dans une
période de dix ans.

Ad Art. 10. — Il est entendu que, en vue de
l'application de l'article 10, les dispositions de l'article 26 n'excluent pas un prélèvement sur les taxes
prévues dans ce dernier article.

Ad Art. 15. — 1. Il est entendu que l'interdiction visée à l'alinéa 2 de l'article 15 ne s'applique pas
aux redevances perçues par les autorités douanières
lorsqu'il est fait appel à leurs services en dehors des
heures d'ouverture des bureaux ou en dehors des
emplacements déterminés où les opérations douanières doivent s'effectuer. Le personnel employé à
ces opérations ne doit pas dépasser celui qui est strictement nécessaire.

2. L'Allemagne s'engage à admettre que l'Administration postale tchécoslovaque effectue le trans-

port sur l'Elbe en transit, sans ou avec transbordement, dans des cales clôturées de bateaux, des colis postaux en provenance ou à destination de la République tchécoslovaque. Il est entendu que les colis postaux en question ne peuvent pas contenir des objets énumérés dans l'article 2 de la Convention postale universelle de Madrid, du 30 novembre 1920. L'Allemagne s'engage à ne frapper ce transit d'aucuns droit postal ou frais postaux de transit. Les modalités réglant l'exécution de cet engagement feront l'objet d'un accord spécial entre les deux Etats, qui entrera en vigueur à la même date que l'Acte de Navigation.

Ad ART. 32. — Il est entendu que les dispositions de l'article 32 ne portent pas atteinte au droit qui appartient légalement au titulaire d'un permis d'exercer un recours contre la décision de retrait.

Ad ART. 39. — Il est entendu que l'état de navigabilité de l'Elbe qui doit être maintenu par les travaux visés à l'article 39, ne doit pas être inférieur à celui qui existait en 1914.

Ad ART. 42. — Il est entendu que les dispositions de l'article 42 ne portent pas atteinte aux droits et obligations résultant du paragraphe 53 de l'acte additionnel du 13 avril 1844, ainsi que de l'article 1er du traité du 22 juin 1870 dans ses rapports avec ledit paragraphe 53.

Ad ARTICLES 44 à 47. — Il est entendu que les tribunaux visés dans les articles 44 à 47 comprennent également les autorités administratives chargées de prononcer des peines en matière de contraventions aux règlements de police de la navigation.

Ad ART. 47. — Il est entendu que les dispositions de l'article 47 ne préjugent pas des droits et obligations résultant du Traité de Versailles.

Ad ART. 49. — 1. Il est entendu que l'utilisation de la nouvelle voie visée à l'article 49 pourra se faire dans toute la mesure compatible avec les droits et devoirs des belligérants et des neutres.

2. Dans le cas visé à l'alinéa 2 de l'article 49, où, par suite d'impossibilité matérielle, une voie autant que possible équivalente à l'Elbe ne serait pas fourni à la Tchécoslovaquie, les Etats signataires s'efforceront de procurer à celle-ci d'autres moyens de communication avec la mer.

Il est en outre entendu que, pour l'application de tous les articles de l'Acte de Navigation de l'Elbe, en parlant des Etats riverains et des Etats territorialement intéressés on vise également l'Allemagne.

En foi de quoi, les soussignés ont dressé le présent protocole, qui aura la même force et durée que l'acte auquel il se rapporte.

Fait à Dresde, le 22 février 1922.

SEELIGER
PETERS
VON NOSTITZ
KRONIG
J. BRUNET
A. CHARGUERAUD
JOHN BALDWIN
PAULUCCI DI CALBOLI
Ing. BOHUSLAV MULLER
Ing. Dr. KLIR.

Ratifica dell'Italia : 31 marzo 1923.
Esecuzione per R. Decreto : 27 maggio 1923, n. 2397.

VIII.

11 marzo 1922.

BERNA-ROMA.

Convenzione fra l'Amministrazione Italiana delle poste e telegrafi e quella delle Poste e ferrovie della Svizzera per la posa, l'attivazione ed il mantenimento del nuovo cavo telefonico del Sempione.

Le càble télégraphique-téléphonique Brigue-Simplon-Iselle étant complètement occupé et de nouvelles liaisons téléphoniques internationales devant être établies par la voie du Simplon, le Ministère des Postes et des télégraphes du Royaume d'Italie et le Département des postes et des chemins de fer de la Confédération suisse ont décidé la pose à frais communs dans le tunnel du Simplon d'un nouveau càble téléphonique qui restera propriété commune des deux Etats, et ont convenu de ce qui suit :

ART. 1. — Le nouveau càble téléphonique reliera le bureau télégraphique et téléphonique de Brigue à travers le tunnel avec la gare d'Iselle.

Le càble devra satisfaire, en tant que construction et fonctionnement, aux conditions prévues dans le cahier des charges pour la fourniture et le montage, annexé à la présente.

Le cahier des charges, approuvé par les signataires de la présente convention, est considéré comme faisant partie intégrante de la convention même.

ART. 2. — La Direction Générale des télégraphes suisses et la Direction Générale des services électriques au Ministère des postes et des télégraphes d'Italie mettront chacune en adjudication la fourniture et le montage du tronçon de càble à poser dans leur territoire respectif.

Elles veilleront, chacune, à la stricte observation du cahier des charges.

ART. 3. — Le càble sera posé par les soins de l'Administration suisse dans le canal qui contient le càble télégraphique-téléphonique déjà existant ainsi que les càbles à courant faible du chemin de fer.

Un accord sera conclu à ce sujet entre la Direction Générale des télégraphes suisses et l'Administration des chemins de fer fédéraux. Il devra être approuvé et ratifié par le Ministère royal des postes et des télégraphes d'Italie et par le département des postes et des chemins de fer de la Confédération suisse.

ART. 4. — Chacun des deux Etats aménagera sur son territoire un local approprié pour l'installation des boîtes de fermeture de l'extrémité du càble, des appareils de protection de celui-ci ainsi que des isolateurs de départ de la ligne aérienne.

Ce local devra, en outre, pouvoir être librement utilisé pour le placement provisoire des instruments nécessaires aux mesures de réception et de vérification du càble et des lignes aériennes.

La boîte de fermeture sera fournie et montée par le fornisseur de la section finale du càble et les appareils de protections seront fournis et montés par la Direction Générale des télégraphes suisses, tant à Brigue qu'à Iselle.

ART. 5. — Dès que le càble sera prêt à être mis en service, chacune des deux parties signataires de la présente convention déléguéra sur place deux fonctionnaires qui, de concert avec les délégués des fournisseurs, procéderont aux mesures et essais de réception mentionnés dans le cahier des charges. Ils rédigeront un procès-verbal en quadruple expédition dont un exemplaire sera remis à chacune des parties intéressées.

En cas de contestation sur les résultats, les deux Administrations prendront, d'un commun accord, telles mesures, qui leur paraîtront opportunes.

ART. 6. — Chacune des deux Administrations pourvoira directement au payement du càble à poser sur son territoire.

L'Administration suisse fournira le bout de càble compris entre la frontière et la première épissure en territoire italien. Les frais de ce bout de càble seront à la charge de l'Administration italienne.

ART. 7. — Les frais, debours et dépenses ci-après énumérés seront supportés en commun par les deux Administrations :

1. Les frais d'ouverture et de fermeture du canal ou la quote-part proportionnelle de ces frais dans le cas où les Chemins de fer fédéraux poseraient en même temps et dans le même canal un ou plusieurs càbles pour leur service ;

2. Les frais de déroulement du càble ;

3. Les frais d'ouverture et de fermeture des canalisations de raccordement aux deux extrémités du càble ;

4. Les frais de fourniture et de montage des appareils de protection aux deux extrémités du càble et

5. En général tous frais, débours et toutes dépenses quelconques résultant de l'établissement du càble.

La répartition de ces frais entre les deux parties contractantes se fera proportionnellement à la longueur de càble placée sur le territoire de chacun des deux Etats intéressés. Il est convenu et admis que le point-frontière à l'intérieur du tunnel se trouve à 9066.1 mètres du portail Nord du tunnel.

ART. 8. — Le Ministère des postes et des télégraphes du Royaume d'Italie payera à l'Administration suisse, dans le courant du mois qui suivra celui de la présentation des comptes y relatifs, les frais du bout de càble mentionné à l'article 6, alinéa, ainsi que sa quote part aux frais énumerés à l'article 7.

ART. 9. — Le département fédéral s'engage :

1. à intercaler, dans le bureau de Brigue, vingt bobines de translation appropriées aux caractéristiques du càble et des circuits aériens ;

2. à faire exécuter à ses frais les travaux de ligne qu'exige, en territoire suisse, le raccordement au nouveau câble du Simplon de trois circuits téléphoniques aboutissant, le premier à la station téléphonique centrale de Genève, le deuxième à la station téléphonique centrale de Berne et le troisième à la station téléphonique centrale de Bàle. Le département fédéral s'engage à faire établir ce dernier raccordement Brigue-Bâle sous forme d'un circuit combiné en utilisant, à cet effet, le circuit actuel Milan-Francfort s/M en fil de bronze de 4,5 mm. de diamètre, dégagé des bobines Pupin, à titre d'essai, et le circuit Milan-Bàle en fil de bronze 4 mm.

Les deux premiers des trois circuits précités qui aboutiront l'un à Genève et l'autre à Berne seront constitués, sur leurs parcours aériens, chacun de deux fils de bronze de 3 mm. de diametre e sur le parcours souterrains de deux conducteurs de cuivre de 1 mm. de diamètre au moins.

Des dispositions spéciales encore à arrêter d'un commun accord régleront les conditions d'exploitation de ces deux circuits.

Engagement est pris de la part du Département

fédéral des Postes et des Chemins de fer de faire terminer tous les travaux de ligne afférents à la pose des deux lacets ainsi qu'à la constitution du circuit combiné Brigue-Bâle au plus tard à l'époque fixée dans le cahier des charges pour la réception définitive du nouveau càble téléphonique Brigue-Simplon-Iselle.

De son côté, le Ministère des Postes et des Télégraphes d'Italie s'engage à faire établir à ses frais et dans le même délai deux circuits téléphoniques en fil de bronze de 3 mm. de diamètre entre l'extrémité sud du nouveau càble et la station téléphonique centrale de Milan, et de constituer, sur le même parcours, un circuit combiné à l'aide des circuits existants Milan-Bàle en fil de bronze de 4 mm. et Milan-Francfort s/M en fil de bronze de 4,5 mm. dégagé des bobines Pupin, à titre d'essai.

Rattachés par l'intermédiaire du nouveau càble téléphonique, les deux circuits à établir de part et d'autre en fil de bronze de 3 mm. formeront l'un une communication téléphonique directe Genève-Milan et l'autre une communication téléphonique directe Berne-Milan, tandis que les combinés Brigue-Bâle et Iselle-Milan serviront à former, également par l'intermédiaire du nouveau càble téléphonique du Simplon, une deuxième communication Bàle-Milan.

Faculté est laissée aux Directions Générales des Services télégraphiques et téléphoniques des deux Pays de décider en cas d'opportunité, la prolongation d'une de ces deux liaison téléphoniques Bàle-Milan, et d'arrêter, sur la base des Ordonnances et Règlements internationaux en vigueur, les détails de telle décision.

Les mêmes Directions Générales sont autorisées, en outre, à procéder, en tout temps et d'un commun accord, à des modification dans l'état d'occupation des deux càbles du Simplon. Il est admis, en principe, que le càble existant sera affecté au service télégraphique et le nouveau càble au service téléphonique.

ART. 10. — L'exécution de tous travaux et de toutes mesures qu'exigera l'entretien du càble en bon état de fonctionnement est confiée à l'Administration des télégraphes et des téléphones suisses, l'intervention d'un seul Office permettant de simplifier et d'activer ces travaux.

Pour ce qui est du payement des frais qu'occasionneront ces travaux et mesures, il est convenu que chacun des deux Etats prendra à sa charge les dépenses qui découleront de l'entretien en bon état d'exploitation du parcours du càble sur son territoire.

La Direction générale des télégraphes suisses établira pour chaque cas de dérangement ou d'interruption qui se sera produit sur le parcours du càble compris entre le point-frontière désigné à l'article 7 et la gare d'Iselle un relevé des débours qu'auront occasionné la vérification, la recherche et la levée de défauts ou avaries constatées. Le relevé des débours sera communiqué, avec pièces à l'appui, à la Direction Générale des services électriques d'Italie pour le remboursement dans le courant du mois qui suivra celui de la présentation du relevé.

ART. 11. — Il est convenu que les conditions stipulées à l'article 10 au sujet du payement des frais d'entretien sont également applicables au càble télégraphique-téléphonique Brigue-Simplon-Iselle et que l'article 11 de la Convention passée en date du 5 mai 1905 entre les mêmes parties contractantes est remplacé, en conséquence, par les dispositions qui font l'objet de l'article 10 de la présente convention.

ART. 12. — La présente convention entre immédiatement en vigueur.

Les dispositions relatives à l'entretien des deux câbles pourront être modifiées en tout temps et dans un délai de 6 mois après demande écrite de l'une des parties contractantes.

Ainsi, fait en double expédition.

Berne, le 11 mars 1922.

*Le Département des postes
et des chemins de fer de la Confédération Suisse :*
HAAB.

Rome, le 11 mars 1922.

*Le Ministre des postes et des télégraphes
du Royaume d'Italie :*
LUIGI FULCI.

*Esecuzione per Decreto Legge: 7 gennaio 1923, n. 193.
Convertito in legge : 10 luglio 1925, n. 2098.*

IX.

11 marzo 1922.

PARIGI.

Accordo finanziario concluso dai Ministri delle finanze dell'Italia, del Belgio, della Francia, e della Gran Bretagna concernente le spese di occupazione da pagarsi dalla Germania, seguito da una Dichiarazione e da scambi di note.

I.

ARRANGEMENT FINANCIER DU 11 MARS 1922.

Les Gouvernements de la Belgique, de la France, de la Grande-Bretagne, de l'Italie et du Japon, respectivement représentés par les soussignés, ont convenu des dispositions qui suivent :

ART. 1er. — I. – Les payements à effectuer par l'Allemagne au titre des frais des armées d'occupation de la Belgique, de la Grande-Bretagne et de la France postérieurs au 1er mai 1922 sont fixés aux montants annuels suivants, les dépenses visées aux articles 8 à 12 de l'Arrangement du 28 juin 1919 exclues :

Francs belges	102.000.000
Livres sterling	2.000.000
Francs français	460.000.000

II. – Les chiffres ci-dessus correspondent aux effectifs suivants :

Armée belge	19.300
Armée britannique	15.000
Armée française............	90.400

Ils ont été établis sur la base d'un montant total de 220 millions de marks or. De ce montant on a déduit tout d'abord, pour être allouée à l'Armée britannique afin de couvrir son coût plus élevé, une somme de 10.950.000 marks or, correspondant à un supplément de 2 marks or par homme et par jour. Le surplus, soit 209.050.000 marks or a été réparti au prorata des effectifs envisagés. Les conversions en monnaies nationales ont été faites au cours moyen des changes de décembre 1921.

1922
11 marzo

III. – Les chiffres ci-dessus, définitivement fixés au regard de l'Allemagne pour l'année commençant le 1er mai 1922, pourront être revisés avant le 1er mai de chacune des années postérieures à 1922, pour l'année suivante commençant le 1er mai, conformément aux règles ci-après :

1. Il y aura lieu a augmentation si l'effectif global des trois armées est augmenté en compensation d'une diminution égale de l'effectif américain ; l'augmentation sera proportionnelle à l'augmentation d'effectifs, compte tenu, dans la mesure où il y aura lieu, du supplément de deux marks or par homme et par jour pour l'armée britannique.

2. Il y aura lieu à diminution si l'effectif global des trois armées est réduit. La diminution sera proportionnelle à la réduction d'effectifs, compte tenu, dans la mesure où il y aura lieu, du supplément de deux marks or par homme et par jour pour l'armée britannique. Il y aura lieu également à diminution si l'effectif britannique est réduit sans variation de l'effectif global, de maniére à tenir compte de la suppression partielle du supplément de deux marks or par homme et par jour alloué à l'armée britannique.

Pourtant aucune réduction ne sera effectuée tant que le coût des trois armées, calculé sur la base du

coût unitaire français avec le supplément de deux
marks' or par homme et par jour pour l'armée britannique ne sera pas inférieur à la charge totale stipulée au paragraphe I.

3. Si la dépense pour une année de l'ensemble
des trois armées calculée sur la base du coût du soldat
français avec supplément de deux marks or par jour
pour le soldat britannique est inférieure à la charge
totale fixée pour l'année, la différence sera bonifiée
à l'Allemagne sur le montant à payer l'année suivante.

IV. – L'Allemagne payera aux Gouvernements
belge, britannique et français, respectivement en
douze mensualités, les sommes fixées au paragraphe I,
sous-rêserve des dispositions de l'Article 2 ci-après.

Les Gouvernements belge, britannique et français,
feront entre eux, à la fin de chaque année commençant le 1er mai, les ajustements nécessaires pour que la
somme définitivement attribuée à chacun d'eux pour
l'anné corresponde aux effectifs moyens réels entretenus par chacun d'eux pendant l'année.

V. – Les Gouvernements intéressés arrêteront
également chaque année et tout d'abord pour l'année
commençant le 1er mai 1922, le montant des sommes
en marks papier destinées à couvrir les dépenses des
prestations mises à la charge de l'Allemagne par les
Articles 8 à 12 de l'Arrangement de Versailles du 28
juin 1919 et les règles de répartition de ce montant
entre les trois armées.

VI. – Si des dispositions spéciales d'ordre militaire sont décidées par les Puissances alliées à titre
de mesures de précaution et de coercition, les dépenses en résultant seront réclamées à l'Allemagne par
application de l'article 249 du Traité de Versailles
en sus des montants ci-dessus définis.

ART. 2. — Les Gouvernements signataires confirment le mandat qu'ils ont donné à la Commission des Réparations d'assurer le recouvrement des frais des armées d'occupation, et d'en faire l'objet d'un compte distinct. Ils demandent également que la Commission des Réparations prennent en considération les obligations de l'Allemagne telles qu'elles résultent d'une · part de l'Etat des Payements, de l'autre de l'article 249 du Traité, lorsqu'en réponse à la note allemande du 28 janvier 1922, elle fixera le montant des payements à effectuer par l'Allemagne pendant l'année 1922, tant en espèces qu'en nature.

Ils lui demandent également de débiter chacune des Puissances intéressées au compte des frais de son armée d'occupation du 1er mai 1921 au 31 décembre 1922 à due concurrence, de la valeur des prestations en nature reçues par elle pendant la même période (y compris le produit du « Reparation Recovery Act » et de toutes dispositions législatives correspondantes prises en exécution de la décision des Gouvernements Alliés du 3 mars 1921).

ART. 3. — La France disposera de 65 p. 100 et les autres Puissances Alliées disposeront de 35 p. 100 du montant global des prestations en nature que l'Allemagne sera tenue de mettre, en 1922, à la disposition des Puissances Alliées aux termes de la décision à intervenir de la Commission des Réparations.

Pour cette répartition, le produit du « Reparation Recovery Act britannique » et de toutes dispositions législatives correspondantes prises par les autres Puissances Alliées, en exécution de la décision des Gouvernements Alliés du 3 mars 1921, sera considéré comme une livraison en nature.

Les 35 p. 100 des payements en nature à faire par l'Allemagne en 1922 seront, après déduction de la part de la Grande-Bretagne (fixée à 24 p. 100 de la somme à distribuer entre les Puissances autres que la France), répartis entre les autres Puissances dans les proportions de l'Arrangement financier de Spa, sous réserve des réajustements nécessaires, au cas où l'une des Puissances intéressées prendrait une quantité de livraisons en nature inférieure à la parte qui lui revient.

Il ser attribué à l'Italie, sur ces 35 p. 100, une somme de 240 millions de marks or comprenant les quantités qui ne pourraient pas être utilisées par les autres Alliés.

Les Gouvernements intéressés interdiront la réexportation des livraisons en nature ainsi reçues.

ART. 4. — Les Gouvernements signataires consentent à la mise en application pour une période de trois ans, des dispositions de l'accord de Wiesbaden du 6 octobre 1921, au sujet desquelles la Commission des Réparations a indiqué la nécessité de leur assentiment préalable et notamment des dispositions relatives à l'inscription au crédit de l'Allemagne et au débit de la France de la valeur des prestations en nature livrées en exécution de l'Accord, sous les réserves suivantes :

1. Le montant des règlements différés n'excédera pas :

350 millions en 1922 ;
750 millions en 1923 ;
750 millions en 1924.

2. Le montant restant dû à la fin de 1924 sera payé par la France, avec les intérêts stipulés dans l'Accord, en dix annuités égales commençant le 1er mai 1926, par imputation sur les sommes dues à la France chaque année au titre des réparations.

A moins que l'application de l'Arrangement ne soit continué pendant une période plus longue, d'accord entre les puissances, la France ne devra, au cours d'aucune année postérieure à 1926, recevoir, soit en espèces, soit en nature, des sommes qui, ajoutées auxdites annuités, auraient pour résultat de procurer à la France, au cours d'une de ces années, un montant supérieur à sa part totale, telle qu'elle est fixée par les arrangements interalliés, dans les payements totaux de l'Allemagne, pendant ladite année, y compris l'annuité due par la France.

ART. 5. — Les Gouvernements signataires consentent à la mise en application, sous réserve de l'approbation de la Commission des Réparations, d'Arrangements analogues à celui de Wiesbaden, du 6 octobre 1921, qui seraient passés par toute Puissance participant aux Reparations pour recevoir des livraisons en nature, pourvu que la valeur des livraisons effectuées en vertu des Annexes 2 à 6 à la Partie VIII du Traité de Versailles et en exécution des Arrangements dont il s'agit, à recevoir par d'autres Puissances que la France (y compris le produit du « Reparation Recovery Act britannique » et de toutes dispositions législatives correspondantes prises par les autres Puissances alliées en exécution de la décision des Gouvernements alliés du 3 mars 1921), n'excède pas en 1922 35 p. 100 du montant total des prestations en nature que l'Allemagne sera tenue de mettre, en 1922, à la disposition des Puissances Alliées aux termes de la décision à intervenir de la Commission des Réparations.

ART. 6. — Dans la limite de la part qui lui est allouée, chacune des Puissances ayant un crédit au titre des réparations conservera, sans pouvoir être tenue, à quelque époque que ce soit, à aucun reversement en espèces, la valeur des livraison en nature reçues par elle jusqu'au 21 décembre 1922, y compris le produit du « Reparation Recovery Act britannique » et de toutes dispositions législatives correspondantes prises par les autres Puissances Alliées en exécution de la décision des Gouvernements Alliés du 3 mars 1921.

Pour déterminer en 1923 et les années suivantes la part de chaque Puissance sur les payements effectués par l'Allemagne au titre des réparations, il sera tenu compte, sous réserve des dispositions des Articles 4 et 5 et de tous accords interalliés antérieurs, des sommes reçues par cette Puissance au titre des réparations, jusqu'au 31 décembre 1922, majorées des intérêts à 5 % l'an, à partir du 1er janvier 1923.

ART. 7. — Les Gouvernements signataires prennent acte de l'accord intervenu le 7 octobre 1921 entre la France et l'Allemagne relativement au prix des charbons livrés et à livrer par l'Allemagne à la France en exécution de l'Annexe 5 à la partie VIII (1) du Traité de Versailles. En conséquence, l'Allemagne sera créditée et la France sera débitée pour ses charbons conformément aux dispositions du paragraphe 6 a de ladite Annexe.

Les Gouvernements signataires appuieront l'Italie pour lui permettre d'obtenir les mêmes conditions, et en tout cas, l'Italie sera débitée au titre de l'Article 235, pour les charbons reçus par elle avant le 1er mai 1921, conformément au dispositions du paragraphe 6 a, toute différence entre le débit ainsi déterminé et le crédit à donner à l'Allemagne étant réglée, s'il y a lieu, conformément aux dispositions de l'article 12 ci-après.

---

(1) Vedi vol. 24° pag. 241 della presente Raccolta.

ART. 8. — Sur le montant des versements en espèces effectués par l'Allemagne en 1921 en exécution de l'article 5 de l'Etat des payements, il sera prélevé par application des dispositions de l'article 251 du Traité de Versailles et de l'accord interallié du 16 juin 1919 relatif à la priorité belge :

a) 500 millions de mark-or pour être attribués à la Grande-Bretagne à valoir sur les frais de son armée d'occupation avant le 1er mai 1921.

b) 140 millions de marks-or pour être attribués à la France à valoir sur les frais de son armée d'occupation avant le 1er mai 1921.

Le surplus des dits versements en espèces ainsi que ceux qui seront effectués après 1921 seront attribués à la Belgique en acompte sur sa priorité jusqu'à extinction de cette dernière, excepté toutefois la somme de 172 millions de lires italiennes actuellement déposées à la Banque d'Italie qui sera allouée à l'Italie en compte « Réparations ».

Le reliquat des soldes créditeurs de la Grande-Bretagne et de la France au 1er mai 1921 sera remboursé, à dater du présent arrangement, par prélévements égaux sur les ressources ci-après, jusqu'à extinction de ces soldes :

a) Recettes en espèces réalisées par la Commission des Réparations après le 1er mai 1921 en dehors des annuités de l'Etat des payements.

b) Après extinction de la priorité belge, premières recettes en espèces réalisées par la Commission des Réparations en dehors ou au titre des annuités de l'Etat des payements.

Il ne sera crédité ou débité aucun intérêt en ce qui concerne les règlements visées au présent article.

ART. 9. — La France sera débité, dans les comptes de répartitions, de la valeur des mines de la Sarre jusqu'à concurrence de 300 millions de marks-or dans les mêmes conditions que s'il s'agissait d'une livraison en nature effectuée en 1922 ; les dispositions de l'article 6 du présent arrangement seront applicables à ce débit. Au cas où la valeur des mines de la Sarre fixée par la Commission des Réparations serait supérieure à 300 millions de marks-or, l'excédent serait réglé par la répartition entre les Puissances participant aux réparations, d'Obligations « C » pour un montant égal audit excédent prélevé sur la parte de la France dans le total des Obligations « C ».

Art. 10. — Les Etats-Unis, la Grande-Bretagne et la France recevront au titre de leur créance spéciale définie par le dernier alinéa de l'article 232 du Traité de Versailles, un lot d'obligations de valeur nominale égale au montant de cette créance telle que la Commission des Réparations l'arrêtera. Ce lot d'obligations sera prélevé sur l'ensemble des obligations à remettre par l'Allemagne en exécution de l'Etat des payements, et chacune des séries A, B, C, figurera dans ce lot au prorata de son importance totale.

La disposition ci-dessus, pour autant qu'elle concerne les Etats-Unis d'Amérique, est subordonnée à l'approbation du Gouvernement des Etats-Unis d'Amérique.

Art. 11. — La Commission des Réparations fixera la dette des réparations de l'Autriche et de la Hongrie conformément à l'article 179 du Traité de Saint-Germain et à l'article 163 du Traité de Trianon.

Quel que soit le résultat auquel la Commission des Réparations arrivera, le montant total à répartir entre les Puissances participant aux réparations, ne pourra être inférieur au montant total de la valeur des biens transférés par l'Autriche et la Hongrie en vertu des Traités de Saint-Germain et de Trianon majorés de 6 milliards de marks or et de la dette de la Bulgarie, fixée par l'article 121 du traité de Neuilly.

Aussitôt quelles auront été créées, un lot d'obligations des séries C prélevé sur l'ensemble des obligations de ces séries, d'une valeur nominale égale au montant des dettes fixées comme ci-dessus, sera réparti entre les Puissances participant aux réparations conformément aux pourcentages fixés par l'article 2 de l'arrangement de Spa.

Si, au moment de la création des obligations des séries C, la Commission des Réparations n'a pas pris la décision prévue à l'alinéa I ci-dessus, elle répartira néanmoins immédiatement un lot d'obligations des séries C prélevé sur l'ensemble des obligations de ces séries, conformément aux pourcentages . fixés par l'article 2 de l'arrangement de Spa et pour le total nominal de 6 milliards de marks-or plus le montant de la dette de la Bulgarie.

Les Puissances qui recevront des payements en espèces ou en nature de l'Autriche, de la Hongrie e de la Bulgarie, remettront à la Commission des Réparations, pour être annulées, des obligations des séries C d'une valeur nominale égale à celle desdits payements.

Le mode de payement des propriétés d'Etat situées dans les territoires transférés par l'Autriche et la Hongrie et de la contribution aux dépenses de libération visée dans l'Arrangement du 10 septembre, modifié par celui du 8 décembre 1919, sera réglé conformément aux dispositions de l'arrangement ci annexé.

Les Puissances intéressées qui ne sont pas parties au présent Arrangement auront la faculté d'adhérer aux dispositions de l'Annexe visée par le présent article.

ART. 12. — Au cas où il y aurait une différence entre les sommes dont l'Allemagne serait créditée et celles dont les Puissances alliées seraient débitées en conséquence d'un accord interallié relatif, aux livraisons en nature, inscrites au compte de l'article 235, l'équilibre sera rétabli par la répartition des obligations des séries C effectuée de la manière suivante :

On supposera que l'Allemagne a été créditée de ces livraisons au prix dont la puissance intéressée a été débitée en vertu du dit accord et que le chiffre définitif total des obligations C a été fixé en conséquence.

Les obligations C seront réparties entre les Puissances conformément à l'Arrangement financier de Spa. Mais la Puissance intéressée sera tenue d'annuler, sur le montant d'obligations C qu'elle aura reçu une valeur nominale égale à la différence entre la somme dont elle a été débitée et celle dont l'Allemagne aura été créditée.

La Belgique ne devant, conformément à l'Arrangement financier de Spa, être débitée d'aucune somme au titre des navires de mer qui lui ont été alloués ou transférés, les dispositions ci-dessus ne s'appliquent pas à cette Puissance en ce qui concerne les dits navires.

ART. 13. — Le présent Arrangement est fait sous réserve de tous droits des Etats-Unis.

ART. 14. — Les Puissances signataires du présent Arrangement demanderont aux Gouvernements Alliés et Associés qu'il intéresse d'y adhérer dans le plus bref délai possible.

Paris, le 11 mars 1922.

G. Theunis
Ch. de Lasteyrie
R. S. Horne
C. Peano.

1922
11 marzo

(ANNEXE)

ARRANGEMENT
RELATIF A L'APPLICATION DE L'ACCORD DU 8 SEPTEMBRE 1919.

Les Gouvernements de la Belgique, de la France, de la Grande-Bretagne, de l'Italie et du Japon, s'étant rendu compte qu'il est désirable en vue du renvoi de l'exécution des réparations de la part de l'Autriche prévues par le Traité de Saint-Germain, d'adopter de nouvelles mesures remplaçant les bons de libération destinés à satisfaire aux obligations de l'Italie, de l'Etat S. H. S. et de la Roumanie pour les dépenses occasionnées par la guerre de libération des territoires de l'ex-monarchie austro-hongroise, transférés à chacun des dits Etats ainsi que pour le payement de la valeur des propriétés et des autres biens qui leur ont été transférés, ont consenti à ce qui suit :

1. Les bons de la série C, qui devront être émis et délivrés d'après l'Etat des Payements notifiés à l'Allemagne le 5 mai 1921, seront distribués – pour un montant équivalent aux sommes déjà créditées ou qui auraient du être créditées à l'Autriche, conformément au Traité de Saint-Germain, à la suite du transfert des propriétés et des biens de l'ex-monarchie austro-hongroise ainsi que des livraisons déjà exécutées par l'Autriche ou en vertu de tout autre titre – entre les Puissances ayant droit aux réparations.

Cette distribution aura lieu entre les Puissances susdites d'après le pourcentage sur la base duquel doit être réparti le total des réparations reçues de la part de l'Autriche, conformément à l'article 2, a) et b), de l'accord signé à Spa, le 16 juillet 1920 et des accords supplémentaires (1).

2. Les Gouvernements de l'Italie, de l'Etat S. H. S. et de la Roumanie s'engagent à remplir leurs obligations respectives quant au payement de la valeur des propriétés et des biens de l'ex-monarchie austro-hongroise qui ont été transférés à chacun d'eux par le Traité de Saint-Germain, en cédant à la Commission des Réparations, en vue de leur annulation, une partie des bons des Séries C tout entières, auxquels ils ont respectivement droit, pour un montant équivalent, en valeur capitale, à la valeur capitale des propriétés et des biens susmentionnés.

Le coût des armées d'occupation italiennes dans les territoires autrichiens sera déduit de la valeur des propriétés et des biens transférés à l'Italie.

---

(1) Vedi vol. 26º pag. 406 della presente Raccolta.

3. L'Italie, l'Etat S. H. S. et la Roumanie s'engagent à remplir leurs obligations respectives aux termes des arrangements signés à Saint-Germain le 10 septembre 1919 et modifiés à Paris le 8 décembre 1919 pour le payement des frais de libération des territoires de l'ex-monarchie austro-hongroise qui leur ont été transférés, par les livraisons à la Commission des Réparations d'une partie des bons des séries C, auxquels ils auront droit, pour un montant équivalent, en valeur capitale au montant de leurs obligations respectives. De ce montant on déduira les pourcentages respectifs, auxquels les Etats susmentionnés ont droit dans l'attribution desdites sommes d'après l'article 2 a, et b, de l'accord signé à Spa le 16 juillet 1920.

4. La Commission des Réparations sera chargée de distribuer la série C des bons livrés, d'après le n. 3 du présent arrangement, aux Puissances autres que celles qui ont livré les bons et qui ont droit aux réparations, dans les mêmes proportions des droits desdites Puissances sur les bons à répartir d'après le N. 1 du présent Arrangement.

5. Le présent Arrangement ne préjugera en rien à la distribution des sommes qui seront payées par l'Autriche, la Hongrie et la Bulgarie, au titre des réparations, ni à tout arrangement éventuel concernant les bons des séries C, en rapport aux dites sommes.

Si l'une des Puissances cessionaires des territoires de l'Autriche et de la Hongrie ne disposait pas d'obligations des séries C en quantité suffisante pour effectuer les règlements prévus ci-dessus, la valeur des biens qui lui ont été transférés et sa contribution aux dépenses de libération seront acquittées pour la part qui ne pourrait être réglée par la remise d'obligations des séries C, conformément aux dispositions de l'Arrangement du 10 septembre 1919, modifié par celui du 8 décembre 1919.

6. Le présent Arrangement annuel − en ce qu'ils contiennent de stipulations contraires − les Arrangements précédents conclus entre les hautes parties contractantes et contenues dans les accords des 10 septembre et 8 décembre 1919 ainsi que dans celui de Spa du 16 juillet 1920 ou dans tout autre accord.

Les dispositions prévues aux nn. 2, 3 et 4 ne seront pas mises en exécution avant que la Tchécoslovaquie et la Pologne aient rempli de leur côtés les obligations contractés par les accords susmentionnés les 10 septembre et 8 décembre 1919, eu égard, en ce qui concerne la Pologne, à l'article 10 de l'accord de Spa du 16 juillet 1920.

II.

DECLARATION DES MINISTRES DES FINANCES DU 11 MARS 1922.

Par l'Accord dont le texte est ci-dessus, les Ministres des Finances ont procédé au règlement du passé et abouti à une entente complète au sujet des diverses questions soulevées par la répartition des versements allemands.

Au cours de leur entretiens, les Ministres des Finances ont envisagé la question générale des réparations : ils ont considéré que – conformément au Traité de Versailles et aux déclarations des Gouvernements – la question était d'une façon générale du ressort exclusif de la Commission des Réparations ; mais ils ont été unanimes à reconnaître l'intérêt primordial qu'il y aurait à ce que les Gouvernements interviennent auprès de leurs Délégués à la Commission des Réparations pour leur signaler la nécessité d'envisager le plus tôt possible des solutions concrètes permettant d'assurer le payement des réparations, tant par l'assainissement des finances allemandes, réalisé au moyens d'un contrôle effectif, que par l'émission d'emprunts extérieurs contractés par l'Allemagne gagés sur le produit des droit de douanes ou d'autres ressources du Reich que la Commission des Réparations choisirait et qui seraient destinés à amortir une partie du capital de sa dette.

Les Ministres se sont également entretenus du règlement des dettes contractées par les Puissances Alliées européennes entre elles pendant la guerre.

Paris, le 11 mars 1922.

G. Theunis
Ch. de Lasteyrie
R. S. Horne
C. Peano.

III.

DÉPENSES DE L'ARMÉE AMÉRICAINE D'OCCUPATION.

1. LETTRE DE M. R. W. BOYDEN, DÉLÉGUÉ NON OF-
   FICIEL DES ETATS-UNIS A LA COMMISSION DES
   RÉPARATIONS.

18 rue de Tilsitt, Paris
10 mars 1922.

*Memorandum pour les Ministres des Finances de la
Grande-Bretagne, de la France, de l'Italie et de la
Belgique.*

J'ai reçu ce matin un càble de Washington me donnant comme instruction de vous signaler que les frais
d'occupation de l'armée des Etats-Unis jusqu'au
1er mai 1921 s'élèvent approximativement à dollars
241.000.000. Les Gouvernements Alliés, à l'exception possible de la Grande-Bretagne, ont reçu leur
frais d'occupation intégralement jusqu'au 1er mai
1921 et les frais d'occupation de l'armée britannique
paraissent devoir être intégralement remboursés
en conformité avec les présents arrangements. Par
suite de ce qui précède le Gouvernement des Etats-
Unis s'attend à obtenir le payement intégral des frais
de son armée d'occupation avec l'intérêt couru à
partir du 1er mai 1921 avant qu'aucune partie des

payements allemands ne soit répartie pour les réparations ou pour tout autre but.

En ce qui concerne les frais courants, on m'a chargé de déclarer que le Gouvernement des Etats-Unis insistera pour obtenir leur payement intégral mais que, s'il reçoit l'assurance que ce payement sera effectué, il ne prévoit aucune difficulté en ce qui concerne l'arrangement des détails pratiques du payement.

Signé : R. BOYDEN
*Délégué non officiel des Etats-Unis
à la Commission des Réparations.*

III.

RÉPONSE DES MINISTRES DES FINANCES DE BELGIQUE,
DE FRANCE, DE GRANDE-BRETAGNE ET D'ITALIE.

11 mars 1922.

Monsieur le Délégué,

Nous avons l'honneur de vous accuser réception du
memorandum que vous avez bien voulu nous remettre à la date du 10 mars 1922, au sujet du payement
des dépenses de l'armée americaine d'occupation.

Cette communication a été l'objet de notre plus
sérieuse considération. Vous voudrez bien trouver
ci-joint le texte de l'arrangement signé à Paris aujour-
d'hui même. Un article spécial a été inséré dans ce
document pour répondre aux préoccupations expri-
mées dans le memorandum que vous avez bien voulu
nous faire parvenir.

Tout en réservant ainsi les droits des Etats-Unis
d'Amérique, de quelque manière qu'ils soient ultérieurement définis, nous estimons que nos décisions
étant prises en vertu du Traité de Versailles auquel
le Gouvernement des Etats-Unis n'est pas partie,
la question dont vous avez saisis concerne nos Gouvernements respectifs et devrait faire l'objet de communications adressées directement par la voie diplomatique aux Gouvernements Alliés par le Gouvernement des Etats-Unis d'Amérique.

Veuillez agréer, Monsieur le Délégué, l'assurance
de notre haute considération.

G. THEUNIS
CH. DE LASTEYRIE
R. S. HORNE
C. PEANO.

IV.

FRAIS D'OCCUPATION.

RÉMBOURSEMENT DE DÉPENSES ENGAGÉES POUR L'OC-
CUPATION DE DUSSELDORF, DUISBURG, RUHRORT
ET À L'OCCASION DE L'ULTIMATUM DU 5 MAI 1921
À L'ALLEMAGNE.

1. LETTRE DE LA COMMISSION DES REPARATIONS AUX GOUVERNEMENTES.

COMMISSION DES RÉPARATIONS.
—

LA COMMISSION DES REPARATIONS,
AU GOUVERNEMENT FRANÇAIS, (1)

Paris, le 8 mars 1922.

La Commission des Réparations à l'honneur de faire connaître au Gouvernement français qu'elle juge nécessaire, pour s'acquitter de la tâche que lui impose le mandat qu'elle a reçu d'exécuter les dispositions de la Partie IX du Traité de Versailles, de demander aux Gouvernements alliés des instructions relativement à certaines questions qui se posent au sujet du coût des armées d'occupation.

Le Traité de Versailles, qui confère expressément à la Commission des Réparations le droit de fixer des interprétations ayant force de loi vis-à-vis de l'Allemagne, en ce qui concerne les dispositions de la Partie VIII, ne donne aucun pouvoir de ce genre, soit

(1) La même lettre a été adressée aux Gouvernements belge, britannique et italien.

à la Commission, soit aux Gouvernements alliés, relativement à la Partie IX. Il est donc permis au Gouvernement allemand de présenter des objections contre toutes interprétations des dispositions de la Partie IX adoptées par la Commission dans l'exécution du mandat qu'elle à reçu des Puissances, et la Commission n'aurait pas le droit de passer outre à ces objections.

Parmi les points au sujet desquels des difficultés d'interprétation de ce genre pourraient se présenter se trouvent les suivants :

Dans certaines des demandes présentées, il apparaît des réclamations pour :

1. Frais résultant de l'occupation des territoires situés en dehors de la zone d'occupation prévue par le Traité, par suite des mesures prises par la première conférence de Londres.

2. Frais encourus en anticipation de mesures analogues pour le cas où l'ultimatum de mai 1921 aurait été rejeté.

La question de savoir si l'on peut admettre ces frais peut dépendre de l'interprétation que l'on donnera à l'expression « Armées des Gouvernements alliés et associés dans les territoires allemands occupés » dans l'article 249, ou bien de celle des pouvoirs généraux qu'ont les Gouvernements alliés d'imposer à l'Allemagne le coût des opérations entreprises par eux pour assurer l'exécution du Traité.

La Commission des Réparations serait heureuse de savoir quelle attitude les Gouvernements alliés ont l'intention d'adopter relativement aux questions indiquées ci-dessus et elle a l'honneur de proposer au Gouvernement français de s'entendre avec les autres Gouvernements intéressés en vue de la décision à prendre.

JOHN BRADBURY
LEON DELACROIX.

IV.

DÉCISION DES MINISTRES ALLIÉS DU 11 MARS 1922.

Les Ministres des Finances de la Grande-Bretagne, de la France, de l'Italie et de la Belgique ont examiné la question qui a été posée aux Gouvernements alliés par la Commission des Réparations à la date du 8 mars 1922 et relative :

1. Aux frais résultant de l'occupation des territoires situés en dehors de la zone d'occupation prévue au Traité par suite de mesures prises par la Conférence de Londres de mars 1921.

2. Aux frais encourus en anticipation de mesures analogues pour le cas où l'ultimatum aurait été rejeté.

Ils ont, au nom de leurs Gouvernements, reconnu que l'Allemagne doit rembourser ces dépenses comme frais des armées d'occupation.

Il demeure entendu que ces dépenses peuvent être soumises au contrôle général qui s'exerce sur les frais des armées d'occupation.

Paris, le 11 mars 1922.

G. Theunis
Ch. de Lasteyrie
R. S. Horne
C. Peano.

X.

14 marzo 1922.

VIENNA.

Tre protocolli per la liquidazione della banca austro-ungarica.

PROTOCOLE GENERAL DU 14 MARS 1922.

Les représentants des Etats suivants :

M. le Dr. Dolzani, représentant du Royaume d'Italie,

S. E xc. M. Bilinski, représentant de la République Polonaise,

M. Antonesco, représentant du Royaume de Roumanie,

MM. le Dr. Ploj et le Dr. Novakovitch, représentants du Royaume des Serbes-Croates-Slovènes,

M. le Dr. Roos, représentant de la République Tchécoslovaque,

S. Exc. le Dr. Reisch et M. le Dr. Thaa, représentants de la République d'Autriche,

S. Exc. M. Popovics, représentant du Gouvernement Royal Hongrois, sous réserve :

a) de l'approbation de la Commission des Réparations.

b) de l'adhésion définitive du Gouvernement italien ainsi que des Gouvernements qui se sont réservés le droit de ratifier en dernier ressort ou de faire ratifier par leur Parlement les ont convenu ce qui suit :

ART. 1. — Les Gouvernements Autrichien et Hongrois renoncent définitivement pour le présent et pour l'avenir, à toutes leurs prétentions et revendications sur l'encaisse or de la Banque d'Autriche-Hongrie en liquidation, revendications et prétentions dérivant, de l'avis de ces deux Gouvernements, tant des accords intervenus entre eux et la Banque d'Autriche-Hongrie, que des lois autrichiennes et hongroises et des articles 208 et 191 des Traités de Saint-Germain et de Trianon.

ART. 2. — L'Autriche et la Hongrie, s'engagent à verser aux liquidateurs la somme de Cr. or 5,000,000 pour racheter leurs obligations envers les Gouvernements d'Italie, de Pologne, de Roumanie, de l'Etat Serbe-Croate-Slovène et de la Tchécoslovaquie, du chef des titres déposé à la Banque d'Autriche-Hongrie par les Gouvernements Autrichien et Hongrois anciens et nouveaux et servant de couverture soit aux billets émis après le 27 octobre 1918, soit aux billets émis avant cette date et qui se trouvaient le 15 juin 1919 sur le territoire de ces Etats, mais hors des limites de l'ancienne Monarchie austro-hongrois.

Les Liquidateurs prélèveront ce montant sur la première répartition qui sera faite à valoir sur l'encaisse or, à savoir :

Cr. or 2,500,000 sur la quote-part revenant à l'Autriche et

Cr. or 2,500,000 sur la quote-part revenant à la Hongrie.

Cette somme de 5.000.000 sera répartie par les Liquidateurs entre les cinq Etats suivants. Italie, Pologne, Roumanie, Serbie-Croatie-Slovènie et Tchêco-Slovaquie, proportionnellement au montant du certificat des billets postérieurs au 27 octobre 1918 qui leur sera délivré.

Le montant des billets postérieurs au 27 octobre 1918 sera obtenu en déduisant de la somme totale des billets déclarés le chiffre qui, en vertu de la clef dont il sera question à l'article VI, est considéré comme représentant les billets antérieurs au 27 octobre 1918. Ce montant sera augmenté ou diminué du solde net résultant e l'exécution des accords de juin 1921 concernant la reprise des actifs et passifs commerciaux, accords faisant partie intégrante du présent protocole.

Les Etats signataires reconnaissent que l'annulation des titres prévue par le § 10 des articles 206 e 189 des Traités de Saint-Germain et de Trianon n'a pas comme conséquence l'annulation des droits des Gouvernements détenteurs des billets en couverture desquels ces titres avaient été déposés.

ART. 3. — Les Gouvernements Autrichien et Hongrois s'engagent par application des articles 248, lettre b), et 249, lettre j), du Traité de Saint-Germain et des articles 231, lettre b), et 232, lettre j), du Traité de Trianon à indemniser la Liquidation de la Banque d'Autriche-Hongrie pour tout ou partie des avoirs de celle-ci bloqués ou séquestrés par les Puissances Alliées ou Associées.

Cette indemnisation correspondra à tout montant

qui ne sera pas utilisé à payer directement ou indi-rectément des créanciers en monnaies ou devises étrangeres, de la Banque d'Autriche-Hongrie en liquidation et qui sera porté, par les Offices ou orga-nes compétents des dites Puissances Alliées ou Asso-ciées, au crédit des Gouvernements Autrichien ou Hongrois en vertu des articles sus-mentionnés des Traités de Saint-Germain et de Trianon.

Le règlement de la quote-part incombant au Gou-vernement Autrichien dans cette indemnisation, se fera conformément à l'article 12 de la Loi Fédérale du 16 juillet 1921 (Bulletin fédéral des lois, n. 393), dont le texte fait partie intégrante du présent accord.

Pour le règlement de la quote-part lui incombant, le Gouvernement Hongrois s'oblige à procéder comme le Gouvernement Autrichien.

Les Gouvernements Autrichien et Hongrois s'obli-gent à indemniser la Banque d'Autriche-Hongrie en liquidation, dans les mêmes conditions que ci-dessus, pour les actifs de la Liquidation qui ne pour-raient être réalisés que par l'intermédiaire des Offices de Vérification et de Compensation, conformément aux stipulations des articles 248 et 231.

Art. 4. — Sous réserve du paiement à la Hongrie du solde net en sa faveur des comptes en monnaies étrangères de diverses Caisses d'Etat, les Gouverne-ments Autrichien et Hongrois déclarent que les seules créances qu'ils reconnaissent pouvoir produire à la Liquidation sont celles qui dérivent des billets antérieurs au 27 octobre 1918 qu'ils pourront pré-senter à la Liquidation en vertu de la clef de discri-mination visée par l'article VI.

En outre les Gouvernements Autrichien et Hongrois renoncent à toute créance, de quelque nature qu'elle soit qu'ils pourront avoir envers la Banque d'Autriche-Hóngrie en liquidation.

ART. 5. — Considérant que les Gouvernements Autrichien et Hongrois,

ont consenti, d'une part à la Liquidation, les concessions ci-dessus exposées (voir §§ I, II, III et IV), et

qu'ils ont accepté, d'autre part, un pourcentage inférieur à celui de l'Italie, de la Pologne, de la Roumanie, de l'Etat-Serbe-Croate-Slovène et de la Tchéco-Slovaquie en adhérante à la chef de discrimination visée par l'article VI.

les dits cinq Etats énumérés ci-dessus se déclarent d'accord, en ce qui les concerne, pour que les Liquidateurs libèrent l'Autriche et la Hongrie de toutes les obligations des Gouvernements Autrichien et Hongrois anciens et actuels envers la Liquidation, ou envers eux-mêmes comme porteurs de billets antérieurs ou postérieurs au 27 octobre 1918.

Cette libération est subordonnée à l'exécution du présent accord par l'Autriche et la Hongrie.

L'Italie, la Pologne, la Roumanie, l'Etat Serbe-Croate-Slovène, la Tchéco-Slovaquie et l'Autriche déclarent ne renoncer à la créance sur l'Administration et l'Etat Hongrois pour solde des dommages causés à la Banque par le Régime des Soviets, que tout autant qu'aucun de ces Etats ne serait pas obligé, soit directement par la Hongrie, soit indirectement par une autorité ou commission quelconque, de payer des billets recueillis par un de ces Etats en territoire hongrois de quelque manière et pour quelque cause que ce soit.

Les Liquidateurs auront le droit de retenir et de bloquer un montant de titres du Gouvernement Hongrois, correspondant au montant de la créance, jus-

qu'au moment où ils seront certains qu'aucune prétention contre un des Etats signataires pour les causes
ci-dessus ne pourrait être émise.

Si, à la fin de la Liquidation, ce différend n'était
pas réglé, les Liquidateurs auront le droit de consi-
gner les titres entre les mains d'une tierce personne
ou autorité avec la mention de la clause ci-dessus.

Les Gouvernements Autrichien et Hongrois déclarent qu'ils ne mettront pas en cause la Banque
d'Autriche-Hongrie en liquidation lors du règlement
des affaires pouvant dériver des accords qu'il sont
passés soit entre eux, soit avec les Départements autrichien ou hongrois (Oesterreichische et Ungarische
Geschäftsführungen) de la Banque d'Autriche-Hongrie.

ART. 6. — Les Etats déclarent être en mesure de
présenter à la Liquidation le montant suivant de
billets :

Autriche	7.428	millions de	Cr.	a.	h.	
Hongrie	8.500	»	»	»	»	»
Italie	3,500	»	»	»	»	»
Pologne............	2,739	»	»	»	»	»
Roumanie..........	8,717	»	»	»	»	»
Etat Serbe-Croate-Slo-						
vène	5,686	»	»	»	»	»
Tchêco-Slovaquie ...	5,357	»	»	»	»	»

44,927

Le montant total des billets devra être présenté à
la Liquidation, sauf exemption déjà accordée par la
Commission des Réparations à l'Autriche.

Pour éviter toute perte de temps et tous frais à la

Liquidation, les Représentants de l'Italie, de la Pologne, de la Roumanie, de l'Etat Serbe-Croate-Slovène, de la Tchéco-Slovaquie, de l'Autriche et de la Hongrie ont convenu de déterminer, d'accord entre eux, et sur la base forfaitaire suivante, le montant maximum des billets antérieurs au 27 octobre 1918 que chacun d'eux pourrait produire à la Liquidation :

Autriche	4,000	millions de Cr. a. h.
Hongrie	4.000	» » » » »
Italie	2,500	» » » » »
Pologne.............	2,150	» » » »
Roumanie...........	6,100	» » » » »
Etat Serbe-Croate-Slovène	4,270	» » » »
Tchéco-Slovaquie ...	6,100	»

29,120

Au cas où un des Etats ci-dessus présenterait un montant total de billets supérieur à celui qu'il a déclaré sa quote-part de billets antérieurs au 27 octobre 1918 resterait invariable.

Si, au contraire, un Etat successeur n'est pas en mesure de presenter un montant total de billets égal à celui qu'il a déclaré, sa quote-part de billets antérieurs au 27 octobre 1918 sera diminuée proportionnellement.

Le résultat de la règle de trois : $\dfrac{B \times C}{A} = X$

donnera le montant définitif qui pourra être considéré comme billets antérieurs au 27 octobre 1918 pour tout Etat qui aura présenté une quantité de billets inférieure à celle qu'il avait déclarée, étant entendu que l'on désigne par :

A) le montant total des billets qu'un Etat s'est engagé à présenter :

B) le montant maximum fixe forfaitairement pour le dit Etat comme pouvant être considéré comme billets antérieurs au 27 octobre 1918 ;

C) le montant total des billets que l'Etat en question présente effectivement.

ART. 7. — Les Représentants des Etats successeurs sont d'accord pour que la masse de la Liquidation supporte la charge d'indemniser les détenteurs de billets détenus hors des limites de l'Italie de la Pologne, de la Roumanie, de l'Etat Serbe-Croate-Slovène, de la Tchêco-Slovaquie, de l'Autriche et de la Hongrie.

Cette indemnisation doit comprendre :

a) la quote-part à laquelle ont droit les billets remplissant les conditions prévues au Traité pour pouvoir participer à la répartition de l'actif visé par le § 9 des articles 206 et 189 des Traités de Saint-Germain et de Trianon ;

b) la quote-part à laquelle ont droit les billets remplissant les conditions prèvues aux Traités pour pouvoir participer à la répartition des titres émis par les Gouvernements Autrichien et Hongrois anciens et actuels et déposés à la Banque en couverture des émissions de billets antérieurs ou postérieurs au 27 octobre 1918. Cette, quote-part sera représentée pour 63.6 % par des couronnes d. ö. et pour 36.4 % par des couronnes hongroises, proportion suivant laquelle se partegeaint les dépenses communes de l'ancienne Monarchie austro-hongroise.

Les Liquidateurs se chargent du soin de négocier les accords nécessaires avec les intéressés, tant en ce qui concerne la discrimination des billets selon les diverses catégories prévues par les Traités qu'en ce

qui concerne les droits de créanciers des dits pour-
teurs de billets.

Art. 8. — Les Etats signataires du présent protocole s'en remettent aux Liquidateurs pour effectuer au mieux des intérêts de la Liquidation et par
prélèvement sur l'actif de celle-ci, le règlement des
affaires commerciales libellées en or ou en monnaie
austro-hongroise qui ne sont pas comprises dans les
accords de juin 1921, ainsi que de toutes affaires
spéciales ou questions de détail en suspens, qui ne
peuvent être énumérées dans le présent protocole.

Sous déduction des montants nécessaires au réglement des billets recueillis et présentés par les Gouvernements d'Etats autres que les Signataires du présent protocole et sous les réserves faites au précédent
alinéa, les actifs de la Banque seront partagés entre
les Etats successeurs, proportionnellement aux montants de billets antérieurs au 27 octobre 1918 qu'ils
pourront présenter à la Liquidation conformément à
l'article 6 ci-dessus.

Art. 9. — Par les stipulations prévues à titre tout
à fait exceptionnel dans le présent protocole, dans le
but de faciliter la Liquidation, les Etats Signataires
déclarent qu'ils n'entendent :

ni modifier les dispositions des Traités signés en
France depuis l'armistice ;

ni préjuger de toute interprétation qui pourrait
être donnée ultérieurement à ces dispositions,

ni adhérer à tout autre arrangement, accord ou
convention qui serait intervenu.

Art. 10. — Après ratification du présent accord
et remise des billets a la Liquidation, les Etats Signataires recevront deux certificats, l'un pour le
montant des billets émis avant le 27 octobre 1918,

l'autre pour le montant des billets émis après cette
date qui leur seront reconnus, suivant l'article 2.

Ces certificats serviront aux Etats Signataires de
titres de créance pour les répartitions successives qui
seront effectuées à leur profit sur les actifs disponi-
bles de la Liquidation, conformément à la clef prévue
par l'article 6.

Art. 11. — Par le présent accord, les Etats Signataires ont pris en considération tout les droits des
porteurs de billets visés tant par les Traités de Saint-
Germain et de Trianon que par les Statuts de la
Banque d'Autriche-Hongrie et la décision des Liquidateurs qui leur a été communiquée.

Les droits de tous les billets émis après le 27 octobre
1918, qui, dans les limites des Etats Signataires du
présent accord pourraient encore être détenus entre
les main d'un porteur quelconque, ainsi que des billets
qui pourraient l'être dans les mêmes conditions hors
des limites des Etats Signataires sont considérés
comme définitivement éteints : les premiers, par la
déclaration ainsi que par la présentation effectuée
par les Etats Signataires ; les seconds par l'expiration
du dernier délai de présentation que les Liquidateurs
ont fixé au 31 mars 1922.

Après ce délai, et en vertu des dispositions des
§§ 7 et suivants de l'article 206, tous les Gouvernements Signataires du présent accord seront déchargés
de toutes obligations ou garanties, de quelque nature
qu'elles soient, contre toute prétention qui pourrait, être formulée par n'importe quel porteur de
billets.

Art. 12. — Les Délégués des Etats Successeurs
ayant exprimé le désir que les Liquidateurs leur ver-
sent, dans le plus bref délai possible, un acompte à
valoir sur les actifs à distribuer, prennent note de l'en-

gagement des Liquidateurs de satisfaire à ce désir aussitôt que le présent accord aura été ratifié par tous les Etats Signataires.

Vienne, le 14 mars 1922.

DOLZANI, *m. p.*

BILINSKI, *m. p.*

ANTONESCO, *m. p.*

PLOJ, *m. p.*

NOVAKOVITCH, *m. p.*

ROOS, *m. p.*

REISCH, *m. p.*

THAA, *m. p.*

POPOVICS, *m. p.*

PROTOCOLE DU 14 MARS 1922.

(*Question des actionnaires*).

Les représentants des Etat suivants :
M. le Dr. Dolzani, représentant du Royaume
d'Italie,
S. Exc. M. Bilinski, représentant de la Répu-
blique Polonaise,
M. Antonesco, représentant du Royaume de
Roumanie,
MM. le Dr. Ploj et le Dr. Novakovitch, repré-
sentans du Royaume des Serbes-Croates-Slovènes,
M. le Dr. Roos, représentant de la République
Tchêco-Slovaque,
S. Exc. le Dr. Reisch et M. le Dr. Thaa représentants de la République d'Autriche,
S. Exc. le Dr. Popovics, représentant du Gouvernement Royal Hongrois,
sous réserve de l'approbation définitive par tous les
facteurs compétents du « Protocole Général du 14
mars 1922 » et de sa mise a exécution.
ont convenu ce qui suit :
Dans un simple but d'équité, les Etats successeurs
autorisent les Liquidateurs à distraire de la masse
active à répartir entre eux, en vertu du protocole
générale ci-dessus cité, pour les laisser aux actionnaires de la Banque d'Autriche-Hongrie, les immeubles
et les installations suivantes :
1. Immeubles et installations des filiales autrichiennes de la Banque d'Autriche-Hongrie sis
hors de Vienne ;
2. Immeubles sis N. 3, Bankgasse, avec ses
installations ;

3. Matériel et installation complets de l'Imprimerie des billets.

Il est entendu que cette autorisation ne pourra avoir d'effet que lorsque les obligations de la Liquidation vis-à-vis des Etats successeurs et de ses autres créanciers seront entièrement éteintes et que les actionnaires auront accepté la présente solution comme un réglement définitif, de toutes les prétentions qu'ils croieraient avoir sur la Liquidation.

La dite autorisation sera considérée comme nulle et non avenue dans le cas où les actionnaires chercheraient, par tout autre moyen, à faire valoir ces prétentions.

Vienne, le 14 mars 1922.

DOLZANI, *m. p.*

BILINSKI, *m. p.*

ANTONESCO, *m. p.*

PLOJ, *m. p.*

NOVAKOVITCH, *m. p.*

ROOS, *m. p.*

REISCH, *m. p.*

THAA, *m. p.*

POPOVICS, *m. p.*

PROTOCOLE DU 14 MARS 1922.

(Question des pensionnés)

Les représentants des Etats suivants :
M. le Dr. Dolzani, représentant du Royaume d'Italie,

S. Exc. M. Bilinski, représentant de la République Polonaise,

M. Antonesco, représentant du Royaume de Roumanie,

MM. le Dr. Ploj et le Dr. Novakovitch, représentants du Royaume des Serbes-Croates-Slovènes,

M. le Dr. Roos, représentant de la République Tchéco-Slovaque,

S. Exc. le Dr. Reisch et M. le Dr. Thaa, représentants de la République d'Autriche,

S. Exc. le Dr. Popovics, représentant du Gouvernement Royal Hongrois.

sous réserve de l'approbation définitive par tous les facteurs compétents du « Protocole Général du 14 mars 1922 » et de sa mise a exécution.

ont convenu ce qui suit :

Les Etats successeurs s'engagent à prendre à leur charge le paiement des pensions revenant aux employés de la Banque d'Autriche-Hongrie en activité ou retraités qui étaient devenus ressortissants à la date du 1 juin 1921.

La Liquidation versera aux dits Etats, au prorata de la charge ainsi assumée par chacun, d'eux, la part leur revenant sur le fonds de pension s'élevant à Cr. d. ö. 196,503,253,75 sous déduction des titres formant les placements de ce fonds qui seront répartis en nature.

Dans un but d'humanité, les Etats successeurs compléteront d'après leur législation intérieure, le chiffre des pensions revenant aux employés dont ils prennent la charge, soit en leur assurant, après assimilation, le montant des pensions servies par eux employés d'Etat ou de leur Institut d'Emission (Pologne, Roumanie, Serbie-Croatie-Slovénie, Tchéco-Slovaquie), soit, en accordant un supplément équitable dont le montant sera fixé en Autriche par une loi et en Hongrie par une ordonnance ministérielle.

Les engagements ci-dessus ne sont valables que pour les employés déjà retraités ou entrés au service soit des Etats eux-mêmes, soit des Instituts d'Emission de ces Etats.

En ce qui concerne les employés encore en service à la Banque qui ne seraient repris ni par les Etats successeurs ni par leurs Instituts d'Emission, les Liquidateurs sont autorisés à régler leur situation aux mieux des intérêts de la Liquidation.

La pension qui leur sera servie ne pourra, dans ce cas, être supérieure à celle qu'ils auraient touchée s'ils avaient été repris par d'Etat dont ils sont ressortissants ou par l'Institut d'Emission de cet Etat.

Vienne, le 14 mars 1922.

DOLZANI, *m. p.*   ROOS, *m. p.*
BILINSKI, *m. p.*   REISCH, *m. p.*
ANTONESCO, *m. p.*   THAA, *m. p.*
PLOJ, *m. p.*   POPOVICS, *m. p.*
NOVAKOVITCH, *m. p.*

*Esecuzione per R. Decreto Legge : 21 ottobre 1923,
n. 2478.*

XI.

31 marzo 1922.

PARIGI.

Protocollo addizionale alla Convenzione per lo Statuto definitivo del Danubio del 23 luglio 1921 firmato dall'Italia, Austria, Belgio, Bulgaria, Cecoslovacchia, Francia, Germania, Gran Bretagna, Grecia, Rumania, Stato Serbo-Croato-Sloveno e Ungheria.

Les Puissances signataires de la Convention du 23 juillet **(1)** 1921 établissant le statut du Danube;

Ayant reconnu d'un commun accord la necessité de prolonger les délais de ratification de cet acte international tels qu'ils ont été prévus par l'article 44 de la Convention, déclarent que le dépôt des Ratifications sur ledit Acte pourra être valablement effectuê jusqu'au 30 juin 1922.

En foi de quoi, les soussignés, dûment autorisés par leur Gouvernement, ont signé le présent Protocole additionnel qui sera annexé à la Convention à laquelle il se rapporte et dont une expédition authentique sera remise à chacune des Puissances signataires.

Fait à Paris, le 31 mars 1922.

S. Obert de Thieusies
R. Poincaré
Hardinge of Pebshurst
P. A. Metaxas
C. Sforza

(1) Vedi Vol. 27º pag. 196, della presente Raccolta.

VICTOR ANTONESCO
M. BOSHKOVITCH
STEFAN OSUSKY
MAYER
EICHOFF
SAVOFF
DE PRAZNOWSZKY.

1922
31 marzo

Esecuzione per Legge : 11 giugno 1925, n. 2593.

CONFERENZA DI ROMA FRA GLI STATI SUCCESSORI

DELL'ANTICA MONARCHIA AUSTRO-UNGARICA

(Roma, 6 aprile 1922)

PROTOCOLLO FINALE

XII.

6 aprile 1922.

ROMA.

Protocollo finale della Conferenza di Roma.

Il Presidente della Repubblica Federale d'Austria, il Presidente della Repubblica Cecoslovacca, Sua Maestà il Re d'Italia, il Capo dello Stato Polacco, Sua Maestà il Re di Romania, Sua Maestà il Re dei Serbi, dei Croati e degli Sloveni e Sua Altezza il Reggente d'Ungheria, allo scopo di regolare tutti i rapporti conseguenti dal fatto dello smembramento della Monarchia austro-ungarica, parecchi dei quali hanno già formato oggetto di Convenzioni o di accordi preliminari, firmati nel corso della prima sessione della Conferenza di Roma, hanno delegato per rappresentarli in occasione della seconda sessione :

IL PRESIDENTE
DELLA REPUBBLICA FEDERALE D'AUSTRIA :

il signor Rémi Kwiatkowski, Inviato Straordinario e Ministro Plenipotenziario.

IL PRESIDENTE DELLA REPUBBLICA CECOSLOVACCA :

il signor Vlastimil Kybal, Inviato Straordinario e Ministro Plenipotenziario ;
il signor Bohumil Vlasak, Primo Capo-Sezione al Ministero delle Finanze.

10

SUA MAESTÀ IL RE D'ITALIA :

S. E. il Marchese Guglielmo Imperiali, Senatore
del Regno, Ambasciatore ;
il Cav. Gr. Cr. Arturo Ricci-Busatti, Inviato Straordinario e Ministro Plenipotenziario ;
il Gr. Uff. Igino Brocchi, Consigliere di Stato.

IL CAPO DELLO STATO POLACCO :

il Signor Maciej Loret, Incaricato d'Affari dello
Stato polacco a Roma.

SUA MAESTÀ IL RE DI ROMANIA :

il Signor Al. Em. Lahovary, Ministro Plenipotenziario, Inviato Straordinario ;
il Signor Eftimie Antonesco, Presidente della Corte
d'Appello di Bucarest.

SUA MAESTÀ IL RE
DEI SERBI, DEI CROATI E DEGLI SLOVENI :

il Signor Ottokar Rybàr, ex Deputato.

SUA ALTEZZA IL REGGENTE D'UNGHERIA :

il Conte Albert Nemes de Hidvêg, attuale Consigliere intimo, Inviato Straordinario e Ministro Plenipotenziario.

i quali, riuniti in una Conferenza a Roma, hanno
riconosciuto come rispondenti allo scambio di vedute
avvenute fra di loro e ad una regolazione equa dei
rapporti sopra indicati, le disposizioni contenute negli
atti annessi al presente Protocollo e che portano la
loro firma, cioè :

1. Convenzione preliminare fra l'*Austria*, la *Cecoslovacchia*, l'*Italia*, la *Polonia*, la *Romania*, il *Regno Serbo-Croato-Sloveno* e l'*Ungheria*, relativa alle questioni amministrative che riguardano le assicurazioni private, con dichiarazioni delle Delegazioni austriaca, cecoslovacca, romena e ungherese ;

2. Convenzione fra l'*Austria*, la *Cecoslovacchia*, l'*Italia*, la *Polonia*, la *Romania*, il *Regno Serbo-Croato-Sloveno*, e l'*Ungheria*, relativa alle questioni finanziarie che riguardano le assicurazioni private, con dichiarazioni delle Delegazioni austriaca, cecoslovacca, romena e ungherese ;

3. Accordo fra l'*Austria* e l'*Italia*, relativo alle Compagnie di assicurazioni private ;

4. Dichiarazione dell'*Italia* e del *Regno Serbo-Croato-Sloveno*, in materia di assicurazioni private (contenuta nella Convenzione 2) ;

5. Protocollo firmato dall'*Austria* e dall'*Italia*, relativo ai crediti ipotecari della Compagnia di assicurazione sulla vita « L'Ancora » ;

6. Accordo fra l'*Austria*, la *Cecoslovacchia*, la *Polonia*, la *Romania*, il *Regno Serbo-Croato-Sloveno* e l'*Ungheria*, relativo all'esecuzione dell'art. 258 del Trattato di Trianon ;

7. Convenzione fra l'*Austria*, la *Cecoslovacchia*, l'*Italia*, la *Polonia*, la *Romania*, il *Regno Serbo-Croato-Sloveno*, e l'*Ungheria*, relativo alle pensioni assegnate dal cessato Governo d'Austria ;

8. Accordo preliminare fra la *Cecoslovacchia*, la *Polonia*, la *Romania*, il *Regno Serbo-Croato-Sloveno* e l'*Ungheria*, relativo alle pensioni dell'ex Regno d'Ungheria ;

9. Convenzione fra l'*Austria* e l'*Italia*, relativa alle pensioni provinciali e comunali ;

10. Convenzione fra l'*Italia* ed il *Regno Serbo-*

Croato-Sloveno, relativa alle pensioni provinciali e comunali ;

11. Accordo fra l'*Austria*, l'*Italia* e l'*Ungheria*, relativo ai debiti amministrativi, con dichiarazioni delle Delegazioni d'Austria e d'Ungheria ;

12. Protocollo addizionale all'accordo fra l'*Austria*, l'*Ungheria* e l'*Italia*, sui debiti amministrativi, con un progetto di Convenzione generale ;

13. Accordo fra l'*Austria* e l'*Italia*, relativo ai debiti e crediti ;

14. Accordo speciale fra il R. Governo d'*Italia* e la Banca Centrale delle Casse di Risparmio tedesche di Vienna ;

15. Accordo speciale fra il R. Governo d'*Italia* ed il Credito Fondiario d'Austria ;

16. Protocollo firmato dall'*Austria* e dall'*Italia*, relativo ai debiti e crediti espressi in moneta diversa dall'antica corona austro-ungarica ;

17. Protocollo firmato dall'*Austria* e dall'*Italia*, relativo al regolamento dei debiti e crediti basati su contratti posteriori al 4 novembre 1918 ;

18. Accordo fra l'*Italia* e la *Polonia*, relativo ai debiti e crediti ;

19. Protocollo firmato dall'*Italia* e dalla *Romania*, relativo ai debiti e crediti ;

20. Accordo fra l'*Italia* e il *Regno Serbo-Croato-Sloveno*, relativo ai debiti e crediti ;

21. Protocollo firmato dall'*Austria* e dall'*Italia*, relativo alle obbligazioni parziali ;

22. Protocollo firmato dall'*Austria* e dall'*Italia*, relativo al patrimonio delle provincie del cessato Impero d'Austria ;

23. Protocollo firmato dall'*Austria* e dall'*Italia*, relativo ad una Convenzione riguardante l'Istituto Ipotecario provinciale di Innsbruck ;

24. Convenzione fra la *Cecoslovacchia*, l'*Italia*, la *Polonia*, la *Romania* e il *Regno Serbo-Croato-Sloveno*, relativa agli investimenti in prestito di guerra ;

25. Convenzione fra l'*Austria*, la *Cecoslovacchia*, l'*Italia*, la *Polonia*, la *Romania*, e il *Regno Serbo-Croato-Sloveno*, relativa alla liquidazione della Cassa Postale di Risparmio di Vienna ;

26. Voto relativo alla liquidazione della Regia Cassa di Risparmio d'Ungheria e alla sistemazione della gestione della cessata Regia Amministrazione postale d'Ungheria ;

27. Convenzione fra l'*Austria*, la *Cecoslovacchia*, l'*Italia*, la *Polonia*, la *Romania* e il *Regno Serbo-Croato-Sloveno*, relativa alla sistemazione degli obblighi derivanti dalla gestione dell'antica Amministrazione Postale d'Austria, dell'Imperiale e Regia Amministrazione postale militare e da campo, nonchè della gestione delle Amministrazioni postali degli Stati successori ;

28. Convenzione fra l'*Austria*, la *Cecoslovacchia*, l'*Italia*, la *Polonia*, il *Regno Serbo-Croato-Sloveno* e l'*Ungheria*, relativa alla doppia imposizione, con una dichiarazione della Delegazione di Polonia ;

29. Convenzione fra l'*Austria* e l'*Italia*, per il funzionamento degli Uffici di verifica e di compensazione, con due annessi ;

30. Convenzione fra l'*Austria* e l'*Italia*, per l'annullamento degli investimenti effettuati in Austria durante la guerra con somme spettanti a sudditi italiani delle vecchie provincie ;

31. Convenzione fra l'*Austria* e l'*Italia*, per la tacitazione dei reclami delle ditte componenti il Consorzio fra gli Esercenti le Industrie e il Commercio dei legnami nell'antico Impero d'Austria ;

32. Convenzione fra l'*Austria*, la *Cecoslovacchia*,

l'*Italia,* la *Polonia,* la *Romania,* il *Regno Serbo-Croato-Sloveno* e l'*Ungheria,* relativa agli archivi, con una dichiarazione della Delegazione di Polonia ;

33. Accordo fra l'*Austria,* la *Cecoslovacchia,* l'*Italia,* la *Polonia,* la *Romania,* il *Regno Serbo-Croato-Sloveno* e l'*Ungheria,* relativo alle fondazioni e ai beni delle collettività e delle persone morali pubbliche ;

34. Accordo fra l'*Austria,* la *Cecoslovacchia,* l'*Italia,* la *Polonia,* la *Romania,* il *Regno Serbo-Croato-Sloveno* e l'*Ungheria,* relativo ai fedecommessi ;

35. Convenzione fra l'*Austria,* la *Cecoslovacchia,* l'*Italia,* la *Polonia,* la *Romania,* il *Regno Serbo-Croato-Sloveno,* e l'*Ungheria,* relativa alla cittadinanza ;

36. Convenzione fra l'*Austria e* l'*Italia,* relativa all'estradizione dei malfattori ;

37. Convenzione fra l'*Italia* e il *Regno Serbo-Croato-Sloveno,* relativa all'estradizione dei malfattori ;

38. Convenzione fra l'*Italia* e la *Cecoslovacchia,* relativa all'estradizione dei malfattori ;

39. Convenzione fra l'*Austria* e l'*Italia,* relativa alla protezione legale dei rispettivi sudditi ;

40. Convenzione fra l'*Italia* e l'*Ungheria,* relativa alla protezione legale dei rispettivi sudditi ;

41. Convenzione fra l'*Italia* e il *Regno Serbo-Croato-Sloveno,* relativa alla protezione legale e giudiziaria dei rispettivi sudditi ;

42. Convenzione fra la *Cecoslovacchia* e l'*Italia,* relativa alla protezione legale dei rispettivi sudditi ;

43. Convenzione fra l'*Austria* e l'*Italia,* relativa all'esecuzione dei giudizi in materia civile e commerciale ;

44. Convenzione fra l'*Italia* e il *Regno Serbo-Croato-Sloveno,* relativa all'esecuzione dei giudizi in materia civile e commerciale ;

45. Convenzione fra la *Cecoslovacchia* e l'*Italia*, relativa alla esecuzione dei giudizi in materia civile e commerciale.

In fede di che, i Delegati su nominati hanno apposta la loro firma al presente protocollo.

Fatto a Roma, il sei aprile millenovecentoventidue, in italiano e in francese, in un solo esemplare, che rimarrà depositato negli Archivi del Governo del Regno d'Italia e copie autentiche del quale saranno rimesse ai Governi di tutte le Potenze rappresentate nella Conferenza.

Per l'Austria :
   Kémi Kwiatkowski.

Per la Cecoslovacchia :
   Vlastimil Kybat.

Per l'Italia :
   Imperiali.

Per la Polonia :
   Maciej Loret.

Per la Romania :
   A. Em. Lahovary.

Per il Regno Serbo-Croato-Sloveno :
   Rybar.

Per l'Ungheria :
   Nemes.

XIII.

6 aprile 1922.

ROMA.

Convenzione preliminare circa le questioni amministrative che riguardano le assicurazioni private.
(N. 1 del Protocollo finale della Conferenza di Roma).

L'Austria, la Cecoslovacchia, l'Italia, la Polonia, il Regno Serbo-Croato-Sloveno, la Romania e l'Ungheria desiderosi di regolare le questioni amministrative che riguardano le assicurazioni private, convengono di adottare i seguenti principi nei riguardi delle convenzioni generali o particolari che saranno tra esse concluse per tutto quanto concerne le società di assicurazione private operanti nel territorio della antica monarchia austro-ungarica ;

volendo concludere una convenzione preliminare a questo riguardo, le Alte Parti contraenti hanno nominato come loro plenipotenziari :

IL PRESIDENTE FEDERALE
DELLA REPUBBLICA AUSTRIACA :

il Signor Rémi Kwiatkowski, Inviato Straordinario e Ministro Plenipotenziario ;

IL PRESIDENTE DELLA REPUBBLICA CECOSLOVACCA:

il Signor Vlastimil Kybal, Inviato Straordinario e Ministro Plenipotenziario ;

SUA MAESTÀ IL RE D'ITALIA :

S. E. il Marchese Guglielmo Imperiali, Senatore del Regno, Ambasciatore ;

IL CAPO DELLO STATO POLACCO :

il Signor Maciej Loret, Incaricato d'Affari dello Stato polacco a Roma ;

SUA MAESTÀ IL RE DEI SERBI, CROATI E SLOVENI :

il Signor Ottokar Rybár, ex deputato ;

SUA MAESTÀ IL RE DI ROMANIA :

il Signor Ef. Antonesco, Consigliere alla Corte di Cassazione di Bucarest.

SUA ALTEZZA IL REGGENTE D'UNGHERIA :

il Conte Nemes de Hidvêg, Inviato Straordinario e Ministro Plenipotenziario ;

i quali, dopo aver depositati i loro pieni poteri trovati in buona e debita forma, hanno convenuto quanto segue :

ART. 1. — Per le assicurazioni delle persone (e, cioè, sulla vita, contro gli infortuni, ecc.) in esse comprese le rendite vitalizie e le riassicurazioni, dovrà procedersi a stabilire un portafoglio di contratti per ciascuno degli Stati successori (cioè degli Stati ai quali è stato trasferito un territorio dell'antica Monarchia austro-ungarica o che sono sorti dallo smembramento di tale Monarchia) e per tutte le compagnie di assicurazione operanti sul territorio dell'antica Monarchia.

L'attribuzione dei contratti. di assicurazione ai portafogli delle Alte Parti contraenti sarà fatta sulla base dei principi seguenti :

1. Per quanto riguarda i contratti di assicurazione stilati in corone austro-ungariche :

a) i contratti stipulati con persone morali e fisiche che alla data del 31 dicembre 1919 avevano rispettivamente la sede principale dei loro affari o la loro dimora abituale su di un territorio della antica Monarchia austro-ungarica facente parte di una delle Alte Parti contraenti, saranno attribuiti al portafoglio di quella delle Alte Parti contraenti, cui il territorio in questione è stato annesso ;

b) i contratti di assicurazione stipulati sul territorio della antica Monarchia austro-ungarica con assicurati che, alla data del 31 dicembre 1919, avevano rispettivamente la sede principale dei loro affari o la loro dimora abituale fuori del territorio dell'antica Monarchia austro-ungarica, saranno attribuiti al portafoglio del territorio ove trovasi l'agenzia alla quale, prima del 31 dicembre 1919, sono stati pagati l'ultimo premio di assicurazione o l'ultima quota parte di rendita ;

c) se l'agenzia prevista al comma *b*) è situata fuori del territorio dell'antica Monarchia, i contratti stipulati con persone di nazionalità diversa di quella degli Stati successori dell'Austria-Ungheria, saranno attribuiti al portafoglio relativo alla Repubblica austriaca o all'Ungheria secondo che le compagnie avevano la loro sede sull'antico territorio dell'Austria e della Ungheria.

2. Per quanto riguarda i contratti di assicurazione stilati in moneta straniera (diversa cioè dalle corone austro-ungariche) che erano compresi alla data del 31 dicembre 1919 nel portafoglio relativo

al territorio dell'antica Monarchia austro-ungarica, essi saranno attribuiti :

a) se si tratta di contratti stipulati con assicurati che al 31 dicembre 1919 avevano rispettivamente la sede principale dei loro affari o la loro dimora abituale sul territorio dell'antica Monarchia austro-ungarica facente parte di una delle Alte Parti contraenti, al portafoglio di quella delle Alte Parti contraenti, cui è stato annesso il territorio in questione ;

b) in ogni altro caso, al portafoglio dello Stato sul territorio del quale è situata l'agenzia cui, prima del 31 dicembre 1919, sono stati pagati l'ultimo premio di assicurazione o l'ultima quota parte di rendita.

3. Sarà fatto un prospetto documentato della ripartizione delle riserve tecniche concernenti il territorio dell'antica Monarchia austro-ungarica in rapporto ai vari Stati successori, nonchè un prospetto dei valori destinati a coprire dette riserve.

ART. 2. — Il Governo austriaco e il Governo ungherese si impegnano rispettivamente :

a) a domandare alle succursali delle compagnie straniere che, in virtù di una autorizzazione, operavano nell'antica monarchia austro-ungarica, di procedere sulla base dei capisaldi sopradetti alla costituzione dei portafogli dei contratti per ciascuno degli Stati successori e di presentare un prospetto documentato della ripartizione delle riserve tecniche concernenti il territorio della antica Monarchia austro-ungarica in rapporto ai vari Stati successori, nonchè un prospetto dei valori destinati a coprire dette riserve ;

b) a trasmettere agli altri Governi degli Stati successori i dati suddetti. L'Austria trasmetterà questi dati dopo verificazione, aggiungendovi degli estratti ufficiali delle cauzioni.

ART. 3. — Resta convenuto che il Governo austriaco non potrà esercitare i diritti conferiti dagli atti di cauzionamento delle compagnie estere all'antico Governo dell'Austria, se non con l'assenso di tutti gli Stati successori interessati.

ART. 4. — I prospetti indicati negli articoli precedenti comprenderanno, in primo luogo, per i portafogli che riguardano ciascuno degli Stati, l'indicazione dei valori interessanti lo Stato rispettivo.

ART. 5. — La presente convenzione preliminare sarà ratificata al più presto possibile.

Ciascuno Stato trasmetterà la propria ratifica al Governo italiano, che ne darà comunicazione a tutti gli altri Stati firmatari.

Le ratifiche rimarranno depositate negli Archivi del Governo italiano.

La presente convenzione preliminare entrerà in vigore, per ogni Stato firmatario, alla data del deposito della propria ratifica, e da questo momento avrà efficacia fra gli Stati che avranno proceduto al deposito delle loro ratifiche.

In fede di che, i plenipotenziari suddetti hanno firmato la presente convenzione preliminare.

Fatto a Roma il sei aprile millenovecentoventidue in italiano e in francese, due testi facendo egualmente, in un solo esemplare che rimarrà depositato negli Archivi del Governo del Regno d'Italia e copie autentiche del quale saranno rimesse a ciascuno degli Stati firmatari.

Per l'Austria :
RÉMI KWIATKOWSKI.

Per la Cecoslovacchia :
VLASTIMIL KYBAL.

Per *l'Italia :*   1922
  IMPERIALI.   6 aprile

Per *la Polonia :*
  MACIEJ LORET.

Per *il Regno Serbo-Croato-Sloveno :*
  Dr. RYBAR.

Per *la Romania :*
  EF. ANTONESCO.

Per *l'Ungheria :*
  NEMES.

Ratifica dell'Italia : 11 febbraio 1924.
Esecuzione per R. Decreto Legge : 13 dicembre 1923,
n. 3150.
Converzione in Legge : 10 luglio 1925, n. 1685.

DICHIARAZIONE
DELLA DELEGAZIONE AUSTRIACA

Resta inteso che l'Austria s'impegna a mettere in esecuzione la presente convenzione preliminare nei riguardi degli Stati, coi quali essa avrà conchiuso un accordo bilaterale sul trattamento delle Società di assicurazione.

D'altra parte, le altre Alte Parti contraenti non rinunciano ai diritti conferiti agli Stati successori dall'art. 215 e si riservano il diritto di applicare la presente convenzione preliminare senza riguardo a qualsiasi impegno, come quello richiesto dall'Austria.

Fatto a Roma il sei aprile millenovecentoventidue.

Per l'Austria : RÉMI KWIATKOWSKI.

DICHIARAZIONE
DELLA DELEGAZIONE CECOSLOVACCA

La Delegazione cecoslovacca firma solo nel senso che essa accetta questa convenzione preliminare solamente *ad referendum* per sottometterla ai propri periti a Praga per conoscere il loro punto di vista, e che soltanto dopo il loro consenso, questa firma sarà definitiva.

Fatto a Roma il sei aprile millenovecentoventidue — Annullato.

Per la Cecoslovacchia : VLASTIMIL KYBAL.

RISERVE DELLA DELEGAZIONE ROMENA

Considerato che la presente convenzione preliminare ha appunto lo scopo di preparare l'accordo di cui parla la Delegazione austriaca, la Delegazione romena riserva al suo Governo oltre che il diritto derivante dall'articolo 215 del Trattato di pace di San Germano, anche la facoltà di ratificare la presente convenzione preliminare solo dopo che il Governo austriaco avrà formalmente ritirato nei riguardi del Governo di Romania la riserva contenuta nella dichiarazione della Delegazione austriaca relativa alla presente convenzione preliminare.

Fatto a Roma il sei aprile millenovecentoventidue.

Per la Romania : EF. ANTONESCO.

XIV.

6 aprile 1922.

ROMA.

Convenzione fra l'Italia, l'Austria, la Cecoslovacchia, la Polonia, la Romania e lo Stato S. C. S. in materia di assicurazioni private e dichiarazione sulla stessa materia fra l'Italia e il Regno S. C. S.

(N. 2 e 4 del Protocollo finale della Conferenza di Roma).

L'Austria, la Cecoslovacchia, l'Italia, la Polonia, il Regno Serbo-Croato-Sloveno, la Romania e l'Ungheria desiderosi di regolare le questioni finanziarie che riguardano le assicurazioni private,

volendo concludere una convenzione a questo riguardo, le Alte Parti contraenti hanno nominato come loro plenipotenziari :

IL PRESIDENTE FEDERALE
DELLA REPUBBLICA AUSTRIACA :

il Signor Rémi Kwiatkowski, Inviato Straordinario e Ministro Plenipotenziario :

IL PRESIDENTE DELLA REPUBBLICA CECOSLOVACCA :

il Signor Vlastimil Kybal, Inviato Straordinario e Ministro Plenipotenziario ;

SUA MAESTÀ IL RE D'ITALIA :

S. E. il Marchese Guglielmo Imperiali, Senatore del Regno, Ambasciatore ;

IL CAPO DELLO STATO POLACCO :

il Signor Marciej Loret, Incaricato d'Affari dello
Stato polacco a Roma ;

SUA MAESTÀ IL RE DEI SERBI, CROATI E SLOVENI :

il Signor Ottokar Rybár, ex deputato.

SUA MAESTÀ IL RE DI ROMANIA :

il Signor Ef. Antonesco, Consigliere alla Corte di
Cassazione di Bucarest.

SUA ALTEZZA IL REGGENTE D'UNGHERIA :

il Conte Nemes de Hidvêg, Inviato Straordinario e
Ministro Plenipotenziario ;

i quali, dopo aver depositato i loro pieni poteri
trovati in buona e debita forma, hanno convenuto
quanto segue :

ART. 1. — Le Alte Parti Contraenti riconoscono
la necessità di regolare le questioni che sono sorte in
seguito alla riorganizzazione dei debiti pubblici e del
sistema monetario negli Stati successori (cioè gli
Stati ai quali è stato trasferito un territorio dell'antica Monarchia austro-ungarica o che sono sorti dallo
smembramento di detta Monarchia) per le compagnie
di assicurazioni private, nazionali ed estere, operanti
nel territorio dell'antica Monarchia austro-ungarica
(articolo 215 del Trattato di S. Germano e articolo
198 del Trattato del Trianon) (1).

ART. 2. — Le Alte Parti contraenti prenderanno,
sulla base dei portafogli di assicurazione stabiliti per
ciascuno degli Stati successori, gli accordi generali o

_____

(1) Vedi vol. 24° pag. 570 e vol. 26° pag. 229 R. T.

11

bilaterali necessari per procedere alla copertura delle riserve tecniche dei medesimi portafogli.

ART. 3. — Le Alte Parti contraenti riconoscono il principio che alla copertura delle riserve tecniche delle assicurazioni delle persone (comprese le riassicurazioni) al 31 dicembre 1919 negli Stati successori dovranno essere attribuiti, sulla base delle regole generali appresso indicate, tutti gli attivi delle compagnie, eccettuati gli attivi destinati a coprire le riserve tecniche degli altri rami (nel caso di compagnie miste) eccettuati, in ogni caso, gli attivi necessari a coprire gli impegni delle compagnie negli stati esteri al di fuori dell'antica Monarchia austro-ungarica e facendo, infine, astrazione degli attivi nuovamente acquistati dalle compagnie a partire dalla data sopra indicata.

L'attribuzione dei detti attivi ai portafogli di ciascuno degli Stati successori, debitamente tenendo in conto la totalità degli attivi sopra indicati in relazione alla totalità delle riserve tecniche da coprire in tutti gli Stati successori, sarà fatta secondo le seguenti disposizioni, salvo sempre le deroghe che a tali disposizioni potranno essere apportate in virtù di convenzioni bilaterali :

1. In primo luogo e nella misura del possibile sarà attribuito al portafoglio di ciascuno degli Stati successori e fino a concorrenza dell'importo delle riserve tecniche da coprire :

   a) titoli emessi dallo Stato rispettivo eccetto i titoli indicati alla lettera *f*) e al n. 2 del presente articolo ;

   b) prestiti sopra polizze di assicurazioni attribuite al portafoglio dello Stato ;

   c) beni immobili che si trovano nel territorio dello Stato ;

d) crediti ipotecari garantiti su beni immobili che si trovano nel territorio dello Stato ;

e) obbligazioni fondiarie, provinciali o comunali emesse da istituzioni o corporazioni pubbliche o private che hanno la loro sede nel territorio dello Stato ;

f) titoli del debito pubblico prebellico dell'Austria, dell'Ungheria o dell'antica Monarchia garantito su ferrovie o altri beni trasferiti allo Stato o che dovranno passare a carico di quest'ultimo secondo le disposizioni dell'articolo 203 n. 1 del Trattato di S. Germano e 186 n. 1 del Trattato del Trianon (1).

2. In caso di insufficienza degli attivi precedenti, alla copertura del *deficit* per il portafoglio di ciascuno degli Stati successori dovrà essere attribuito :

titoli del debito pubblico prebellico non garantito dell'Austria, della Ungheria o della antica Monarchia in quanto questi titoli non saranno ancora definitivamente muniti del timbro di un altro Stato successore e potranno quindi essere validamente compresi nel-nell'importo dei titoli detenuti sul territorio del rispettivo Stato a termini delle disposizioni dell'articolo 203, n. 2 annesso alinea 2 del trattato di S. Germano e dell'articolo 186, n. 2 annesso, alinea 2 del Trattato del Trianon.

Se i territori trasferiti ad uno Stato successore hanno fatto parte solo dell'antica Austria e non già dell'Ungheria le disposizioni del comma precedente non potranno applicarsi, per quanto riguarda il detto Stato, che ai titoli di debito pubblico austriaci (e non ungheresi).

3. Le regole concernenti la valutazione degli attivi da attribuirsi a copertura delle riserve tecniche saranno fissate con gli accordi generali o bilaterali

_____

(1) Vedi vol. 24° pag. 551 e vol. 26° pag. 210 R. T.

stabiliti nel precedente articolo 2 mantenendo sempre il princípio che dovrà essere considerato il vero valore effettivo di tutti gli attivi alla data del 31 dicembre 1919.

4. Se dopo la valutazione degli attivi sopra indicati sussistesse ancora un *deficit*, gli accordi generali o bilaterali stabiliti nel precedente articolo 2 determineranno le modalità con le quali le altre attività delle compagnie dovranno essere attribuite alla copertura di tale *deficit*.

Nei detti accordi generali o bilaterali saranno particolarmente determinate le modalità della eventuale attribuzione dei titoli di prestito di guerra dell'Austria e dell'Ungheria alla copertura di un eventuale *deficit*, in quanto la messa in valore dei prestiti di guerra sia ammessa dalle leggi nazionali dei rispettivi Stati in favore dei propri nazionali e salvo sempre il soddisfacimento, da parte delle compagnie, di tutte le condizioni alle quali potrebbe essere subordinata tale messa in valore in virtù delle dette leggi nazionali.

L'ammontare dei titoli di prestito di guerra non potrà – pure nei limiti del *deficit* che deve essere coperto – sorpassare in alcun caso la quota parte proporzionale dei titoli di prestito di guerra che si trovano in mano delle compagnie : questa quota parte proporzionale sarà determinata sulla base della ripartizione delle riserve tecniche della compagnia calcolate in corone carta austro-ungariche, sui portafogli di tutti gli Stati successori.

La regola del precedente articolo 2, alinea 3 si applica in conformità.

5. In quanto gli attivi attribuiti ai portafogli degli Stati successori a termini dei precedenti numeri 1 e 4 saranno sufficienti a coprire le relative riserve tecniche, i contratti di assicurazione sottoscritti

in corone austro-ungariche e attribuiti ai detti portafogli saranno regolati, a partire dal momento della separazione monetaria in ciascuno degli Stati, nella moneta dello Stato rispettivo al tasso di cambio delle corone austro-ungariche :

a) che è stato già stabilito dalle leggi generali del detto Stato ;

b) che sarà stabilito in avvenire da tali leggi generali ;

c) che sarà stabilito dagli accordi speciali, bilaterali indicati nel precedente articolo 2 nei riguardi dell'esecuzione dei contratti di assicurazione tenendo conto in ogni caso, delle disposizioni dei trattati di pace.

Spetterà unicamente ai rispettivi Stati di prendere le misure necessarie, sia a mezzo di prescrizioni generali, sia a mezzo di accordi bilaterali, per l'adozione e l'applicazione di una delle soluzioni sopra indicate.

Le medesime regole si applicheranno ai versamenti dei premi a partire dalla riorganizzazione del sistema monetario in ciascuno degli Stati.

Se per contro risultasse un *deficit* e, cioè, se gli attivi attribuiti al portafoglio di uno Stato successore non fossero sufficienti, in conseguenza della valutazione riconosciuta con gli accordi sopra indicati, alla copertura totale delle riserve tecniche del detto portafoglio, lo Stato rispettivo potrà prendere nell'interesse dei suoi sudditi le misure che gli sembreranno utili per ristabilire l'equilibrio.

ART. 4. — Gli Stati Contraenti si riservano i diritti previsti all'articolo 215 del Trattato di S. Germano e all'articolo 198 del Trattato del Trianon (1)

_____

(1) Vedi vol. 24° pag. 570 e vol 26° pag. 229 R. T.

in quanto la presente convenzione non contiene disposizioni definitive e fino a che non si arriverà a tali disposizioni definitive a mezzo degli accordi bilaterali previsti nella presente convenzione.

ART. 5. — La presente convenzione sarà ratificata al più presto possibile.

Ciascuno Stato trasmetterà la propria ratifica al Governo italiano, che ne darà comunicazione a tutti gli altri Stati firmatari.

Le ratifiche rimarranno depositate negli Archivi del Governo italiano.

La presente convenzione entrerà in vigore, per ogni Stato firmatario, alla data del deposito della propria ratifica, e da questo momento avrà efficacia fra gli Stati che avranno proceduto al deposito delle loro ratifiche.

In fede di che i plenipotenziari suddetti hanno firmato la presente convenzione.

Fatto a Roma, il sei aprile millenovecentoventidue in italiano e in francese, i due testi facendo egualmente fede, in un solo esemplare che rimarrà depositato negli Archivi del Governo del Regno d'Italia e copie autentiche del quale saranno rimesse a ciascuno degli Stati firmatari.

Per l'Austria :
RÉMI KWIATKOWSKI.

Per la Cecoslovacchia :
VLASTIMIL KYBAL.

Per l'Italia :
IMPERIALI.

Per la Polonia :
MACIEJ LORET.

Per il Regno Serbo-Croato-Sloveno :
   Dr. RYBAR.

1922
6 aprile

Per la Romania :
   EF. ANTONESCO.

Per l'Ungheria :
   NEMES.

Ratifica dell'Italia : 11 febbraio 1924.
Esecuzione per R. Decreto Legge : 13 dicembre 1924, n. 3150.
Converzione in Legge : 10 luglio 1925, n. 1685.

DICHIARAZIONE
DELLA DELEGAZIONE AUSTRIACA

Resta inteso che l'Austria s'impegna a mettere in esecuzione la presente convenzione preliminare nei riguardi degli Stati, coi quali essa avrà concluso un accordo bilaterale sul trattamento della Società di assicurazione.

D'altra parte le altre Alte Parti contraenti non rinunciano ai diritti conferiti agli Stati successori dall'art. 215 del Trattato di S. Germano e si riservano il diritto di applicare la presente convenzione preliminare senza riguardo a qualsiasi impegno, come quello richiesto dall'Austria.

Fatto a Roma il sei aprile millenovecentoventidue.

Per l'Austria : Rémi Kwiatkowski.

DICHIARAZIONE
DELLA DELEGAZIONE CECOSLOVACCA

La Delegazione cecoslovacca non firma che nel senso che essa accetta questa convenzione soltanto *ad referendum* per sottoporla ai propri periti a Praga per conoscere il loro punto di vista e che soltanto col loro consenso questa firma sarà definitiva.

Fatto a Roma il sei aprile millenovecentoventidue. − Annullato.

Per la Cecoslovacchia : Vlastimil Kybal.

RISERVE DELLA DELEGAZIONE ROMENA

Considerato che la presente convenzione preliminare ha appunto lo scopo di preparare l'accordo di cui parla la Delegazione austriaca,

la Delegazione romena riserva al suo Governo oltre che il diritto derivante dall'articolo 215 del Trattato di pace di S. Germano, anche la facoltà di ratificare la presente convenzione preliminare solo dopo che il Governo austriaco avrà formalmente ritirato nei riguardi del Governo di Romania la riserva contenuta nella dichiarazione della Delegazione austriaca relativa alla presente convenzione.

Fatto a Roma il sei aprile millenovecentoventidue.

Per la Romania : EF. ANTONESCO.

DICHIARAZIONE
DELLA DELEGAZIONE UNGHERESE

Il Governo ungherese tiene a dichiarare che esso firma questa Convenzione nella speranza che le altre Alte Parti contraenti *conchiuderanno al più presto possibile* un accordo bilaterale sul trattamento delle società d'assicurazione e sulle questioni finanziarie che sono ancora da regolarsi, giacchè le società ungheresi non possono concedere dei vantaggi a una parte degli assicurati a spese degli altri assicurati.

Fatto a Roma il sei aprile millenovecentoventidue.

Per l'Ungheria : NEMES.

DICHIARAZIONE

Gli accordi bilaterali, indicati all'art. 3 alinea 5 della Convenzione sulle questioni finanziarie delle assicurazioni private, regoleranno specialmente la situazione dei contratti di assicurazione delle persone, conchiusi in corone austro-ungariche nei territori annessi al Regno d'Italia fra le Compagnie che hanno la loro sede o la loro succursale negli stessi territori, e i cittàdini del Regno serbo-croato-sloveno che a partire della data del venti aprile 1919 hanno pagato i loro premi in lire italiane.

Fatto a Roma il sei aprile millenovecentoventidue, in italiano ed in francese, i due testi facendo egualmente fede, in due esemplari, uno dei quali sarà consegnato a ciascuno degli Stati firmatari.

Per l'Italia : IMPERIALI.

Per il Regno Serbo-Croato-Sloveno : Dr. RYBAR.

XV.

6 aprile 1922.

ROMA.

Convenzione fra l'Italia e l'Austria relativa alle compagnie d'assicurazione privata.
(N. 3 del Protocollo finale della Convenzione di Roma).

L'Austria e l'Italia, desiderose di regolare le questioni che riguardano le Compagnie di Assicurazione private,
volendo concludere un accordo a questo riguardo, le Alte Parti contraenti hanno nominato come loro plenipotenziari :

IL PRESIDENTE FEDERALE
DELLA REPUBBLICA AUSTRIACA :

il Signor Rémi Kwiatkowski, Inviato Straordinario e Ministro Plenipotenziario ;

SUA MAESTÀ IL RE D'ITALIA :

S. E. il Marchese Guglielmo Imperiali, Senatore del Regno, Ambasciatore ;

i quali, dopo aver depositato i loro pieni poteri trovati in buona e debita forma, hanno convenuto quanto segue :

ART. 1. — Le Alte Parti contraenti riconoscono la necessità di evitare lo smembramento delle com-

pagnie di assicurazioni private stabilite nel territorio della vecchia monarchia austro-ungarica allo
scopo di salvaguardare la loro potenzialità economica e finanziaria nell'interesse di tutti gli assicurati.

Ugualmente le Alte Parti contraenti riconoscono
la necessità di regolare le questioni che sono state
sollevate in seguito alla riorganizzazione dei debiti
pubblici e del sistema monetario negli Stati successori
nei confronti delle compagnie nazionali e straniere
operanti nel territorio della vecchia monarchia
(art. 215 del Trattato di S. Germano).

ART. 2. — Le Compagnie di assicurazioni private
stabilite nel territorio della vecchia monarchia austro-
ungarica avranno la nazionalità dello Stato al quale
appartiene il territorio nel quale si trovava la loro
sede principale alla data dell'armistizio.

ART. 3. — Sono confermate le disposizioni del-
l'art. 272 del Trattato di S. Germano e dell'art. 255
del Trattato di Trianon (1).

Resta inteso tuttavia che la rinuncia al regime speciale previsto dall'art. 272 del Trattato di S. Germano
da parte di uno Stato non pregiudicherà la continuazione degli affari delle compagnie, sempre che le leggi
nazionali dello Stato lo permettano.

ART. 4. — Per le assicurazioni delle persone (e,
cioè, sulla vita, contro gli infortuni, ecc.) in esse comprese le rendite vitalizie e le riassicurazioni, dovrà
procedersi a stabilire un portafoglio di contratti per
ciascuno degli Stati successori (cioè degli Stati ai
quali è stato trasferito un territorio della antica Monarchia austro-ungarica o che sono sorti dallo smembramento di tale Monarchia) e per tutte le compa-

---

(1) Vedi vol. 24° pag. 637 e vol 26° pag. 300 R. T.

gnie di assicurazione operanti nel territorio della antica Monarchia.

L'attribuzione dei contratti di assicurazione ai portafogli delle Alte Parti contraenti sarà fatta sulla base dei principi seguenti :

1. Per quanto riguarda i contratti di assicurazione stilati in corone austro-ungariche :

a) i contratti stipulati con persone morali e fisiche che alla data del 31 dicembre 1919 avevano rispettivamente la sede principale dei loro affari o la loro dimora abituale su di un territorio della antica Monarchia austro-ungarica facente parte di una delle Alte Parti contraenti, saranno attribuiti al portafoglio di quella delle Alte Parti contraenti cui il territorio in questione è stato annesso ;

b) i contratti di assicurazione stipulati sul territorio della antica Monarchia austro-ungarica con assicurati che alla data del 31 dicembre 1919, avevano rispettivamente la sede principale dei loro affari o la loro dimora abituale fuori del territorio della antica Monarchia austro-ungarica saranno attribuiti al portafoglio del territorio ove trovasi l'agenzia alla quale prima del 31 dicembre 1919 è stato pagato l'ultimo premio di assicurazione o l'ultima quota parte di rendita ;

c) se l'agenzia prevista al comma *b*) è situata fuori del territorio della antica Monarchia, i contratti stipulati con persone di nazionalità diversa di quella degli Stati successori dell'Austria-Ungheria, saranno attribuiti al portafoglio relativo alla Repubblica austriaca o all'Ungheria secondo che le compagnie avevano la loro sede sull'antico territorio dell'Austria o dell'Ungheria.

2. Per quanto riguarda i contratti di assicurazione stipulati in moneta straniera (diversa, cioè,

dalle corone austro-ungariche che erano compresi alla data del 31 dicembre 1919 nel portafoglio relativo al territorio della antica Monarchia austro-ungarica), essi saranno attribuiti :

a) se si tratta di contratti stipulati con assicurati che al 31 dicembre 1919 avevano rispettivamente la sede principale dei loro affari o la loro dimora abituale sul territorio della antica Monarchia austro-ungarica facente parte di una delle Alte Parti contraenti, al portafoglio di quella delle Alte Parti contraenti cui è stato annesso il territorio in questione ;

b) in ogni altro caso, al portafoglio dello Stato sul territorio del quale è situata l'agenzia cui, prima del 31 dicembre 1919, è stato pagato l'ultimo premio di assicurazione o l'ultima quota di rendite.

3. I contratti di assicurazione stipulati in corone austro-ungariche previsti al n. 1, comma *a, b, c*, che saranno attribuiti a ciascun portafoglio saranno regolati, a partire dalla riorganizzazione del sistema monetario in ciascuno degli Stati contraenti, nella moneta dello Stato rispettivo al tasso del cambio delle corone austro-ungariche stabilito dalle leggi generali del detto Stato e precisamente per le assicurazioni attribuite al portafoglio del Regno d'Italia in lire al cambio di 60 centesimi di lira per ogni corona austro-ungarica e per le assicurazioni attribuite al portafoglio della Repubblica austriaca al tasso del cambio di una corona austriaca per ogni corona austro-ungarica in quanto agli attivi attribuiti ai rispettivi portafogli, a norma delle disposizioni in cui all'art. 6 della presente Convenzione, basteranno a coprire le riserve tecniche ai medesimi portafogli afferenti. Queste stesse disposizioni si applicheranno ugualmente ai versamenti dei premi a partire dalla riorganizzazione del sistema monetario in ciascuno degli Stati.

ART. 5. — Gli Stati contraenti potranno esigere 1922
6 aprile
che le società di assicurazioni indicate all'art. 3, n. 3,
costituiscano entro il 31 dicembre 1924, al più tardi,
le riserve tecniche sufficienti a far fronte ai loro impegni in relazione ai contratti di assicurazione compresi nei portafogli attribuiti ai detti Stati.

Gli Stati nei quali le dette compagnie di assicurazione hanno la loro sede principale, si impegnano ad
obbligare le compagnie con tutti i mezzi amministrativi che essi potranno esercitare in virtù delle leggi
sul contratto delle assicurazioni, a costituire, al più
presto possibile, le riserve tecniche in conformità
delle disposizioni degli articoli seguenti.

Ciascuno Stato ha il diritto di domandare che l'ammontare delle riserve sia depositato e vincolato a
favore degli assicurati ai sensi delle leggi nazionali
relative alle compagnie straniere.

Le dette riserve dovranno essere indicate nella
valuta degli Stati contraenti secondo le norme precedenti e saranno stabilite quali sarebbero state al 31
dicembre 1919 in base alle ipotesì demografiche e
finanziarie già impiegate dalle compagnie, e seguendo
le speciali regole vigenti a tale data nei riguardi delle
compagnie nazionali negli Stati rispettivi.

ART. 6. — Occorre distinguere le riserve tecniche
(riserve e riporti dei premi, riserve dei capitali scaduti e sinistrati) al 31 dicembre 1919, dalle riserve
tecniche che da tale data dovranno essere dalle compagnie costituite e totalmente coperte in relazione
alle leggi vigenti nello Stato rispettivo. Sarà ad ogni
modo fatta astrazione delle attività acquistate dalle
compagnie a partire dalla data suddetta.

Le riserve tecniche ai 31 dicembre 1919 del portafoglio attribuito a ciascuno Stato saranno coperte,
individualmente per ciascuna compagnia, tenendo

conto degli interessi arretrati, con gli attivi sottoindicati :

1. titoli emessi dallo Stato al valore di borsa eccetto i titoli indicati ai numeri 6, 7 e 8 ;

2. prestiti sulle polizze di assicurazione sulla vita attribuite al portafoglio dello Stato ;

3. beni immobili che si trovano nel territorio attribuito allo Stato al valore fissato nel bilancio al 31 dicembre 1919. In seguito a domanda di ciascuno degli Stati contraenti si potrà procedere ad una valutazione ufficiale, il risultato della quale sarà decisivo ;

4. crediti ipotecari garantiti su beni immobili che si trovano nel territorio attribuito allo Stato ;

5. obbligazioni fondiarie provinciali e comunali, obbligazioni ferroviarie ed altre dello stesso genere, emesse da società o corporazioni pubbliche o private del paese e che hanno la qualità di titoli, dei quali la legge prima dello smembramento della vecchia Monarchia ne permetteva l'impiego nelle riserve delle compagnie di assicurazioni. Il valore da attribuirsi a questi titoli sarà quello della borsa o del mercato ;

6. titoli dell'Austria o della vecchia Monarchia garantiti su beni trasferiti allo Stato rispettivo e che dovranno passare a suo carico secondo l'art. 203, n. 1, del Trattato di S. Germano (1).

Questi titoli saranno valutati al corso di borsa o del mercato ; fino alla loro quotazione, il loro valore sarà fissato secondo le disposizioni dell'art. 203, n. 1, del Trattato di S. Germano.

Se vi fossero delle eccedenze, le compagnie di assicurazione saranno libere di scegliere tra le categorie dal n. 1 al n. 6 compreso ;

---

(1) Vedi vol. 24º pag. 551 della presente Raccolta.

7. titoli dell'antico debito pubblico prebellico
dell'Austria e della vecchia Monarchia, oltre ai titoli
di cui al n. 6 in quanto questi titoli non siano stati
definitivamente muniti del timbro di un altro Stato
successore e potranno conseguentemente essere validamente compresi nello ammontare dei titoli detenuti sul territorio dello Stato rispettivo ai sensi delle
disposizioni dell'art. 203, n. 2, allegato alinea 2 del
Trattato di S. Germano.

Questi titoli saranno valutati secondo il corso della
borsa o del mercato.

Tutti i valori suindicati saranno valutati alla data
nella quale sarà effettuata la copertura delle riserve.

Nel caso in cui dette attività non risultassero sufficienti per coprire le riserve tecniche, si attribuirà per
la copertura dell'insufficienza :

8. la quota parte proporzionale dei titoli dei
prestiti di guerra che si trovano nelle mani delle compagnie semprechê questa valutazione sia ammessa
dallo Stato rispettivo in favore dei propri nazionali.

La detta quota parte proporzionale sarà determinata prendendo come base la ripartizione delle riserve tecniche della compagnia, calcolate in corone-
carta austro-ungarica sul portafoglio di tutti gli Stati
successori.

Le compagnie dovranno dimostrare di essere in
possesso dei titoli di prestito di guerra alla data del
3 novembre 1918.

I titoli acquistati dopo tale data dovranno essere
attribuiti alla copertura del *deficit* dello Stato nel
quale essi sono stati acquistati.

Questi titoli saranno valutati secondo le leggi generali vigenti in ciascuno Stato.

Le compagnie di assicurazione godranno di tutti
i diritti riconosciuti ai nazionali per la messa in valore

12

dei prestiti guerra facendo tuttavia eccezione alle
disposizioni concernenti la scadenza del termine
entro cui la stampigliatura sarebbe stata già effettuata nello Stato e senza tener conto del luogo dove
i titoli sono attualmente depositati.

La eventuale messa in valore dei prestiti di guerra
sarà fatta in base alle condizioni speciali stabilite
per i nazionali i di cui capitali sarebbero stati inve-
stiti nei prestiti di guerra per il fatto di una terza persona o per obbligo, o in difetto di una disposizione
simile, sulla base delle condizioni le più favorevoli
per i portatori dei titoli, stipulati secondo le leggi nazionali o quanto meno con le stesse condizioni che si
applicano alle compagnie nazionali.

Se, dopo la decisione definitiva secondo la legislazione delle Alte Parti contraenti circa la valutazione
dei prestiti di guerra o al più tardi al 31 dicembre
1921, si avesse ancora un *deficit* e cioè se tutte le attività sopra indicate non risultassero sufficienti alla
copertura totale delle riserve tecniche per il portafoglio dello Stato in questione, questo *deficit* dovrà
essere coperto con altre attività comunque disponibili oltre la copertura necessaria delle riserve tecniche in tutti i rami di assicurazioni nel territorio del-
l'antica Monarchia austro-ungarica, eccettuate in
ogni caso le attività destinate alla copertura degli
impegni assunti dalle compagnie negli Stati stranieri
all'infuori dell'antica Monarchia austro-ungarica ed
eccezione fatta, infine, delle attività novellamente
acquistate dalle compagnie a partire dal 31 dicembre
1919. In mancanza di tali attività disponibili, lo
Stato rispettivo potrà prendere nell'interesse dei propri sudditi le misure che riterrà le più utili per ristabilire l'equilibrio. Se poi tali misure danneggiassero
gli interessi dei sudditi degli altri Stati, questi mede-

simi Stati potranno far valere i diritti previsti dall'art. 215 del Trattato di S. Germano (1).

ART. 7. — Per ciò che concerne le assicurazioni sulla vita in connessione con i prestiti di guerra austro-ungarici ciascuno Stato potrà regolare i rapporti contrattuali ad essi relativi nell'interesse dei propri sudditi e tenendo conto dei fondi per ciò disponibili. I titoli acquistati dalle società di assicurazione per anticipazioni col solo scopo di far fronte agli impegni futuri da soddisfare con gli stessi titoli saranno attribuiti ai portafogli degli Stati contraenti in relazione all'ammontare del capitale assicurato a mezzo dell'operazione di assicurazione di cui si tratta.

La messa in valore di questi titoli dai detti Stati sarà subordinata alle stesse condizioni che sono state stipulate all'art. 6, n. 3.

La presente convenzione sarà ratificata al più presto possibile.

In fede di che, i plenipotenziari suddetti hanno firmato la presente convenzione.

Fatto a Roma il sei aprile millenovecentoventidue, in italiano e in francese, i due testi facendo egualmente fede, in due esemplari, uno dei quali sarà consegnato a ciascuno degli Stati firmatari.

Per l'Austria :
RÉMI KWIATKOWSKI.

Per l'Italia :
IMPERIALI.

Scambio delle ratifiche : 14 agosto 1926.

Esecuzione per R. Decreto Legge : 13 dicembre 1923, n. 3150.

Converzione in Legge : 10 luglio 1925, n. 1685.

---

(1) Vedi Vol. 24º pag. 570, della presente Raccolta.

DICHIARAZIONE

Per tener conto del carattere speciale delle « Landesversicherungsanstalten » dell'Austria, i Delegati sono d'accordo che se l'Italia, in seguito alla eventuale conclusione di un Trattato sulle Compagnie di Assicurazione private credesse di non dover autorizzare dette società alla continuazione della loro attività nei territori trasferiti all'Italia, questo fatto non porterebbe pregiudizio al regime speciale stabilito nell'articolo 272 del Trattato di S. Germano.

In tal caso, le dette società dovranno, secondo le disposizioni del Trattato suddetto, cedere i portafogli che esse possiedono in quei territori a Compagnie o a Istituti italiani o, eventualmente, a compagnie estere autorizzate al proseguimento degli affari nei detti territori. Le condizioni di queste cessioni saranno sottoposte all'approvazione dei due Governi a norma delle leggi nazionali in vigore nei due Stati.

Fatto a Roma, il sei aprile millenovecentoventidue, in italiano e in francese, i due testi facendo egualmente fede, in due esemplari, uno dei quali sarà consegnato a ciascuno degli Stati firmatari.

Per l'Austria : RÉMI KWIATKOWSKI.

Per l'Italia : IMPERIALI.

XVI.

6 aprile 1922.

ROMA.

Protocollo Italo-Austriaco
relativo ai crediti ipotecari della compagnia di assicurazione sulla vita « L'Ancre ».
(N. 5 del Protocollo finale della Conferenza di Roma).

PROTOCOLLO

Al momento di procedere alla firma dell'accordo concluso in data di oggi per i debiti e crediti, *la Delegazione Austriaca e la Delegazione Italiana* stabiliscono che questo accordo non si applichi ai due crediti ipotecari della Compagnia di assicurazione sulla vita « L'Ancre » di Vienna garantiti da immobili a Trieste e che non oltrepassano la somma di 1,100,000 corone, in quanto che esse saranno devolute alla riserva tecnica per gli impegni verso gli assicurati dei territori annessi in seguito ai Trattati di S. Germano e di Rapallo.

Fatto a Roma, il sei aprile millenovecentoventidue, in italiano ed in francese, i due testi facendo egualmente fede, in due esemplari, uno dei quali sarà rimesso a ciascuno degli Stati firmatari.

Per l'Austria :
RÉMI KWIATKOWSKI.

Per l'Italia :
IMPERIALI.

Esecuzione per R. Decreto Legge : 13 dicembre 1923, n. 3154.

XVII.

6 aprile 1922.

ROMA.

Convenzione fra l'Italia, l'Austria, la Cecoslovacchia, la Polonia, il Regno-Serbo-Croato-Sloveno e la Romania, relativa alle pensioni che erano state assegnate dal cessato Governo dell'Austria. (N. 7 del Protocollo finale della Conferenza di Roma).

L'Austria, la Cecoslovacchia, l'Italia, la Polonia, il Regno Serbo-Croato-Sloveno e la Romania, desiderosi di regolare le questioni che riguardano le pensioni che erano state assegnate dal cessato Governo dell'Austria,

volendo concludere una convenzione a questo riguardo, le Alte Parti Contraenti hanno nominato come loro plenipotenziari :

IL PRESIDENTE FEDERALE
DELLA REPUBBLICA AUSTRIACA :

il Signor Rémi Kwiatkowski, Inviato Straordinario e Ministro Plenipotenziario ;

IL PRESIDENTE DELLA REPUBBLICA CECOSLOVACCA :

il Signor Vlastimil Kybal, Inviato Straordinario e Ministro Plenipotenziario ;

SUA MAESTÀ IL RE D'ITALIA :

S. E. il Marchese Guglielmo Imperiali, Senatore del Regno, Ambasciatore ;

IL CAPO DELLO STATO POLACCO :

1922
6 aprile

il Signor Maciej Loret, Incaricato d'Affari dello
Stato polacco a Roma ;

SUA MAESTÀ IL RE DEI SERBI, CROATI E SLOVENI :

il Signor Ottokar Rybár, ex deputato ;

SUA MAESTÀ IL RE DI ROMANIA :

il Signor Al. Em. Lahovary, Inviato Straordinario e Ministro Plenipotenziario ;

i quali, dopo aver depositati i loro pieni poteri,
trovati in buona e debita forma, hanno convenuto
quanto segue :

ART. 1. — A partire dalla data dell'entrata in
vigore del Trattato di San Germano, ciascuna delle
Alte Parti contraenti prenderà a suo carico le pensioni, le graziali e le indennità caroviveri dei pensionati civili e militari che, alla data del 3 novembre
1918, erano già state accordate dal cessato Governo
austriaco ai beneficiari riconosciuti e divenuti, in
virtù del suddetto trattato, cittadini dello Stato
rispettivo, sia di pieno diritto sia per opzione o per
elezione.

Alle stesse condizioni saranno a carico delle Alte
Parti contraenti le pensioni, graziali e indennità caroviveri che, alla data del 4 novembre 1918, erano già
state assegnate dalle cessate amministrazioni comuni
dell'antica Monarchia austro-ungarica, compresa l'Amministrazione provinciale della Bosnia e dell'Erzegovina, ai beneficiari che, alla data suddetta, erano
cittadini del cessato Impero d'Austria.

La presente convenzione non si applica alle pensioni, graziali e indennità caroviveri dei pensionati

delle ferrovie dello Stato ; non si applica inoltre a quelle dei pensionati delle altre imprese dello Stato che non erano a carico dell'erario statale, ma erano a carico di fondi autonomi di pensioni.

ART. 2. — I pagamenti gia effettuati durante il periodo fra il 3 novembre 1918 e il 16 luglio 1920 saranno reciprocamente compensati, salvo le convenzioni particolari già concluse in materia fra talune delle Alte Parti contraenti.

Per quanto riguarda gli arretrati che si devono ancora pagare per l'epoca suddetta ciascuna delle Alte Parti contraenti si riserva di prendere disposizioni per salvaguardare gli interessi dei propri cittadini.

ART. 3. — Semprechê la legislazione interna di ciascuno Stato non preveda eccezioni al riguardo, la misura delle pensioni, graziali e indennità che dovranno essere corrisposte a ciascun pensionato, non dovrà essere inferiore a quella che era stata stabilita dalla cessata Amministrazione competente. La corresponsione delle pensioni, graziali e indennità caroviveri ai pensionati residenti all'estero potrà essere subordinato alla condizione che il pensionato trasferisca la sua residenza nello Stato di cui ha acquistato la cittadinanza.

Lo Stato interessato potrà, nondimeno, in casi eccezionali e quando sia provato che il rimpatrio del pensionato incontra delle difficoltà per altri motivi particolarmente importanti, ammettere il pagamento all'estero delle pensioni, graziali ed indennità caroviveri.

Il pagamento delle pensioni potrà essere subordinato a determinate condizioni.

Le Alte Parti contraenti si obbligano a prendere opportuni provvedimenti per facilitare il rimpatrio dei pensionati.

ART. 4. — L'ammontare delle somme pagate a titolo di pensioni, graziali ed indennità caroviveri, dopo la data dell'entrata in vigore del Trattato di San Germano, da uno Stato diverso da quello che avrebbe dovuto effettuare il pagamento in base alle disposizioni dell'articolo 1, sarà rimborsato dallo Stato o dagli Stati debitori a quello che ha effettuato i pagamenti. Il pagamento dovrà cessare a richiesta dello Stato per conto del quale esso si effettua.

La compensazione reciproca ed il rimborso dei pagamenti suddetti saranno fatti nella valuta dello Stato debitore, in base alle convenzioni che verranno concluse, tra gli Stati interessati. Tale disposizione non pregiudica menomamente le convenzioni particolari già esistenti in materia.

ART. 5. — Ove sorgessero fra le Alte Parti contraenti delle contestazioni nei riguardi della cittadinanza dei pensionati delle cessate amministrazioni le Alte Parti contraenti si obbligano a non sospendere nè ridurre i pagamenti in corso fino a che la cittadinanza del pensionato sia stata riconosciuta e salvo il diritto di pretendere, da parte dello Stato di cui il pensionato avrà acquistato la cittadinanza, il rimborso dei pagamenti fatti.

La contestazione sarà portata a richiesta del pensionato o dello Stato interessato, avanti al Tribunale Arbitrale che sarà competente per le questioni di cittadinanza, entro il termine di un anno.

ART. 6. — Per quanto riguarda le pensioni suddette, è inteso che la presente convenzione si applica per analogia anche alle pensioni delle vedove e degli orfani, ai sussidi per l'educazione di questi ultimi ed ai « quartali mortuari » (Sterbequartal).

Al riguardo, si dovrà prendere per base la cittadinanza dell'impiegato defunto ; nei casi di opzione fatta da parte della vedova in conformità ai Trattati di Pace, si prenderà per base la cittadinanza acquistata da quest'ultima.

ART. 7. — Il pagamento delle pensioni ai pensionati delle Amministrazioni provinciali e comunali sarà regolato da accordi diretti fra gli Stati interessati.

ART. 8. — La presente convenzione non pregiudica menomamente le leggi ed i regolamenti interni, nei rapporti tra ciascuna delle Alte Parti contraenti ed i propri cittadini.

ART. 9. — La presente convenzione sarà ratificata al più presto possibile.

Ciascuno Stato trasmetterà la propria ratifica al Governo italiano, che ne darà comunicazione a tutti gli altri Stati firmatari.

Le ratifiche rimarranno depositate negli archivi del Governo italiano.

La presente convenzione entrerà in vigore, per ogni Stato firmatario, alla data del deposito della propria ratifica, e da questo momento avrà efficacia fra gli Stati che avranno proceduto al deposito delle loro ratifiche.

In fede di che, i plenipotenziari suddetti hanno firmato la presente convenzione.

Fatta a Roma, il sei aprile millenovecentoventidue in italiano e in francese, i due testi facendo egualmente fede, in un solo esemplare che rimarrà depositato negli Archivi del Governo del Regno d'Italia e copie autentiche del quale saranno rimesse a ciascuno degli Stati firmatari.

Per l'Austria :
   RÉMI KWIATKOWSKI.

Per la Cecoslovacchia :
   VLASTIMIL KYBAL.

Per l'Italia :
    IMPERIALI.

Per la Polonia :
    MACIEJ LORET.

Per il Regno Serbo-Croato-Sloveno :
    Dr. RYBAR.

Per la Romania :
    A. EM. LAHOVARY.

1922
6 aprile

Ratifica dell'Italia : 11 marzo 1924.
Esecuzione per R. Decreto Legge : 13 dicembre 1923, n. 3239.

1922
6 aprile

DICHIARAZIONE
DELLA DELEGAZIONE D'AUSTRIA

La Delegazione d'Austria dichiara che è pronta a firmare la convenzione per le pensioni nel suo testo attuale, ma che fa riserve non soltanto per quanto riguarda la ratifica della Convenzione, in generale ma particolarmente per quanto concerne la stipulalazione secondo la quale i pensionati della Bosnia Erzegovina sono compresi sotto le disposizioni dell'articolo 1.

Fatto a Roma il sei aprile millenovecentoventidue.

Per l'Austria : RÉMI KWIATKOWSKI.

DICHIARAZIONE
DELLA DELEGAZIONE DI CECOSLOVACCHIA

La Delegazione della Repubblica cecoslovacca, presa notizia della riserva austriaca, dichiara che firma la presente convenzione sotto riserva che il Governo austriaco ammetta che i pensionati della Bosnia Erzegovina siano compresi nelle disposizioni dell'articolo 1.

I Delegati della Polonia, della Romania e del Regno Serbo-Croato-Sloveno aderiscono alla dichiarazione della Delegazione cecoslovacca.

Fatto a Roma, il sei aprile millenovecentoventidue.

Per la Cecoslovacchia : VLASTIMIL KYBAL.
Per la Polonia : MACIEJ LORET.
Per la Romania : A. EM. LAHOVARY.
Per il Regno Serbo-Croato-Sloveno : Dr. RYBAR.

1922
6 aprile

DICHIARAZIONE
DELLA DELEGAZIONE DI ROMANIA

La Delegazione di Romania dichiara che il R. Governo romeno non potrà accettare l'art. 2 se non sarà stato stipulato, prima della ratificazione della convenzione, mediante un accordo speciale tra l'Austria e la Romania, che i pagamenti già effettuati durante il periodo fra il 3 novembre 1918 ed il 16 luglio 1920 vengano reciprocamente compensati e che qualsiasi convenzione particolare in contrario viene annullata.

Fatto a Roma il sei aprile millenovecentoventidue.

Per la Romania : A. EM. LAHOVARY.

XVIII.

6 aprile 1922.

ROMA.

Convenzione fra l'Italia e l'Austria circa le pensioni provinciali e comunali.
(N. 9 del Protocollo finale della Conferenza di Roma).

L'Austria e l'Italia, desiderose di regolare le questioni che riguardano le pensioni provinciali e comunali,
volendo concludere una convenzione a questo riguardo, le Alte Parti contraenti hanno nominato come loro plenipotenziari :

IL PRESIDENTE FEDERALE
DELLA REPUBBLICA D'AUSTRIA :

il Signor Rémi Kwiatkowski, Inviato Straordinario e Ministro Plenipotenziario ;

SUA MAESTÀ IL RE D'ITALIA :

S. E. il Marchese Guglielmo Imperiali, Senatore del Regno, Ambasciatore ;

i quali, dopo aver depositato i loro pieni poteri, trovati in buona e debita forma, hanno convenuto quanto segue :

ART. 1. — Le provincie e i comuni che si trovano per intero sul territorio di una delle Alte Parti contraenti conferiranno e corrisponderanno le pensioni

e gli altri assegni regolamentari di riposo o di previ-
denza anche a quei pensionati che già furono in loro
servizio, i quali divenissero, in base ai Trattati di
Pace, cittadini dell'altra Alta Parte contraente e
precisamente nello stesso ammontare e giusta le
norme stesse come ai pensionati, che acquistano la
cittadinanza dello Stato nel quale i sopraddetti enti
hanno la loro sede. Lo stesso vale anche per quei
funzionari provinciali e comunali che venissero a
perdere il proprio posto in seguito all'ottenimento
di una nuova cittadinanza per effetto dei Trattati
di Pace.

1922
6 aprile

ART. 2. — Nelle circoscrizioni provinciali e comunali che per effetto dei Trattati di Pace vengono divise, l'onere delle pensioni starà a carico di quella
parte delle circoscrizioni alla quale i pensionati appartengono in seguito all'ottenimento della cittadinanza per effetto dei Trattati di Pace.

ART. 3. — Qualora dall'applicazione della disposizione precedente derivasse a una delle due Parti
della circoscrizione divisa, un aggravio superiore
alla quota proporzionale che in base all'articolo 204
del Trattato di San Germano sarà fissata per la ripartizione dei debiti pubblici, sarà tenuto conto di
tale maggiore aggravio nel computo finale della quota
di debito che dovrà stare definitivamente a carico di
detta parte della circoscrizione amministrativa divisa.

ART. 4. — Qualora dopo il 3 novembre 1918 fossero stati eseguiti dei pagamenti per tali assegni di
pensione, da altra autorità che non sia quella competente a sensi delle norme sopraesposte, l'autorità ora
effettivamente obbligatavi dovrà rifondere i relativi
esborsi in conformità alle norme dell'articolo 4 della
convenzione di Roma sul pagamento delle pensioni
ai funzionari statali.

La presente convenzione sarà ratificata al più presto possibile.

In fede di che i plenipotenziari suddetti hanno firmato la presente Convenzione.

Fatto a Roma il sei aprile millenovecentoventidue, in italiano e in tedesco, i due testi facendo egualmente fede, in due esemplari, uno dei quali sarà consegnato a ciascuno degli Stati firmatari.

Per l'Austria :
RÉMI KWIATKOWSKI.

Per l'Italia :
IMPERIALI.

Ratifica dell'Italia : 12 giugno 1924.
Esecuzione per Decreto Legge : 13 dicembre 1923, n. 3239.
Conversione in Legge : 31 gennaio 1926, n. 955.

XIX.

6 aprile 1922.

ROMA.

Convenzione tra l'Italia e il Regno Serbo-Croato-Sloveno, relativa alle pensioni comunali e provinciali.

(N. 10 del Protocollo finale della Conferenza di Roma).

L'Italia ed il Regno dei Serbi, Croati e Sloveni, desiderosi di regolare le questioni che riguardano le pensioni provinciali e comunali,

volendo concludere un accordo a questo riguardo, le Alte Parti contraenti hanno nominato come loro plenipotenziari :

SUA MAESTÀ IL RE D'ITALIA :

S. E. il Marchese Guglielmo Imperiali, Senatore del Regno, Ambasciatore ;

SUA MAESTÀ IL RE DEI SERBI, CROATI E SLOVENI :

il Signor Ottokar Rybár, ex Deputato ;

i quali, dopo aver depositato i loro pieni poteri, trovati in buona e debita forma, hanno convenuto quanto segue :

ART. 1. — Le provincie e i comuni politici che si trovano per intero sul territorio di una delle Alte Parti contraenti conferiranno e corrisponderanno le pensioni, le aggiunte di carestia, e gli altri assegni di riposo previsti dai relativi regolamenti ai propri funzionari pensionati, i quali divenissero cittadini dell'altra Alta Parte contraente in base ai Trattati di pace, nello stesso ammontare e giusta gli stessi principi come ai funzionari pensionati, divenuti cittadini. dello Stato al quale i sopradetti enti appartengono. Lo stesso vale, per quei funzionari provinciali e comunali che venissero a perdere il proprio posto in seguito all'ottenimento di una nuova cittadinanza per effetto dei Trattati di pace.

ART. 2. — Il pagamento delle pensioni e delle aggiunte di carestia e degli altri assegni di riposo di cui all'art. 1 nelle circoscrizioni provinciali e comunali divise per effetto dei Trattati di pace, starà a carico dell'Amministrazione provinciale o comunale di quella parte delle circoscrizioni alla quale i singoli pensionati aventi diritto appartengono in seguito all'ottenimento della cittadinanza per effetto dei Trattati di pace.

ART. 3. — Qualora nell'applicazione della disposizione precedente derivi all'amministrazione di una delle due Parti della circoscrizione divisa un aggravio superiore alla quota proporzionale che in base all'art. 204 del Trattato di San Germano sarà fissata per i debiti pubblici, si terrà conto di tale maggiore aggravio nella ripartizione definitiva degli oneri che devono stare a carico di detta Parte della circoscrizione amministrativa divisa.

ART. 4. — Qualora ai funzionari menzionati all'art. 1 fossero stati corrisposti dopo il 3 novembre 1918 dei pagamenti per pensioni, aggiunte di carestia od altri assegni di riposo provinciali e comunali da altra autorità che non sia quella tenutavi ai sensi degli articoli 1 e 2, l'autorità effettivamente obbligatavi dovrà rifondere i relativi esborsi in corrispondenza ai principi sanciti all'art. 4 della convenzione di Roma sul pagamento delle pensioni ai funzionari statali.

ART. 5. — La presente convenzione non si riferisce ai funzionari provinciali e comunali della Dalmazia, per i quali si provvede con un accordo particolare.

La presente convenzione sarà ratificata al più presto possi bile.

In fede di che i plenipotenziari suddetti hanno firmato la presente convenzione.

Fatta a Roma, il sei aprile millenovecentoventidue, in italiano e in francese, i due testi facendo egualmente fede, in due esemplari, uno dei quali sarà consegnato a ciascuno degli Stati firmatari.

Per *l'Italia :*
IMPERIALI.

Per *il Regno Serbo-Croato-Sloveno :*
Dr. RYBAR.

Scambio delle ratifiche : 6 febbraio 1931.
Esecuzione per Decreto Legge : 18 dicembre 1923,
n. 3239.

XX.

6 aprile 1922.

ROMA.

Accordo tra l'Italia, l'Austria e l'Ungheria riguardante i debiti amministrativi.

(N. 11 del Protocollo finale della Conferenza di Roma).

Considerando che le Alte Parti contraenti non si sono accordate sul pagamento dei debiti contratti dalle Autorità amministrative dell'antico Governo austriaco e ungherese, ma riconoscono la opportunità di accertare l'esistenza e l'ammontare di questi debiti, espressi in corone sulla base delle leggi e ordinanze in vigore il 3 novembre 1918, senza pregiudicare peraltro il loro rispettivo punto di vista ;

considerando che l'Italia insiste sul diritto che essa ritiene di avere in base agli articoli 203 e 205 penultimo ed ultimo comma del Trattato di S. Germano e agli articoli 186 e 188 del Trattato di Trianon, di esigere, cioè, dall'Austria, sulla base del cambio stabilito dall'art. 271 del Trattato di S. Germano e 254 del Trattato di Trianon, l'ammontare dei crediti derivanti da obbligazioni contratte, prima dello smembramento della Monarchia austro-ungarica dalle antiche i. e r. e i. r. amministrazioni e dalle antiche r. amministrazioni ungheresi nei riguardi delle persone fisiche e giuridiche appartenenti in base alla residenza o all'indigenato ai territori annessi dall'Italia ;

considerando che l'Austria e l'Ungheria contestano di essere obbligate, in virtù degli articoli 203 e 205 del Trattato di S. Germano e degli articoli 186 e 188 del Trattato di Trianon, a pagare i debiti delle antiche i. e r. e i. r. amministrazioni e delle r. amministrazioni ungheresi ;

considerando, d'altra parte, il desiderio comune di addivenire in un modo pratico e rapido alla regolazione di tutte le controversie relative al pagamento effettivo dei debiti in questione ;

volendo concludere un accordo a questo riguardo, le Alte Parti contraenti hanno nominato come loro plenipotenziari :

IL PRESIDENTE FEDERALE
DELLA REPUBBLICA D'AUSTRIA :

il Signor Rémi Kwiatkowski, Inviato Straordinario e Ministro Plenipotenziario ;

SUA MAESTÀ IL RE D'ITALIA :

S. E. il Marchese Guglielmo Imperiali, Senatore del Regno, Ambasciatore ;

SUA ALTEZZA IL REGGENTE D'UNGHERIA :

il Conte Nemes de Hidvêg, Inviato Straordinario e Ministro Plenipotenziario ;

i quali, dopo aver comunicato i loro pieni poteri trovati in buona e debita forma, hanno convenuto quanto segue :

ART. 1. — La Repubblica d'Austria e il Regno d'Ungheria si obbligano ad accertare a mezzo dei loro uffici di liquidazione dei debiti dell'antico erario austro-ungarico, dell'antico erario austriaco e dell'erario ungherese, anche i crediti corrispondenti a siffatti debiti che persone fisiche o giuridiche negli antichi territori austriaci e ungheresi, trasferiti in base al Trattato di pace di San Germano al Regno d'Italia, avevano il 3 novembre 1918 verso l'antico erario austro-ungherese, l'antico erario austriaco e l'erario ungherese in base alle leggi, ordinanze e altre norme obbligatorie in vigore nei detti territori prima dello smembramento della Monarchia austro-ungarica.

L'appartenenza dell'interessato sarà determinata : per i crediti derivanti da un rapporto di servizio pubblico o privato in cui trovavasi il creditore o uno dei membri della sua famiglia, dall'indigenato che il creditore aveva al 3 novembre 1918 in un comune del territorio ceduto ; per tutti i crediti delle persone morali e delle aziende commerciali, dalla sede ed esercizio che esse avevano, alla medesima data, nel territorio ceduto ; e per tutti gli altri crediti delle persone fisiche, dal domicilio che le stesse avevano, alla medesima data, nel territorio ceduto.

ART. 2. — L'accertamento di questi crediti a mezzo degli Uffici di liquidazione austriaci ed ungheresi non pregiudicherà affatto la futura decisione che dovrà stabilire a carico di chi starà un debito dell'antico erario austro-ungarico, dell'antico erario austriaco, o del r. erario ungherese.

La valutazione dei crediti sarà fatta in corone austro-ungariche ; non si terrà conto degli interessi di mora, il che peraltro non pregiudicherà le eventuali pretese degli interessati relativamente agli interessi di mora.

Trattandosi di una domanda di indennizzo, il

danno sarà calcolato sulla base delle spese per la ricostruzione o per il riacquisto del bene in questione secondo i prezzi in uso nell'ottobre e nel novembre 1918.

ART. 3. — Seguendo il principio di accertare tutti i crediti degli interessati indicati all'articolo 1 e derivanti dall'attività amministrativa civile e militare dell'antico erario austro-ungarico, dell'antico erario austriaco e del r. erario ungherese e non ancora regolati il 3 novembre 1918, la liquidazione dovrà comprendere, in ispecie i seguenti gruppi di crediti :

a) crediti derivanti da rapporto di servizio pubblico, relativi a emolumenti, pensioni, graziali, ecc., come anche crediti derivanti da contratti di servizio ;

b) crediti derivanti da contratti di fornitura di locazione, di costruzione e di trasporto ;

c) crediti derivanti da prestazioni di guerra di opera e di cose e da alloggi militari ;

d) crediti derivanti dalla responsabilità civile delle Ferrovie dello Stato, dal Regolamento di servizio degli impiegati delle Ferrovie dello Stato e delle costruzioni delle Ferrovie gestite dallo Stato ;

e) crediti derivanti dalle operazioni delle Amministrazioni delle poste, dei telegrafi e telefoni in quanto il loro accertamento non sia stato regolato con uno speciale accordo ;

f) crediti degli ecclesiastici relativi alla « Congrua » ;

g) crediti per sussidi stabiliti dalla legge a favore di fuggiaschi, invalidi di guerra e per le rendite delle famiglie di superstiti di guerra ;

h) indennizzi di pretese elevate da coloro che, avendo preso parte alla guerra, hanno consegnato il loro vestiario civile ai depositi militari al momento della chiamata alle armi e lo hanno perduto prima del 3 novembre 1918 ;

i) indennizzi per il denaro e altri oggetti di valore consegnati, per essere trasmessi in patria agli organi militari o civili, ufficialmente a ciò autorizzati, nei casi in cui queste spedizioni fossero state organizzate dallo Stato ;

j) domande di restituzione delle cauzioni di matrimonio, delle cauzioni dei depositi di funzionari civili, dei depositi di marinai e di altri militari, delle cauzioni di garanzia, delle lettere di garanzia e altri depositi consegnati agli uffici statali per la garanzia di un contratto o per un altro scopo.

Questa enumerazione ha soltanto carattere dimostrativo ; essa non pregiudica, d'altra parte, la questione se un debito compresovi incomba, in base alle leggi in vigore il 3 novembre 1918 in Austria e in Ungheria, all'antico i. e r. erario, all'antico i. r. erario, o al r. erario ungherese.

ART. 4. — L'esame e l'accertamento sopraindicati si estenderanno a tutti i reclami che sono attualmente pendenti presso gli Uffici austriaci e ungheresi e che saranno prodotti entro sei mesi al più tardi a partire dalla ratifica del presente accordo presso gli uffici di liquidazione austriaci ed ungheresi indicati dall'Austria e dall'Ungheria nel momento della ratifica, o presso gli uffici indicati dall'Italia nel momento della ratifica.

ART. 5. — Il R. ufficio italiano sopraindicato dovrà assistere gli interessati per quanto riguarda i documenti e le pezze d'appoggio da allegarsi nei loro reclami ; procurerà loro i documenti che mancano, e trasmetterà i reclami di regola, senza intervento diplomatico, direttamente ai competenti uffici di liquidazione austriaci o ungheresi.

I reclami evidentemente infondati o che, sia per
riguardo delle persone che li producono sia per la
data della loro origine, non sono compresi in questo
accordo (articolo 1), saranno respinti con una breve
motivazione, dallo stesso R. ufficio italiano sopraindicato al quale essi sono stati prenotificati.

Art. 6. — I reclami che attualmente si trovano
presso gli uffici di liquidazione austriaci e ungheresi
al pari di quelli trasmessi d'ora innanzi dal R. ufficio
italiano sopraindicato saranno esaminati dagli uffici
di liquidazione austriaci e ungheresi e definiti al più
presto ; le decisioni (affermative, negative o provvisorie) saranno rimesse al R. ufficio italiano sopraindicato.

Ogni decisione definitiva in merito ad un reclamo
sia essa affermativa o negativa dovrà contenere
l'istruzione per l'interessato sul diritto di ricorso a
lui spettante con l'avvertimento che egli potrà produrre ricorso contro la decisione entro il periodo di
trenta giorni a decorrere dall'intimazione della stessa,
alla Commissione internazionale di appello istituita
presso l'Ufficio di liquidazione austriaco o ungherese
che ha deciso.

I ricorsi devono essere presentati entro trenta giorni
al sopraindicato R. ufficio italiano, incaricato del
pari dell'intimazione delle decisioni degli Uffici di
liquidazione austriaci e ungheresi ; esso li rimetterà,
al più presto possibile, al competente Ufficio di liquidazione austriaco o ungherese.

Il diritto di ricorso alla Commissione d'appello,
per quanto si riferisce alle decisioni pronunciate dopo
il 3 novembre 1918 dagli Uffici di liquidazione austriaci o ungheresi e che sono state già notificate, riguardanti le denuncie dei crediti indicati nell'articolo
primo del presente Accordo, è ammesso entro il

periodo di trenta giorni a partire dalla data della ratifica del presente Accordo. Questo diritto potrà esercitarsi soltanto nel caso in cui gli interessati avrebbero avuto il diritto, in base alla legge austriaca o ungherese in vigore al 3 novembre 1918, di ricorrere a una corte amministrativa o ad un tribunale dell'Impero o all'ordinaria via civile.

Le transazioni e le liquidazioni accettate dagli interessati non possono essere affatto contestate.

ART. 7. — Il competente Ufficio di liquidazione austriaco o ungherese rimetterà tale ricorso, fornito di tutti i documenti che hanno servito di base per la decisione contestata, alla Commissione internazionale di appello sopra indicata, esponendo il proprio parere in merito.

La Commissione di appello si compone di tre Senati, ciascuno competente per una determinata categoria di ricorsi.

I Senati si compongono :

a) negli Uffici di liquidazione dell'antico i. e r. erario : di un presidente, di un assessore italiano, di un assessore austriaco e di un assessore ungherese ;

b) negli Uffici di liquidazione dell'antico i. e r. erario : di un presidente, di un assessore italiano e di un assessore austriaco ;

c) negli Uffici di liquidazione del r. erario ungherese : di un presidente, di un assessore italiano e di un assessore ungherese.

I presidenti dei Senati delle Commissioni d'appello saranno nominati di comune accordo dai tre o due Governi interessati ; nei casi di disaccordo, detti presidenti saranno nominati dal Presidente della Confederazione elvetica in base ad una terna proposta da ciascuno dei tre o due governi interessati.

Gli assessori saranno nominati unilateralmente
da parte dei loro rispettivi governi.

Il presidente e gli assessori devono, per quanto
possibile, risiedere nella sede del rispettivo Ufficio di
liquidazione austriaco o ungherese e devono avere
le necessarie nozioni giuridiche.

Il Senato prenderà le sue decisioni all'unanimità
di tre o due assessori, ai quali soltanto, di regola,
spetta il diritto di voto ; se, malgrado prolungate discussioni, non sarà possibile ottenere l'unanimità degli
assessori, il Presidente del Senato, altrimenti senza
voto, decide da solo.

Le decisioni del Senato vincolano il competente
Ufficio di liquidazione austriaco o ungherese nel caso
concreto in questione : se però trattasi di una decisione di principio, essa sarà normativa per tutti i
consimili casi.

Gli interessati e i loro procuratori devono essere
ammessi alla discussione orale per sostenere il ricorso.
Anche l'Ufficio di liquidazione austriaco o ungherese
potrà sostenervi il proprio punto di vista.

Le Regie Legazioni italiane a Vienna e a Budapest
hanno diritto di far intervenire alle riunioni dei Senati delle Commissioni d'appello un delegato, il quale,
però, non potrà prendere parte alle discussioni orali.

Gli Uffici di liquidazione austriaci e ungheresi forniranno in via breve a questo delegato le informazioni
che egli chiederà in merito ai singoli casi di liquidazione.

Art. 8. — Qualora si renda necessario nell'interesse di una pronta definizione dei reclami, gli Uffici
di liquidazione austriaci e ungheresi potranno, di
tanto in tanto, d'accordo con l'Ufficio sopraindicato,
assegnare a tale Ufficio degli esperti, i quali saranno
autorizzati a prendere parte a tutte le inchieste

commissionali eseguite dall'Ufficio, per esempio sopraluoghi, esami di libri, come anche prendere parte
ai dibattiti orali con le parti, e che avranno pure competenza a decidere in merito ai reclami fino a un valore massimo individuale da fissarsi dall'Ufficio di
liquidazione austriaco e ungherese secondo i risultati
della pratica.

Anche contro questa decisione, che deve essere
loro intimata dal R. ufficio italiano ed essere accompagnata d'una istruzione sulle vie di ricorso, gli
interessati potranno ricorrere ai sensi dell'articolo 6
alla Commissione d'appello.

ART. 9. — I componimenti amichevoli dei contratti di forniture militari, la cui esecuzione sia stata
sospesa dallo smembramento della Monarchia austro-
ungarica, saranno affidati alla « Commissione di componimento per i contratti in corso di fornitura militare », istituiti presso l'Ufficio austriaco per la liquidazione militare (Militaer-Liquidierungs-Amt), Commissione nella quale d'ora innanzi sarà rappresentato
anche il R. governo italiano per mezzo di due suoi
delegati.

Analoghe Commissioni di componimento saranno
pure istituite presso gli Uffici di liquidazione dell'antico erario austriaco e dell'erario ungherese per l'amichevole componimento dei contratti che, al momento
dello smembramento della Monarchia austro-ungarica, dovevano ancora essere eseguiti in confronto al-
l'erario austriaco od all'erario ungherese.

I Senati di questa Commissione di componimento
saranno formati :

a) presso il « Militaer-Liquidierungs-Amt » austriaco : da un presidente austriaco, da un assessore
italiano, da un assessore ungherese ed un assessore
austriaco ;

b) presso gli Uffici di liquidazione dell'antico i. r. erario : da un presidente austriaco e da due assessori, di cui l'uno italiano, l'altro austriaco ;

c) presso gli Uffici di liquidazione del r. erario ungherese : da un presidente ungherese e da due assessori, di cui l'uno italiano, l'altro ungherese.

·I membri delle Commissioni di componimento possono essere nello stesso tempo membri della Commissione d'appello.

ART. 10. — Le domande dirette a far valere un reclamo di cui all'articolo primo, coi relativi annessi e ricorsi sopra indicati, gli accordi e le decisioni degli Uffici di liquidazione austriaci ed ungheresi riflettenti l'accertamento dei crediti, saranno, da parte dell'Austria e dell'Ungheria, esenti da bolli e da tasse.

In caso di ricorso temerario la Commissione d'appello avrà il diritto di condannare l'interessato al pagamento delle spese del procedimento di ricorso. Il R. governo italiano presterà all'occorrenza il suo concorso per l'effettuazione di tale ricupero.

ART. 11. — Le spese pel personale e materiali inerenti alle operazioni di accertamento da eseguirsi dagli Uffici di liquidazione austriaci e ungheresi ai sensi del presente accordo, saranno sopportate provvisoriamente dall'Austria e dall'Ungheria a seconda che tali spese siano fatte sul territorio della Repubblica d'Austria o del Regno d'Ungheria.

Le spese causate dalla delega concordata degli esperti degli Uffici di liquidazione austriaci ed ungheresi, come pure le spese dell'Ufficio italiano, saranno provvisoriamente a carico dell'Italia.

Se l'indennità da assegnarsi ai presidenti dei Senati delle Commissioni d'appello, nominati su proposta dell'Italia, dovrà essere pagata in moneta diversa dall'austriaca o dall'ungherese, tale indennità sarà provvisoriamente a carico dell'Italia.

Ciascuna delle tre Parti contraenti assumerà provvisoriamente a proprio carico l'indennità dei propri rispettivi assessori nei Senati delle Commissioni di appello e delle Commissioni di componimento.

Tutte le spese derivanti dai lavori di accertamento previsto da questo Accordo saranno a suo tempo ripartite equamente sulla base dei resoconti reciprocamente riconosciuti. La regolazione definitiva è riservata dalle Alte Parti contraenti a una convenzione da stipularsi dopo ultimati i lavori di accertamento.

In mancanza di un tale accordo, le controversie saranno sottoposte al tribunale arbitrale previsto all'articolo 12.

ART. 12. — In mancanza di altri accordi fra i governi interessati, saranno costituiti i Tribunali arbitrali composti di arbitri esperti, dopo ultimati i lavori di accertamento, in ogni caso al più tardi entro due anni dopo l'entrata in vigore del presente accordo, per la regolazione dei debiti dell'antico erario austro-ungarico, di quelli dell'antico erario austriaco e di quelli del r. erario ungherese.

Questi Tribunali arbitrali si comporranno :

a) per i debiti dell'antico erario austro-ungarico : di un presidente, di due assessori italiani, di un assessore austriaco e di un assessore ungherese ;

b) per i debiti dell'antico erario austriaco : di un presidente e di due assessori, di cui l'uno italiano, l'altro austriaco ;

c) per i debiti del r. erario ungherese : di un presidente e di due assessori, di cui l'uno italiano, l'altro ungherese.

Gli assessori dei tribunali arbitrali sono nominati dai loro Governi.

I presidenti sono designati, di comune accordo, dai governi interessati ; se, nel periodo di tre mesi a partire dal primo invito alla designazione non può intervenire l'accordo, i presidenti saranno designati dal presidente della Confederazione elvetica.

Il Tribunale prenderà le sue decisioni all'unanimità degli assessori ; in mancanza di unanimità, il presidente deciderà da solo.

Senza pronunciarsi sul principio generale della responsabilità, i tribunali arbitrali decideranno *ex bono et aequo*, tenendo conto della situazione finanziaria ed economica dell'Austria se e, nel caso affermativo, quanto l'Austria dovrà, in solido con l'Ungheria pagare allo Stato italiano per tutte o per talune categorie dei debiti dell'antico erario austro-ungarico ; se, e nel caso affermativo, quanto l'Austria dovrà pagare allo Stato italiano per tutte o per talune categorie dei debiti dell'antico erario austriaco ; se e, nel caso affermativo, quanto l'Ungheria dovrà pagare allo Stato italiano per tutte o per talune categorie dei debiti del r. erario ungherese in una moneta che non sia esposta a fluttuazioni anormali, e tutto ciò per conto degli interessati.

Immediatamente dopo la fine dei lavori di accertamento previsti da questo accordo, gli Uffici di liquidazione austriaci e ungheresi dovranno trasmettere al R. ufficio italiano un elenco, diviso per categorie, di tutti i crediti non soddisfatti, indicati all'articolo primo e dichiarati liquidi, sia dopo, sia prima dell'entrata in vigore del presente accordo (e persino prima del 3 novembre 1918) indicando il nome e la residenza degli interessati.

Il R. governo italiano si riserva dopo avere fatto un esame per suo conto della lista sopra indicata, di compilare un'analoga tabella dei crediti mediante un invito circolare agli interessati.

Le divergenze fra questi due elenchi saranno accomodate nella via più breve.

L'elenco dei crediti riconosciuti di comune accordo sarà trasmesso al competente tribunale arbitrale.

Il presente accordo sarà ratificato il più presto possibile.

In fede di che, i plenipotenziari suddetti hanno firmato il presente accordo.

Fatto a Roma, il 6 aprile millenovecentoventidue, in italiano e in francese, i due testi facendo egualmente fede, in un solo esemplare che rimarrà depositato negli Archivi del Governo d'Italia, e copie autentiche del quale saranno rimesse a ciascuno degli Stati firmatari.

Il Governo italiano avrà cura che il testo italiano concordi perfettamente col testo francese.

Per l'Austria ·
Rémi Kwiatkowski.

Per l'Italia :
Imperiali.

Per l'Ungheria :
C.te A. Nemes.

Ratifica dell'Italia : 21 febbraio 1924.
Esecuzione per R. Decreto Legge : 13 dicembre 1923,
n. 3156.

DICHIARAZIONE
DELLA DELEGAZIONE UNGHERESE

Il Delegato dell'Ungheria firma la convenzione relativa alla regolazione delle controversie sorte nei riguardi dei debiti dell'antico i. e. r. erario austro-ungarico, dell'antico i. r. erario austriaco e del r. erario ungherese conclusa fra la Repubblica d'Austria, il Regno d'Ungheria ed il Regno d'Italia, con le seguenti riserve :

1. che in luogo del comma c) dell'art. 3 sia inserito il comma seguente : « c) Crediti delle Società di navigazione derivanti dalla messa a disposizione del servizio di guerra austro-ungarico di navi durante la guerra » ;

2. che il comma seguente sia intercalato prima dell'ultimo comma dell'art. 3 : « La regolazione dei crediti derivanti da servizi di guerra, personali e materiali e da alloggiamenti militari è riservata ad una convenzione che sarà eventualmente conclusa in seguito e non cade sotto le disposizioni della presente convenzione.

Fatto a Roma, il sei aprile millenovecentoventidue. – Annullato.

Per l'Ungheria : C.te A. NEMES.

DICHIARAZIONE
DELLA DELEGAZIONE AUSTRIACA

La Delegazione austriaca, presa conoscenza delle riserve fatte dalla Delegazione ungherese, dichiara che qualora fossero effettuate le variazioni richieste

14

dall'Ungheria e sulle quali l'Austria non insiste da parte sua, le stesse variazioni dovrebbero senz'altro avere egualmente effetto in confronto dell'Austria.

Fatto a Roma, il sei aprile millenovecentoventidue.

Per l'Austria : Rémi Kwiatkowski.

XXI.

6 aprile 1922.

ROMA.

Protocollo addizionale all'accordo fra l'italia, l'Austria, e l'Ungheria relativo ai debiti amministrativi, firmato dall'Italia, dall'Austria, dalla Cecoslovacchia, dalla Polonia, dalla Romania, dal Regno S. C. S. e dall'Ungheria con 2 annessi.

(N. 12 del Protocollo finale della Conferenza di Roma).

PROTOCOLLO ADDIZIONALE
ALL'ACCORDO SUI DEBITI AMMINISTRATIVI.

All'atto di procedere alla firma dell'accordo sui debiti amministrativi dell'antico Governo austro-ungarico concluso in data odierna, i sottoscritti Delegati dell'Austria, dell'Italia e dell'Ungheria, Stati firmatari del detto accordo (annesso I) dichiarano che la Cecoslovacchia, la Polonia, la Romania ed il Regno dei Serbi, Croati e Sloveni, tutti insieme o singolarmente, avranno facoltà di accedere di comune intesa con l'Austria e l'Ungheria all'accordo suddetto per quanto riguarda gli articoli 1–11, a mezzo di una notificazione diretta alle Alte Parti firmatarie.

Questa notificazione dovrà essere fatta da ciascuno Stato nel termine di sei mesi dalla data della sua ratifica. Ove una tale notificazione fosse validamente fatta da uno o più Stati suddetti, il testo degli articoli 1–11 dell'accordo del 6 aprile 1922 sarà modificato in conformità del testo degli articoli 1–11 dell'annesso II ; le disposizioni dell'art. 12 dell'accordo suddetto resteranno in vigore senza alcuna modificazione.

Il presente Protocollo sarà sottomesso alla firma ed alla ratifica di tutti gli Stati sopramenzionati, compresivi l'Austria, l'Italia e l'Ungheria. Esso entrerà in vigore per ciascuno Stato alla data del deposito della sua ratifica e da questo momento avrà efficacia fra gli Stati che avranno proceduto al deposito delle loro ratifiche.

Ciascuno Stato trasmetterà la sua ratifica al Governo italiano, il quale provvederà a darne avviso a tutti gli altri Stati interessati.

In fede di che i Delegati hanno firmato il presente Protocollo.

Fatto a Roma, il sei aprile millenovecentoventidue, in un solo esemplare che rimarrà depositato negli Archivi del Governo d'Italia e copie autentiche del quale saranno rimesse a ciascuno degli Stati firmatari.

Per l'Austria :
> Dr. KARL SCHONBERGER.

Per la Cecoslovacchia : Per ordine del DelegatoPlenipotenziario Sig. Dott. Plastimil Kybal :
> Dr. FRANCESCO NEUGEBAUER.

Per l'Italia :
> BROCCHI.

Per la Polonia : Par ordre du Chargé des Affaires de la Légation de Pologne :
> l'Attaché L. SIEMIRADSKI.

Per la Romania :
> Prof. LAST.

Per il Regno Serbo-Croato-Sloveno :
> Dr. HACIN.

Per l'Ungheria : Par ordre du Ministre de Hongrie :
> MORIANY.

ANNESSO I.

Accordo concluso fra la Repubblica d'Austria e
il Regno d'Ungheria da una parte e il Regno d'Italia
dall'altra, concernente la regolazione delle controversie sorte nei riguardi dei debiti dell'antico i. e r.
Erario austro-ungarico, dell'antico i. r. Erario austriaco e del r. Erario ungherese.

considerando che le Alte Parti contraenti non si
sono accordate sul pagamento dei debiti contratti
dalle Autorità amministrative dell'antico Governo
austriaco e ungherese, ma riconoscono la opportunità di accertare l'esistenza e l'ammontare di questi
debiti, espressi in corone sulla base delle leggi e ordinanze in vigore il 3 novembre 1918, senza pregiudicare peraltro il loro rispettivo punto di vista ;

considerando che l'Italia insiste sul diritto che essa
ritiene di avere in base agli articoli 203 e 205 penultimo ed ultimo comma del Trattato di S. Germano (1)
e agli articoli 186 e 188 del Trattato di Trianon (2), di
esigere, cioè, dall'Austria, sulla base del cambio stabilito dall'art. 271 del Trattato di S. Germano (3) e 254
del Trattato di Trianon (4), l'ammontare dei crediti
derivanti da obbligazioni contratte, prima dello smembramento della Monarchia austro-ungarica dalle antiche i. e r. e i. r. amministrazioni e dalle antiche r.
amministrazioni ungheresi nei riguardi delle persone fisiche e giuridiche appartenenti in base alla residenza
o all'indigenato ai territori annessi dall'Italia ;

considerando che l'Austria e l'Ungheria contestano
di essere obbligate, in virtù degli articoli 203 e 205

---

(1) Vedi Vol. 24 pag. 551 e 558 della presente Raccolta.
(2) Vedi Vol. 26 pag. 210 e 217 della presente Raccolta.
(3) Vedi Vol. 24 pag. 636 della presente Raccolta.
(4) Vedi Vol. 26 pag. 299 della presente Raccolta.

1922
6 aprile

del Trattato di S. Germano e degli articoli 186 e
188 del Trattato di Trianon, a pagare i debiti delle
antiche i. e r. e i. r. amministrazioni e delle r. amministrazioni ungheresi ;

considerando, d'altra parte, il desiderio comune di
addivenire in un modo pratico e rapido alla regolazione di tutte le controversie relative al pagamento
effettivo dei debiti in questione ;

volendo concludere un accordo a questo riguardo,
le Alte Parti Contraenti hanno nominato come loro
plenipotenziari :

IL PRESIDENTE FEDERALE
DELLA REPUBBLICA D'AUSTRIA :

il Signor Rémi Kwiatkowski, Inviato Straordinario
e Ministro Plenipotenziario ;

SUA MAESTÀ IL RE D'ITALIA :

S. E. il Marchese Guglielmo Imperiali, Senatore
del Regno, Ambasciatore ;

SUA ALTEZZA IL REGGENTE D'UNGHERIA :

il Conte Nemes de Hidvêg, Inviato Straordinario e
Ministro Plenipotenziario ;

i quali, dopo aver comunicato i loro pieni poteri
trovati in buona e debita forma, hanno convenuto
quanto segue :

ART. 1. — La Repubblica d'Austria e il Regno
d'Ungheria si obbligano ad accertare a mezzo dei
loro uffici di liquidazione dei debiti dell'antico erario
austro-ungarico, dell'antico erario austriaco e dell'erario ungherese, anche i crediti corrispondenti a siffatti
debiti che persone fisiche o giuridiche negli antichi
territori austriaci e ungheresi, trasferiti in base al
Trattato di pace di San Germano al Regno d'Italia,

avevano il 3 novembre 1918 verso l'antico erario au-
stro-ungherese, l'antico erario austriaco e l'erario
ungherese in base alle leggi, ordinanze e altre norme
obbligatorie in vigore nei detti territori prima dello
smembramento della Monarchia austro-ungarica.

L'appartenenza dell'interessato sarà determinata :
per i crediti derivanti da un rapporto di servizio pub-
blico o privato in cui trovavasi il creditore o uno dei
membri della sua famiglia, dall'indigenato che il
creditore aveva al 3 novembre 1918 in un comune del
territorio ceduto ; per tutti i crediti delle persone mo-
rali e delle aziende commerciali, dalla sede ed eser-
cizio che esse avevano, alla medesima data, nel ter-
ritorio ceduto ; e per tutti gli altri crediti delle per-
sone fisiche, dal domicilio che le stesse avevano, alla
medesima data, nel territorio ceduto.

ART. 2. — L'accertamento di questi crediti a
mezzo degli Uffici di liquidazione austriaci od unghe-
resi non pregiudicherà affatto la futura decisione che
dovrà stabilire a carico di chi starà un debito dell'an-
tico erario austro-ungarico, dell'antico erario austriaco
o del r. erario ungherese.

La valutazione dei crediti sarà fatta in corone
austro-ungariche ; non si terrà conto degli interessi
di mora, il che peraltro non pregiudicherà le eventuali
pretese degli interessati relativamente agli interessi
di mora.

Trattandosi di una domanda di indennizzo, il
danno sarà calcolato sulla base delle spese per la ri-
costruzione o per il riacquisto del bene in questione
secondo i prezzi in uso nell'ottobre e nel novem-
bre 1918.

ART. 3. — Seguendo il principio di accertare tutti
i crediti degli interessati indicati all'articolo 1 e de-
rivanti dall'attività amministrativa civile e militare

dell'antico erario austro-ungarico, dell'antico erario austriaco e del r. erario ungherese e non ancora regolati il 3 novembre 1918, la liquidazione dovrà comprendere in ispecie i seguenti gruppi di crediti :

a) crediti derivanti da rapporto di servizio pubblico, relativi a emolumenti, pensioni, graziali, ecc., come anche crediti derivanti da contratti di servizio,

b) crediti derivanti da contratti di fornitura di locazione, di costruzione e di trasporto ;

c) crediti derivanti da prestazioni di guerra di opera e di cose e da alloggi militari ;

d) crediti derivanti dalla responsabilità civile delle Ferrovie dello Stato, dal Regolamento di servizio degli impiegati delle Ferrovie dello Stato e delle costruzioni delle Ferrovie gestite dallo Stato ;

e) crediti derivanti dalle operazioni delle Amministrazioni delle poste, dei telegrafi e telefoni in quanto il loro accertamento non sia stato regolato con uno speciale accordo ;

f) crediti ecclesiastici relativi alla « Congrua » ;

g) crediti per sussidi stabiliti dalla legge a favore di fuggiaschi, invalidi di guerra e per le rendite delle famiglie di superstiti di guerra ;   •

h) indennizzi di pretese elevate da coloro che, avendo preso parte alla guerra, hanno consegnato il loro vestiario civile ai depositi militari al momento della chiamata alle armi e lo hanno perduto prima del 3 novembre 1918 ;

i) indennizzi per il denaro e altri oggetti di valore consegnati, per essere trasmessi in patria agli organi militari o civili, ufficialmente a ciò autorizzati, nei casi in cui queste spedizioni fossero state organizzate dallo Stato ;

j) domande di restituzione delle cauzioni di matrimonio, delle cauzioni dei depositi di funzionari civili, dei depositi di marinai e di altri militari, delle cauzioni di garanzia, delle lettere di garanzia e altri depositi consegnati agli uffici statali per la garanzia di un contratto o per un altro scopo.

Questa enumerazione ha soltanto carattere dimostrativo ; essa non pregiudica, d'altra parte, la questione se un debito compresovi incomba, in base alle leggi in vigore il 3 novembre 1918 in Austria e in Ungheria, all'antico i. e r. erario, all'antico i. r. erario, o al r. erario ungherese.

ART. 4. — L'esame e l'accertamento sopraindicati si estenderanno a tutti i reclami che sono attualmente pendenti presso gli Uffici austriaci e ungheresi e che saranno prodotti entro sei mesi al più tardi a partire dalla ratifica del presente Accordo presso gli uffici di liquidazione austriaci ed ungheresi indicati dall'Austria e dall'Ungheria nel momento della ratifica, o presso gli uffici indicati dall'Italia nel momento della ratifica.

ART. 5. — Il R. Ufficio italiano sopraindicato dovrà assistere gli interessati per quanto riguarda i documenti e le pezze d'appoggio da allegarsi nei loro reclami ; procurerà loro i documenti che mancano, e trasmetterà i reclami di regola, senza intervento diplomatico, direttamente ai competenti uffici di liquidazione austriaci o ungheresi.

I reclami evidentemente infondati o che, sia per riguardo delle persone che li producono sia per la data della loro origine, non sono compresi in questo accordo (articolo 1), saranno respinti con una breve motivazione, dallo stesso R. ufficio italiano sopraindicato al quale essi sono stati prenotificati.

ART. 6. — I reclami che attualmente si trovano presso gli uffici di liquidazione austriaci e ungheresi al pari di quelli trasmessi d'ora innanzi dal R. Ufficio

italiano sopraindicato saranno esaminati dagli uffici
di liquidazione austriaci e ungheresi e definiti al più
presto ; le decisioni (affermative, negative o provvisorie) saranno rimesse al R. Ufficio italiano sopraindicato.

Ogni decisione definitiva in merito ad un reclamo
sia essa affermativa o negativa dovrà contenere l'istruzione per l'interessato sul diritto di ricorso a lui spettante con l'avvertimento che egli potrà produrre ricorso contro la decisione entro il periodo di trenta
giorni a decorrere dall'intimazione della stessa, alla
Commissione internazionale di appello istituita presso
l'Ufficio di liquidazione austriaco o ungherese che ha
deciso.

I ricorsi devono essere presentati entro trenta
giorni al sopraindicato R. Ufficio italiano, incaricato
del pari dell'intimazione delle decisioni degli Uffici di
liquidazione austriaci e ungheresi ; esso li rimetterà,
al più presto possibile, al competente Ufficio di liquidazione austriaco o ungherese.

Il diritto di ricorso alla Commissione d'appello,
per quanto si riferisce alle decisioni pronunciate dopo
il 3 novembre 1918 dagli Uffici di liquidazione austriaci o ungheresi e che sono state già notificate, riguardanti le denuncie dei crediti indicati nell'articolo
primo del presente accordo, è ammesso entro il periodo di trenta giorni a partire dalla data della ratifica
del presente accordo. Questo diritto potrà esercitarsi
soltanto nel caso in cui gli interessati avrebbero avuto
il diritto, in base alla legge austriaca o ungherese in
vigore al 3 novembre 1918, di ricorrere a una corte
amministrativa o ad un tribunale dell'Impero o al-
l'ordinaria via civile.

Le transazioni e le liquidazioni accettate dagli interessati non possono essere affatto contestate.

ART. 7. — Il competente Ufficio di liquidazione austriaco o ungherese rimetterà tale ricorso, fornito di tutti i documenti che hanno servito di base per la decisione contestata, alla Commissione internazionale di appello sopra indicata, esponendo il proprio parere in merito.

La Commissione di appello si compone di tre Senati, ciascuno competente per una determinata categoria di ricorsi.

I Senati si compongono :

a) negli Uffici di liquidazione dell'antico i. e r. erario : di un presidente, di un assessore italiano, di un assessore austriaco e di un assessore ungherese ;

b) negli uffici di liquidazione dell'antico i. e r. erario: di un presidente, di un assessore italiano e di un assessore austriaco ;

c) negli Uffici di liquidazione del r. erario ungherese : di un presidente, di un assessore italiano e di un assessore ungherese.

I presidenti dei Senati delle Commissioni d'appello saranno nominati di comune accordo dai tre o due Governi interessati ; nei casi di disaccordo, detti presidenti saranno nominati dal Presidente della Confederazione elvetica in base ad una terna proposta da ciascuno dei tre o due governi interessati.

Gli assessori saranno nominati unilateralmente da parte dei loro rispettivi governi.

Il presidente e gli assessori devono, per quanto possibile, risiedere nella sede del rispettivo Ufficio di liquidazione austriaco o ungherese e devono avere le necessarie nozioni giuridiche.

Il Senato prenderà le sue decisioni all'unanimità di tre o due assessori, ai quali soltanto, di regola, spetta il diritto di voto ; se, malgrado prolungate discussioni, non sarà possibile ottenere l'unanimità

1922
6 aprile

degli assessori, il Presidente del Senato, altrimenti senza voto, decide da solo.

Le decisioni del Senato vincolano il competente Ufficio di liquidazione austriaco o ungherese nel caso concreto in questione : se però trattasi di una decisione di principio, essa sarà normativa per tutti i consimili casi.

Gli interessati e i loro procuratori devono essere ammessi alla discussione orale per sostenere il ricorso. Anche l'Ufficio di liquidazione austriaco o ungherese potrà sostenervi il proprio punto di vista.

Le Regie Legazioni italiane a Vienna e a Budapest hanno diritto di far intervenire alle riunioni dei Senati delle Commissioni d'appello un delegato, il quale, però, non potrà prendere parte alle discussioni orali.

Gli Uffici di liquidazione austriaci e ungheresi forniranno in via breve a questo delegato le informazioni che egli chiederà in merito ai singoli casi di liquidazione.

ART. 8. — Qualora si renda necessario nell'interesse di una pronta definizione dei reclami, gli uffici di liquidazione austriaci e ungheresi potranno, di tanto in tanto, d'accordo con l'Ufficio sopraindicato, assegnare a tale Ufficio degli esperti, i quali saranno autorizzati a prendere parte a tutte le inchieste commissionali eseguite dall'ufficio, per esempio sopraluoghi, esami di libri, come anche prendere parte ai dibattiti orali con le parti, e che avranno pure competenza a decidere in merito ai reclami fino a un valore massimo individuale da fissaisi dall'Ufficio di liquidazione austriaco e ungherese secondo i risultati della pratica.

Anche contro questa decisione, che deve essere loro intimata dal R. ufficio italiano ed essere accompa-

gnata d'una istruzione sulle vie di ricorso, gli interessati potranno ricorrere ai sensi dell'articolo 6 alla
Commissione d'appello.

ART. 9. — I componimenti amichevoli dei contratti di forniture militari, la cui esecuzione sia stata
sospesa dallo smembramento della Monarchia austro-
ungarica, saranno affidati alla « Commissione di
componimento per i contratti in corso di fornitura
militare », istituiti presso l'Ufficio austriaco per la
liquidazione militare (Militaer-Liquidierungs-Amt),
Commissione nella quale d'ora innanzi sarà rappresentato anche il R. Governo italiano per mezzo di
due suoi delegati.

Analoghe Commissioni di componimento saranno
pure istituite presso gli Uffici di liquidazione dell'antico erario austriaco e dell'erario ungherese per l'amichevole componimento dei contratti che, al momento
dello smembramento della Monarchia austro-ungarica, dovevano ancora essere eseguiti in confronto
all'erario austriaco od all'erario ungherese.

I Senati di questa Commissione di componimento
saranno formati :

a) presso il « Militaer-Liquidierungs-Amt » austriaco : da un presidente austriaco, da un assessore
italiano, da un assessore ungherese ed un assessore
austriaco ;

b) presso gli Uffici di liquidazione dell'antico
i. r. erario : da un presidente austriaco e da due assessori, di cui l'uno italiano, l'altro austriaco ;

c) presso gli Uffici di liquidazione del r. erario
ungherese : da un presidente ungherese e da due assessori, di cui l'uno italiano, l'altro ungherese.

I membri delle Commissioni di componimento
possono essere nello stesso tempo membri della
Commissione d'appello.

ART. 10. — Le domande dirette a far valere un reclamo di cui all'articolo primo, coi relativi annessi e ricorsi sopra indicati, gli accordi e le decisioni degli Uffici di liquidazione austriaci ed ungheresi riflettenti l'accertamento dei crediti, saranno, da parte dell'Austria e dell'Ungheria, esenti da bolli e da tasse.

In caso di ricorso temerario, la Commissione d'appello avrà il diritto di condannare l'interessato al pagamento delle spese del procedimento di ricorso. Il R. Governo italiano presterà all'occorrenza il suo concorso per l'effettuazione di tale ricupero.

ART. 11. — Le spese pel personale e materiali inerenti alle operazioni di accertamento da eseguirsi dagli Uffici di liquidazione austriaci e ungheresi ai sensi del presente accordo, saranno sopportate provvisoriamente dall'Austria e dall'Ungheria a seconda che tali spese siano fatte sul territorio della Repubblica d'Austria o del Regno d'Ungheria.

Le spese causate dalla delega concordata degli esperti degli Uffici di liquidazione austriaci ed ungheresi, come pure le spese dell'Ufficio italiano, saranno provvisoriamente a carico dell'Italia.

Se l'indennità da assegnarsi ai presidenti dei Senati delle Commissioni d'appello, nominati su proposta dell'Italia, dovrà essere pagata in moneta diversa dall'austriaca o dall'ungherese, tale indennità sarà provvisoriamente a carico dell'Italia.

Ciascuna delle tre Parti contraenti assumerà provvisoriamente a proprio carico l'indennità dei propri rispettivi assessori nei Senati delle Commissioni di appello e delle Commissioni di componimento.

Tutte le spese derivanti dai lavori di accertamento previsto da questo accordo saranno a suo tempo ripartite equamente sulla base dei resoconti reciprocamente riconosciuti. La regolazione definitiva è riservata dalle Alte Parti contraenti a una convenzione da stipularsi dopo ultimati i lavori di accertamento.

In mancanza di un tale accordo, le controversie saranno sottoposte al tribunale arbitralé previsto all'articolo 12.

ART. 12. — In mancanza di altri accordi fra i governi interessati, saranno costituiti i Tribunali arbitrali composti di arbitri esperti, dopo ultimati, i lavori di accertamento, in ogni caso al più tardi entro due anni dopo l'entrata in vigore del presente accordo, per la regolazione dei debiti dell'antico erario austro-ungarico, di quelli dell'antico erario austriaco e di quelli del r. erario ungherese.

Questi tribunali arbitrali si comporranno :

a) per i debiti dell'antico erario austro-ungarico : di un presidente, di due assessori italiani, di un assessore austriaco e di un assessore ungherese ;

b) per i debiti dell'antico erario austriaco : di un presidente e di due assessori, di cui l'uno italiano, l'altro austriaco ;

c) per i debiti del r. erario ungherese : di un predente e di due assessori, di cui l'uno italiano, l'altro ungherese.

Gli assessori dei tribunali arbitrali sono nominati dai loro Governi.

I presidenti sono designati, di comune accordo, dai governi interessati ; se, nel periodo di tre mesi a partire dal primo invito alla designazione non può intervenire l'accordo, i presidenti saranno designati dal presidente della Confederazione elvetica.

Il Tribunale prenderà le sue decisioni all'unanimità degli assessori ; in mancanza di unanimità, il presidente deciderà da solo.

Senza pronunciarsi sul principio generale della responsabilità, i tribunali arbitrali decideranno *ex bono et aequo,* tenendo conto della situazione finanziaría ed economica dell'Austria se e, nel caso affermativo, quanto l'Austria dovrà, in solido con l'Ungheria, pagare allo Stato italiano per tutte o per talune categorie dei debiti dell'antico erario austro-ungarico; se e, nel caso affermativo, quanto l'Austria dovrà pagare allo Stato italiano per tutte o per talune categorie dei debiti dell'antico erario austriaco; se e, nel caso affermativo, quanto l'Ungheria dovrà pagare allo Stato italiano per tutte o per talune categorie dei debiti del r. erario ungherese in una moneta che non sia esposta a fluttuazioni anormali, e tutto ciò per conto degli interessati.

Immediatamente dopo la fine dei lavori di accertamento previsti da questo accordo, gli Uffici di liquidazione austriaci e ungheresi dovranno trasmettere al R. Ufficio italiano un elenco, diviso per categorie, di tutti i crediti non soddisfatti, indicati all'articolo primo e dichiarati liquidi, sia dopo sia prima dell'entrata in vigore del presente accordo (e persino prima del 3 novembre 1918) indicando il nome e la residenza degli interessati.

Il R. Governo italiano si riserva dopo avere fatto un esame per suo conto della lista sopra indicata, di compilare un'analoga tabella dei crediti mediante un invito circolare agli interessati.

Le divergenze fra questi due elenchi saranno accomodate nella via più breve.

L'elenco dei crediti riconosciuti di comune accordo sarà trasmesso al competente tribunale arbitrale.

Il presente accordo sarà ratificato il più presto possibile.

In fede di che, i plenipotenziari suddetti hanno firmato il presente accordo.

Fatto a Roma, il sei aprile millenovecentoventidue, in italiano e in francese, i due testi facendo egualmente fede, in un solo esemplare che rimarrà depositato negli Archivi del Governo d'Italia, e copie autentiche del quale saranno rimesse a ciascuno degli Stati firmatari.

1922
6 aprile

Il Governo italiano avrà cura che il testo italiano concordi perfettamente col testo francese.

Per l'Austria :

Per l'Italia :

Per l'Ungheria :

15

Annesso II.

Progetto d'accordo concernente la regolazione delle
controversie sorte nei riguardi dei debiti dell'antico
i. e r. erario austro-ungarico, dell'antico r. erario austriaco e del r. erario ungherese, e conchiuso fra la
Repubblica d'Austria e il Regno dell'Ungheria, da
una parte e la Cecoslovacchia, l'Italia, la Polonia, la
Romania e il Regno dei Serbi, Croati e Sloveni dal-
l'altra parte.

Art. 1. — La Repubblica d'Austria e il Regno
d'Ungheria si obbligano ad accertare a mezzo dei
loro uffici di liquidazione dei debiti dell'antico erario
austro-ungarico, dell'antico erario austriaco e del-
l'erario ungherese, anche i crediti corrispondenti a
siffatti debiti che persone fisiche o giuridiche negli
antichi territori austriaci e ungheresi e nella Bosnia-
Erzegovina, trasferiti in base ai Trattati di pace di
San Germano e di Trianon agli Stati successori, avevano il 3 novembre 1918 verso l'antico erario austro-
ungherese, l'antico erario austriaco e l'erario ungherese in base alle leggi, ordinanze e altre norme obbligatorie in vigore nei detti territori prima dello smembramento della Monarchia austro-ungarica.

L'appartenenza dell'interessato sarà determinata :
per i crediti derivanti da un rapporto di servizio pubblico o privato in cui trovavasi il creditore o uno dei
membri della sua famiglia, dall'indigenato che il
creditore aveva al 3 novembre 1918 in un comune del
territorio ceduto ; per tutti i crediti delle persone
morali e delle aziende commerciali, dalla sede ed esercizio che esse avevano, alla medesima data nel territorio ceduto ; e per tutti gli altri crediti delle persone

fisiche, dal domicilio che le stesse avevano, alla medesima data, nel territorio ceduto.

ART. 2. — L'accertamento di questi crediti a mezzo degli Uffici di liquidazione austriaci ed ungheresi non pregiudicherà affatto la futura decisione che dovrà stabilire a carico di chi starà un debito dell'antico erario austro-ungarico, dell'antico erario austriaco, o del r. erario ungherese.

La valutazione dei crediti sarà fatta in corone austro-ungariche ; non si terrà conto degli interessi di mora, il che peraltro non pregiudicherà le eventuali pretese degli interessati relativamente agli interessi di mora.

Trattandosi di una domanda di indennizzo, il danno sarà calcolato sulla base delle spese per la ricostruzione o per il riacquisto del bene in questione secondo i prezzi in uso nell'ottobre e nel novembre 1918.

ART. 3. — Seguendo il principio di accertare tutti i crediti degli interessati indicati all'articolo 1 e derivanti dall'attività amministrativa civile e militare dell'antico erario austro-ungarico, dell'antico erario austriaco e del r. erario ungherese e non ancora regolati il 3 novembre 1918, la liquidazione dovrà comprendere in ispecie i seguenti gruppi di crediti :

a) crediti derivanti da rapporto di servizio pubblico, relativi a emolumenti, pensioni, graziali, ecc., come anche crediti derivanti da contratti di servizio ;

b) crediti derivanti da contratti di locazione, di costruzione e di trasporto ;

c) crediti derivanti da prestazioni di guerra di opera e di cose e da alloggi militari ;

d) crediti derivanti dalla responsabilità civile delle Ferrovie dello Stato, dal Regolamento di servizio degli impiegati delle Ferrovie dello Stato e delle costruzioni delle Ferrovie gestite dallo Stato ;

e) crediti derivanti dalle operazioni delle Amministrazioni delle poste, dei telegrafi e telefoni in quanto il loro accertamento non sia stato regolato con uno speciale accordo ;

f) crediti degli ecclesiastici relativi alla « Congrua » ;

g) crediti per sussidi stabiliti dalla legge a favore di fuggiaschi, invalidi di guerra e per le rendite delle famiglie di superstiti di guerra ;

h) indennizzi di pretese elevate da coloro, che avendo preso parte alla guerra, hanno consegnato il loro vestiario civile ai depositi militari al momento della chiamata alle armi e lo hanno perduto prima del 3 novembre 1918 ;

i) indennizzi per il denaro e altri oggetti di valore consegnati, per essere trasmessi in patria agli organi militari o civili, ufficialmente a ciò autorizzati, nei casi in cui queste spedizioni fossero state organizzate dallo Stato ;

j) domande di restituzione delle cauzioni di matrimonio, delle cauzioni dei depositi di funzionari civili, dei depositi di marinai e di altri militari, delle cauzioni di garanzia, delle lettere di garanzia e altri depositi consegnati agli uffici statali per la garanzia di un contratto o per un altro scopo.

Questa enumerazione ha soltanto carattere dimostrativo ; essa non pregiudica, d'altra parte, la questione se un debito compresovi incomba, in base alle leggi in vigore il 3 novembre 1918 in Austria e in Ungheria, all'antico i. e r. erario, all'antico i. r. erario o al r. erario ungherese.

ART. 4. — L'esame e l'accertamento sopraindicati si estenderanno a tutti i reclami che sono attualmente pendenti presso gli Uffici austriaci e ungheresi e che saranno prodotti entro sei mesi al più tardi a partire dalla ratifica del presente Accordo presso gli uffici di liquidazione austriaci ed ungheresi indicati dall'Austria e dall'Ungheria nel momento della ratifica, o presso gli uffici indicati dalle altre Alte Parti contraenti nel momento della ratifica.

ART. 5. — Il competente ufficio locale sopraindicato dovrà assistere gli interessati per quanto riguarda i documenti e le pezze d'appoggio da allegarsi nei loro reclami ; procurerà loro i documenti che mancano, e trasmetterà i reclami di regola, senza intervento diplomatico, direttamente ai competenti uffici di liquidazione austriaci o ungheresi.

I reclami evidentemente infondati o che, sia per riguardo delle persone che li producono, sia per la data della loro origine, non sono compresi in questo accordo (articolo 1), saranno respinti con una breve motivazione, dallo stesso competente ufficio locale sopraindicato al quale essi sono stati prenotificati.

ART. 6. — I reclami che attualmente si trovano presso gli uffici di liquidazione austriaci e ungheresi al pari di quelli trasmessi d'ora innanzi dagli uffici sopraindicati saranno esaminati dagli uffici di liquidazione austriaci e ungheresi e definiti al più presto ; le decisioni (affermative, negative o provvisorie) saranno rimesse al competente ufficio locale sopraindicato.

Ogni decisione definitiva in merito ad un reclamo, sia essa affermativa o negativa, dovrà contenere l'istruzione per l'interessato sul diritto di ricorso a lui spettante con l'avvertimento che egli potrà produrre ricorso contro la decisione entro il periodo di trenta giorni a decorrere dall'intimazione della stessa, alla Commissione internazionale di appello istituita presso l'Ufficio di liquidazione austriaco o ungherese che ha deciso.

I ricorsi devono essere presentati entro trenta giorni

al sopraindicato competente ufficio locale incaricato del pari dell'intimazione delle decisioni degli Uffici di liquidazione austriaci e ungheresi ; esso li rimetterà, al più presto possibile, al competente Ufficio di liquidazione austriaco o ungherese.

Il diritto di ricorso alla Commissione d'appello, per quanto si riferisce alle decisioni pronunciate dopo il 3 novembre 1918 dagli Uffici di liquidazione austriaci o ungheresi e che sono state già notificate, riguardanti le denuncie dei crediti indicati nell'articolo primo del presente Accordo, è ammesso entro il periodo di trenta giorni a partire dalla data della ratifica del presente Accordo. Questo diritto potrà esercitarsi soltanto nel caso in cui gli interessati avrebbero avuto il diritto, in base alla legge austriaca o ungherese in vigore al 3 novembre 1918, di ricorrere a una corte amministrativa o ad un tribunale dell'Impero o all'ordinaria via civile.

Le transazioni e le liquidazioni accettate dagli interessati non possono essere affatto contestate.

ART. 7. — Il competente Ufficio di liquidazione austriaco o ungherese rimetterà tale ricorso, fornito di tutti i documenti che hanno servito di base per la decisione contestata, alla Commissione internazionale di appello sopra indicata, esponendo il proprio parere in merito.

La Commissione di appello si compone per ciascuna delle Alte Parti contraenti, eccettuate l'Austria e l'Ungheria, di tre Senati, ciascuno competente per una determinata categoria di ricorsi.

I Senati si compongono :

a) negli Uffici di liquidazione dell'antico i. e r. erario : di un presidente, di un assessore austriaco, di un assessore ungherese e di un assessore dell'altro Stato interessato nel caso concreto ;

b) negli Uffici di liquidazione dell'antico i. r. erario : di un presidente, di un assessore austriaco e di un assessore dell'altro Stato interessato nel caso concreto ;

c) negli Uffici di liquidazione del r. erario ungherese : di un presidente, di un assessore ungherese e di un assessore dell'altro Stato interessato nel caso concreto.

I presidenti dei Senati delle Commissioni d'appello saranno nominati di comune accordo dai tre o due Governi interessati ; nei casi di disaccordo, detti presidenti saranno nominati dal Presidente della Confederazione elvetica in base ad una terza proposta da ciascuno dei tre o due governi interessati.

Gli assessori saranno nominati unilateralmente da parte dei loro rispettivi governi.

Il presidente e gli assessori devono, per quanto possibile, risiedere nella sede del rispettivo Ufficio di liquidazione austriaco o ungherese e devono avere le necessarie nozioni giuridiche.

Il Senato prenderà le sue decisioni all'unanimità di tre o due assessori, ai quali soltanto, di regola, spetta il diritto di voto ; se, malgrado prolungate discussioni, non sarà possibile ottenere l'unanimità degli assessori, il Presidente del Senato, altrimenti senza voto, decide da solo.

Le decisioni del Senato vincolano il competente Ufficio di liquidazione austriaco o ungherese nel caso concreto in questione : se però trattasi di una decisione di principio, essa sarà normativa per tutti i consimili casi concernenti gli stessi Stati.

Gli interessati e i loro procuratori devono essere ammessi alla discussione orale per sostenere il ricorso. Anche l'Ufficio di liquidazione austriaco o ungherese potrà sostenervi il proprio punto di vista.

Le Legazioni di Vienna e di Budapest degli Stati interessati hanno diritto di far intervenire alle riunioni dei Senati delle Commissioni d'appello un delegato, il quale, però, non potrà prendere parte alle discussioni orali.

Gli Uffici di liquidazione austriaci e ungheresi forniranno in via breve a questo delegato le informazioni che egli chiederà in merito ai singoli casi di liquidazione.

ART. 8. — Qualora si renda necessario nell'interesse di una pronta definizione dei reclami, gli Uffici di liquidazione austriaci e ungheresi potranno, d'accordo con il competente Ufficio locale sopra indicato assegnare a tale Ufficio degli esperti, i quali saranno autorizzati a prendere parte a tutte le inchieste commissionaii eseguite dall'ufficio, per esempio sopraluoghi, esami di libri, come anche prendere parte ai dibattiti orali con le parti, e che avranno pure competenza a decidere in merito ai reclami fino a un valore massimo individuale da fissarsi dall'Ufficio di liquidazione austriaco e ungherese secondo i risultati della pratica.

Anche contro questa decisione, che deve essere loro intimata dal competente ufficio locale, ed essere accompagnata d'una istruzione sulle vie di ricorso, gli interessati potranno ricorrere ai sensi dell'articolo 6 alla Commissione d'appello.

ART. 9. — I componimenti amichevoli dei contratti di forniture militari, la cui esecuzione sia stata sospesa dallo smembramento della Monarchia austro-ungarica, saranno affidati alla « Commissione di Componimento per i contratti in corso di fornitura militare », istituiti presso l'Ufficio austriaco per la liquidazione militare (Militaer-Liquidierungs-Amt), Commissione nella quale d'ora innanzi sarà rappresentato anche il Governo di ciascuno Stato interessato per mezzo di due suoi delegati.

Analoghe Commissioni di componimento saranno pure istituite presso gli Uffici di liquidazione dell'antico erario austriaco e dell'erario ungherese per l'amichevole componimento dei contratti che, al momento dello smembramento della Monarchia austro-ungarica, dovevano ancora essere eseguiti in confronto all'erario austriaco od all'erario ungherese.

I Senati di questa Commissione di componimento saranno formati :

a) presso il « Militaer-Liquidierungs-Amt » austriaco : da un presidente austriaco, da un assessore ungherese, un assessore austriaco e da un assessore dell'altro Stato interessato nel caso concreto ;

b) presso gli Uffici di liquidazione dell'antico i. r. erario : da un presidente austriaco e da due assessori, di cui l'uno austriaco e il secondo dell'altro Stato interessato nel caso concreto ;

c) presso gli Uffici di liquidazione del r. erario ungherese : da un presidente ungherese e da due assessori, di cui l'uno ungherese e il secondo dell'altro Stato interessato nel caso concreto.

I membri delle Commissioni di componimento possono essere nello stesso tempo membri della Commissione d'appello.

ART. 10. — Le domande dirette a far valere un reclamo di cui all'articolo primo, coi relativi annessi e ricorsi sopra indicati, gli accordi e le decisioni degli Uffici di liquidazione austriaci ed ungheresi riflettenti l'accertamento dei crediti, saranno, da parte dell'Austria e dell'Ungheria, esenti da bolli e da tasse.

In caso di ricorso temerario, la Commissione d'appello avrà il diritto di condannare l'interessato al pagamento delle spese del procedimento di ricorso.

I Governi delle Alte Parti contraenti presteranno all'occorrenza il loro concorso per l'effettuazione di tale ricupero.

ART. 11. — Le spese pel personale e materiali inerenti alle operazioni di accertamento da eseguirsi dagli Uffici di liquidazione austriaci e ungheresi ai sensi del presente accordo, saranno sopportate provvisoriamente dall'Austria e dall'Ungheria a seconda che tali spese siano fatte sul territorio della Repubblica d'Austria o del Regno d'Ungheria.

Le spese causate dalla delega concordata degli esperti degli Uffici di liquidazione austriaci ed ungheresi, come pure le spese dei locali Uffici, saranno provvisoriamente a carico degli Stati in cui si trovano gli Uffici.

Se l'indennità da assegnarsi ai presidenti dei Senati delle Commissioni d'appello, nominati su proposta di una delle Alte Parti contraenti, dovrà essere pagata in moneta diversa dall'austriaca o dall'ungherese, tale indennità sarà provvisoriamente a carico dello Stato che ha fatto la proposta.

Ciascuna delle Parti contraenti assumerà provvisoriamente a proprio carico l'indennità dei propri rispettivi assessori nei Senati delle Commissioni di appello e delle Commissioni di componimento.

Tutte le spese derivanti dai lavori di accertamento previsto da questo Accordo saranno a suo tempo ripartite equamente sulla base dei resoconti reciprocamente riconosciuti. La regolazione definitiva è riservata dalle Alte Parti contraenti a una convenzione da stipularsi dopo ultimati i lavori di accertamento.

In mancanza di un tale accordo, le controversie saranno sottoposte al tribunale arbitrale.

Questi Tribunali arbitrali si comporranno :

a) per le spese relative ai debiti dell'antico era-

rio austro-ungarico : di un presidente, di un assessore austriaco, di un assessore ungherese e di due assessori dell'altro Stato interessato ;

b) per le spese relative ai debiti dell'antico erario
austriaco : di un presidente e di due assessori, di cui
l'uno austriaco e il secondo dell'altro Stato interessato ;

c) per i debiti del r. erario ungherese : di un presidente e di due assessori, di cui l'uno ungherese e
il secondo dell'altro Stato interessato.

Gli assessori dei tribunali arbitrali sono nominati
dai loro Governi.

I presidenti sono designati, di comune accordo, dai
governi interessati : se, nel periodo di tre mesi a partire dal primo invito alla designazione non può intervenire l'accordo, i presidenti saranno designati dal
presidente della Confederazione elvetica.

Il tribunale prenderà le sue decisioni all'unanimità
degli assessori ; in mancanza di unanimità, il presidente deciderà da solo.

Roma, il sei aprile millenovecentoventidue.

Per l'Austria :

Dr. KARL SCHONBERGER.

Per la Cecoslovacchia : Per ordine del Delegato Plenipotenziario Sig. Dr. Vlastimil Kybal :

Dott. FRANCESCO NEUGEBAUER.

Per l'Italia :

BROCCHI.

Per la Polonia : Par ordre du Chargé des Affaires, de la Légation de Pologne :

L'Attaché L. SIEMIRADSKI.

1922
6 aprile

Per il Regno Serbo-Croato-Sloveno :

Dr. HACIN.

Per la Romania :

Prof. LAST.

Per l'Ungheria : Par ordre du Ministre de Hongrie :

MORIANY.

DICHIARAZIONE
DELLA DELEGAZIONE UNGHERESE

Il Delegato dell'Ungheria firma 'la convenzione relativa alla regolazione delle controversie sorte nei riguardi dei debiti dell'antico i. e r. erario austro-ungarico, dell'antico i. r. erario austriaco e del r. erario ungherese conclusa fra la Repubblica d'Austria, il Regno d'Ungheria ed il Regno d'Italia, con le seguenti riserve :

1. che in luogo del comma c) dell'art. 3 sia inserito il comma seguente : « c) Crediti delle Società di navigazione derivanti dalla messa a disposizione del servizio di guerra austro-ungarico di navi durante la guerra » ;

2. che il comma seguente sia intercalato prima dell'ultimo comma dell'art. 3 : « La regolazione dei crediti derivanti da servizi di guerra, personali e materiali e da alloggiamenti militari è riservata ad una convenzione che sarà eventualmente conclusa in seguito e non cade sotto le disposizioni della presente convenzione ».

Fatto a Roma, il sei aprile millenovecentoventidue.

Per l'Ungheria :

DICHIARAZIONE
DELLA DELEGAZIONE AUSTRIACA

La Delegazione austriaca, presa conoscenza delle riserve fatte dalla Delegazione ungherese, dichiara che qualora fossero effettuate le variazioni richieste dall'Ungheria e sulle quali l'Austria non insiste da parte sua, le stesse variazioni dovrebbero senz'altro avere egualmente effetto in confronto dell'Austria.

Fatto a Roma, il sei aprile millenovecentoventidue.

Per l'Austria :

XXII.

6 aprile 1922.

ROMA.

Accordo fra l'Italia e l'Austria relativo al pagamento dei debiti e a l'incasso dei crediti privati.
(N. 13 del Protocollo finale della Conferenza di Roma).

L'Austria e l'Italia non essendosi potute accordare sulle loro rispettive pretese e sull'interpretazione dei Trattati, per quanto riguarda il pagamento dei debiti e l'incasso dei crediti privati,

considerato che da un censimento fatto s'è constatato che una compensazione potrebbe avere luogo nei rispettivi territori al fine di evitare l'ostacolo sopraindicato

che, per conseguenza, s'è potuto stabilire un'intesa sul pagamento dei debiti e sull'incasso dei crediti che formano oggetto dell'Accordo seguente, senza portare pregiudizio ai diritti che derivano dai Trattati, dagli accordi speciali o dalle leggi particolari, a favore degli interessati, in quanto si riferiscono a persone o a rapporti che non sono soggetti a questo Accordo, le Alte Parti contraenti hanno designato come loro Plenipotenziari, e cioè:

IL PRESIDENTE FEDERALE
DELLA REPUBBLICA D'AUSTRIA:

il Signor Rémi Kwiatkowski, Inviato Straordinario e Ministro Plenipotenziario;

SUA MAESTÀ IL RE D'ITALIA :

S. E. il Marchese Guglielmo Imperiali, Senatore del Regno, Ambasciatore ;

i quali, dopo aver depositato i loro pieni poteri, trovati in buona e debita forma hanno convenuto quanto segue :

ART. 1. — 1. Oggetto del presente accordo sono, con le eccezioni di cui all'articolo 2, tutti i debiti e crediti espressi nelle antiche corone (austro-ungariche) dipendenti da un titolo di diritto privato, fra cittadini della Repubblica d'Austria (che in seguito saranno chiamati : creditori e debitori « austriaci ») da una parte, e « cittadini » dei territori annessi al Regno d'Italia, già facenti parte dell'Impero d'Austria (che in seguito saranno chiamati debitori e creditori « italiani ») dall'altra parte, in quanto tali debiti e crediti sieno sorti prima del 4 novembre 1918 oppure sieno scaturienti da contratti anteriori a questa data e sieno stati ancora sussistenti al 10 agosto 1921.

Il deposito giudiziale non è considerato quale pagamento.

Sono considerati come « cittadini » di ciascuno dei due paesi, ai sensi del presente Accordo, le persone fisiche o giuridiche le quali abbiano avuto al 10 agosto 1921 la loro residenza o la loro sede nei rispettivi territori indicati nel primo comma di questo articolo.

Il trattamento dei debiti e crediti delle succursali sarà determinato dalla sede della stessa. Le disposizioni contenute nel presente accordo non si applicano ai rapporti fra l'Istituto principale e le sue succursali.

ART. 2. — Sono escluse dalla regolazione ai sensi del presente accordo :

a) le pretese al pagamento di alimenti di ogni genere, le riserve di famiglia (Ausgedinge);

b) le obbligazioni discendenti da titoli (interessi, dividendi, e rimborsi di capitale), in quanto non siano soggette a un regolamento speciale ai sensi dell'art. 7;

c) obbligazioni dipendenti da contratti di assicurazione o d'assicurazione sociale; non saranno invece, esclusi i contratti per rendite vitalizie, l'adempimento dei quali non sia regolato da convenzioni speciali concernenti le società di assicurazione;

d) i debiti e crediti della Banca austro-ungarica e della Cassa di risparmio postale;

e) le obbligazioni condizionate e le obbligazioni derivanti da contratti di somministrazione non ancora adempiuti o da contratti per la consegna di valute estere.

ART. 3. — I debiti e i crediti indicati all'articolo primo sono regolati dal presente accordo senza riguardo alla loro scadenza.

ART. 4. — Le Alte Parti contraenti si comunicheranno i risultati del censimento da loro disposto mediante consegna degli elenchi completi tanto dei debiti quanto dei crediti soggetti al presente accordo; esse si garantiscono di prestarsi assistenza nella più larga misura per la revisione dei debiti e dei crediti denunciati. Per questa revisione valgono le norme enunciate nell'allegato; gli Uffizi di verifica e di compensazione delle Alte Parti contraenti fisseranno di comune accordo le modalità di questa revisione.

ART. 5. — I crediti contestati, come pure le divergenze d'opinione dei due Uffici di verifica e compensazione su questioni di principio circa l'interpretazione del presente accordo saranno sottoposti alla decisione definitiva di un tribunale arbitrale con l'esclusione dei tribunali ordinari. Tale giudizio ar-

bitrale sarà composto di un arbitro italiano e di un
arbitro austriaco, e di un presidente da designarsi
secondo la residenza o la sede del debitore, e terrà le
sue sedute alternativamente nei territori annessi al
Regno d'Italia ed in Austria. Ognuno dei due Stati
presenterà un elenco di venti persone abilitate quali
giudici, e designerà un presidente. I membri del Tribunale arbitrale saranno scelti ogni volta da questa
lista dal Presidente.

Il giudizio arbitrale deciderà anche nei casi nei
quali si manifestino divergenze di opinione circa la
questione se un debito od un credito rientri fra quelli
previsti per la procedura fissata dal presente accordo.

La parte soccombente sarà condannata alle spese
del processo da determinarsi dal Tribunale arbitrale.
Ove una parte avesse vinto parzialmente la causa, il
Tribunale arbitrale potrà addossargli a seconda delle
circostanze, una parte proporzionata delle spese.

Le autorità delle Alte Parti contraenti sono tenute
a prestare assistenza al Tribunale arbitrale.

La procedura sarà regolata di comune accordo dai
Presidenti.

ART. 6. — Il regolamento delle obbligazioni indicate all'articolo primo seguirà mediante un *clearing*
interno fra i debitori e i creditori dello stesso territorio, con la mediazione dell'Ufficio di verifica e compensazione, nel modo seguente :

a) i crediti dei creditori austriaci contro debitori
italiani si intenderanno senz'altro trasferiti all'Ufficio
di verifica e compensazione italiano ed i crediti dei
creditori italiani contro i debitori austriaci s'intenderanno senz'altro trasferiti all'Ufficio di verifica e compensazione austriaco. Tale trasferimento avrà luogo
in quanto i crediti siano riconosciuti dai debitori o
accertati dai Tribunali arbitrali ; esso avrà tutte le

16

conseguenze di una cessione di diritto. I documenti necessàri per fare valere questi crediti (libretti della Cassa di risparmio, ecc.) devono essere rimessi ai rispettivi uffici di verifica e compensazione.

La cessione sarà effettiva nel momento della entrata in vigore del presente Accordo ;

b) l'ufficio di verifica e compensazione italiano incasserà i crediti che gli sono trasferiti dai debitori italiani in lire al ragguaglio di 100 corone antiche = 56,8 lire ed adopererà gli importi incassati per il soddisfacimento in lire dei crediti italiani ;

c) l'Ufficio di verifica e compensazione austriaco incasserà i crediti ad esso trasferiti dai debitori austriaci, in conformità delle disposizioni interne all'uopo emanate ed impiegherà le somme incassate per il soddisfacimento dei creditori austriaci.

d) i debiti e i crediti non ancora scaduti potranno essere dichiarati scaduti. Le modalità relative saranno fissate da ciascun Governo per i creditori e i debitori residenti sul loro territorio.

e) ciascuno dei due Stati si riserva la facoltà di fissare la quota da attribuirsi a ogni creditore. Gli austriaci residenti nei territori annessi all'Italia saranno trattati come gli italiani e i nuovi cittadini italiani residenti in Austria saranno trattati come gli austriaci.

ART. 7. — Nei riguardi delle banche e degli stabilimenti di credito ipotecario austriaco, i quali hanno dei crediti dipendenti da mutui ipotecari o comunali e nello stesso tempo dei debiti risultanti da lettere di pegno od obbligazioni comunali contro persone appartenenti ai territori annessi al Regno d'Italia, saranno da conchiudersi degli accordi speciali secondo le norme seguenti :

a) la banca o lo stabilimento austriaco trasferirà

all'Ufficio italiano di verifica e compensazione l'insieme dei crediti risultanti dalle sue operazioni di ipoteche e dei prestiti comunali che esso ha contro debitori italiani rinunciando ad ogni controvalore speciale.

La cessione sarà effettiva dal momento dell'entrata in vigore dell'accordo sopranominato.

La registrazione dei crediti ipotecari della banca o dello stabilimento austriaco a favore sia dell'Ufficio italiano di verifica e compensazione sia della persona o dello stabilimento designato da questo Ufficio, avrà luogo senza che ci sia bisogno del consenso espresso del creditore, su semplice domanda del cessionario e senza comunicazione al debitore ceduto.

L'Ufficio italiano di verifica e compensazione incasserà, valorizzando, i crediti delle banche e degli stabilimenti in questione verso i debitori italiani;

b) l'Ufficio italiano di verifica e compensazione procederà al rimborso dei crediti risultanti dalle lettere di pegno e dalle obbligazioni comunali emesse dal relativo istituto, quando i portatori di questi titoli proveranno di essere stati in possesso dei medesimi al 4 novembre 1918, e di avere denunciato tali crediti in occasione del censimento se quest'ultima sarà stata richiesta dal Governo italiano.

Il soddisfacimento avviene nella misura fissata dall'Ufficio italiano di verifica e compensazione, entro i limiti del ragguaglio del 56,80 % in lire;

c) i titoli ritirati saranno annullati e consegnati all'istituto di emissione.

Qualora, dopo avvenuta la deduzione di una somma corrispondente al valore nominale dei titoli indicati alla lettera b) di questo articolo e calcolato al cambio di 100 corone antiche – 56,8 lire, risultasse un civanzo sulla somma incassata in conformità della lettera *a*), questo cisavanzo servirà, se l'istituto in questione ha delle succursali nei territori annessi all'Italia, a coprire un'eventuale perdita di queste succursali.

La perdita sarà determinata sulla base della realizzazione dell'attivo e del passivo secondo il bilancio da compilarsi in base alla situazione del 4 novembre 1918; ogni civanzo che risultasse dalle operazioni sopraindicate affluirà alla massa generale risultante dall'incasso dei crediti austriaci verso debitori italiani e servirà al soddisfacimento degli altri creditori italiani in via di una compensazione interna.

Se non dovessero essere conchiusi gli accordi come sopra accennati, le lettere di pegno e le altre obbligazioni indicate in questo articolo non sarebbero soggetti al presente accordo. I crediti delle banche e degli stabilimenti, che non avranno conchiuso degli accordi, saranno soggetti alle disposizioni generali del presente accordo

ART. 8. — La conclusione degli accordi previsti nel presente accordo, come pure la cessione dei crediti e tutti i documenti necessari non saranno soggetti a tasse di qualsiasi specie da parte delle Alte Parti contraenti.

ART. 9. — Le spese del *clearing* interno saranno sopportate dai rispettivi Uffici di verifica e compensazione ; a tale scopo, questi percepiranno dai loro propri debitori o creditori delle tasse, la cui misura sarà fissata da ciascuno dei due Governi.

ART. 10. — Nessuna delle Alte Parti contraenti potrà elevare pretese verso l'altra per un saldo scoperto o per il pagamento dei debiti in corone antiche effettuate in base alla suesposta procedura.

ART. 11. — Il presente accordo non porta pregiudizio ai diritti acquistati in virtù delle disposizioni dell'articolo 248 del Trattato di San Germano.

ART. 12. — Il presente accordo sarà ratificato ed entrerà in vigore quando saranno state scambiate le ratifiche.

In fede di che, i plenipotenziari sottoindicati hanno firmato il presente accordo.

Fatto a Roma il sei aprile millenovecentoventidue, in italiano e in francese, i due testi facendo ugualmente fede, in due esemplari, uno dei quali sarà consegnato a ciascuno degli Stati firmatari.

Per l'Austria :
RÉMI KWIATKOWSKI.

Per l'Italia :
IMPERIALI.

Entrato in vigore : 8 marzo 1924.
Esecuzione per Decreto Legge : 13 dicembre 1923, n. 3154.

ALLEGATO.

DISPOSIZIONI
CONCERNENTI IL CONTROLLO DEI DEBITI E CREDITI DICHIARATI.

1. L'Ufficio di verifica e di compensazione dello Stato sul territorio del quale si trova la residenza o la sede del creditore (Ufficio creditore), trasmetterà all'Ufficio di verifica e di compensazione dello Stato sul territorio del quale si trova la residenza o la sede del debito (Ufficio debitore), l'elenco dei crediti di cui avrà ricevuto la dichiarazione.

2. L'Ufficio debitore esaminerà l'elenco con l'aiuto delle dichiarazioni dei debiti che gli sono pervenute.

3. Se una dichiarazione di credito è conforme alla dichiarazione di un debito, questo credito sarà riconosciuto senza altra formalità. Gli Uffici di verifica e di compensazione fisseranno di comune accordo la misura con la quale si potrà non tener conto delle divergenze.

4. Se il debitore non ha dichiarato il suo debito o le dichiarazioni non sono conformi, il debitore sarà invitato a pronunciarsi. Gli Uffici di verifica e di compensazione fisseranno di comune accordo il procedimento da seguire in questo caso.

5. Secondo i risultati della richiesta rivolta al debitore, il debito sarà riconosciuto o l'Ufficio creditore sarà informato che il credito è contestato.

6. L'Ufficio creditore consulterà in seguito il creditore e comunicherà le informazioni ricevute all'Ufficio debitore, il quale potrà, se ritiene utile, sentire di nuovo il debitore.

7. Se non si potrà ottenere dalle due parti una dichiarazione conforme, l'Ufficio creditore inviterà il creditore a giustificare il suo credito davanti al Tribunale arbitrale.

XXIII.

6 aprile 1922.

ROMA.

Accordo speciale tra il Governo italiano e la Banca centrale delle Casse di Risparmio tedesche di Vienna.

(N. 14 del Protocollo finale della Conferenza di Roma).

Accordo speciale fra il R. Governo italiano e la Banca centrale delle casse di Risparmio tedesche di Vienna (Centralbank der Deutschen Sparkassen in Wien), relativo al trasferimento all'Ufficio di verifica e di compensazione dei crediti derivanti dalle sue operazioni di prestiti comunali, da una parte, e dei suoi debiti derivanti da lettere di pegno e da obbligazioni comunali, dall'altra parte.

In base all'art. 7 dell'accordo conchiuso fra il Regno d'Italia e la Repubblica d'Austria sui debiti e crediti, il Regio Governo italiano, rappresentato da S. E. il Marchese Guglielmo Imperiali, Senatore del Regno, Ambasciatore, e la Banca Centrale delle Casse di Risparmio a Vienna (chiamata in seguito brevemente « la Centralbank ») rappresentata dal Signor Carl Frendenthal hanno conchiuso l'accordo seguente approvato dal Governo austriaco, rappresentato dal Signor Rémi Kwiatkowski, Ministro Plenipotenziario, Inviato Straordinario, che vi appone la propria firma.

ART. 1. — La « Centralbank » trasferisce all'Ufficio italiano di verifica e di compensazione tutti i crediti derivanti dalle sue operazioni di prestiti comunali, che essa ha verso i debitori italiani rinunciando a ogni controvalore speciale e a ogni conguaglio di interesse.

Saranno considerate come debitori italiani le persone indicate come tali nell'articolo 1 dell'accordo sui debiti e crediti sopraindicato.

Ove uno dei suoi crediti fosse stato pagato alla « Centralbank » dopo il 4 novembre 1918 e prima del divieto di pagamento del 6 agosto 1921, con effetto di liberazione, essa sarà obbligata di mettere la stessa somma ricevuta, in corone austriache, a disposizione dell'Ufficio italiano di verifica e compensazione.

Le somme pagate alla « Centralbank » dopo il divieto di pagamento del 6 agosto 1921 dovranno essere rimesse tali e quali all'Ufficio italiano di verifica e compensazione per la loro restituzione agli interessati.

Saranno applicate le disposizioni dell'art. 8 dell'accordo sui debiti e crediti per ciò che concerne il pagamento delle tasse e diritti di ogni specie.

La « Centralbank » rimetterà all'Ufficio italiano di verifica e compensazione, al più tardi entro 8 settimane dopo l'entrata in vigore del presente accordo un elenco dei crediti indicati al comma 1, che essa ha verso i debitori italiani, con tutti i documenti relativi a questi crediti, in ispecie i titoli comprovanti le obbligazioni e i decreti di trascrizione giudiziaria.

La cessione avrà effetto nel momento dell'entrata in vigore di questo accordo.

L'assegnazione dei crediti ipotecari della « Centralbank » a favore sia dell'Ufficio italiano di verifica e di compensazione, sia della persona o dell'Istituto designato da questo Ufficio, avrà luogo senza che ci sia bisogno dell'espresso consenso della « Centralbank », su semplice domanda del cessionario e senza notifica al debitore ceduto.

ART. 2. — L'Ufficio italiano di verifica e di compensazione procederà al rimborso, nella misura e secondo le percentuali di ripartizione fissate dal Regio Governo italiano, delle lettere di pegno e delle obbligazioni comunali emesse dalla « Centralbank », coi relativi tagliandi in quanto questi titoli siano ammessi dal Regio Governo italiano alla stampigliatura speciale.

Non saranno ammessi alla stampigliatura che i titoli i cui portatori potranno provare, nella maniera stabilita dal Regio Governo italiano, che questi titoli sono dal 4 novembre 1918 in possesso di creditori italiani.

Saranno considerate come creditori italiani le persone indicate come tali nell'art. 1 dell'accordo sui debiti e crediti.

Il Regio Governo italiano si riserva inoltre il diritto di domandare la prova che questi titoli siano stati regolamente denunciati nei censimenti che si sono fatti.

Prima della stampigliatura sarà dato campo alla « Centralbank » di esaminare in tempo utile gli atti che vi si riferiscono ; ove ne sia il caso, essa avrà il diritto e il dovere di produrre, al Regio Governo italiano, delle prove contrarie.

Il Regio Governo italiano fisserà un termine di preclusione per la dichiarazione e la consegna di questi titoli.

L'Ufficio italiano di verifica e di compensazione trasmetterà alla « Centralbank » entro un termine di otto settimane a datare dall'entrata in vigore di questo accordo, una distinta contenente i numeri delle lettere di pegno e delle obbligazioni comunali denunciate e stampigliate.

Le lettere di pegno e le obbligazioni della « Central-bank » che sono state restituite saranno perforate e rimesse, accompagnate da una distinta, direttamente alla « Centralbank » entro un termine di sei mesi a contare dal rimborso.

ART. 3. — Le somme destinate, in conformità all'articolo 7, lettera c) dell'accordo sui debiti e crediti, a servire di copertura di una perdita eventuale della « Centralbank » di Trieste, in liquidazione, saranno determinate nella maniera seguente :

a) i crediti comunali trasferiti all'Ufficio italiano di verifica e di compensazione saranno fissati in ragione di 100 corone = 56,8 di lira ;

b) da questa somma si dedurrà anzitutto la somma che sarebbe necessaria se l'Ufficio italiano di verifica e di compensazione dovesse pagare le obbligazioni comunali e le lettere di pegno della « Central-bank » sopraindicate, in ragione di 100 corone nominali = 56,8 di lira ;

c) il resto, in quanto sarà incassato, servirà sino alla concorrenza di 5 milioni di lire al massimo, in primo luogo alla copertura di una eventuale perdita della succursale della « Centralbank » di Trieste.

Questa perdita sarà stabilita nel modo seguente :

La « Centralbank » compilerà un bilancio della sua succursale di Trieste, secondo lo stato al 3 novembre 1918 e stabilirà il valore di liquidazione degli attivi e passivi compresivi, alla data dell'ultimo giorno del termine di preclusione fissato dall'art. 2 comma 4. Questi bilanci saranno compilati col concorso di un Delegato del Regio Governo italiano. Le nuove transazioni eventualmente operate dalla succursale di Trieste dopo il 3 novembre 1918, non potranno, per conseguenza, modificare i risultati del bilancio di liquidazione.

La somma menzionata all'alinea *c*) servirà, in-
quanto sarà sufficiente, alla copertura di questa perdita. Il Regio Governo italiano si riserva però il diritto di assumere a suo conto i crediti considerati di
dubbia esazione e di chiedere che essi siano ceduti
ad un Istituto che esso si riserva di designare.

Qualora risultasse in seguito che la perdita effettiva
della succursale di Trieste della « Centralbank » è
inferiore alla perdita che sarebbe stata coperta conformemente alle disposizioni precedenti, la « Centralbank » dovrà mettere immediatamente la differenza
a disposizione dell'Ufficio italiano di verifica e compensazione.

Ogni eccedenza degli incassi sulla perdita reale sarà
versata al fondo di compensazione generale fissato
dall'accordo sui debiti e crediti.

ART. 4. — Per le operazioni menzionate agli articoli 1 e 2, non si procederà ad alcuna regolazione
dei saldi fra i due Uffici di verifica e compensazione.
Ciò vale egualmente tra l'Ufficio italiano di verifica
e compensazione e la « Centralbank », e tra l'Ufficio
austriaco di verifica e compensazione e la « Centralbank ».

ART. 5. — Le controversie che potessero sorgere
tra le parti contraenti nei riguardi della esecuzione
o della interpretazione del presente accordo, saranno
decise da un Tribunale arbitrale. I membri di questo
Tribunale saranno scelti dalle parti nelle liste fissate
all'articolo 5 dell'accordo sui debiti e crediti. Il Presidente sarà designato di comune accordo dai membri ;
mancando l'accordo esso sarà designato dal Presidente della Corte Suprema Federale di Losanna.

Le controversie che potessero sorgere coi debitori
ceduti, saranno decise dai Tribunali italiani competenti per la residenza o la sede del debitore.

ART. 6. — L'accordo sui debiti e crediti si applica, beninteso, anche alla «Centralbank» in quanto non sia disposto altrimenti negli articoli precedenti.

ART. 7. — Questo accordo entrerà in vigore contemporaneamente a quello sui debiti e crediti.

Fatto a Roma, il sei aprile millenovecentoventidue, in italiano ed in francese, i due testi facendo egualmente fede, in tre esemplari, di cui il primo sarà rimesso al Regio Governo italiano, il secondo al Governo austriaco ed il terzo alla «Centralbank».

Per il Governo italiano :
IMPERIALI.

Per il Governo austriaco :
RÉMI KWIATKOWSKI.

Per la « Centralbank der Deutschen Sparkassen » :
CARL FREUDENTHAL
Autorizzato a firmare in virtù della procura speciale qui annessa.

Entrato in vigore : 8 maggio 1924.
Esecuzione per Decreto Legge : 13 dicembre 1923,
n. 3155.
Converzione in legge : 31 gennaio 1926, n. 955.

XXIV.

6 aprile 1922.

ROMA.

Accordo speciale fra il R. Governo d'italia e il « Credito fondiario d'Austria » (Allgemeine Oesterreichische-boden-kredit-anstalt in Wien) relativo al transferimento all'ufficio italiano di verifica e di compensazione dei crediti derivanti da sue operazioni ipotecarie e di prestiti comunali da una parte, e dei suoi debiti derivanti da lettere ipotecarie e da obbligazioni comunali. dall'altra parte.

(N. **15** del Protocollo finale della Conferenza di Roma).

Accordo speciale fra il R. Governo d'Italia e il « Credito Fondiario d'Austria » (Allgemeine Oester- reichische-Bodenkredit-Anstalt in Wien) relativo al trasferimento all'Ufficio italiano di verifica e di com- pensazione dei crediti derivanti da sue operazioni ipotecarie e di prestiti comunali da una parte, e dei suoi debiti derivanti da lettere ipotecarie e da obbli- gazioni comunali, dall'altra parte.

Ai sensi dell'articolo 7 dell'accordo fra la Repub- blica Austriaca e il Regno d'Italia pei debiti e crediti, il R. Governo italiano rappresentato da *S. E. il Marchese Guglielmo Imperiali, Senatore del Regno,*

E la A. Oe. B. K. A. a Vienna (d'ora innanzi chia- mata per brevità « Boden ») rappresentata dal *Si- gnor Carl Freudenthal.*

hanno concluso l'accordo seguente, approvato dal Governo austriaco rappresentato dal *Signor Rémi Kwiatkowski, Inviato Straordinario e Ministro pleni- potenziario,* che vi appone la firma :

ART. 1. — La « Boden » trasferirà all'Ufficio italiano di verifica e compensazione la totalità dei crediti, derivanti da proprie operazioni ipotecarie e di prestiti comunali, che essa ha verso debitori italiani, rinunziando ad ogni controvalore speciale e a ogni computo di interessi.

Saranno considerate come debitori italiani le persone indicate come tali dall'articolo primo dell'accordo succitato pei debiti e crediti.

Nel caso che alcuno di questi crediti sia stato pagato alla « Boden » dopo il 15 maggio 1920 e prima del divieto dei pagamenti in data 6 agosto 1921, con effetto di liberazione, la « Boden » sarà .obbligata a porre la somma ricevuta tale quale a disposizione dell'Ufficio di verifica e compensazione.

Le somme pagate alla « Boden » dopo il divieto dei pagamenti in data 6 agosto 1921, dovranno essere rimesse interamente all'Ufficio italiano di verifica e compensazione per essere restituite agli aventi diritto.

Per quanto riguarda diritti e tasse di ogni specie, sono applicabili le disposizioni dell'articolo 8 dell'accordo pei debiti e crediti.

La « Boden » consegnerà all'Ufficio italiano di verifica e compensazione, entro il termine massimo di otto settimane a partire dall'entrata in vigore del presente accordo, un elenco dei crediti del genere indicato all'alinea 1, che essa ha verso debitori italiani, unitamente a tutti i documenti relativi a tali crediti e in special modo alle dichiarazioni di obbligazione e ai decreti di trascrizione giudiziaria.

La cessione avrà effetto dal momento dell'entrata in vigore del presente accordo.

L'inscrizione dei crediti ipotecari della « Boden » in favore sia dell'Ufficio italiano di verifica e compensazione, sia di altra persona od ente indicato dall'Ufficio stesso, avrà luogo, senza che sia necessario il consenso esplicito da parte della « Boden », su semplice domanda del cessionario e senza alcuna notificazione al debitore ceduto.

ART. 2. — L'Ufficio italiano di verifica e compensazione procederà al rimborso, nella misura e secondo il tasso di ripartizione fissato dal Regio Governo italiano, delle lettere ipotecarie e delle obbligazioni comunali emesse dalla « Boden », unitamente ai relativi tagliandi, in quanto questi titoli siano dal Regio Governo ammessi alla stampigliatura speciale.

Saranno sottoposti a tale stampigliatura soltanto i titoli i cui portatori potranno provare, secondo le modalità stabilite dal Regio Governo italiano, che questi titoli dal 4 novembre 1918 sono restati in possesso di creditori italiani.

Saranno considerati come creditori italiani le persone indicate come tali dall'articolo 1 dell'accordo sui debiti e crediti.

Il Regio Governo d'Italia si riserva però il diritto di domandare la prova che tali titoli furono regolarmente denunciati nei censimenti già effettuati.

L'Ufficio italiano di verifica e compensazione trasmetterà alla « Boden » entro otto settimane, a partire dall'entrata in vigore di questo accordo, una distinta mediante numeri delle lettere ipotecarie e delle obbligazioni comunali denunciate e stampigliate.

Le lettere ipotecarie e le obbligazioni comunali della « Boden » che sono state restituite, saranno annullate mediante perforazione e consegnate direttamente alla « Boden », accompagnate da un elenco indicante i numeri delle lettere ipotecarie e delle ob-

bligazioni comunali stampigliate, entro il termine di
6 mesi a decorrere dal pagamento.

ART. 3. — Per le operazioni citate agli articoli 1
e 2 non sarà fatto alcun computo tra i due Uffici di
verifica e di compensazione ; così come nessun conteggio sarà fatto fra l'Ufficio italiano di verifica e
compensazione e la « Boden » o fra l'Ufficio austriaco
di verifica e compensazione e la « Boden ». Solo nel
caso che il valore nominale delle lettere ipotecarie
e delle obbligazioni comunali consegnate ai sensi
dell'articolo 2, sia inferiore all'ammontare dei crediti
ceduti ai sensi dell'articolo 1, l'Ufficio austriaco di
verifica e compensazione dovrà indennizzare la « Boden » dell'intera differenza.

ART. 4. — Le controversie che siano per sorgere
fra le Parti contraenti in merito all'esecuzione o al-
l'interpretazione del presente accordo, saranno decise
da un Tribunale arbitrale ; i membri di detto Tribunale saranno scelti dalle Parti negli elenchi previsti
all'articolo 5 dell'accordo sui debiti e crediti ; il
Presidente sarà nominato di comune accordo dai
membri ; o in caso di disaccordo sarà designato dal
Presidente della Corte Suprema Federale di Losanna.

Le controversie che possono sorgere con debitori
ceduti, saranno decise dai Tribunali italiani competenti secondo la residenza o la sede del debitore.

ART. 5. — Resta inteso che l'accordo pei debiti
e crediti si applica anche alla « Boden », in quanto
non è diversamente disposto negli articoli precedenti.

ART. 6. — Il presente accordo entrerà in vigore
al momento stesso dell'entrata in vigore dell'accordo
per i debiti e crediti.

Fatto a Roma, il sei aprile millenovecentoventidue, in italiano e francese, i due testi facendo ugualmente fede, in tre esemplari, di cui uno sarà consegnato al R. Governo italiano, un altro al Governo austriaco ed il terzo alla « Boden ».

1922
6 aprile

Per il Governo italiano :
  IMPERIALI.

Per il Governo austriaco :
  RÉMI KWIATKOWSKI.

Per la « Allgemeine Oesterreichische Boden-Kredit-Anstalt » :
  CARL FREUDENTHAL
  Autorizzato a firmare in virtù di procura speciale.

Entrato in vigore : 8 marzo 1924.
Esecuzione per Decreto Legge : 13 dicembre 1923,
n. 3155.

17

XXV.

6 aprile 1922.

ROMA.

Protocollo firmato dall'Austria e dall'Italia relativo ai debiti e crediti espressi in valute estere.

(N. 16 del Protocollo finale della Conferenza di Roma).

PROTOCOLLO.

Al momento di firmare l'accordo, sulla compensazione dei debiti e crediti privati fra l'Austria e l'Italia, la *Delegazione Austriaca* esprime il desiderio che la questione dei debiti e crediti dei cittadini delle Alte Parti contraenti espressi in valute estere, sia egualmente regolata di comune accordo dalle Alte Parti contraenti, avendo la legislazione relativa delle lacune e essendo inoltre divergente la giurisdizione. La Delegazione austriaca propone per questo regolamento la seguente redazione :

« Le obbligazioni esistenti tra gli abitanti della Repubblica d'Austria e gli abitanti dei territori dell'ex Impero austriaco ceduti al Regno d'Italia, espresse in una valuta che non sia l'antica corona (austro-ungarica) debbono essere pagate nella moneta, nella quale sono state emesse. Il pagamento, dato che gli interessati non si sono messi d'accordo sulla determinazione effettiva della valuta in questione, può essere effettuato nella valuta in corso nella residenza (sede) del debitore al cambio del giorno del pagamento ».

La *Delegazione italiana* dichiara che non è in grado di uniformarsi alla proposta sopra formulata dalla Delegazione austriaca ; tuttavia essa sottoporrà ad un esame coscienzioso questa proposta riservandosi di far conoscere al Governo della Repubblica austriaca l'opinione del Governo del Regno d'Italia a questo riguardo, non appena sarà possibile.

Fatto a Roma, il sei aprile millenovecentoventidue in italiano ed in francese, i due testi facendo egualmente fede, in due esemplari, uno dei quali sarà consegnato a ciascuno degli Stati firmatari.

Per l'Austria :
    RÉMI KWIATKOWSKI.

Per l'Italia :
    IMPERIALI.

XXVI.

6 aprile 1922.

ROMA.

Protocollo firmato dall'Italia e dall'Austria relativo ai debiti e crediti basati su contratti posteriori al 4 novembre 1918.

(N. 17 del Protocollo finale della Conferenza di Roma).

PROTOCOLLO.

All'atto di apporre la propria firma all'accordo riguardante la compensazione dei debiti e dei crediti privati fra l'Austria e l'Italia, accordo concernente i debiti ed i crediti che derivino da contratti anteriori al 4 novembre 1918, la *Delegazione Austriaca* esprime il desiderio che venga ugualmente regolato il trattamento dei debiti e dei crediti analoghi che derivino da contratti posteriori al 4 novembre 1918, in base agli articoli seguenti :

ART. 1. — Salvo accordi speciali fra le Parti e salve le eccezioni previste dagli articoli 2–4 sottoindicati, i debiti ed i crediti contemplati dall'articolo 1 dell'accordo e derivanti da contratti posteriori al 4 novembre 1918, dovranno essere regolati nella valuta dello Stato, nel quale il debitore risiede od ha la propria sede.

La conversione sarà fatta al saggio stabilito dalle legislazioni dei rispettivi Stati per la conversione delle corone dell'antico regime nella nuova valuta dello Stato, ossia al saggio di 100 corone antiche pari a 60 lire in Italia ed al saggio di 1G0 corone antiche pari a 100 corone austriache in Austria.

ART. 2. — Le obbligazioni derivanti da versamenti o prelevamenti di corone dovranno essere estinte nella valuta dello Stato nel quale i prelevamenti od i versamenti hanno avuto luogo.

ART. 3. — Le obbligazioni derivanti da transazioni fatte in commissione dovranno essere estinte nella valuta dello Stato nel quale la rimessa delle corone, da parte o per conto del commissionario, è stata fatta.

ART. 4. — La questione del trasferimento dei conti sarà risolta ulteriormente.

La *Delegazione italiana* dichiara, a sua volta, che desidera anch'essa che i rapporti dipendenti da operazioni posteriori al 4 novembre 1918 siano regolati ; osserva che il progetto austriaco rinvia ad accordi avvenire la determinazione del modo di estinguere i debiti più importanti, che formano oggetto delle più accese controversie fra gli interessati.

Propone, quindi, di sottoporre tale progetto a nuovo esame, allo scopo di giungere alla soluzione completa di tutti i problemi relativi al pagamento dei debiti suddetti e si riserva di comunicare al Governo della Repubblica austriaca il punto di vista che il Regio Governo avrà, in proposito, adottato.

Fatto a Roma, il sei aprile millenovecentoventidue in italiano ed in francese, i due testi facendo egualmente fede, in due esemplari, uno dei quali sarà consegnato a ciascuno degli Stati firmatari.

Per l'Austria :
RÉMI KWIATKOWSKI.

Per l'Italia :
IMPERIALI.

XXVII.

6 aprile 1922.

ROMA.

Accordo tra l'Italia e la Polonia per regolare le questioni circa i debiti e i crediti.
(N. 18 del Protocollo finale della Conferenza di Roma).

L'Italia e la Polonia, desiderose di regolare le questioni che riguardano i debiti e crediti,

considerato che si è accertata la difficoltà di addivenire ad un'intesa definitiva in materia di valute e di cambio da adottarsi per la liquidazione dei contratti conclusi nell'antica valuta austro-ungarica fra Polacchi e Italiani,

considerato, d'altra parte, che non sembra equo ritenere definitivo il pagamento del debito da parte del debitore senza il consenso del creditore e a danno di quest'ultimo, e che interessa sospendere, all'occorrenza, la procedura giudiziaria in corso e non procedere a misure di esecuzioni,

le altre Parti Contraenti hanno deciso, prima di mettersi d'accordo sulla sostanza, di concludere, a questo scopo, un accordo preliminare ed hanno nominato come loro plenipotenziari :

SUA MAESTÀ IL RE D'ITALIA :

S. E. il Marchese Guglielmo Imperiali, Senatore del Regno, Ambasciatore ;

IL CAPO DELLO STATO POLACCO :

il Signor Maciej Loret, Incaricato d'Affari dello Stato polacco a Roma ;

i quali, dopo aver depositato i loro pieni poteri, trovati in buona e debita forma hanno convenuto quanto segue :

ART. 1. — Fino a che le Alte Parti contraenti non avranno concluso convenzioni speciali per fissare la valuta e il cambio per il pagamento dei debiti espressi in corone austro-ungariche, non saranno ammessi gli atti giudiziari tendenti a ottenere l'adempimento di obbligazioni espresse in corone austro-ungariche esistenti prima del 10 aprile 1919, per una ragione qualunque, fra persone fisiche, giuridiche, società commerciali o enti morali di diritto pubblico, aventi la loro residenza al momento della firma della presente convenzione nell'attuale territorio del Regno d'Italia da un lato, e nel territorio della Repubblica polacca dall'altro.

Il rifiuto di accettazione della somma offerta per il pagamento di un debito, come stabilito al capoverso precedente, non avrà le conseguenze di una costituzione in mora.

ART. 2. — Le cause in corso che riguardano le obbligazioni indicate all'articolo primo, saranno sospese.

Saranno, peraltro, ammessi gli atti giudiziari in quanto essi avranno lo scopo di constatare un rapporto giuridico al quale si riferisca un'obbligazione, di cui all'articolo primo.

ART. 3. — Gli atti esecutivi non saranno ammessi che per l'esecuzione cauzionale, in base a sentenze già pubblicate o per le disposizioni provvisorie.

ART. 4. — Il periodo di tempo nel quale non si potrà intentare una causa per l'adempimento dell'obbligo, in base al presente accordo, non sarà contato nel termine di prescrizione e nel termine fissato affinchè la citazione sia fatta.

ART. 5. — Per le obbligazioni contratte dalle succursali delle persone giuridiche e delle società commerciali che avranno rispettivamente la loro sede sul territorio della Repubblica polacca oppure sul territorio del Regno d'Italia, servirà di base la sede delle succursali, non già la sede principale.

La presente convenzione non riguarda i rapporti fra la sede principale delle persone giuridiche e delle società commerciali e le loro succursali.

ART. 6. — Ciascuna delle Alte Parti contraenti fin dall'entrata in vigore della presente Convenzione procederà, senza ritardo a una constatazione dei crediti espressi in corone austro-ungariche appartenenti ai creditori residenti sul territorio dell'altra Parte contraente.

L'accertamento dovrà essere terminato e il risultato dovrà esserne notificato all'altra Alta Parte contraente, nel termine di due mesi dall'entrata in vigore di questo accordo.

ART. 7. — Il censimento comprenderà anche i crediti che derivino dal possesso delle obbligazioni e dei titoli immobiliari emessi da istituti fondiari e da enti morali aventi la loro sede sul territorio dell'altra Alta Parte contraente, facendo una distinzione fra quelli che erano in possesso di persone residenti nel rispettivo territorio prima del 3 novembre 1918, e gli altri.

ART. 8. — Nel termine di un mese dalla notificazione dei risultati del censimento, le Alte Parti contraenti avvieranno trattative per la stipulazione degli accordi previsti all'articolo primo.

ART. 9. — Nel caso di una conversione dei titoli di ogni specie espressi in corone austro-ungariche nella valuta nazionale, le Alte Parti contraenti si obbligano a non fare alcuna differenza di trattamento fra i titoli che si trovino in possesso di nazionali e gli stessi titoli in possesso di cittadini dell'altra Alta Parte contraente.

ART. 10. — Le Alte Parti contraenti prenderanno le misure necessarie per l'esecuzione del presente accordo, sia legislative che amministrative.

Il presente accordo sarà ratificato al più presto possibile.

In fede di che, i plenipotenziari suddetti hanno firmato il presente accordo.

Fatto a Roma il sei aprile millenovecentoventidue, in italiano ed in francese, i due testi facendo egualmente fede, in due esemplari, uno dei quali sarà consegnato a ciascuna delle Alte Parti contraenti.

Per l'Italia :
IMPERIALI.

Per la Polonia :
MACIEJ LORET.

Esecuzione per R. Decreto-Legge : 13 dicembre 1923, n. 3154.

XXVIII.

6 aprile 1922.

ROMA.

Protocollo firmato dall'Italia e dalla Romania relativo ai debiti e crediti.

(N. 19 del Protocollo finale della Conferenza di Roma).

PROTOCOLLO

In vista delle trattative che si stanno svolgendo fra il Regno d'Italia e il Regno di Romania allo scopo di sistemare i rapporti di debiti e di crediti sorti in data anteriore a quella nella quale è stata messa fuori corso la valuta austro-ungarica, i Delegati italiani hanno dichiarato quanto appresso :

Il Governo d'Italia si riserva di prendere delle misure in virtù delle quali, fino a tanto che i due Governi italiano e romeno non avranno concluso delle convenzioni speciali per fissare la valuta ed il tasso per il pagamento dei debiti stilati in corone austro-ungaresi, non saranno ammesse le azioni giudiziarie tendenti ad ottenere la soddisfazione delle obbligazioni espresse in corone austro-ungheresi esistenti prima del 10 aprile 1919 a titolo qualsiasi tra persone fisiche, giuridiche, società commerciali o corpi morali di diritto pubblico aventi la loro residenza al momento della firma del presente protocollo nel territorio attuale del Regno d'Italia da una parte e dentro i confini del territorio del Regno di Romania dall'altra parte.

Fino a nuove disposizioni qualsiasi pagamento delle obbligazioni di cui al comma precedente sarebbe proibito e sarebbe in ogni caso considerato come nullo ; l'accettazione dei pagamenti sarebbe proibita. Il rifiuto dell'accettazione di una somma offerta per il pagamento di un debito come stabilito all'articolo precedente non avrebbe le conseguenze di una messa in mora, quando anche esso avesse avuto luogo prima dell'entrata in vigore del presente protocollo.

I processi in corso che hanno per oggetto le obbligazioni di cui all'art. 1, sarebbero sospese. Sarebbero tuttavia ammesse le azioni giudiziarie in quanto esse tendessero solamente alla constatazione di un rapporto giuridico collegato con una delle obbligazioni di cui al comma 1º della constatazione dell'esistenza in corone austro-ungariche di un credito o di un debito, senza pregiudizio nei riguardi della valuta e del tasso di pagamento.

Durante il periodo di sospensione previsto dal presente protocollo non sarebbero ammessi che gli atti e le disposizioni conservative o la esecuzione cauzionale sulla base di sentenze già pronunciate o di disposizioni provvisorie.

Il periodo durante il quale non si potrebbero intentare dei processi per la soddisfazione dell'obbligazione, in virtù del presente protocollo, non sarebbe compreso nel termine di prescrizione o nel termine fissato per la citazione.

Nei riguardi delle obbligazioni contratte dalle succursali delle persone giuridiche e delle società commerciali che avessero rispettivamente la loro sede nel territorio del Regno d'Italia e nel territorio del Regno di Romania servirebbe di base la sede delle succursali e non quella della sede principale.

Il presente protocollo non riguarderebbe i rapporti tra la sede principale delle persone giuridiche e delle società commerciali e le loro succursali.

Il Governo italiano e quello romeno dovrebbero procedere al più presto ad un censimento dei crediti appartenenti a creditori domiciliati (residenti) nel loro territorio contro i debitori residenti nel territorio dell'altra Parte contraente.

Il censimento dovrebbe essere portato a termine ed i risultati ne sarebbero notificati all'altro Governo nel termine di due mesi.

Il censimento dovrebbe comprendere anche i crediti derivanti dal possesso di obbligazioni o di titoli immobiliari emessi da Istituti fondiari o da corpi morali aventi la loro sede nel territorio straniero, cioè romeno per l'Italia e italiano per la Romania.

Si farebbe una distinzione fra quelli che erano in possesso di persone residenti nel territorio rispettivamente prima del 3 novembre 1918 e gli altri.

Nel termine di un mese a datare dalla notificazione dei risultati del censimento i due Governi dovrebbero iniziare i negoziati per venire alla stipulazione degli accordi previsti all'art. 1.

Il Delegato romeno riconoscendo la fondatezza della dichiarazione italiana, ne prende nota per comunicarla al suo Governo ad ogni buon fine e particolarmente al fine che il Governo romeno possa prendere le misure necessarie del censimento dei debiti e crediti reciproci tra le persone domiciliate in Italia e quelle domiciliate in Romania, e, qualora esso lo ritenga opportuno, delle analoghe misure di sospensione nei riguardi dei processi relativi a questi debiti e crediti.

Fatto a Roma, il sei aprile millenovecentoventidue, in italiano e francese.

Per l'Italia :
IMPERIALI.

Per la Romania :
EF. ANTONESCO.

XXIX.

6 aprile 1922.

ROMA.

Accordo tra l'Italia e il Regno Serbo-Croato-Sloveno riguardante i debiti e crediti.

(N. **20** del Protocollo finale della Conferenza di Roma).

L'Italia e il Regno Serbo-Croato-Sloveno, desiderosi di regolare le questioni che riguardano i debiti e crediti,

Premesso che sono attualmente in corso delle trattative tra il Regno d'Italia ed il Regno dei Serbi, Croati e Sloveni per il regolamento dei rapporti di debito e credito che rimontano a data anteriore alla messa fuori corso della moneta austro-ungarica,

volendo concludere un accordo a questo riguardo, le Alte Parti contraenti hanno nominato come loro plenipotenziari :

SUA MAESTÀ IL RE D'ITALIA :

S. E. il Marchese Guglielmo Imperiali, Senatore del Regno, Ambasciatore ;

SUA MAESTÀ IL RE DEI SERBI, CROATI E SLOVENI :

il Signor Ottokar Rybár, ex deputato ;

i quali, dopo aver depositato i loro pieni poteri trovati in buona e debita forma, hanno fissato le disposizioni seguenti :

ART. 1. — Fino a quando le Alte Parti contraenti non avranno concluso delle convenzioni speciali per stabilire la moneta e i tassi di cambio pel pagamento dei debiti espressi in corone austro-ungariche, non saranno ammesse le azioni giudiziarie tendenti ad ottenere l'adempimento di obbligazioni espresse in corone austro-ungariche esistenti prima del 10 aprile 1919 per qualsiasi titolo fra persone fisiche, giuridiche, società commerciali o enti di diritto pubblico aventi la loro sede al momento della firma della presente convenzione nell'attuale territorio del Regno d'Italia da una parte, e nei confini del territorio del Regno dei Serbi, Croati e Sloveni dall'altro.

Fino a nuove disposizioni è vietato ogni pagamento delle obbligazioni di cui al comma precedente e sarà in ogni caso considerato come nullo, e l'accettazione dei pagamenti sarà vietata. Il rifiuto dell'accettazione della somma offerta per il pagamento di un debito di cui al comma precedente, non avrà le conseguenze di una messa in mora, anche se esso abbia avuto luogo prima dell'entrata in vigore del presente accordo.

ART. 2. — I procedimenti in corso che abbiano per oggetto le obbligazioni di cui all'art. 1 saranno sospesi. Saranno tuttavia ammesse le azioni giudiziarie in quanto esse tendano soltanto alla constatazione di un rapporto giuridico al quale si riferisce una obbligazione di cui all'art. 1, oppure alla constatazione dell'esistenza in corone austro-ungariche d'un credito o di un debito, senza pregiudizio per la determinazione della moneta e pel tasso di cambio.

ART. 3. — Durante il regime di sospensione previsto dal presente accordo, saranno ammessi soltanto gli atti e le disposizioni conservative o l'esecuzione cauzionale, in base a decreti già emessi o le disposizioni provvisorie.

Art. 4. — Il periodo durante il quale, in virtù del presente accordo, non si potranno .intentare giudizi per l'adempimento delle obbligazioni, non sarà computato nel periodo per la prescrizione e nel termine fissato per la citazione.

Art. 5. — In deroga alle disposizioni dell'art. 1, è stabilito che saranno rispettivamente. pagati e liberati in lire italiane al tasso di cambio del 40 % i debiti e crediti fra le persone indicate al suddetto articolo che avevano la loro residenza alla data del 10 aprile 1919 nei territori del Regno d'Italia annessi in virtù del Trattato di Pace di San Germano e del Trattato di Rapallo, esclusione fatta della città di Zara e dell'Isola Lagosta, pel caso in cui i creditori ed i debitori abbiano trasferita la loro residenza nel territorio del Regno dei Serbi, Croati e Sloveni dopo tale data.

La definitiva determinazione del tasso di cambio per i rapporti previsti al comma precedente resta riservata agli accordi e alle intese fra le Alte Parti contraenti previsti nell'art. 1.

Art. 6. — Per le obbligazioni contratte dalle succursali delle persone giuridiche e delle società commerciali che abbiano rispettivamente la loro sede nel territorio del Regno dei Serbi, Croati e Sloveni o nel territorio del Regno d'Italia si avrà riguardo alla sede delle succursali e non già alla sede principale.

La presente convenzione non concerne i rapporti tra la sede principale delle persone giuridiche e delle Società commerciali e loro succursali.

Art. 7. — Ciascuna delle Alte Parti contraenti, subito dopo l'entrata in vigore della presente convenzione, procederà senza indugio ad una constatazione dei crediti appartenenti ai creditori residenti nel territorio dell'altra Parte contraente e espressi in corone austro-ungariche.

La constatazione dovrà essere compiuta e il risultato dovrà essere notificato all'altra Alta Parte contraente entro il termine di due mesi dall'entrata in vigore del presente accordo.

ART. 8. — Il censimento comprenderà anche i crediti nascenti dal possesso di obbligazioni o di titoli immobiliari emessi da stabilimenti fondiari o da enti morali aventi la loro sede nel territorio dell'altra Alta Parte contraente, tenendo distinti quelli che erano in possesso di persone residenti nel rispettivo territorio prima del 3 novembre 1918 e gli altri.

ART. 9. — Entro il termine di un mese dalla notificazione dei risultati del censimento, le Alte Parti contraenti inizieranno i negoziati per la stipulazione degli accordi previsti all'art. 1.

ART. 10. — In caso di conversione dei titoli di ogni genere espressi in corone austro-ungariche nella moneta nazionale le Alte Parti contraenti s'impegnano a non porre in essere alcuna differenza di trattamento fra titoli in possesso di nazionali e titoli in possesso di sudditi dell'altra Alta Parte contraente.

ART. 11. — Le Alte Parti contraenti prenderanno tutte le misure necessarie, sia legislative, sia amministrative, per l'esecuzione del presente accordo, ed in special modo per ciò che riguarda l'esecuzione dei decreti, mandati, intimazioni e ordini di pagamento emessi da un tribunale appartenente ad una delle Alte Parti contraenti ed eseguibili nel territorio dell'altra.

Il presente accordo sarà ratificato al più presto possibile.

In fede di che, i plenipotenziari suddetti hanno firmato il presente accordo.

Fatto a Roma, il sei aprile millenovecentoventidue, in italiano ed in francese, i due testi facendo egualmente fede, in due esemplari, uno dei quali sarà consegnato a ciascuno degli Stati firmatari.

1922
6 aprile

Per *l'Italia :*
IMPERIALI.

Per *il Regno Serbo, Croato e Sloveno :*
Dr. RYRAR.

Esecuzione per R. Decreto Legge : 13 dicembre 1923, n. 3154.

18

XXX.

6 aprile 1922.

ROMA.

Protocollo firmato dall'Austria e dall'Italia relativo alle obbligazioni parziali.

(N. 21 del Protocollo finale della Conferenza di Roma).

PROTOCOLLO

Premesso che nell'accordo del 26 marzo 1922 sui debiti e crediti, concluso fra l'Austria e l'Italia, si sono escluse dalla sistemazione generale le obbligazioni nascenti da titoli, perchè i Delegati dei due Stati non hanno potuto pervenire ad un accordo sul trattamento di detti titoli, per quanto concerne le obbligazioni parziali (Teilschuldverschreibungen) emesse da Provincie, Distretti, Municipalità o altre persone morali, nonchè su quello delle cartelle fondiarie, delle obbligazioni comunali e degli altri titoli emessi da Banche.

Le due Delegazioni hanno fissato il loro diverso punto di vista nella maniera seguente :

« I Delegati del Governo italiano ammettono la possibilità d'una sistemazione particolare dei rapporti di debito e di credito, compresi quelli derivanti da possesso di obbligazioni ed altri titoli al portatore, fra i cittadini e gli Istituti di credito conformemente alle norme adottate nell'accordo sui debiti e crediti concluso fra l'Austria e l'Italia.

« Essi sono tuttavia del parere che, qualora una sistemazione non possa avere luogo secondo i principi

esposti in detto accordo, il pagamento di debiti agli
Istituti, Istituzioni ed Enti suddetti in ragione di una
corona austriaca per ciascuna corona austro-ungarica
d'ante guerra procurerebbe, a causa del grande deprezzamento della corona austriaca ai debitori, cittadini austriaci, un lucro altrettanto ingiustificato
quanto ingente, e che d'altra parte, il pagamento da
parte degli Istituti dei propri debiti, ivi compresi
quelli per obbligazioni e per titoli garantiti o aventi
un contro valore in un credito garantito mediante ipoteca, causerebbe un enorme pregiudizio ai creditori
o detentori dei titoli, cittadini italiani, se il pagamento
dovesse avere luogo ugualmente con una corona
austriaca per ogni corona austro-ungarica.

« Questo pregiudizio potrebbe giungere fino a rendere illusorio ogni soddisfacimento, dato che nessun
limite esiste all'inflazione e che per conseguenza nessun termine nè alcuna misura è posta al deprezzamento.

« Ciò posto, visto che l'articolo 215 del Trattato
di Pace di San Germano vuole che nell'accordo tra i
Governi degli Stati interessati siano fissati i principi
secondo i quali deve avere luogo la sistemazione
finanziaria delle Istituzioni e degli Istituti suddetti,
resa necessaria per la riorganizzazione del debito
pubblico e del sistema monetario ; e che perciò lad-
dove un tale accordo non possa essere raggiunto, ovvero quando uno dei Governi interessati sia convinto
che i suoi cittadini non ricevano un trattamento conforme a criteri d'equità, la Commissione delle riparazioni su domanda di uno dei Governi interessati,
nominerà uno o più arbitri allo scopo di ottenere da
essi una definitiva decisione.

« I Delegati del Governo italiano credono legittima
e fondata in base al trattato di San Germano la ri-

chiesta, che, in mancanza di accordi speciali per il pagamento dei titoli e delle obbligazioni e particolarmente delle lettere di pegno o cartelle fondiarie, si proceda ad una constatazione della potenzialità economica degli Istituti ed Enti emittenti.

« I Delegati italiani riconoscono che il capitale versato dall'Istituto od Ente e le riserve debbono essere iscritte nella colonna dei creditori dell'Istituto od Ente, ma affermano che dopo di ciò quando si tratti di rapporti d'affari esistenti prima del 3 novembre 1918 e che abbiano dato luogo a crediti espressi in corone austro-ungariche, per il rimborso dei titoli garantiti, per soddisfare i detentori di obbligazioni, di lettere di pegno o cartelle fondiarie od i creditori di altra specie si debba procedere al pagamento in una proporzione equa e corrispondente alla capacità degli attivi.

« Infine i Delegati italiani dichiarano che essi giudicano illegale il pagamento dei debiti garantiti espressi in corone austro-ungariche, con una moneta non soltanto svalutata, ma soggetta ad una svalutazione continua e progressiva per il fatto che manca qualsiasi limite alla inflazione, e che in tutti i casi, questo pagamento da parte degli Istituti, essendo fatto senza prendere in alcuna considerazione la possibilità di un pagamento secondo la potenzialità economica, non corrispondente certamente ai principi d'equità e al criterio di una sistemazione tale quale è stata prevista dall'articolo 215, risolvendosi in definitiva soltanto in una affermazione del diritto di effettuare ogni pagamento di corone austro-ungariche con una corona austriaca per una corona austro-ungarica d'ante guerra, cosa che i Trattati non dicono e che essi Delegati non potrebbero accettare nei riguardi dei creditori italiani per ragioni di principio».

La Delegazione austriaca d'altra parte dichiara quanto segue :

« L'articolo 7 dell'accordo relativo alla compensazione dei debiti e crediti privati fra l'Austria e l'Italia, articolo accettato dalle Alte Parti contraenti di comune accordo, sottopone ad un regolamento speciale il trattamento dei debiti ipotecari e delle obbligazioni comunali emesse da determinate categorie di Banche austriache.

« Salvo queste eccezioni, ai titoli emessi dalle Banche non andranno applicate le disposizioni dell'articolo 215 del Trattato di San Germano, poichè la sistemazione finanziaria in esso prevista non riguarda che l'organizzazione delle operazioni future delle Banche e la liquidazione delle operazioni che le Banche hanno finora effettuato. Il fatto che i titoli di una Banca sono in possesso di un cittadino dei territori trasferiti all'Italia, non va considerato come prova che la Banca opera su quei territori, poichè l'acquisto di tali titoli si è compiuto senza alcuna ingerenza da parte dell'Istituto emittente.

« I titoli, ad esempio lettere di pegno, obbligazioni comunali ed industriali di banche, obbligazioni parziali (Teilschuldenverschreibungen), di provincie, distretti, municipalità ed altre persone morali, emessi da parte di enti emittenti che si trovano in Austria non sono affatto compresi tra i debiti previsti all'art. 271 ; tali titoli sono infatti titoli al portatore, che non possono essere sottoposti a trattamento diverso secondo le condizioni individuali della persona che ne è per caso il portatore, ma che debbono essere pagati in modo eguale per tutti i portatori e, in conseguenza, nella moneta del paese ove si trova la sede dell'emittente di questi titoli.

« La Delegazione italiana ha rilevato l'arricchimento che deriva ai debitori dal rimborso alle banche dei loró debiti ipotecari fatto in moneta deprezzata, contrapponendovi l'impoverimento a cui espone i creditori il pagamento invariato delle lettere di pegno in moneta deprezzata. Il regolamento di questa situazione dovrebbe dunque, secondo l'avviso della Delegazione italiana, farsi sulla base di tassi speciali di valorizzazione e tenendo conto della capacità economica dei debitori. La Delegazione austriaca ammette che vi è del vero in questa osservazione e che sarebbe sotto molti aspetti desiderabile di prenderla in considerazione.

« Questa osservazione richiama un problema generale di alta importanza che, appunto perchè tale, non ha possibilità di essere regolato con una convenzione bilaterale relativa alla sistemazione finanziaria degli Istituti ipotecari.

« Trattasi, infatti, del problema della svalutazione monetaria causata dall'inflazione, problema che riguarda non semplicemente i portatori di cartelle fondiarie, gli istituti fondiari e i loro debitori, e neanche soltanto i debitori e creditori ipotecari, ma tutti i debitori e creditori.

« La proposta fatta dalla Delegazione italiana oltrepassa, adunque notevolmente i limiti dei negoziati attuali sul tema della sistemazione finanziaria delle Banche.

« In nessun caso sarebbe possibile rendere gli Istituti ipotecari responsabili delle conseguenze del deprezzamento ed obbligarli ad impiegare le attività loro d'altra specie e il loro fondo sociale per il soddisfacimento delle pretese dei portatori di cartelle fondiarie. La svalutazione non è stata, d'altronde, provocata da questi Istituti ma sibbene dalla situazione generale economica e finanziaria dello Stato.

L'Istituto ipotecario altro non è che l'intermediario
fra i debitori ipotecari e portatori di titoli fondiari,
e perciò non trae alcun profitto dal deprezzamento.
E neppure è il caso di parlare di una illegalità che con-
sisterebbe nell'accettazione da parte dell'Istituto di
siffatti rimborsi poichè l'Istituto è obbligato a conformarsi alla legislazione nazionale relativa ai debiti
e crediti ed al sistema monetario. L'Istituto non potrebbe dunque, in alcun modo rifiutare rimborsi in moneta deprezzata ; ma d'altra parte non può neanche,
data la legislazione nazionale attuale, essere tenuto a
pagare gli interessi delle cartelle fondiarie e le cartelle
fondiarie stesse in moneta diversa dalla nazionale ».

1922
6 aprile

Vista l'impossibilità di pervenire ad un accordo su
tale questione di principio, la Delegazione italiana
esprime l'opinione che tale questione debba essere
sottoposta all'arbitrato previsto all'ultimo comma
dell'art. 215 del Trattato di S. Germano. La Delegazione austriaca da parte sua, ha mantenuto fermo
il proprio punto di vista, secondo il quale la questione
per le ragioni da essa esposte, non sarebbe di competenza dell'arbitrato su menzionato.

Le due Parti convengono tuttavia che la conclusione dell'accordo concernente la compensazione dei
debiti e crediti fra l'Austria e l'Italia, non implica la
rinunzia da parte del Regno d'Italia al diritto di ricorrere, se lo riterrà necessario, all'arbitrato previsto
all'art. 215 del Trattato di San Germano e che pertanto, l'Italia è libera come per l'innanzi di ricorrervi,
nonostante la conclusione di detto accordo.

La Delegazione austriaca riserva ugualmente, per
una tale eventualità al suo Governo il diritto di fare
valere il proprio punto di vista sotto ogni aspetto e
specialmente in relazione all'incompetenza dell'arbitro predetto.

Fatto a Roma, il sei aprile millenovecentoventidue, in italiano e in francese, i due testi facendo egualmente fede, in due esemplari, uno dei quali sarà consegnato a ciascuno degli Stati firmatari.

Per l'Austria :
RÉMI KWIATKOWSKI.

Per l'Italia :
IMPERIALI.

XXXI.

6 aprile 1922.

ROMA.

Protocollo concernente il patrimonio delle provincie del cessato Impero austriaco.

(N. 22 del Protocollo finale della Conferenza di Roma).

La Delegazione italiana sostiene la tesi, che il determinare quali parti del patrimonio delle provincie ex austriache, divise per effetto del Trattato di San Germano, spettino ad un paese e quali spettino all'altro, debba formare oggetto di un accordo speciale.

La Delegazione austriaca mantiene invece l'opinione che un tale accordo sia superfluo in virtù dell'art. 208, all. 3, del Trattato di San Germano, giusta il quale l'alinea 7 vale anche per il patrimonio delle provincie.

Per evitare che la decisione di questa questione, sostanzialmente importante, la quale come questione di interpretazione potrebbe essere senz'altro risolta, venga inutilmente differita, le due Delegazioni convengono che — impregiudicata la decisione arbitrale eventualmente necessaria — anzitutto si debbano svolgere delle trattative particolari tra il Governo italiano e il Governo austriaco, allo scopo di avviare un accordo amichevole, limitato alle provincie divise tra l'Italia e l'Austria, o almeno per preparare un lodo arbitrale speciale.

Nel corso di queste trattative sarà opportuno di esaminare anche, se e in quanto sia da comprendere

nelle stesse la sistemazione di certi interessi finora
comuni agli abitanti delle provincie, non accennati
nel Trattato di San Germano.

Il Governo italiano si riserva di esprimersi in quale
senso esso farà valere verso l'Austria il suo punto di
vista relativamente ai patrimoni provinciali, qualora
il Governo austriaco dovesse convenire con esso circa
un accordo speciale nell'ambito del corrispondente
art. 204 del Trattato di San Germano (debiti provinciali), accordo che nelle sue idee fondamentali è
stato discusso fra le due Delegazioni.

Si conviene di proporre che le trattative in parola
abbiano luogo nel giugno 1922 a Vienna. Il Governo a-
striaco attenderà in proposito una comunicazione
del Governo italiano.

Fatto a Roma il sei aprile millenovecentoventidue,
in italiano ed in tedesco.

Per l'Austria :
   RÉMI KWIATKOWSKI.

Per l'Italia :
   IMPERIALI.

XXXII.

6 aprile 1922.

ROMA

Protocollo firmato dall'Italia e dall'Austria
relativo a convenzione concernente l'istituto ipotecario provinciale di Innsbruck.

(N. **23** del Protocollo finale della Conferenza di Roma).

PROTOCOLLO

Le Alte Parti contraenti sono d'accordo che per l'Istituto Ipotecario Provinciale di Innsbruck (« Landes-Hypotheken Anstalt in Innsbruck ») una speciale intesa debba essere conclusa secondo il progetto qui unito, riservato alla ratifica di ciascuna delle Alte Parti contraenti. Qualora detta ratifica abbia luogo, la « Landes-Hypotheken Anstalt » non sarà sottoposta all'accordo relativo ai debiti e crediti. In difetto della ratificazione resta inteso che per la « Landes-Hypotheken Anstalt » dovrà essere concluso un accordo speciale ai sensi dell'articolo 7 dell'Accordo suddetto.

Se nel termine di quattro mesi a decorrere dalla ratifica del suddetto accordo, un'intesa del genere non possa essere raggiunta, la « Landes-Hypotheken Anstalt » resterà regolata dalle disposizioni dell'ultimo comma dell'articolo 7 dell'accordo pei debiti e crediti.

Fatto a Roma, il sei aprile millenovecentoventidue in italiano e in francese, i due testi facendo egualmente fede, in due esemplari, uno dei quali sarà consegnato a ciascuno degli Stati firmatari.

Per l'Austria :
RÉMI KWIATKOWSKI.

Per l'Italia :
IMPERIALI.

(ALLEGATO).

CONVENZIONE
FRA L'ITALIA E L'AUSTRIA PER L'ISTITUTO IPOTECARIO
PROVINCIALE TIROLESE DI INNSBRUCK.

Allo scopo di fissare di comune accordo le condizioni e le formalità con le quali dovrà essere circo-
scritta l'attività dell'Istituto Ipotecario provinciale
tirolese di Innsbruck fra la provincia del Tirolo e la
provincia della Venezia Tridentina, le Alte Parti
contraenti hanno designato quali plenipotenziari :

IL PRESIDENTE FEDERALE
DELLA REPUBBLICA AUSTRIACA :

il Signor Rémi Kwiatkowski, Inviato Straordinario e Ministro Plenipotenziario ;

SUA MAESTÀ IL RE D'ITALIA :

S. E. il Marchese Guglielmo Imperiali, Senatore
del Regno, Ambasciatore ;

i quali, dopo scambiati i loro pieni poteri, riconosciuti in piena regola, hanno convenuto quanto
segue :

ART. 1. — Tutti i crediti ipotecari dell'Istituto
Ipotecario Provinciale tirolese (che in appresso sarà
più brevemente denominato Istituto Ipotecario)
garantiti su beni immobili situati nella Venezia tridentina sono trasferiti all'Istituto di Credito Fondiario
e Comunale della Venezia Tridentina (che in appresso

sarà più brevemente denominato Istituto Trentino)
nello stato in cui si trovavano al 1º aprile 1920.

Se un creditore ipotecario sarà garantito simul-
taneamente su immobili giacenti in parte della circoscrizione della Venezia Tridentina ed in parte nella
circoscrizione provinciale del Tirolo, questo credito
sarà diviso fra l'Istituto Trentino e l'Istituto Ipotecario. La cessione parziale sarà effettuata in proporzione corrispondente al valore dei rispettivi immobili
calcolato sulla base della stima assunta in occasione
della concessione dei relativi mutui.

Nel caso che qualche credito fosse stato pagato al-
l'Istituto Ipotecario dopo il 1º aprile 1920, l'Istituto
predetto restituirà il relativo importo, senza interessi,
provvigioni e spese all'Istituto Trentino per la restituzione ai debitori.

Tutti gli atti, documenti, registri e conteggi che si
riferiscono ai crediti trasferiti all'Istituto Trentino,
saranno rimessi allo stesso entro un termine di due
mesi dall'entrata in vigore della presente convenzione.

Il trasferimento dei crediti avrà l'efficacia giuridica
di una cessione, e sarà operativo coll'entrata in vigore
di questa convenzione. L'intavolazione ed eventualmente l'archiviazione per il trapasso delle ipoteche
seguiranno su proposta dell'Istituto Trentino senza
bisogno di ulteriore adesione espressa dell'Istituto
cedente a favore dell'Istituto cessionario e senza bisogno di partecipazione al debitore ceduto.

ART. 2. — L'Istituto Trentino assumerà a suo
carico il pagamento delle lettere di pegno dell'Istituto Ipotecario, comprese quelle estratte e non ancora
pagate, che saranno ammesse alla timbratura in base
alle norme fissate nell'articolo seguente. Gli interessi
ed accessori sono da considerarsi compensati fra i

due Istituti con le cedole scadute e non ancora pagate delle lettere di pegno che ciascun Istituto dovrà assumere.

Se fra le lettere di pegno ammesse alla timbratura si trovassero delle lettere di pegno già estratte, esse saranno considerate come non estratte.

Il ragguaglio di conversione delle lettere di pegno assunte dall'Istituto Trentino sarà fissato d'accordo fra il Governo del Re e la Giunta Provinciale della Venezia Tridentina in misura non superiore a 60 centesimi di lira per ogni corona austro-ungarica.

ART. 3. — Alla timbratura nella Venezia Tridentina saranno ammesse soltanto quelle lettere di pegno, che entro il termine fissato con Ordinanza dalla Giunta Provinciale saranno depositate presso l'Istituto indicato in questa Ordinanza e per le quali i possessori forniranno la prova che dal 3 novembre 1918 si trovano in possesso di persone fisiche o giuridiche, le quali alla stessa data avevano la loro residenza, rispettivamente la loro sede, entro i nuovi confini del Regno d'Italia.

Questa prova deve essere fornita sia mediante documenti sia mediante atto di notorietà rilasciato da quattro persone degne di fede avanti ad un pubblico ufficiale.

Alla timbratura saranno pure da ammettersi concorrendo le altre premesse, quelle lettere di pegno, che in conseguenza degli avvenimenti di guerra fossero state trasportate e si trovassero tuttora oltre i confini del Regno d'Italia e quindi non potessero essere depositate entro il termine prefisso.

In quest'ultimo caso oltre alla prova del possesso sarà da fornirsi anche quella del trasferimento oltre la linea di confine a seguito degli avvenimenti di guerra, e tale prova sarà fornita egualmente per documentí o per atti di notorietà e in ogni caso dovrà essere presentato un certificato a firma legalizzata del depositario.

Cambiamenti temporanei di residenza avvenuti in causa della guerra non saranno presi in considerazione agli effetti del presente articolo.

ART. 4. — L'Istituto Trentino, appena ultimata la procedura di timbratura, rimetterà all'Istituto Ipotecario un elenco dettagliato delle lettere di pegno assunte per il pagamento. L'Istituto Trentino sostituirà le lettere di pegno timbrate con proprie lettere di pegno e consegnerà le vecchie lettere di pegno, dopo perforate, all'Istituto Ipotecario per la distruzione.

ART. 5. — Se l'ammontare complessivo dei crediti ceduti all'Istituto Trentino calcolati in corone austro-ungariche, fosse maggiore dell'importo complessivo rappresentato dal valore nominale in corone delle lettere di pegno dallo stesso Istituto assunte, l'Istituto Trentino dovrà versare all'Istituto Ipotecario l'importo di corone austriache 300 per ogni 100 corone austro-ungariche della predetta eccedenza dei crediti.

Se invece l'ammontare complessivo nominale delle lettere di pegno ammesse alla timbratura supererà l'ammontare complessivo dei crediti ceduti all'Istituto Trentino, l'Istituto Ipotecario verserà all'Istituto Trentino l'importo corrispondente al nominale dell'eccedenza delle lettere di pegno in corone austriache al ragguaglio di 100 corone austriache per 100 corone austro-ungariche.

ART. 6. — I fondi di riserva dell'Istituto Ipotecario, senza aver riguardo alla loro denominazione, saranno ripartiti fra quest'ultimo e l'Istituto Tren-

tino secondo lo stato al 31 dicembre 1917 in proporzione dei crediti rispettivi assunti.

ART. 7. — Nei riguardi delle lettere di pegno assunte dall'Istituto Trentino cessa la responsabilità
della Provincia del Tirolo e questa passa alla provincia
della Venezia Tridentina, e viceversa cessa per la
Venezia Tridentina ogni responsabilità per le altre
lettere di pegno dell'Istituto Ipotecario in circolazione.

ART. 8. — Le controversie, che sorgessero sull'interpretazione o sull'esecuzione di questa Convenzione,
saranno decise da un Tribunale arbitrale composto
di due arbitri nominati uno dal Governo austriaco e
uno dal Governo italiano e da un presidente scelto di
comune accordo fra i due Governi. Non potendosi
raggiungere l'accordo sulla persona del presidente,
questa sarà designata dal presidente della Corte Suprema Federale di Losanna. La sede del Tribunale
arbitrale sarà alternativamente a Trento e a Innsbruck. Le controversie fra i debitori ceduti e l'Istituto Trentino saranno decise dai competenti giudizi,
nel circondario dei quali sono siti gli immobili ipote-
cati.

ART. 9. — Il trasferimento dei crediti, i relativi
documenti, come pure tutte le operazioni necessarie per l'esecuzione della presente convenzione non
saranno assoggettati dalle Alte Parti contraenti ad
alcuna imposta, tassa o altro aggravio fiscale.

ART. 10. — I due Istituti potranno d'accordo pro-
lungare i termini previsti nella presente convenzione.

ART. 11. — La presente convenzione sarà ratificata ed entrerà in vigore col giorno dello scambio
delle ratifiche.

In fede di che i Plenipotenziari suddetti hanno apposto la loro firma.

19

Fatto a Roma il sei aprile millenovecentoventidue, in due esemplari, uno dei quali sarà consegnato a ciascuno degli Stati firmatari.

Per l'Austria :
 RÉMI KWIATKOWSKI.

Per l'Italia :
 IMPERIALI.

Scambio delle ratifiche : 12 giugno 1924.
Esecuzione per R. Decreto Legge : 24 aprile 1924,
n. 815.

XXXIII.

6 aprile 1922.

ROMA.

Convenzione fra l'Italia, la Cecoslovacchia, la Polonia il Regno Serbo-Croato-Sloveno e la Romania, relativa agli investimenti in prestiti di guerra.

(N. 24 del Protocollo finale della Conferenza di Roma).

La Cecoslovacchia, l'Italia, la Polonia, il Regno Serbo-Croato-Sloveno, la Romania,

considerando che l'azione e la gestione inerenti a sequestri e misure analoghe, adottate durante la guerra da parte delle Potenze ex nemiche sono state spesse volte causa di un pregiudizio materiale per cittadini attuali delle Alte Parti contraenti e che grandi pregiudizi in special modo sono derivati a detti cittadini dall'investimento forzoso di denaro in prestiti di guerra e che una via all'indennizzo è stata aperta, per i cittadini, dai Trattati di pace ;

considerando d'altra parte che questa via rende necessaria la reciproca comunicazione di tutte le informazioni relative ;

considerando che l'obbligo di fornire tali notizie emerge chiaramente dai Trattati di pace sia per l'Austria che per l'Ungheria e per la Germania, ma che l'assistenza a tal fine dovrà essere istituita anche fra gli Stati Alleati contraenti e ciò per facilitare l'esercizio dei diritti dei propri cittadini contro i suddetti Stati ex nemici.

volendo concludere una convenzione a questo riguardo le Alte Parti contraenti hanno nominato
come loro Plenipotenziari :

IL PRESIDENTE DELLA REPUBBLICA CECOSLOVACCA :

il Signor Vlastimil Kybal, Inviato Straordinario e
Ministro Plenipotenziario ;

SUA MAESTÀ IL RE D'ITALIA :

S. E. il Marchese Guglielmo Imperiali, Senatore
del Regno, Ambasciatore ;

IL CAPO DELLO STATO POLACCO :

il Signor Maciej Loret, Incaricato d'Affari dello
Stato polacco a Roma ;

SUA MAESTÀ IL RE DEI SERBI, CROATI E SLOVENI :

il Signor Ottokar Rybar, ex deputato ;

SUA MAESTÀ IL RE DI ROMANIA :

il Signor Al Em. Lahovary, Inviato Straordinario e Ministro Plenipotenziario :

i quali, dopo aver depositato i loro pieni poteri,
trovati in buona e debita forma sono pervenuti alla
seguente Convenzione :

Articolo unico. — Nel caso in cui i beni, i diritti o
gli interessi d'un cittadino di una delle Alte Parti
contraenti — comprese fra essi le società e le associazioni nelle quali detti cittadini sono interessati —
siano stati durante la guerra sottoposti a sequestro,
amministrazione legale o sorveglianza giudiziale, nel

territorio di un'altra Alta Parte contraente, e se in tal caso somme liquide di denaro o rendite siano state impiegate in titoli di prestito di guerra germanico, austriaco o ungherese, il Governo dello Stato nel cui territorio tali misure furono prese, rilascerà, su domanda della parte interessata e pel tramite dell'Autorità amministrativa o giudiziaria competente in materia, un certificato che dovrà contenere tutti gli elementi necessari, compreso fra essi l'ammontare della somma investita, per iniziare la procedura contro l'Austria, l'Ungheria o la Germania ai sensi del paragrafo 12 dell'annesso agli articoli 249, 250 del Trattato di pace di S. Germano, articoli 232, 233 del Trattato di Trianon e articoli 297, 298 del Trattato di Versaglia.

1922
6 aprile

La presente convenzione sarà ratificata al più presto possibile.

Ciascuno Stato trasmetterà la propria ratifica al Governo italiano, che ne darà comunicazione a tutti gli altri Stati firmatari.

Le ratifiche rimarranno depositate negli Archivi del Governo italiano.

La presente convenzione entrerà in vigore, per ogni Stato firmatario, alla data del deposito della propria ratifica, e da questo momento avrà efficacia fra gli Stati che avranno proceduto al deposito delle loro ratifiche.

In fede di che, i plenipotenziari suddetti hanno firmato la presente convenzione.

Fatto a Roma, il sei aprile millenovecentoventidue in italiano e in francese, i due testi facendo egualmente fede, in un solo esemplare che rimarrà depositato negli Archivi del Governo del Regno d'Italia e copie autentiche del quale saranno rimesse a ciascuno degli Stati firmatari.

Per la Cecoslovacchia :
    VLASTIMIL KYBAL.

Per l'Italia :
    IMPERIALI.

Per la Polonia :
    MACIEJ LORET.

Per il Regno Serbo, Croato e Sloveno :
    Dr. RYBAR.

Per la Romania :
    A. EM. LAHOVARY.

Ratifica : 8 marzo 1924.
Esecuzione per R. Decreto : 13 dicembre 1924,
n. 3236.

XXXIV.

6 aprile 1922.

ROMA.

Convenzione fra l'Italia, l'Austria, la Cecoslovacchia, la Polonia, il Regno Serbo-Croato-Sloveno e la Romania, concernente il ritiro dei crediti e deposito dalle gestione della Cassa Postale di Risparmio in Vienna.

(N. 25 del Protocollo finale della Conferenza di Roma).

L'Austria, la Cecoslovacchia, l'Italia, la Polonia, il Regno Serbo-Croato-Sloveno, la Romania, desiderosi di regolare le questioni che riguardano il ritiro dalla gestione della Cassa Postale di risparmio in Vienna dei crediti e dei depositi di appartenenti ai Paesi staccati dall'anteriore territorio austriaco, volendo concludere un accordo a questo riguardo, le Alte Parti contraenti hanno nominato come loro plenipotenziari :

IL PRESIDENTE FEDERALE
DELLA REPUBBLICA D'AUSTRIA :

il Signor Rémi Kwiatkowski, Inviato straordinario e Ministro Plenipotenziario ;

IL PRESIDENTE DELLA REPUBBLICA CECOSLOVACCA:

il Signor Vlastimil Kybal, Inviato Straordinario e Ministro Plenipotenziario ;

SUA MAESTÀ IL RE D'ITALIA :

S. E. il Marchese Guglielmo Imperiali, Senatore del Regno, Ambasciatore ;

IL CAPO DELLO STATO POLACCO :

il Signor Maciej Loret, Incaricato d'Affari dello Stato polacco a Roma ;

SUA MAESTÀ IL RE DI ROMANIA : .

il Signor Ef. Antonesco, Consigliere alla Corte di Cassazione di Bucarest ;

SUA MAESTÀ IL RE DEI SERBI, CROATI E SLOVENI :

il Signor Ottokar Rybar, ex deputato ;

i quali, dopo aver depositato i loro pieni poteri, trovati in buona e debita forma, hanno convenuto quanto segue :

PARTE PRIMA.

Disposizioni generali.

ART. 1º. — Gli Stati Contraenti ai quali fu trasferito un territorio dell'anteriore Impero d'Austria o che sono sorti dal crollo dello stesso, eccettuata l'Austria, provvederanno in conformità delle disposizioni della presente Convenzione all'assunzione di tutti i crediti esistenti presso la Cassa Postale di risparmio in Vienna, che spettano ai loro appartenenti, come pure di quelli che spettano ad autorità, uffici, istituti e simili dello Stato, civili e militari, anteriormente austriaci o austro-ungarici, situati secondo le prenotazioni della Cassa Postale di risparmio, fuori della Repubblica d'Austria sul territorio di detti Stati.

I crediti non assunti dagli altri Stati contraenti vengono assunti dall'Austria.

Ciascuno degli Stati suaccennati incaricherà uno dei propri istituti pubblici di credito dell'effettuazione di tutte le operazioni risultanti da questa convenzione.

La presente Convenzione non si applica a crediti che i proprietari dichiarano di voler lasciare presso la Cassa Postale di risparmio in Vienna.

Sarà considerato come giorno di liquidazione, in quanto nelle disposizioni seguenti non sia espressamente indicato un altro termine, l'ultimo giorno del mese nel quale questa Convenzione entrerà in vigore ai sensi dell'art. 20.

ART. 2. — Quali appartenenti ai paesi staccati dall'anteriore territorio dell'Impero austriaco, i cui crediti debbano trasferirsi agli istituti nazionali, si considerano di regola quei depositanti a risparmio e detentori di conto-chek, che al momento della conversione della valuta austriaca (26 marzo 1919), avevano la loro ordinaria residenza (sede) nel territorio del rispettivo Stato e da quel tempo non l'hanno abbandonata. Un cambiamento temporaneo della dimora, specialmente se causato dallo stato di guerra, non va considerato come cambiamento dell'ordinaria residenza (sede). Per depositanti a risparmio e detentori di conto-chèque che dopo il termine suindicato hanno trasferito la propria residenza (sede) dal territorio di uno Stato successore in quello di un'altro, eccettuata l'Austria, è decisiva per l'assunzione dei loro crediti la loro cittadinanza all'entrata in vigore di questa Convenzione.

Per succursali di istituti di credito e di imprese d'ogni specie, per amministrazioni di proprietà fon-

diarie e simili, va considerato come sede il loro luogo
d'esercizio.

Riguardo ai cittadini che avevano la loro residenza
(sede) in un territorio situato fuori dell'anteriore Impero austriaco e di là si sono trasferiti nello Stato di
pertinenza o sono rimasti all'estero, sono contenute
disposizioni dettagliate nella parte seconda della
presente Convenzione.

Riguardo ai conti tenuti dalla Cassa Postale di
risparmio in vecchie corone austriache gli Stati contraenti si riservano il diritto di non riconoscere o di
riconoscere solo in parte un eventuale aumento avvenuto dopo la conversione della valuta austriaca (26
marzo 1919), in quanto l'aumento non derivi da accreditamenti degli interessi del conto, o da assegnamenti
di un credito spettante allo stesso istituto nazionale.

ART. 3. — L'importo totale dei crediti per tal
modo uscenti dalla gestione della Cassa Postale di
risparmio sarà espresso uniformemente in corone.

A coprimento di questo importo totale la Cassa
Postale di risparmio metterà a disposizione degli
istituti nazionali assuntori i valori esposti nell'art. 9.

La ripartizione da farsi fra gli Stati contraenti,
eccettuata l'Austria, degli attivi della Cassa Postale
di risparmio ceduti a coprimento, sarà eseguita secondo le norme dell'art. 10.

ART. 4. — Oltre ai crediti di risparmio e di conto-
check saranno trasferiti agli istituti incaricati della
assunzione, a richiesta delle parti interessate, anche
i depositi di titoli che sono custoditi e amministrati
dalla Cassa Postale di risparmio per conto di cittadini
appartenenti ai rispettivi territori e dimoranti fuori
dell'Austria. Però la cittadinanza deve essere stata
acquistata in conformità alle disposizioni del Trattato di pace di San Germano, o rispettivamente dei

trattati relativi. I crediti in contanti derivanti da operazioni della Cassa Postale di risparmio in carte di valore, che sono registrati dalla stessa in vecchie corone austriache, vanno constatati secondo le massime fissate all'art. 8 e saranno aggiunte ai crediti trasferiti che derivano dai servizi di conto-check e di risparmio. All'incontro, i crediti in contanti registrati in altra valuta non verranno compresi nell'importo totale trasferito, ma saranno estradati in questa valuta.

ART. 5. — Colla esecuzione di questa Convenzione la Cassa Postale di risparmio viene esonerata da ogni ulteriore obbligo di fronte a quelle parti, i cui crediti passano dalla sua gestione a quella dell'istituto al quale sono stati trasferiti. Gli istituti assuntori subentreranno riguardo ai crediti assunti negli obblighi della Cassa Postale di risparmio, colla restrizione che non sarà necessario di fare la conversione dei crediti nella valuta nazionale se non dopo ricevuti tutti i coprimenti previsti nella parte IV di questa Convenzione e soltanto entro i limiti di questi coprimenti.

Resta però rimesso agli Stati contraenti stessi di stabilire in che modo e con quale importo l'istituto assuntore debba soddisfare gli aventi diritto.

Le attività ricevute a copertura non potranno essere impiegate per la realizzazione di denari strettamente appartenenti allo Stato e depositati su conti di Stato, se non dopo che siano soddisfatti tutti gli altri aventi diritto.

PARTE SECONDA.

Accertamento dei blocchi di credito da ritirarsi.

ART. 6. — Per l'accertamento dei blocchi di crediti nel servizio di risparmio si osserverà il procedimento seguente :

Gli Stati contraenti, eccettuata l'**Austria**, in quanto
non sia già avvenuto, inviteranno con pubblico avviso
i loro cittadini (art. 2) a denunciare i loro crediti di
risparmio entro un dato termine presso gli uffici da
designarsi. Il termine non potrà sorpassare lo spazio
di tempo di tre mesi dopo l'entrata in vigore di questa
convenzione. Contemporaneamente alla denuncia, i
depositanti dovranno consegnare i libretti di risparmio disdetti per saldo.

In questa occasione i depositanti, che, al momento
della conversione della valuta austriaca avevano la
loro residenza (sede) nel territorio del rispettivo
Stato contraente dovranno fornire la prova di questa
residenza (sede).

All'incontro i depositanti a risparmio, che, dopo la
conversione della valuta hanno trasferito la loro residenza (sede) dal territorio di uno Stato contraente
nel territorio di un altro, eccettuata l'Austria, o da
un territorio situato fuori dell'anteriore Impero austriaco nello Stato di pertinenza, come pure i depositanti a risparmio che hanno mantenuto la loro residenza (sede) fuori del territorio dell'anteriore Stato
austriaco, dovranno comprovare tanto l'attuale residenza (sede) come anche la loro cittadinanza. La
cittadinanza deve essere stata acquistata in conformità alle disposizioni del Trattato di pace di San
Germano o rispettivamente dei Trattati relativi.

Se il depositante a risparmio è morto, è decisiva
per l'assegnazione del suo credito la sua ultima residenza (sede) rispettivamente la sua cittadinanza
(pertinenza). Per persone giuridiche che hanno cessato di sussistere è decisiva la loro ultima sede.

Se un depositante a risparmio, che dopo la conversione della valuta austriaca ha trasferito la propria residenza (sede) nel suo Stato di pertinenza,

1922
6 aprile

chiede l'assunzione in un blocco nazionale, si farà luogo alla sua richiesta soltanto se dopo la conversione della valuta non fu fatto nessun versamento. Gli accreditamenti d'interessi non si considerano come versamenti.

Se il libretto di risparmio è andato perduto, il depositante all'atto della notifica dovrà fare la denuncia di perdita, chiedendo che sia iniziata la procedura di ammortizzazione a sensi dell'art. 14 della legge 28 maggio 1882, R. G. Bl., n. 56. La procedura di ammortizzazione e l'assegnazione a un blocco nazionale in base al risultato degli accertamenti sarà eseguita dalla Cassa Postale di risparmio di concerto col rispettivo Stato contraente.

Dopo eseguite le eventuali rettifiche e integrazioni, il rispettivo Stato contraente notificherà alla Cassa Postale di risparmio i singoli depositanti a risparmio appartenenti al proprio blocco nazionale. Dopo la revisione contabile da parte della Cassa Postale di risparmio, i crediti di risparmio di tutti i depositanti appartenenti a un blocco nazionale, stabiliti secondo lo stato del giorno di liquidazione e fruttificati fino a questo giorno, costituiscono il blocco di crediti a risparmio del rispettivo Stato contraente.

I depositi a risparmio non notificati da parte degli Stati contraenti, eccettuata l'Austria, spettano al blocco di crediti dell'Austria. Però tutti i depositi che al 26 marzo 1919 erano già prescritti o che dopo questo termine passano in prescrizione a sensi degli articoli 15 e 16 della legge 28 maggio 1882, R. G. Bl., n. 56, si devolveranno allo Stato nel cui territorio è situato l'ufficio postale che ha emesso il libretto di deposito.

ART. 7. — Per l'accertamento dei blocchi di crediti nel servizio dei check si osserverà il procedimento seguente :

La Cassa Postale di risparmio compilerà provvisoriamente secondo le direttive statuite nell'art. 2 i
blocchi di crediti dei singoli Stati contraenti in base
alle sue registrazioni. La Cassa Postale di risparmio
d'accordo cogli istituti assuntori informerà i detentori
di conti della loro provvisoria assegnazione a un determinato blocco di crediti. Se ne risulta che la residenza (sede) di un detentore di conto-check indicato
dalla Cassa Postale di risparmio corrisponde alla residenza (sede) al momento della separazione monetaria, o che si tratta solo di un cambiamento di domicilio (sede) entro il territorio dello stesso Stato,
non occorre nessun'altra prova da parte del detentore
di conto per la definitiva assegnazione al rispettivo
blocco nazionale. Se, invece, si tratta di un trasferimento di residenza (sede) nel territorio di un altro
Stato successore o di un trasferimento, da un paese
situato fuori dell'anteriore Impero austriaco, nello
Stato di pertinenza, allora il detentore di conto dovrà
comprovare la sua attuale cittadinanza e la sua residenza (sede). Nel caso che il detentore di un conto-
check tenuto in banconote austriache stampigliate, il
quale dopo la conversione della valuta austriaca abbia
trasferito la propria residenza (sede) nel suo Stato
di pertinenza, chieda l'assunzione del suo avere in un
blocco nazionale, si farà luogo alla sua richiesta, dopo
comprovata l'attuale cittadinanza e residenza (sede),
soltanto quando il suo conto non abbia subìto dei cambiamenti in seguito a ulteriore utilizzazione (versamenti, assegnamenti e prelevamenti). Gli accreditamenti di interessi non si considerano come cambiamenti.

Se il detentore di un conto è morto, è decisivo il
suo domicilio prima della conversione della valuta austriaca, in mancanza di questa, il suo ultimo incolato.

Per le persone giuridiche che hanno cessato di sussistere, è decisiva la loro ultima sede.

Se il detentore di un conto entro il termine di un mese dopo la notificazione non dichiara espressamente di voler lasciare presso la Cassa Postale di risparmio, il suo credito, si considera come definitiva la sua assegnazione al blocco nazionale, dopo fornite eventualmente le prove necessarie.

Dopo eseguite le eventuali rettifiche e integrazioni, ciascuno Stato contraente approverà l'assegnazione dei singoli detentori di conto-chek al proprio blocco di crediti. I crediti di tutti i detentori di conto-check appartenenti a un blocco nazionale, stabiliti secondo lo stato del giorno di liquidazione e fruttificati fino a questo giorno costituiscono il blocco di crediti nel servizio dei check del rispettivo Stato contraente.

PARTE TERZA.

Assunzione dei depositi di titoli e dei crediti in contanti.

ART. 8. — I depositi di titoli trovantisi presso la Cassa Postale di risparmio e i relativi crediti su conti in contanti di cittadini degli Stati contraenti, eccettuata l'Austria, saranno trasferiti secondo le massime seguenti :

I detentori di depositi di titoli, risp. di conti in contanti provenienti da tali depositi, in quanto non sia già avvenuto, saranno invitati con pubblico avviso a notificare entro un adeguato termine i loro depositi e crediti in contanti e ad autorizzare il rispettivo istituto all'assunzione. Assieme colla notifica si dovrà fornire la prova della cittadinanza e del domicilio fuori del territorio della Repubblica austriaca.

Per l'appartenenza di depositi di titoli e crediti di conti in contanti delle masse ereditarie è decisiva la cittadinanza, risp. la pertinenza, e l'ultima residenza del defunto ; per persone giuridiche che hanno cessato di sussistere, la sede del detentore del conto.

Il credito su conti in contanti spettante a un deposito di titoli si considera per notificato, quando sia notificato il deposito di titoli stesso. All'atto della notifica si dovrà presentare il certificato di deposito (libretto di rendita). Qualora questo documento fosse andato perduto, il depositante dovrà rassegnare in iscritto la dichiarazione che egli risponde per tutti gli eventuali danni derivanti del trapasso del deposito.In luogo delle dichiarazioni singole dei depositanti può anche subentrare una dichiarazione cumulativa dell'istituto designato per l'assunzione.

Gli Stati assuntori trasmetteranno alla Cassa Postale di risparmio le notifiche da essi rivedute e confermate in riguardo alle premesse del trasferimento (cittadinanza, residenza, risp. sede). La Cassa Postale di risparmio esaminerà le notifiche rispetto alla loro concordanza colle proprie registrazioni, eventualmente le rettificherà, e poscia procederà d'accordo coll'istituto assuntore al trapasso dei depositi e crediti in contanti.

Per i depositi da trasferirsi in tal modo, l'Austria accorderà il permesso di libera esportazione senza falcidia per imposte o tasse d'altra specie. In proposito si dovranno anche osservare le istruzioni emanate dalla Commissione delle Riparazioni in data 31 agosto 1921, n. 1502, nonchè eventuali altre istruzioni della stessa circa il trattamento dei titoli del debito prebellico, non assicurato, dell'anteriore Impero austriaco.

I titoli del prestito di guerra saranno trasferiti col contrassegno prescritto dall'Austria per titoli in possesso nazionale degli Stati successori.

I titoli soggetti a vincolo cauzionale saranno trasferiti solo col consenso dell'ente giuridico (autorità
amministrativa) che ha interesse alla cauzione.

I blocchi dei crediti dei conti in contanti tenuti
in vecchie corone austro-ungheresi saranno aggiunti
al blocco dei crediti a risparmio del rispettivo
Stato e saranno quindi trattati come depositi a risparmio.

I conti in contanti tenuti in altra valuta che non
sia la vecchia valuta austro-ungherese saranno trasferiti secondo la situazione nel giorno di liquidazione,
della valuta nella quale sono tenuti.

Ai crediti tenuti in corone austriache stampigliate
verranno aggiunti in tutti i casi gli interessi fino a
questo giorno ; ai crediti in altre valute saranno aggiunti gli interessi soltanto nella misura del profitto
derivante dalla loro fruttificazione.

· I depositi di titoli non notificati non godono i vantaggi del trasferimento ai sensi di questa Convenzione.
I crediti non denunziati su conti in contanti che sono
tenuti in vecchie corone austro-ungariche, non vengono presi in considerazione per la copertura dei
blocchi di crediti dei singoli Stati contraenti a sensi
della presente Convenzione.

Il trattamento dei depositi gravati da debiti lombardizzati è regolato nella parte IV.

PARTE QUARTA.

**Copertura del blocco complessivo di crediti degli Stati
contraenti ¸da ritirarsi dalla gestione della Cassa
Postale di risarmio.**

ART. 9. — A copertura del blocco di crediti complessivo degli Stati contraenti da accertarsi, giusta le
disposizioni contenute nella parte II e III dovranno

20

servire i seguenti elementi patrimoniali della Cassa Postale di risparmio :

1. in prima linea i crediti risultanti dalla chiusura dei conti della Cassa Postale di risparmio verso le amministrazioni postali degli Stati contraenti, eccettuata l'Austria, dopo detratti i debiti corrispondenti ;

2. i titoli che giusta l'annesso elenco si trovano in effettivo possesso della Cassa Postale di risparmio per l'importo nominale complessivo di corone 110.641.560 e precisamente senza il contrassegno usato per i titoli di possesso territoriale della Repubblica d'Austria. I titoli del debito prebellico del cessato Impero austriaco numerati al n. 1 della lista qui acclusa saranno trasferiti con tutti i tagliandi scaduti dal 1º maggio 1919 in poi ;

3. i crediti della Cassa Postale di risparmio derivanti da mutui verso pegno di titoli (mutui lombardizzati) verso quei debitori pei quali concorrono le premesse dell'art. 8 riguardo alla cittadinanza e al domicilio (sede) ;

4. i crediti della Cassa Postale di risparmio provenienti dal conto corrente presso la Cassa Postale di risparmio in Serajevo ;

5. i seguenti crediti iscritti nei libri della Cassa Postale di risparmio intestati in valute estere, col loro pieno valore :

a) Société générale pour favoriser le développement du commerce et de l'industrie en France .... Frs. fr. 461.977,74

b) Banca Commerciale italiana, filiale di Londra .... Lst. 6.728- 9-5

c) Swiss Bank-Verein Londra. » 100.000 —

d) Deutsche Bank, Berlino, fi-
liale Londra . . . .   Lst.   4.833-13-9

e) Oesterreichische Länderbank
filiale Londra . . . .   »   12.839-12-9

f) Oesterreichisch-ungariche
Bank . . . .   »   130.063-6-5

g) Deutsche Bank, Berlino, fi-
liale Londra . . . .   Doll.   18.708,33

h) Société Générale de Belgi-
que, Bruxelles . . . .   Frs. belgi   485.853,72

i) Société Générale de Belgique, Bruxelles, Deposito del
prestito belga di ricostru-
zione, nom . . . .   »   6.100.000

6. infine corone austriache stampigliate in contanti o in crediti allibrati.

ART. 10. — 1. I crediti ed i debiti risultanti dal
bilancio della Cassa Postale di risparmio verso le diverse amministrazioni postali degli Stati nazionali,
da cedersi in conformità all'art. 9, punto I, saranno
messi in conto a copertura del blocco, separatamente
per ciascun istituto nazionale al ragguaglio di corona
per corona.

2. I titoli ceduti dalla Cassa Postale di risparmio
in base all'art. 9, punto II, verranno ripartiti in base
al loro valore nominale, e precisamente per metà
nella proporzione dei blocchi dei crediti, diminuiti od
aumentati a norma del punto I di questo articolo, per
metà nella proporzione dei blocchi originari quali ri-
sultano prima del cambiamento previsto al punto I
di questo articolo. A copertura dell'importo complessivo risultante da queste due quote verranno assegnati anzitutto a ciascun istituto nazionale quei
titoli per i quali il rispettivo Stato ha un interesse

speciale, sia per la situazione dell'oggetto ipotecato, sia per la sede dello Stabilimento di emissione. L'assegnazione dei titoli ferroviari specificati al punto III dell'allegato elenco dei titoli, ai quali sono interessati più Stati nazionali, sarà fatta in proporzione alla lunghezza del percorso, entro il territorio di ciascuno Stato, della ferrovia che forma oggetto di garanzia. Di poi saranno distribuite proporzionatamente le singole categorie dei titoli di rendita prebellica.

I titoli di rendita prebellica del cessato Impero austriaco così assunti, verranno conteggiati a copertura dei blocchi secondo il loro valore nominale al ragguaglio di corona per corona. I tagliandi scaduti dal 1º maggio 1919 in poi non formano oggetto di conteggio.

Gli altri titoli verranno valutati secondo il loro valore di borsa nel giorno di liquidazione nello Stato assuntore e computati in base al ragguaglio fissato nel rispettivo Stato per la conversione delle corone austro-ungariche.

3. I crediti lombardati della Cassa Postale di risparmio, menzionati all'art. 9, punto 3, saranno compresi dalla Cassa Postale di risparmio, per ogni istituto assuntore, in un elenco speciale che verrà esaminato dal rispettivo istituto nei riguardi della sudditanza e del domicilio (sede) dei titolari. I crediti lombardizzati della Cassa Postale di risparmio che saranno stati accertati in base alla rettifica eseguita di comune accordo, saranno assunti dal rispettivo istituto nazionale assieme ai relativi oggetti di pegno. Per il computo nei blocchi di crediti dei singoli assuntori, i crediti lombardizzati saranno distinti in tre gruppi secondo le categorie dei titoli lombardizzati:

I. gruppo: Saranno conteggiati sui blocchi di

crediti corona per corona i crediti lombardati su titoli indigeni o su titoli appartenenti a categorie per le quali la nazionalizzazione (nostrificazione), è prevista, fino al giorno della liquidazione, sia dai Trattati di pace, sia dalla legislazione interna dello Stato assuntore; nonchè i crediti lombardizzati su titoli, che sono estesi in una valuta di ragguaglio eguale o superiore alla valuta del paese.

II. gruppo : I crediti lombardizzati su titoli estesi in una valuta di ragguaglio inferiore alla valuta del paese, saranno valutati con quell'importo che sarà coperto dal corso di borsa che questi titoli avranno nel giorno di liquidazione nel rispettivo Stato. In caso che in questo Stato non vi fosse un corso di borsa per tali titoli, si prenderà come base il corso di borsa di quello Stato sul cui territorio il titolo fu emesso, conteggiato al ragguaglio della valuta di questo Stato rispetto a quella dello Stato assuntore. Gli importi così calcolati verranno computati nei blocchi in base al ragguaglio fissato nello Stato assuntore per la conversione delle corone austro-ungariche.

III. gruppo : I crediti della Cassa Postale di risparmio lombardati su titoli di prestiti di guerra saranno valutati secondo il cambio della corona austriaca stampigliata in rapporto alla valuta del rispettivo Stato nel giorno della liquidazione ; se però il corso della corona austriaca stampigliata superasse il corso della valuta dello Stato assuntore la valutazione verrà fatta sulla base della valuta dello Stato assuntore ; in questo caso gli importi cosi determinati saranno computati nei blocchi in base al ragguaglio fissato nel rispettivo Stato per la conversione delle corone austro-ungariche.

Se per uno o più prestiti lombardizzati di uno stesso debitore sono impegnati vari titoli di uno stesso gruppo, questi titoli sono da riguardarsi come pegno comune per il debito totale. In questi casi la valutazione, e il computo nei blocchi, dei crediti così conglobati sarà effettuata secondo le norme valevoli per il rispettivo gruppo.

La conglobazione di crediti lombardizzati di diversi gruppi sarà effettuata soltanto se si tratta di crediti lombardizzati del I e II gruppo. In questi casi saranno applicate ai crediti lombardizzati del I e II gruppo, per quanto riguarda la valutazione od il computo cumulativo, le disposizioni fissate per il II gruppo.

4. Il credito in conto corrente verso la Cassa Postale di risparmio in Sarajevo menzionato all'art. 9, punto 4, sarà impiegato a coprimento per il blocco di crediti del Regno dei Serbi Croati e Sloveni.

5. Coi crediti verso l'estero ceduti dalla Cassa Postale di risparmio in conformità all'art. 9, punto 5, premessa la loro liberazione dal sequestro, saranno pagati anzitutto i depositi dei cittadini di paesi che di fronte all'anteriore territorio dell'Impero austriaco furono estero nemico. Questi obblighi della Cassa Postale di risparmio dovranno essere soddisfatti come se si trattasse di debiti di un istituto austriaco. A copertura di questi obblighi, verso l'estero sarà messa a disposizione della Cassa Postale di risparmio la parte occorrente dei crediti verso l'estero.

Le parti dei crediti esteri della Cassa Postale di risparmio non impiegate in base al precedente capoverso, saranno impiegate a ulteriore coprimento dei blocchi nazionali.

La ripartizione di questa copertura sui blocchi di crediti sarà fatta secondo i numeri proporzionali, che risulteranno moltiplicando i residui di crediti rimasti ancora scoperti nel corso medio della valuta nazionale secondo il listino ufficiale della borsa di Zurigo durante gli ultimi due mesi precedenti al giorno della liquidazione.

Il computo di queste quote dei crediti esteri cedute ai singoli istituti nazionali a copertura del blocco di crediti sarà fatto secondo il loro valore medio in valuta nazionale notato alla borsa di Zurigo nel giorno dell'accreditamento prendendo per base il ragguaglio fissato nel rispettivo Stato per il cambio delle vecchie corone austriache.

6. Il residuo rimanente dopo il computo dei valori indicati nei punti 1–5 di questo articolo sarà coperto in corone austriache stampigliate in contanti o in crediti allibrati per un importo quintuplicato. Però l'importo da pagarsi in questo modo non dovrà superare la somma di ottocento milioni (800.000.000) di corone austriache stampigliate. In questa somma saranno compresi gli importi da calcolarsi in corone austriache stampigliate in conformità all'art. 16.

La ripartizione di questa copertura sui blocchi di crediti si effettuerà secondo le disposizioni del penultimo alinea del punto 5 di questo articolo.

ART. 11. — L'Austria si adoprerà per la realizzazione dei crediti che la Postale di risparmio possiede sul suo territorio specialmente verso la Banca austro-ungarica ; gli altri Stati contraenti si adopreranno per la realizzazione dei crediti della Cassa Postale di risparmio verso l'estero.

PARTE QUINTA.

Disposizioni finali.

ART. 12. — I versamenti per la Cassa Postale di risparmio che fino all'entrata in vigore di questa convenzione non furono alla stessa assegnati per l'accre-

ditamento sui conti, saranno rimborsati all'avente
diritto da parte dell'amministrazione postale alla
quale ora appartiene l'ufficio che ricevette il versamento.

Gli ordini di pagamento della Cassa Postale di risparmio, che fino alla data predetta saranno rimasti
ineseguiti, verranno ad essa rimessi per la riallibra-
zione degli importi assegnati ; così pure saranno pre-
scntate alla Cassa Postale di risparmio le notifiche
ancora in arretrato sul conteggio di pagamenti già
effettuati.

ART. 13. — Gli Stati contraenti si obbligano di
conservare tutti gli atti e documenti relativi alla
gestione dei crediti da trasferirsi per un anno dopo
la completa effettuazione del trasferimento.

Gli Stati contraenti si obbligano del pari di prestarsi
reciproca assistenza nell'eseguire i rilievi e le disposizioni occorrenti per stabilire e accertare i blocchi
di crediti. La Cassa Postale di risparmio si incaricherà di ripartire i valori indicati agli art. 9 e 10 e
procederà in ciò di concerto cogli Stati interessati.
Essa darà anche tutte le informazioni occorrenti e si
metterà d'accordo nella via più breve con gli organi
delegati da parte degli Stati contraenti.

ART. 14. — I diritti risultanti per lo Stato polacco da questa Convenzione non soffrono alcun pregiudizio dalla Convenzione provvisoria conchiusa a
suo tempo fra questo Stato e la Cassa Postale di risparmio.

I bilanci dei conti eseguiti finora fra le casse postali
di risparmio in Vienna e Varsavia saranno rettificati
in conformità alle disposizioni di questa convenzione, però con la limitazione che col trasferimento
dei crediti già conteggiati non possa più intervenire
una eventuale diminuzione del blocco già assunto.

ART. 15. — Nel caso che in seguito alla ripartizione definitiva del debito prebellico non assicurato,
la quota parte attribuita all'Austria di una delle categorie di detto debito, fosse maggiore della parte
contrassegnata come austriaca, i titoli delle relative
categorie del debito dello Stato consegnati agli altri
Stati contraenti in esecuzione dei punti 2 degli articoli 9 e 10 di questa Convenzione saranno scambiati
nello stesso nominale verso titoli non stampigliati di
quelle categorie del debito prebellico non assicurato
nelle quali la parte contrassegnata come austriaca
supera la quota spettante all'Austria.

ART. 16. — Per il trasferimento dei crediti la
Cassa Postale di risparmio calcolerà soltanto le tasse
fissate nel suo regolamento d'affari e le diffalcherà dal
credito in occasione della liquidazione.

Il pagamento delle tasse e spese derivanti dal
trasferimento dei depositi di titoli che non saranno
coperte dai relativi crediti in contanti, si effettuerà
mediante computo in corone austriache stampigliate
a sensi dell'art. 10 punto 6 della presente convenzione.

ART. 17. — Coll'attuazione di questa Convenzione
per la cui esecuzione da parte della Cassa Postale di
risparmio la Repubblica d'Austria assume la garanzia, si estingue la garanzia statale prevista all'art. 1
della legge 28 maggio 1882 R. G. Bl. n. 56.

ART. 18. — Questa Convenzione va considerata
soltanto come una regolazione finanziaria particolare, stipulata ai sensi dell'art. 215 del Trattato di
San Germano unicamente per la vecchia gestione
austriaca della Cassa Postale di risparmio. Questa
regolazione non crea pertanto alcun pregiudizio per
altre regolazioni finanziarie e non tange nessun'altra
disposizione del predetto Trattato. Con ciò gli Stati
contraenti rinunciano in questa materia al diritto

1922
6 aprile

previsto all'art. 215 di far appello alla Commissione delle riparazioni.

ART. 19. — Se nell'esecuzione di questa Convenzione sorgessero delle divergenze d'opinione fra gli Stati contraenti e non fosse già istituita per l'appianamento di controversie interstatali una corte arbitrale stabile generale, sarà nominato un apposito Tribunale arbitrale.

Il Tribunale arbitrale si compone di un membro delegato dalla Repubblica d'Austria e di uno nominato di comune accordo dagli altri Stati contraenti. Questi due membri eleggono un presidente che dovrà appartenere a uno degli Stati contraenti che non sarà già rappresentato da un membro nel Tribunale arbitrale.

In caso che i due arbitri non potessero accordarsi per la nomina del presidente, questi sarà eletto a maggioranza di voti da tutti gli Stati contraenti.

La sede del Tribunale arbitrale è Vienna.

Gli Stati contraenti si obbligano di prestare al Tribunale tutto l'appoggio necessario all'adempimento dei suoi compiti.

Le spese del Tribunale arbitrale saranno sopportate dagli Stati interessati in proporzione ai casi presentati per la decisione. Le quote parti delle spese suddette spettanti ai singoli interessati saranno stabilite di caso in caso dal Tribunale arbitrale.

Il Tribunale arbitrale sarà convocato a richiesta di ogni Stato contraente e deciderà a maggioranza di voti. Il presidente vota per ultimo.

La decisione del Tribunale arbitrale è impegnativa per gli Stati interessati e contro la stessa non è più ammesso ricorso.

ART. 20. — La presente Convenzione sarà ratificata.

Le ratifiche saranno comunicate dagli Stati interessati, al più presto possibile, al Governo italiano. Il Governo italiano ne darà comunicazione agli altri Stati firmatari.

Le ratifiche saranno depositate negli Archivi del Governo italiano.

La presente Convenzione entrerà in vigore dopo che tutti gli Stati contraenti avranno comunicate le loro ratifiche. Appena pervenute tutte le ratifiche, sarà redatto un apposito processo verbale, la data del quale sarà anche la data dell'entrata in vigore della presente Convenzione.

In fede di che i plenipotenziari suddetti hanno firmato la presente Convenzione.

Fatto a Roma, il sei aprile Millenovecentoventidue, in italiano, in francese ed in tedesco. Il testo italiano e francese faranno egualmente fede. In caso di divergenza sarà consultato il testo tedesco, e in questo caso, farà fede quello dei due testi italiano o francese che è conforme al testo tedesco.

Fatto in un solo esemplare che rimarrà depositato negli archivi del Governo del Regno d'Italia e copie autentiche del quale saranno trasmesse a ciascuno degli Stati firmatari.

Per l'Austria :
    RÉMI KWIATKOWSKI.

Per la Cecoslovacchia :
    VLASTIMIL KYBAL.

Per l'Italia :
    IMPERIALI.

Per la Polonia :
    MACIEJ LORET.

1922
6 aprile

Per il Regno dei Serbi Croati e Sloveni :
     Dr. RYBAR.

Per la Romania :
     Ef. ANTONESCO.

Ratifica dell'Italia : 15 marzo 1924.
Esecuzione per R. Decreto Legge : 13 dicembre 1923,
n. 3238.
Convertito in legge : 31 gennaio 1926, n. 955.

(ALLEGATO)

Elenco delle carte di valore all'art. 9, Par. 2.

1. - Rendite austriache prebelliche.

Somme nominali
in corone

a) Debito generale dello Stato :

4 % Mairente mit Kupons ab 1 mai 1919	31.100.000
4 % Julirente mit Kupons ab 1 Juli 1919	10.300.000
4,2 % Februarrente mit Kupons ab 1 August 1919	12.000.000
b) Debito austriaco dello Stato :	
4 % Osterreichische Kronenrente mit Kupons ab	
1 September 1919.........................	28.600.000

82.000.000

2. - Carte di valore, per le quali singoli Stati hanno un interesse particolare (Art. 10, par. 2).

1. *Repubblica cecoslovacca.*

Somme nominali
in corone

5 ¼ proz. Franz Josef-Bahn-Schuld in Silber, 1/1, 1/7...................................	84.800
5 ¼ proz. Elisabethbahn, Linz-Budweis, Aktien ö. W. Silber, 1/1, 1/7........................	26.800
4 proz. Franz Josef-Bahn, Prior., Em. 1884, Silber, 1/4, 1/10	216.400
3 proz. Lokaleisenbahn-Ges., österr., K. 1/1, 1/7.	2.000.400
3 ½ proz. Nordwestbahn, österr., Prior., lit. A, konvert, fl. 1/3, 1/9	1.602.800
3 ½ proz. Nordwestbahn, österr., Prior., lit. A, Em. 1903, K, 1/3, 1/9	387.200
3 ½ proz. Nordwestbahn, österr., Prior., lit. B, konvert., Silber, 1/5, 1/11	1.343.600
3 ½ proz. Nordwestbahn, österr., Prior., lit. B, Em. 1903, K, 1/5, 1/11	780.600
4 proz. Nordwestbahn, österr., Prior., Em. 1885 Silber, 1/4, 1/10	65.600

3 proz. Staatseisenbahn-Gesellschaft, Prior., Erganzungsnetz (500 Frs., 480 K), 1/3, 1/9	960
4 proz. Böhm. Nordbahn, Schuld, steuerfr., K, 1/1, 1/7	35.000
4 proz. Nordwestbahn, Schuldverschr, österr, und Suednordd. Verbindungsbahn, 1/1, 1/7	40.000
4 proz. Pilsen-Priesen-Bahn, Schuld in fl. ö. W. 1/1, 1/7	582.000
4 proz. Böhm. Westbahn, Prior, Em. 1885, Silber, 1/1, 1/7	389.600
4 proz. Böhm. Westbahn, Prior. Em. 1895 in K, 1/1, 1/7	1.835.200
4 proz. Mahrische Grenzbahn, Prior, in K. 1/3, 1/9	766.200
4 proz. Mährisch-schles. Zentralbahn, Prior. in K. 1/1, 1/7	3.125.600
4 proz. Pilsen-Priesen-Bahn, Prior., 150 fl. Silber, 1/1, 1/7	639.100
4 proz. Suednorddeutsche Verbindungsbahn., Prior, Silber, 1/1, 1/7	283.200
4 proz. Buschtiehrader-Bahn, Em. 1896, K, 1/4, 1/10	108.600
4 proz. Dux-Bodenbacher Eisenbahn, Em. 1891, Silber, 1/1, 1/7	51.000
3 proz. Dux-Bodenbacher Eisenbahn, Em. 1893, K. 1/1, 1/7	1.600
4 proz. Kaschau-Oderberger-Eisenbahn, Em. 1889, zur Konv, eingereicht, Silber, 1/1, 1/7	427.200
4 proz. Kaschau-Oderberger Eisenbahn, ost. Str. Em. 1889, zur Konv. eingereicht, Silber 1/1, 1/7	157.200
3 ½ proz. Bohm. Hypothekenbank, 60 1/2 j., in K, verl., 1/3, 1/9	142.400
3 ½ proz. Böhm. Hypothekenbank 60 1/2 j., in K, verl., 1/6, 1/12	185.400
4 proz. Böhm. Landesbank, Kommunal-Schuldsch. 50 j., verl., o. W., 1/5, 1/11	120.800
4 proz. Böhm. Landesbank, Kommunal-Schuldsch. 78 j., verl. in K, 1/2, 1/8	150.200
4 proz. Bohm. Landesbank, Kommunal-Schuldsch. 78 j., verl. in K, 1/5, 1/11	130.000

Somme nominali
in corone

4 proz. Böhm. Landesbank, Meliorations-Schuldsch 78 j., verl. in K, 1/2, 1/8	368.000
4 proz. Bohm. Landesbank Eisenbahn-Schuld in K, 78 j., verl., 1/3, 1/9	257.000
4 proz. Mähr. Hypothekenbank, 54 1/2 j., verl., ö. W. 1/2, 1/8	19.000
4 proz. Mahr. Landeskultur-Bank, Kommunal-Oblig., 54, 1/2 j., verl., 1/6, 1/12	189.000
	16.512.460

2. Repubblica polacca.

Somme nominali
in corone

4 proz. Albrechtsbahn-Schuld in Silber, fl. 1/1, 1/7	70.800
4 proz. Galizische Karl Ludwig-Bahn-Schuld, 1/1, 1/7	2.403.600
4 proz. Albrechtsbahn-Prior, Silber 1/5, 1/11.	820.000
4 proz. Galizische æarl Ludwig-Prior., Silber 1/1, 1/7	480.800
3 ½ proz. Ungarisch-galizische Eisenbahn-Prior., Em. 1870, K, konvert. 1/3, 1/9	692.000
3 ½ proz. Ungarisch-galizische Eisenbahn-Prior., Em. 1878, K, konvert. 1/3, 1/9	188.400
4 proz. Ungarisch-galizische Eisenbahn-Prior., Em. 1887, Silber 1/1, 1/7	979.600
3 1l3 proz. Ungarisch-galizische Eisenbahn Prior., Em. 1903, K, 1/3, 1/9	440.000
4 proz. Galiz. Bodenkredit-Verein-Pfdbr., 56 j., verl. i. K, 30/6, 31/12	60.000
4 proz. Galiz. Landesbahn-Pfdbr. d. Kgr. Galizien u. Lod. 30/6, 31/12, 57 1/2 j. i. K rueckz ...	30.000
4 ½ proz. Galiz. Landesbahn-Pfdbr. d. Kgr. Galizien u. Lod. 30/6, 31/12.51 1/2 j. i. K rueckz.	168.300
4 ½ proz. Galiz. Landesbahn Kommunal-Oblig. III. Em. 51, 1/2 j. i. K verl. K 1/4, 1/10 ...	150.000
	6.483.500

3. *Regno d'Italia.*

4. proz. Anlehen der Stadt und Handelskammer
Triest, 1/1, 1/7 verl. ö. W. .... K　　426.400

4. *Regno dei Serbi, Croati e Sloveni.*

4 proz. Laibach-Stein-Lokalbahn, ö. Wfl. 1/1, 1/7.K　　19.600

5. *Regno di Romania.*

4 proz. Czernowitz-Nowosielitza Prior. K, 1/1 1/7.K　　784.400

**3. - Carte di valore per le quali diversi Stati hanno un interesse
particolare.**

1. *Cecoslovacchia e Polonia.*

4 proz. Ferdinands-Nordbahn, Prior., Em. 1888,
ö. W., 1/6, 1/12 ....K　　28.000
4 proz. Ferdinands-Nordbahn, Prior., Em. 1891,
o. W., 1/4, 1/10 ....K　　30.000
4 proz. Ferdinands-Nordbahn, Prior, Em. 1904
K, 1/6, 1/12 ....K　　629.800

　　　　　　　　　　　　　　　　　　　　　　687.800

2. *Polonia e Romania.*

4 proz. Lemberg-Czernowitz-Jassy-Einsenb.-Ges.
Prior, Em. 1894 in K, 1/1, 1/7 ....K　　2.945.000
4 proz. Lemberg-Czernowitz-Jassy-Einsenb.-Ges.,
Prior. Em. 1884 Silber 1/5. 1/11 ....K　　782.400

　　　　　　　　　　　　　　　　　　　　　　3.727.400

XXXV.

6 aprile 1922.

ROMA.

Voto relativo alla Cassa di risparmio postale ungherese e alla sistemazione della gestione dell'antica Regia Amministrazione Postale Ungherese.

(N. **26** del Protocollo finale della Conferenza di Roma).

La Conferenza di Roma, riconoscendo la necessità che le questioni relative alla Regia Cassa di Risparmio Postale e alla sistemazione della gestione dell'antica Regia Amministrazione Postale ungherese siano regolate al più presto possibile, e constatando d'altra parte che non sono ancora stati posti a sua disposizione tutti i dati a ciò necessari,

emette il voto che sia dato incarico di continuare i lavori per redigere due progetti di convenzione destinati a regolare le suindicate questioni ai sensi dell'art. 198 del Trattato di Trianon, a un collegio di periti tecnici delegati da ciascuno Stato interessato e muniti delle necessarie istruzioni ; la riunione dovrà aver luogo a Budapest entro il termine di tre mesi a decorrere dalla data del presente voto.

La Conferenza prega quindi il Regio Governo italiano di volersi fare interprete di questo voto presso il Regio Governo ungherese, affinchè questo s'incarichi di convocare in tempo utile la suddetta riunione, e di fornirle tutti i dati che potranno facilitarle la compilazione dei progetti in questione.

21

La Conferenza emette del pari il voto che le singole Amministrazioni postali interessate raccolgano, prima della data di tale riunione, gli elementi necessari per facilitare la determinazione della data a partire dalla quale la gestione della antica Regia Amministrazione Postale ungherese dovrà essere considerata chiusa.

Fatto a Roma, il sei aprile millenovecentoventidue, in italiano e in francese.

Per l'Austria :

Per la Cecoslovacchia :
VLASTIMIL KYBAL.

Per l'Italia :
IMPERIALI.

Per la Polonia :
MACIEJ LORET.

Per il Regno Serbo Croato e Sloveno :
Dr. RYBAR.

Per la Romania :
Ef. ANTONESCO.

XXXVI.

6 aprile 1922.

ROMA.

Convenzione concernente le gestioni della vecchia amministrazione postale austriaca
e delle amministrazioni postali degli Stati successori.

(N. **27** del Protocollo finale della Conferenza di Roma).

L'Austria, la Cecoslovacchia, l'Italia, la Polonia
il Regno Serbo-Croato-Sloveno, la Romania desiderosi di regolare le questioni che riguardano gli obblighi derivanti dalla gestione della vecchia Amministrazione postale austriaca, della imperiale e reale
amministrazione postale militare e di campo, nonchè
della gestione delle Amministrazioni postali degli
Stati successori,
volendo concludere una Convenzione a questo riguardo, le Alte Parti contraenti hanno nominato
come loro plenipotenziari :

IL PRESIDENTE FEDERALE
DELLA REPUBBLICA D'AUSTRIA :

il Signor Rémi Kwiatkowski, Inviato Straordinario e Ministro Plenipotenziario ;

IL PRESIDENTE DELLA REPUBBLICA CECOSLOVACCA :

il Signor Vlastimil Kybal, Inviato Straordinario e
Ministro Plenipotenziario ;

SUA MAESTÀ IL RE D'ITALIA :

S. E. il Marchese Guglielmo Imperiali, Senatore del Regno, Ambasciatore ;

IL CAPO DELLO STATO POLACCO :

il Signor Maciej Loret, Incaricato d'Affari dello Stato polacco a Roma ;

SUA MAESTÀ IL RE DI ROMANIA :

il Signor Ef. Antonesco, Consigliere alla Corte di Cassazione di Bucarest ;

SUA MAESTÀ IL RE DEI SERBI, CROATI E SLOVENI :

il Signor Ottokar Rybár, ex deputato ;
i quali, dopo essersi scambiati i loro pieni poteri, trovati in buona e debita forma,· hanno convenuto quanto segue :

PARTE PRIMA.

Vecchia Amministrazione postale austriaca e amministrazioni postali degli Stati successori.

ART. 1. — Allo scopo di separare la responsabilità dell'antica Amministrazione postale austriaca da quella delle Amministrazioni postali ad essa succedute, è fissata in massima la data del 3 novembre 1918, e rispettivamente, per i nuovi Stati successori, quella della loro costituzione.

Tuttavia, per eliminare le difficoltà tecniche e pratiche dei conteggi, si stabilisce che, come data di chiusura dei conti di gestione dell'antica Amministrazione postale austriaca, sia valevole la data del 31 ottobre 1918, cioè la data di chiusura del mese immediatamente anteriore al 4 novembre 1918 ; e che il 1º novembre 1918 sia valevole come data di inizio della gestione delle Amministrazioni postali degli Stati successori.

1922
6 aprile

Ciò, però, non porta alcun pregiudizio per ogni altro effetto al punto di vista adottato al riguardo dalle Alte Parti contraenti in altri accordi per quanto concerne la data reale dello smembramento dell'antica Monarchia austro-ungarica.

ART. 2. — Una eccezione è fatta alla regola generale di cui al secondo alinea dell'articolo precedente per gli uffici di posta compresi nell'elenco annesso a questa Convenzione, la cui appartenenza sarà giudicata secondo le indicazioni contenute nell'elenco stesso.

ART. 3. — Tutti i conti mensili con le rispettive pezze di appoggio saranno scambiati in base al giorno normativo stabilito dagli articoli 1 e 2 fra le Amministrazioni interessate.

Se non esistessero più i conti e le relative pezze di appoggio, le Amministrazioni postali degli Stati contraenti si impegnano ad accordarsi reciprocamente i loro buoni uffici per poter ricostruire il più esattamente che sia possibile i conti smarriti e i relativi annessi.

I conti mensili per la vecchia Amministrazione postale austriaca saranno trasmessi alla nuova Amministrazione postale austriaca.

ART. 4. — I versamenti in contanti che non sono arrivati all'Amministrazione postale competente secondo gli articoli 1 e 2 dovranno essere portati a credito di questa Amministrazione, e le sovvenzioni di cassa in contanti eseguite da una Amministrazione non competente saranno bonificate a questa.

I versamenti e i prelevamenti in conto corrente fatti dagli uffici di posta formeranno oggetto di un conto fra la Cassa postale di risparmio di Vienna e l'Amministrazione postale alla quale appartiene, in base alle disposizioni dell'articolo 1, l'ufficio che ha fatto il versamento e il prelevamento.

ART. 5. — Ogni Amministrazione dovrà trasmettere i vaglia postali ordinari non pagati, che si trovano presso di essa, all'Amministrazione che è in grado di emettere l'autorizzazione di pagamento o di munire il vaglia del visto per data. Quest'ultima Amministrazione trasmetterà i titoli regolarizzati all'Amministrazione dalla quale l'ufficio di posta speditore attualmente dipende, e ciò per il rimborso al mittente secondo le norme in vigore per i vaglia postali.

I vaglia postali che non possono essere rimborsati al mittente nel termine di tre mesi dal giorno dell'emissione dell'autorizzazione di pagamento o del visto per data, debbono essere considerati come perenti.

I vaglia postali emessi per rimborso di assegni non pagati saranno da pagarsi ai destinatari da quell'Amministrazione postale che va considerata, secondo gli articoli 1 e 2, come Amministrazione mittente dell'invio gravato di assegno.

Qualora i singoli Stati successori avessero trattenuto l'importo di assegni o di titoli riscossi, le loro Amministrazioni postali dovranno prendere le disposizioni necessarie per il pagamento ai mittenti degli oggetti gravati di assegno o dei titoli da riscuotere.

A tale uopo esse devono autorizzare le Amministrazioni postali competenti, secondo gli articoli 1 e 2, ad effettuare il pagamento contro deconto.

Il termine di perenzione fissato nel secondo capoverso del presente articolo vale anche per i vaglia per rimborso di assegni o per riscossione di effetti.

ART. 6. — Sui vaglia postali già pagati e su quelli ancora da pagarsi ai sensi dell'articolo 5, ogni Am-

ministrazione che effettua un pagamento dovrà fornire all'Amministrazione che deve essere considerata
come Amministrazione mittente ai sensi degli articoli
1 e 2 delle speciali distinte di credito espresso in corone austro-ungariche ;

    a) per i vaglia postali emessi fino al 31 ottobre
1918 inclusivo ;

    b) per vaglia postali emessi dopo tale giorno.

Le distinte di credito per vaglia postali emessi fino
al 31 ottobre 1918 saranno inviate all'Amministrazione postale Austriaca, e le altre alle Amministrazioni competenti secondo gli articoli 1 e 2.

ART. 7. — Per ciò che riguarda la responsabilità
per lo smarrimento, la manomissione o la avaria di
invii postali si conviene quanto segue :

In tesi generale è l'Amministrazione postale da considerarsi come mittente secondo gli articoli 1 e 2,
quella che deve istruire le pratiche in materia di indennizzi e stabilire in base alle norme postali allora
vigenti, il diritto all'indennità e l'ammontare di
questa.

Le pratiche in materia di indennità, concernenti
la vecchia Amministrazione postale Austriaca dovranno essere espletate dall'Amministrazione postale di quello Stato successore, nel cui territorio si
trova attualmente l'ufficio d'impostazione.

Per gli obblighi di indennità risultanti da queste
pratiche in seguito a smarrimento, manomissione
od avaria di invii postali è in massima responsabile
l'Amministrazione postale competente secondo la
data d'impostazione, a meno che non risulti provato
che il danno è a carico di un'altra Amministrazione
postale. In questo caso all'Amministrazione postale
mittente resta riservato il ricorso contro l'Amministrazione responsabile.

Queste domande di regresso non debbono essere soddisfatte in contanti, ma essere inscritte in un conto speciale in corone austro-ungariche. Dopo riconosciute dalla rispettiva Amministrazione postale, queste domande di regresso saranno comprese nel conto generale previsto dall'articolo 14.

Per quanto riguarda gli obblighi di indennità spettanti alla vecchia Amministrazione postale austriaca si dà facoltà alle Amministrazioni postali degli Stati successori di soddisfarli, o pure di riservare la loro realizzazione all'atto della regolarizzazione generale dei debiti della cessata Amministrazione austriaca. Tutte le indennità pagate per conto della cessata Amministrazione postale austriaca dovranno essere inscritte, dall'Amministrazione che effettuò i pagamenti, in un conto espresso in corone austro-ungariche, che verrà poi compreso nel conto generale previsto dall'articolo 14.

Le domande di indennità riconosciute fondate, ma non soddisfatte, debbono essere raccolte per essere comprese nella regolarizzazione generale dei debiti della cessata Amministrazione austriaca.

I documenti (dossiers) riferentisi agli obblighi di indennità della cessata Amministrazione postale austriaca dovranno tenersi a disposizione, allo scopo di un eventuale esame, per la durata *massima* di due anni a partire dalla data della spedizione del conto o della distinta.

Per gli invii postali provenienti dai paesi che appartenevano in precedenza all'estero rispetto all'Austria, fa le pratiche necessarie concernenti i risarcimenti verso questi paesi quell'Amministrazione postale alla quale appartiene l'ufficio di cambio di entrata.

Questa Amministrazione sarà anche incaricata in massima di pagare l'indennità al rispettivo Stato estero, senza pregiudizio del diritto di pretendere il rimborso della somma pagata dall'Amministrazione sul territorio della quale è provato sia avvenuto il danno.

I pagamenti delle somme per regresso risultanti a carico della vecchia Amministrazione postale austriaca saranno effettuati per suo conto, oppure saranno riservati alla regolarizzazione generale dei debiti della cessata Amministrazione austriaca verso l'antico estero.

Le somme per regresso, che fossero state eventualmente pagate, non devonsi comprendere nel conto generale previsto dall'art. 14.

I risarcimenti che sono a carico degli Stati successori dovranno essere regolati caso per caso.

Le disposizioni di questo articolo non saranno applicabili alle pratiche per indennizzi fra Stati successori, fino al momento in cui non sia stato conchiuso a questo riguardo uno speciale accordo.

ART. 8. — Le Amministrazioni postali degli Stati successori dovranno ricuperare dagli impiegati passati dall'antica Amministrazione postale austriaca, o da quella di un altro Stato successore alle proprie dipendenze, tutti i risarcimenti di qualsiasi titolo derivanti dal loro anteriore servizio e fondati sui regolamenti postali.

Il ricupero si effettuerà secondo i principi e le norme vigenti per tali obblighi presso l'Amministrazione da cui l'impiegato dipendeva.

Le somme ricuperate a tale titolo saranno portate in conto dell'Amministrazione postale creditrice, e comprese nel conto generale previsto dall'articolo 14. Viceversa se dalla verifica contabile risultassero in favore degli impiegati anzidetti dei crediti, questi dovranno essere conteggiati in favore dell'Amministrazione da cui dipendono presentemente i detti impiegati, perchè provveda a rimborsarli.

ART. 9. — Ogni Amministrazione dovrà compilare il conto dei suoi crediti in corone austro-ungariche e trasmetterlo all'Amministrazione debitrice. Questa potrà presentare le sue osservazioni al conto entro quattro mesi dall'avvenuta spedizione. In caso contrario il conto si considererà come accettato.

PARTE SECONDA.

Amministrazione postale militare e da campo imperiale e reale e amministrazioni postali degli Stati successori.

ART. 10. — La data del 31 ottobre 1918 è fissata anche come giorno di chiusura della gestione dell'antica Amministrazione postale della Bosnia ed Erzegovina.

Tutti gli uffici postali della Bosnia ed Erzegovina sono quindi da considerarsi come appartenenti al Regno dei Serbi-Croati-Sloveni a partire dal 1º novembre 1918.

Le disposizioni contenute nella prima parte della presente Convenzione si applicano per analogia agli obblighi risultanti dalla gestione dell'Amministrazione militare della Bosnia Erzegovina.

ART. 11. — Gli uffici postali da campo e di tappa sono considerati, fino alla cessazione della loro attività, come appartenenti alla Amministrazione imperiale e reale della posta da campo.

ART. 12. — I vaglia postali da campo non ancora pagati saranno trasmessi all'Amministrazione postale competente, secondo la residenza o la sede del reclamante, per l'ulteriore trattazione.

I vaglia postali da campo già pagati, o che dovranno essere pagati dalle Amministrazioni postali degli

Stati successori, giusta il primo alinea, saranno riuniti in un conto separato.

Questo conto sarà trasmesso, per il riconoscimento, all'ufficio incaricato della liquidazione della imperiale e reale posta da campo, e sarà compreso nel conto generale secondo l'articolo 14. .

Art. 13. — Gli obblighi di risarcimento e di regresso della vecchia Amministrazione imperiale e reale della posta da campo saranno da regolarsi in analogia all'articolo 7 dall'ufficio incaricato della liquidazione.

PARTE TERZA.

Disposizione finali.

Art. 14. — L'Amministrazione postale austriaca si presta a servire come ufficio comune per il conto generale da regolarsi in conformità della presente Convenzione.

Perciò sono da trasmettersi ad essa tutti i conti accettati. In base agli stessi sarà stabilito il saldo finale per ciascuna Amministrazione postale. Il risultato del conto generale sarà comunicato a tutte le Amministrazioni contraenti.

L'Amministrazione postale austriaca fornirà, a richiesta, tutte le informazioni necessarie, e si metterà direttamente d'accordo con gli organi delegati degli Stati contraenti.

Art. 15. — La questione del pagamento del saldo finale è riservata alla regolarizzazione generale concernente l'adempimento degli obblighi delle Amministrazioni statali interessate.

È lasciato in facoltà delle Amministrazioni degli Stati contraenti di stabilire, secondo i loro regolamenti interni, il modo di soddisfare alle richieste dei reclamanti.

ART. 16. — Se all'atto della esecuzione di questa Convenzione sorgessero delle divergenze d'opinione fra gli Stati contraenti e non fosse già istituita per la soluzione di controversie interstatali una corte arbitrale stabile generale, sarà nominato un apposito Tribunale arbitrale.

Questo Tribunale arbitrale sarà composto di un membro delegato dalla Repubblica austriaca o, se del caso, dall'ufficio incaricato della liquidazione della posta imperiale e reale militare e da campo, e di un membro nominato d'accordo con gli altri Stati contraenti. Questi due membri eleggeranno un presidente che dovrà appartenere ad uno degli Stati contraenti, che non sia già rappresentato nel Tribunale arbitrale.

Nel caso in cui i due arbitri non riuscissero a mettersi d'accordo sulla scelta del loro presidente, questi sarà eletto a maggioranza di voti da tutti gli Stati contraenti.

La sede del Tribunale arbitrale sarà Vienna.

Gli Stati contraenti si obbligano di prestare al Tribunale arbitrale tutto l'appoggio necessario all'adempimento delle sue funzioni.

Le spese del Tribunale arbitrale saranno sopportate dagli Stati interessati in proporzione dei casi sottoposti alla sua decisione.

La quota-parte delle spese a carico di ciascuno Stato interessato sarà fissata caso per caso dal Tribunale arbitrale.

Il Tribunale arbitrale sarà convocato a richiesta di ogni Stato interessato e deciderà a maggioranza di voti. Il presidente vota per ultimo.

La decisione del Tribunale arbitrale è obbligatoria per tutti gli Stati firmatari e non vi sarà appello contro le sue decisioni.

ART. 17. — La presente convenzione sarà ratificata.

Le ratifiche saranno comunicate dagli Stati interessati, al più presto possibile, al Governo italiano. Il Governo italiano ne darà comunicazione agli altri Stati firmatari.

Le ratifiche saranno depositate negli Archivi del Governo italiano.

Questa Convenzione entrerà in vigore dopo seguita la ratifica da parte di tutte le Alte Parti contraenti.

Appena pervenute tutte le ratifiche, sarà redatto un apposito processo verbale, la data del quale sarà anche la data dell'entrata in vigore della presente Convenzione.

In fede di che i plenipotenziari suddetti hanno firmato la presente Convenzione.

Fatto a Roma, il sei aprile millenovecentoventidue, in italiano, in francese ed in tedesco ; il testo italiano e francese faranno egualmente fede. In caso di divergenza, sarà consultato il testo tedesco. In questo caso farà fede quello dei due testi italiano o francese che è conforme al testo tedesco.

Fatto in un solo esemplare, che resterà depositato presso gli Archivi del Governo del Regno d'Italia, di cui sarà trasmessa copia autentica a ciascuno degli Stati firmatari.

Per l'Austria :
RÉMI KWIATKOWSKI.

Per la Cecoslovacchia :
VLASTIMIL KYBAL.

Per l'Italia :
IMPERIALI.

1922
6 aprile

Per la Polonia : .
    MACIEJ LORET.

Per il Regno Serbo Croato e Sloveno :
    Dr. RYBAR.

Per la Romania :
    EF. ANTONESCO.

Ratifica dell'Italia : 15 marzo 1924.
Esecuzione per R. Decreto Legge : 15 dicembre 1923,
n. 3238.
Convertito in Legge : 31 gennaio 1926, n. 955.

PROTOCOLLO FINALE.

Poichè l'elenco previsto all'art. 2 della presente Convenzione, in difetto di dati esatti da parte di qualche Amministrazione Postale, non ha potuto essere definitivamente redatto, ciascuna Amministrazione Postale, dopo avere ottenuto il consenso delle altre Amministrazioni interessate, è tenuta a trasmettere gli elenchi rispettivi alla Segreteria della Conferenza di Roma, presso il Ministero degli Affari Esteri del Regno d'Italia, al più presto possibile, e al più tardi entro un mese dalla data della ratifica della presente Convenzione da parte del proprio Governo.

Roma, il sei aprile millenovecentoventidue.

Per l'Austria : RÉMI KWIATKOWSKI.

Per la Cecoslovacchia : VLASTIMIL KYBAL.

Per l'Italia : IMPERIALI.

Per la Polonia : MACIEJ LORET.

Per il Regno dei Serbi Croati e Sloveni : Dr. RYBAR.

XXXVII.

6 aprile 1922.

ROMA.

Convenzione tra l'Italia, l'Austria, la Polonia, il Regno Serbo-Croato-Sloveno, la Romania, e l'Ungheria allo scopo di evitare la doppia imposizione.

(N. **28** del Protocollo finale della Conferenza di Roma).

L'Austria, l'Italia, la Polonia, il Regno Serbo, Croato e Sloveno, la Romania e l'Ungheria desiderosi di evitare la doppia imposizione,
volendo concludere una convenzione a questo riguardo, le Alte Parti contraenti hanno nominato come loro plenipotenziari :

IL PRESIDENTE FEDERALE
DELLA REPUBBLICA AUSTRIACA :

il Signor Rémi Kwiatkowski, Inviato Straordinario e Ministro Plenipotenziario ;

SUA MAESTÀ IL RE D'ITALIA :

S. E. il Marchese Guglielmo Imperiali, Senatore del Regno, Ambasciatore ;

IL CAPO DELLO STATO POLACCO :

il Signor Maciej Loret, Incaricato d'Affari dello Stato polacco a Roma ;

SUA MAESTÀ IL RE DEI SERBI, CROATI E SLOVENI:

il Signor Ottokar Rybár, ex deputato:

SUA MAESTÀ IL RE DI ROMANIA:

il Signor Al Em. Lahovary, Inviato Straordinario
e Ministro Plenipotenziario;

SUA ALTEZZA IL REGGENTE D'UNGHERIA:

il Conte Nemes de Hidvêg, Inviato Straordinario
e Ministro Plenipotenziario;

i quali, dopo aver depositato i loro pieni poteri,
trovati in buona e debita forma, hanno convenuto
quanto segue:

ART. 1. — L'imposta reale che colpisce i beni
immobili può essere applicata solamente dallo Stato
nel quale questi immobili sono situati, anche quando
essi appartengono al suddito di un altro Stato Contraente.

ART. 2. — L'imposta sul reddito proveniente dal-
l'impiego di capitali mobiliari e l'imposta sulle rendite vitalizie sono applicate dallo Stato nel quale il
creditore ha il suo domicilio, e, nel caso di garanzia
immobiliare, dallo Stato nel quale gli immobili sono
situati. Ai sensi di questa disposizione sarà considerato come domicilio la sede principale degli affari e
degli interessi del contribuente.

Quando si tratta di interessi di titoli emessi dallo
Stato, dalle Provincie, dai Comuni o da altre persone
morali regolarmente costituite secondo la legislazione interna degli Stati Contraenti, ovvero i titoli
emessi da Società per azioni, da Banche ed altri Istituti di credito; l'imposta è applicata dallo Stato nel
quale si trova il debitore.

22

La regola prevista dal comma precedente si applica anche alla tassazione degli interessi di depositi a risparmio o in conto corrente nelle Banche ed altri Istituti di credito.

Se l'Istituto ha la sua sede in uno degli Stati Contraenti ed ha delle succursali in uno o più degli altri Stati Contraenti, la parte degli interessi dovuta dalle succursali sarà tassata dallo Stato nel quale queste si trovano.

ART. 3. — L'imposta sui redditi di lavoro, compresi i redditi delle professioni libere, è applicata dallo Stato sul territorio del quale è esercitata l'attività personale dalla quale il reddito proviene.

Quando si tratta di stipendi, assegni, pensioni, salari, ed altre retribuzioni pagate dallo Stato, dalle Provincie, dai Comuni ed altre persone morali pubbliche regolarmente costituite secondo la legislazione interna degli Stati contraenti, l'imposta è applicata dallo Stato nel quale si trova il debitore.

ART. 4. — L'imposta sui redditi provenienti dall'esercizio di un'industria o di un commercio di qualsiasi specie, è applicata dallo Stato sul territorio del quale l'impresa industriale o commerciale ha la sua sede, anche quando questa estende la sua attività nel territorio di un altro Stato contraente.

Se l'impresa ha la sua sede in uno degli Stati contraenti ed ha in un altro Stato contraente una succursale, una filiale, uno stabilimento, un organismo commerciale stabile o un rappresentante permanente, ciascuno degli Stati contraenti colpirà d'imposta la parte di reddito prodotta sul suo territorio. A questo effetto le autorità finanziarie degli Stati interessati potranno chiedere al contribuente di presentare i bilanci generali, bilanci speciali e ogni altro documento previsto dalle leggi di quegli Stati.

Art. 5. — L'imposta sulle « *tantièmes* », che esiste o che sarà introdotta negli Stati contraenti, è applicata, in mancanza di accordi speciali, secondo la legislazione interna di ogni Stato.

Art. 6. —L'imposta personale sull'insieme dei redditi del contribuente è applicata da ciascuno degli Stati contraenti secondo le regole seguenti :

1. Ai redditi provenienti :
    a) da beni immobili ;
    b) da crediti ipotecari ;
    c) dall'industria o dal commercio ;
    d) dal lavoro ;

saranno applicate le stesse regole fissate per questi redditi dagli articoli precedenti.

2. Per ogni altra specie di reddito la tassazione sarà fatta nello Stato dove il contribuente ha la sua residenza.

Secondo la presente disposizione sarà considerata come residenza il luogo dove il contribuente ha una dimora abituale con circostanze che autorizzino a credere che egli abbia la intenzione di mantenerla.

Allorchè il contribuente ha due o più residenze si farà, in mancanza di speciali convenzioni contrarie, una ripartizione proporzionale del reddito secondo la durata della residenza in ciascuno degli Stati contraenti.

In mancanza di una residenza qualsiasi nel senso suindicato, la tassazione del reddito suddetto potrà essere fatta avendo riguardo solamente alla dimora.

Art. 7. — L'imposta sul patrimonio prelevata una sola volta può essere applicata da ciascuno degli Stati contraenti sulla parte dei beni del contribuente che esistono sul territorio di questo Stato.

Per i beni rappresentati da :
    a) immobili ;

b) crediti ipotecari ;

c) imprese industriali o commerciali ;

l'esistenza sul territorio di uno degli Stati contraenti, ai fini dell'applicazione dell'imposta sul patrimonio, è determinata dai principi adottati negli articoli precedenti per la tassazione dei redditi provenienti da tali beni.

Sarà regolato da accordi speciali da conchiudere fra gli Stati contraenti il trattamento da farsi ai capitali mobiliari (compresi i titoli al nome o al portatore) diversi da quelli contemplati alla lettera b) del precedente comma. In difetto di simili accordi, ciascuno degli Stati contraenti applicherà la sua legislazione interna.

ART. 8. — Quando il contribuente abbia dei beni all'estero pertinenti al territorio di un altro Stato contraente e acquistati dopo la data determinante l'applicazione dell'imposta sul patrimonio in questo Stato, il loro ammontare è, in mancanza di prova contraria, presunto come acquistato mediante beni soggetti all'imposta sul patrimonio nello Stato al quale il contribuente appartiene.

ART. 9. — Le regole stabilite dall'art. 7 della presente convenzione, in rapporto all'imposta sul patrimonio prelevata per una sola volta, si applicano anche all'imposta sul patrimonio di carattere permanente, che esista in qualcuno degli Stati contraenti o che vi sarà adottata per l'avvenire.

ART. 10. — Allorchè è provato che l'azione delle autorità finanziarie dei diversi Stati ha avuto per il contribuente l'effetto di una doppia imposizione, costui potrà reclamare contro tal fatto allo Stato al quale egli appartiene. Se questo reclamo è riconosciuto fondato, lo Stato in questione potrà nell'interesse del contribuente domandare, per via diplomatica, che le autorità finanziarie degli Stati che hanno fatta la tassazione s'intendano, in modo equo, per evitare la doppia imposizione.

ART. 11. — Gli accordi stabiliti dalla presente convenzione lasciano impregiudicate le disposizioni contenute, in materia d'imposta, nel Trattato di San Germano e nel Trattato di Trianon e nelle convenzioni particolari conchiuse o da conchiudersi tra le Alte Parti contraenti.

ART. 12. — Le Alte Parti contraenti si impegnano a prestarsi assistenza reciproca, per facilitare l'applicazione e la riscossione delle imposte dirette.

Una convenzione separata fisserà le regole alle quali questa assistenza sarà soggetta.

ART. 13. — La presente convenzione avrà effetto :

1. Per l'imposta sul patrimonio, dal giorno dell'entrata in vigore della legge rispettiva in ciascuno degli Stati contraenti.

2. Per le imposte indicate agli articoli da 1–6, a partire dal 1º gennaio 1923 per ciò che riguarda la tassazione che si riferisce all'anno 1923 ed all'avvenire.

ART. 14. — La presente convenzione sarà ratificata al più presto possibile.

Ciascuno Stato trasmetterà la propria ratifica al Governo italiano, che ne darà comunicazione a tutti gli altri Stati firmatari.

Le ratifiche rimarranno depositate negli Archivi del Governo italiano.

La presente convenzione impegnerà reciprocamente gli Stati contraenti che l'avranno ratificata senza che sia necessario di attendere la ratificazione di tutti gli altri.

Ciascuna delle Alte Parti contraenti potrà denunciare la presente convenzione di fronte ad uno o più

Stati contraenti per l'anno solare seguente con un preavviso di otto mesi.

In fede di che, i plenipotenziari suddetti hanno firmato la presente convenzione.

Fatto a Roma, il sei aprile millenovecentoventidue in italiano e in francese, i due testi facendo egualmente fede, in un solo esemplare che rimarrà depositato negli Archivi del Governo del Regno d'Italia e copie autentiche del quale saranno rimesse a ciascuno degli Stati firmatari.

Per l'Austria :
RÉMI KWIATSKOWKI.

Per l'Italia :
IMPERIALI.

Per la Polonia :
MACIEJ LORET.

Per il Regno Serbo Croato e Sloveno :
Dr. RYBAR.

Per la Romania :
A. EM. LAHOVARY

Per l'Ungheria :
NEMES.

Ratifica dell'Italia : 31 luglio 1926.
Esecuzione per Legge : 15 aprile 1926, n. 1188.

XXXVIII.

6 aprile 1922.

ROMA.

Convenzione per il funzionamento degli uffici di verifica e compensazione.

(N. 29 del Protocollo finale della Conferenza di Roma).

Allo scopo di facilitare la sistemazione delle obbligazioni pecuniarie contemplate nell'art. 248 del Trattato di San Germano, (1) ed al fine di conciliare con le attuali condizioni economiche della Repubblica austriaca e dei suoi sudditi il soddisfacimento dei risarcimenti dovuti riguardo ai beni, diritti ed interessi dei sudditi italiani aventi riferimento alle disposizioni dell'art. 249 del Trattato medesimo, le Alte Parti contraenti convengono quanto appresso :

ART. 1. — I sudditi italiani i quali abbiano da recuperare crediti previsti dall'art. 248 del Trattato di San Germano hanno facoltà di fare accordi amichevoli con i rispettivi debitori austriaci al fine di ottenere direttamente da essi il pagamento dei propri crediti. E perciò è consentito ai creditori italiani di mettersi in corrispondenza diretta coi debitori austriaci.

Gli accordi fra creditori e debitori dovranno essere conclusi non più tardi del 31 dicembre 1922.

Gli accordi sono soggetti alla ratifica dell'Ufficio

_____

(1) Vedi vol. 24° pag. 588 della presente Raccolta.

di verifica e compensazione italiano, di concerto con l'Ufficio di verifica e compensazione austriaco.

Quest'ultimo, senza pregiudizio del suo diritto di rifiutare la propria adesione in singoli casi, s'impegna di ratificare gli accordi che importino una soluzione diversa da quella prevista dall'art. 2 della presente convenzione fino a concorrenza del 25 % dell'ammontare complessivo degli accordi conchiusi.

Gli accordi non ratificati saranno considerati nulli e privi di qualsiasi efficacia.

I due Governi prenderanno tutte le disposizioni di ordine interno per promuovere e facilitare in quanto è possibile la conclusione degli accordi.

ART. 2. — I sudditi austriaci che possedevano in Italia beni, diritti ed interessi devoluti al demanio dello Stato in forza del R. decreto 10 aprile 1921, n. 470 potranno ottenere che detti beni, diritti e interessi, compresi i crediti, in quanto contengano un attivo disponibile siano impiegati al soddisfacimento dei debiti, che essi abbiano verso sudditi italiani e che rispondano alle condizioni previste dall'articolo 248 del Trattato di San Germano. Dopo avere soddisfatto tali debiti, o qualora non vi siano debiti da soddisfare essi potranno anche ottenere che detti beni, diritti ed interessi siano destinati a soddisfare debiti di altri sudditi austriaci verso sudditi italiani, rispondenti alle condizioni di cui sopra.

La destinazione dei beni, diritti ed interessi ai fini sopra indicati sarà disposta, a domanda della parte interessata, dall'Ufficio di verifica e compensazione italiano, dietro accertamento dell'attivo disponibile dei beni, diritti ed interessi designati dal richiedente.

Qualora l'accoglimento delle domande possa recare pregiudizio agli interessi dello Stato italiano, l'Ufficio italiano potrà respingere la domanda stessa.

Si intendono salve in ogni caso le ragioni di terzi sui beni, diritti ed interessi che formino oggetto della domanda.

ART. 3. — I crediti italiani che non formino oggetto di accordo, o per i quali l'accordo non sia stato portato a conclusione, ovvero, se concluso, non abbia ottenuto la prescritta ratificazione, saranno regolati nel modo previsto dall'art. 248 del Trattato di San Germano.

ART. 4. — Gli accreditamenti risultanti rispettivamente a favore dei due Uffici e dai medesimi riconosciuti, sia che dipendano dall'art. 248 sia che dipendano dall'art. 249 del Trattato di San Germano, formeranno un unico conto. Alla fine di ogni mese i due Uffici si notificheranno scambievolmente la situazione dei rispettivi conti. Il bilancio delle operazioni tra i due Uffici sarà fatto alla fine di ogni semestre.

Qualora dal bilancio risulti un saldo attivo a favore dell'Ufficio austriaco, ne sarà tenuto conto al fine di compensare gli eventuali saldi passivi che risultassero a carico dell'Ufficio stesso nei bilanci successivi.

Risultando invece un saldo attivo a favore dell'Ufficio italiano, l'Ufficio austriaco verserà, nei trenta giorni successivi l'ammontare del detto saldo in valuta italiana, però non oltre i limiti seguenti : due milioni di lire nel primo e altrettanto nel secondo semestre ; due milioni e cinquecentomila lire nel terzo e altrettanto nel quarto semestre ; tre milioni di lire per ciascuno dei semestri successivi. Dette somme saranno considerate equivalenti a corone austriache 32.000.000, cor. 40.000.000 e cor. 48.000.000. Tuttavia, qualora per il miglioramento del corso della corona austriaca le predette somme di corone consentissero di acquistare una maggiore somma di lire, l'Ufficio austriaco dovrà versare anche la maggiore somma in lire.

Devono essere dedotti da tali somme i pagamenti e le somministrazioni eventualmente effettuate nel semestre corrente e nei precedenti da debitori austriaci a norma dell'art. 1 e dal Governo austriaco a norma dell'art. 5 della presente convenzione.

Il pagamento della eventuale rimanenza a debito dell'Ufficio austriaco sarà eseguito alla scadenza del semestre successivo, tenuto conto dell'eventuale saldo attivo che venisse allora a risultare a favore dell'Ufficio austriaco e dei pagamenti e delle somministrazioni ai sensi degli articoli 1 e 5.

Così si procederà fino a totale estinzione dei rapporti di credito e debito fra i due Uffici.

Alla chiusura definitiva delle operazioni le eventuali rimanenze che risultassero a favore dell'Ufficio austriaco saranno portate a credito dell'Austria in conto delle sue obbligazioni di riparazioni ai termini dell'art. 189, comma a), del Trattato di San Germano, esclusi i versamenti semestrali eventualmente fatti dall'Ufficio austriaco nel corso delle operazioni; questi saranno impiegati a soddisfare altre passività dell'Austria verso l'Italia che eventualmente fossero esistenti al momento della chiusura definitiva delle operazioni fra i due Uffici.

ART. 5. — I reclami dei cittadini italiani attinenti all'articolo 249 del Trattato di San Germano potranno, a richiesta degli aventi diritto, formare oggetto di accordi amichevoli per mezzo dei due Uffici. In tal caso si potrà anche convenire che i pagamenti siano regolati a parte, mediante somministrazione di beni in natura o altre attività o valori equivalenti.

ART. 6. — Di mano in mano che sarà effettuata la liquidazione dei beni, diritti ed interessi apparte-

nenti in Italia a sudditi austriaci e devoluti al demanio dello Stato in forza del R. Decreto 10 aprile 1921,
n. 470, l'Ufficio italiano di verifica e compensazione
prenderà in carico le somme provenienti da detta
liquidazione e ne accrediterà l'Ufficio austriaco, dan-
done conto nelle situazioni mensili e nei bilanci semestrali di cui al precedente art. 4.

ART. 7. — I debiti sorti dopo la ripresa delle relazioni commerciali fra l'Italia e l'Austria (8 aprile
1919) ed i beni, diritti ed interessi legittimamente
acquistati da sudditi austriaci in seguito a tale ripresa
saranno trattati esclusivamente in base alle disposizioni di diritto comune e non saranno perciò soggetti
alle disposizioni del Trattato di San Germano nè a
quelle della presente convenzione.

ART. 8. — Il soddisfacimento dei debiti contemplati nell'art. 248 nn. 3 e 4 del Trattato di San Germano potrà formare oggetto di accordi speciali fra il
Governo austriaco ed il Consorzio dei portatori di
valori esteri in Italia. Gli accordi saranno sottoposti
alla approvazione del Governo italiano. In mancanza
di tali accordi detti debiti saranno regolati dagli
Uffici di verifica in conformità dell'art. 248 nn. 3 e 5.

ART. 9. — Il termine di cui al paragr. 7 dell'allegato all'art. 248 del Trattato di San Germano è
portato a sei mesi.

ART. 10. — Per tutto quanto non provvede la
presente convenzione si osserveranno le disposizioni
di cui alle Sezioni III–IV–V–VI–VII e relativi allegati della parte X (clausole economiche) del Trattato
di San Germano.

ART. 11. — Gli atti ed accordi compiuti in virtù
della presente convenzione saranno esenti in Austria
da qualsiasi diritto fiscale e saranno esenti in Italia
dalle tasse di registro e bollo.

L'enunciazione di titoli di valori mobiliari, sia negli atti e accordi, sia nelle procure per l'attuazione di detti atti ed accordi, non darà luogo ad imposizione di tasse e diritti tanto in Italia che in Austria.

Ciascun Ufficio percepirà i propri diritti secondo il Trattato di San Germano e le disposizioni interne del rispettivo Governo.

ART. 12. — Qualsiasi divergenza che possa sorgere circa l'interpretazione e l'applicazione delle clausole della presente convenzione sarà deferita al Tribunale arbitrale misto italo-austriaco. Occorrendo, i due Uffici potranno deferire al Tribunale arbitrale misto anche controversie di carattere generale attinenti sia alle clausole della presente convenzione sia alle clausole degli articoli 248 e 249 del Trattato di San Germano.

ART. 13. — Le Alte Parti contraenti s'impegnano a prendere tutte le misure amministrative e legislative necessarie per assicurare la efficace attuazione della presente convenzione.

Le modalità di carattere esecutivo saranno fissate di concerto fra i due Uffici.

Fatto a Roma il sei aprile millenovecentoventidue.

Per l'Austria :
    Rémi Kwiatkowski.
Per l'Italia :
    Imperiali.

Esecuzione per R. Decreto : 10 settembre 1922, n. 1365.

1922
6 aprile

(ALLEGATO I).

Ad esplicazione di quanto è statuito nell'art. 1
della convenzione per il funzionamento degli Uffici
di compensazione italiano ed austriaco, le AA. PP.
contraenti ritengono opportuno dichiarare quanto
appresso :

1. Gli accordi conclusi fra creditori e debitori
dovranno, a diligenza del debitore austriaco, essere
sottoposti coi relativi documenti, in doppio esemplare,
all'Ufficio austriaco il quale, dopo averli esaminati,
li trasmetterà all'Ufficio italiano con il proprio visto
di approvazione, ovvero con la indicazione dei motivi, per i quali da parte sua respinge l'accordo presentato.

2. Gli Uffici prendono l'impegno di ratificare
colla maggiore sollecitudine gli accordi conclusi fra
debitori e creditore. Gli Uffici si impegnano altresì
di promuovere, ciascuno per la parte che lo riguarda,
le opportune misure affinchè gli accordi ratificati possano essere effettuati al più presto possibile e di regola non più tardi di tre mesi dal giorno in cui fu ratificato l'accordo dall'Ufficio italiano.

3. La limitazione del 25 % mentovata nel comma
4º dell'art. 1º potrà essere applicata in misura varia
nei singoli accordi, purchè nell'insieme non sia alte-
rato tale rapporto con l'ammontare complessivo degli
accordi conclusi.

Non sono vincolati in alcun caso a detta limitazione
gli accordi che riguardino crediti derivanti da rapporti di famiglia o ereditari, in quanto siano soggetti
all'articolo 248 del Trattato di San Germano.

(ALLEGATO II).

In considerazione del voto manifestato dal Governo
austriaco acciocchè sia consentito ai sudditi austriaci
di concorrere alle vendite che avranno luogo per la
liquidazione dei loro beni in Italia, il Governo italiano, desideroso di dimostrare al Governo austriaco
anche per questo riguardo le proprie benevoli disposizioni, dichiara che, oltre ai casi in cui per eccezionali
riguardi possa essere applicato il disposto dell'art. 4
del R. Decreto 10 aprile 1921, n. 470, gli antichi proprietari austriaci saranno ammessi, di regola, a concorrere, quali offerenti, alle vendite di liquidazione
dei loro beni che avranno luogo ai termini dell'art. 7
del R. Decreto 22 dicembre 1921, n. 1962, salvo che
il Governo italiano si riservi eventualmente di porre
la loro esclusione in quei casi in cui potesse essere
opportuno di adottare una tale misura.

XXXIX.

6 aprile 1922.

ROMA.

Convenzione per l'annullamento degli investimenti effettuati in Austria durante la guerra con somme spettanti a sudditi italiani delle vecchie provincie.

(N. 30 del Protocollo finale della Conferenza di Roma).

In applicazione delle disposizioni di cui al paragrafo 12 dell'allegato all'art. 249 del Trattato di S. Germano, e con riferimento all'art. 5 della convenzione per il funzionamento degli Uffici di verifica e compensazione italiano ed austriaco, gli investimenti effettuati nell'antico Impero d'Austria, durante la guerra con somme spettanti a sudditi italiani delle vecchie provincie, saranno regolati come segue :

§ 1. Entro il termine di mesi sei dal giorno della firma della convenzione dianzi citato, l'Ufficio italiano ritirerà i titoli relativi a detti investimenti che si trovino in proprietà di sudditi italiani delle vecchie provincie nel Regno o altrove all'infuori della Repubblica austriaca e ne farà consegna all'Ufficio austriaco contro ricevuta contenente l'elencazione dei titoli consegnati.

Nello stesso termine di mesi sei l'Ufficio austriaco ritirerà i titoli relativi a detti investimenti che si trovino in proprietà di detti sudditi nel territorio austriaco.

A tale scopo l'Ufficio austriaco farà le più diligenti ricerche, sia di propria iniziativa, sia dietro le indicazioni eventualmente fornite dagli interessati o dall'Ufficio italiano.

L'Ufficio austriaco rimetterà all'Ufficio italiano l'elenco dei titoli ritirati.

§ 2. I titoli consegnati all'Ufficio austriaco e quelli da esso ritirati, previo accertamento delle condizioni previste dal Trattato di S. Germano e dal presente accordo, saranno rivalutati in base al valore di acquisto, e l'Ufficio austriaco si darà debito verso l'Ufficio italiano

a) del capitale risultante dalla rivalutazione ;

b) degli interessi calcolati al 5 % annuo, dal giorno dell'investimento a quello dell'accreditamento nel conto di cui al successivo paragrafo.

Saranno dedotte le somme eventualmente riscosse per interessi.

Tanto il capitale che gli interessi saranno ragguagliati in valuta italiana al tasso di cambio previsto nel comma d) dell'articolo 248 del Trattato di San Germano.

§ 3. Le somme risultanti a debito dell'Ufficio austriaco saranno inscritte a credito dell'Ufficio italiano nel conto generale di compensazione aperto fra i due Uffici.

Sono anche ammessi pagamenti diretti in base ad accordi accettati dal proprietario dei titoli.

§ 4. Le disposizioni del presente atto non si applicano agli investimenti volontariamente effettuati dai sudditi italiani, ovvero da essi liberamente consentiti.

§ 5. I sudditi italiani, i quali, in luogo di avvalersi delle disposizioni del presente atto, preferiscano sporgere reclamo al Tribunale arbitrale misto a tenore del comma e) dell'art. 249 del Trattato di San Germano, ne faranno dichiarazione all'Ufficio italiano prima che scadano i sei mesi mentovati al paragrafo 1. In tal caso l'Ufficio italiano ne informerà immediatamente l'Ufficio austriaco e non si farà luogo alla rivalutazione degli investimenti nei loro riguardi.

§ 6. I termini mentovati nel parag. 1 del presente atto potranno essere prorogati di altri sei mesi quando ne sia fatta richiesta dall'Ufficio italiano almeno un mese prima della scadenza. In tal caso la stessa proroga si applicherà anche alle disposizioni del parag. 5.

Fatto a Roma il sei aprile millenovecentoventidue.

Per l'Austria :
RÉMI KWIATKOWSKI.

Per l'Italia :
IMPERIALI.

Esecuzione per R. Decreto : 10 settembre 1922, n. 1365.

23

XL.

6 aprile 1922.

ROMA.

Convenzione per la tacitazione dei reclami delle ditte componenti il consorzio fra gli esercenti l'industria ed il commercio dei legnami nell'antico Impero d'Austria.

(N. 31 del Protocollo finale della Conferenza di Roma).

Premesso che le ditte italiane indicate nell'unito elenco, le quali possedevano la cittadinanza italiana al 24 maggio 1914 e che sono riunite in consorzio, sotto il nome di Consorzio fra le ditte esercenti il commercio e l'industria dei legnami nella ex monarchia austro-ungarica, reclamano il risarcimento dei danni sofferti durante la guerra nei beni, diritti ed interessi inerenti alle aziende da esse costituite nel territorio dell'antico Impero d'Austria ;

considerato che i reclami si riferiscono a diversi titoli, quali in ispecie :

a) sequestro, apprensione, requisizione, asportazione, alienazione di legnami ;

b) uso, danneggiamento, alienazione di beni immobili ;

c) uso, danneggiamento, alienazione di beni mobili, compresi quelli appartenenti agli agenti delle ditte predette, in quanto i medesimi possedevano la cittadinanza italiana al 14 maggio 1924 ;

d) perdite e altri fatti causati da vigilanza di Stato, gestione coattiva amministrativa o giudiziale ;

ritenuta la opportunità di tacitare amichevolmente i reclamanti a tenore di quanto è previsto nell'articolo

5 della convenzione per il funzionamento degli Uffici
di compensazione italiano ed austriaco ;
    le Alte Parti contraenti hanno convenuto quanto
segue :

ART. 1. — L'Ufficio di liquidazione militare austriaco con l'intervento delle singole ditte, o di un
loro rappresentante, espleterà con la massima sollecitudine, e non oltre il termine di mesi sei dal giorno
della firma del presente atto, le operazioni di accertamento e di valutazione dei danni arrecati ai beni,
diritti ed interessi di ciascuna in conseguenza dei
fatti enunciati in esordio e verificatisi a partire dal
25 maggio 1915.

L'accertamento sarà eseguito in base ai documenti
posseduti dall'Ufficio o dalle ditte, nonchè con ogni
altro utile mezzo di investigazione, tenendo conto
delle indicazioni che venissero fornite o suggerite
dalle ditte.

Per quanto riguarda i legnami, la valutazione sarà
fatta applicando alle specie e quantità accertate i
seguenti prezzi :
    legname tondo di qualsiasi qualità e dimensione
Lit. 30 (trenta) per metro cubo ;
    legname squadrato di qualsiasi qualità e dimen-
sione Lit. 45 (quarantacinque) per metro cubo ;
    legname segato di qualsiasi qualità e dimensione
Lit. 85 (ottantacinque) per metro cubo.

Ogni valutazione precedente è nulla e di nessun
effetto .

I beni immobili alienati saranno restituiti in natura, e in mancanza sarà concesso un indennizzo ai
sensi dell'articolo 249 del Trattato di San Germano.

Tutti gli altri danni e reclami accertati saranno ri-
sarciti secondo le leggi ed i regolamenti austriaci

in vigore per i cittadini austriaci al momento del danno e in base ai prezzi correnti al 1º novembre 1918. Le somme in corone per tal modo risultanti saranno commutate in lire alla pari.

Saranno accertati e valutati i danni derivanti da cessione o sospensione forzose di esercizio, ma il relativo pagamento non avrà luogo se non nel caso che al termine delle operazioni tutte fra i due Uffici italiano ed austriaco risulti un saldo attivo a favore dell'Austria.

ART. 2. — Le somme in corone austro-ungariche eventualmente riscosse da amministratori coattivi o giudiziali o curatori di Stato o dalle stesse ditte per tutti i casi previsti dalla presente convenzione, nonchè i titoli in cui dette somme fossero state investite, saranno restituiti al Governo austriaco.

ART. 3. — Sulle somme attribuite a ciascuna ditta in base alle sopra indicate valutazioni saranno corrisposti gl'interessi del 6 % annuo dal 1º novembre 1921 fino al giorno dello accreditamento nel conto unico di compensazione o del pagamento diretto previsto dall'art. 5 della presente convenzione.

ART. 4. — Nei casi in cui le ditte non si trovassero d'accordo con l'Ufficio di liquidazione, esse potranno far ricorso ad una Commissione composta di sei membri, tre nominati dall'Ufficio di compensazione austriaco, due dall'Ufficio italiano ed uno dal Consorzio delle ditte menzionate in esordio. Saranno altresì nominati colle stesse norme altrettanti membri supplenti.

La Commissione è unica per tutte le controversie, e sarà costituita entro tre mesi dal giorno della firma del presente atto.

Essa sarà presieduta da uno dei membri italiani, e avrà sede a Vienna, ma potrà riunirsi anche altrove.

Le modalità di funzionamento della Commissione saranno stabilite di concerto fra i due Uffici, avendo cura di riservare al presidente di essa le necessarie facoltà per assicurare il regolare e sollecito espletamento dei compiti affidati alla Commissione.

1922
6 aprile

Le decisioni della Commissione sono prese con intervento di sei membri e per la loro validità è richiesta la maggioranza di cinque voti.

Nel caso che la Commissione non si accordasse sul giudizio da pronunciare, il caso controverso sarà rimesso al giudizio di un arbitro da nominarsi dalla Commissione stessa.

Se la Commissione non si accordasse sulla nomina dell'arbitro, questa sarà richiesta al Tribunale arbitrale misto italo-austriaco.

I ricorsi alla Commissione non arrestano le operazioni dell'Ufficio di liquidazione in confronto delle ditte ricorrenti, in quanto tali operazioni non siano connesse con i punti controversi.

ART. 5. — I pagamenti spettanti alle ditte in seguito alle operazioni prevedute dalla presente convenzione saranno effettuati mediante accreditamento nel conto di compensazione istituito fra gli Uffici di compensazione italiano ed austriaco, ed in caso di accordo anche con somministrazione di beni in natura o corresponsione di utilità, compensi e valori equivalenti, come pure mediante pagamenti diretti in numerario.

ART. 6. — In correlazione all'accordo per il funzionamento degli Uffici di compensazione italiano ed austriaco, gli Uffici stessi prenderanno di concerto tutte le opportune disposizioni per assicurare e facilitare la esecuzione della presente convenzione.

Nei casi non regolati dalla presente convenzione rimane impregiudicata alle ditte componenti il Consorzio la facoltà di far valere i propri diritti innanzi al Tribunale Arbitrale misto italo-austriaco secondo le disposizioni del Trattato di San Germano.

I crediti e debiti non contemplati dalla presente convenzione, e in quanto presentino i requisiti voluti dall'articolo 248 del Trattato di San Germano, saranno regolati in base alle disposizioni dell'articolo stesso.

Fatto a Roma il sei aprile millenovecentoventidue.

Per l'Austria :
    Rémi Kwiatkowski.

Per l'Italia :
    Imperiali.

Esecuzione per R. Decreto : 10 settembre 1922, n. 1365.

CONSORZIO DELLE DITTE ITALIANE ESERCENTI L'INDUSTRIA E IL COMMERCIO DEI LEGNAMI NELL'EX IMPERO AUSTRO-UNGARICO.

1922
6 aprile

MILANO, Via Andegari 4.

Basadonna G. B.	Udine
Bisi Luigi	Rovigo
Bosisio Antonio	Monza
Candotti Luigi	Chiavris
Castellani Fratelli fu Antonio	Enemonzo
Castellani Fratelli fu G. B.	Enemonzo
Del Torso Alessandro fu E.	Udine
Del Torso Fratelli	Udine
De Polo Alberigo	Perarolo
Ermolli Giovanni	Milano
Feltrinelli Fratelli	Milano
Bruder Feltrinelli, Holzindustrie Ges. m. b. H.	Bolzano
Fiorazzo Giulio	Padova
Forni Enrico	Genova
Gostischa Adolfo e C.	Trieste
Grassi Pietro Emilio (Joseph Lorenzi)	Milano
Gregori e Pitter	Pordenone
Marchi Fratelli	Milano
Marini e Mioni (Annoni Piera ved. Moretti)	Milano
Melli Elio	Ferrara
Morassuti Paolo	Padova
Parolini Fratelli	Milano
Piussi P. A.	Tricesimo
Piussi Pietro	Udine
Salvaterra Umberto	Mantova
Scarpa Agostino fu G.	Venezia
Serrantoni A. E. F.	Bologna
Serrantoni e C.	Bologna
Soc. An. Industria Forestale	Roma
Soc. An. Bortolo Lazzaris	Spresiano
Tamburlini Fratelli fu G.	Udine
Unione Legnami	Ferrara

XLI.

6 aprile 1922.

ROMA.

Convenzione fra l'Italia, l'Austria, la Cecoslovacchia, la Polonia, il Regno Serbo-Croato-Sloveno, la Romania e l'Ungheria, relativa alle questioni che riguardano gli archivi.

(N. 32 del Protocollo finale della Conferenza di Roma).

L'Austria, la Cecoslovacchia, l'Italia, la Polonia, il Regno Serbo-Croato-Sloveno, la Romania e l'Ungheria desiderosi di regolare le questioni che riguardano gli Archivi,
volendo concludere una convenzione a questo riguardo, le Alte Parti contraenti hanno nominato come loro plenipotenziari :

IL PRESIDENTE FEDERALE
DELLA REPUBBLICA AUSTRIACA :

il Signor Rémi Kwiatkowski, Inviato Straordinario e Ministro Plenipotenziario ;

IL PRESIDENTE DELLA REPUBBLICA CECOSLOVACCA :

il Signor Vlastimil Kybal, Inviato Straordinario e Ministro Plenipotenziario ;

SUA MAESTÀ IL RE D'ITALIA :

S. E. il Marchese Guglielmo Imperiali, Senatore del Regno, Ambasciatore ;

IL CAPO DELLO STATO POLACCO :

il Signor Maciej Loret, Incaricato d'Affari dello Stato polacco a Roma ;

SUA MAESTÀ IL RE DEI SERBI, CROATI E SLOVENI :

il Signor Ottokar Rybar, ex deputato ;

SUA MAESTÀ IL RE DI ROMANIA :

il Signor Ef. Antonesco, Consigliere della Corte di Cassazione di Bucarest :

SUA ALTEZZA IL REGGENTE D'UNGHERIA :

il Conte Nemes de Hidvég, Inviato Straordinario e Ministro Plenipotenziario ;

i quali, dopo aver depositato i loro Pieni Poteri trovati in buona e debita forma, hanno convenuto quanto segue :

ART. 1. — L'Austria e l'Ungheria da un lato e, gli altri Stati firmatari della presente convenzione dall'altro, e questi ultimi tra di loro, s'impegnano a facilitare in ogni miglior modo la restituzione e la consegna di tutti gli atti, archivi, documenti ed oggetti di ogni specie, contemplati dai Trattati di San Germano e di Trianon.

La restituzione e la consegna riguardano rispettivamente :

A) Per l'Austria :

1. Trattato di San Germano, art. 191 : in applicazione delle disposizioni dell'art. 184 gli atti, documenti, oggetti di antichità e d'arte e qualsiasi materiale scientifico e bibliografico asportati dai territori invasi, sia di proprietà dello Stato, sia delle

Amministrazioni provinciali, comunali, ospitaliere, ecclesiastiche o di altri enti pubblici o privati ;

2. Articolo 192 : le cose della stessa specie di quelle contemplate al comma precedente, asportate dopo il 1° giugno 1914 dai territori ceduti, ad eccezione delle cose comperate a proprietari privati ;

3. Articolo 93 : gli archivi, registri, piani, titoli e documenti di qualsiasi specie, appartenenti alle Amministrazioni civili, militari, finanziarie, giudiziarie o d'altro genere dei territori ceduti, compresi tutti quelli che furono trasferiti altrove sotto la riserva del comma 2 ;

4. Articolo 193 : gli atti, documenti e memorie storiche, posseduti dagli istituti pubblici, che hanno diretto rapporto con la storia dei territori ceduti e che furono asportati durante gli ultimi dieci anni ; per ciò che concerne l'Italia questo periodo risalirà alla data della proclamazione del Regno (1861). Gli atti, documenti e memorie che non risalgano a più di venti anni, che abbiano diretto rapporto con la storia o l'Amministrazione del territorio austriaco, e che si trovassero eventualmente nei territori ceduti, saranno restituiti al Governo austriaco dagli altri Stati firmatari di questa convenzione.

5. Paragrafi 10 e 13 dell'allegato agli articoli 249 e 250 ; tutti gli atti, archivi, conti e atti contabili, documenti e ragguagli di ogni specie, contratti, certificati e altri titoli di proprietà, contemplati nei paragrafi suddetti, in possesso di autorità statali o di istituti controllati o garantiti dallo Stato.

Per la restituzione degli atti e documenti della stessa specie, in possesso di privati, si osserveranno le disposizioni del Trattato.

B) Per l'Ungheria :

1. Trattato di Trianon : articolo 175 : in ap-

plicazione delle disposizioni dell'articolo 168 ; gli atti, documenti, oggetti di antichità e d'arte e qualsiasi materiale scientifico o bibliografico, asportati dai territori invasi, sia di proprietà dello Stato, sia delle Amministrazioni provinciali, comunali, ospitaliere, ecclesiastiche o di altri enti pubblici o privati ;

1922
6 aprile

2. Articolo 176 : le cose della stessa specie di quelle contemplate al comma precedente, asportate dopo il 1º giugno 1914 dai territori ceduti, ad eccezione delle cose comperate a proprietari privati.

3. Articolo 77 : gli archivi, registri, piani titoli e documenti di qualsiasi specie, appartenenti alle Amministrazioni civili, militari, finanziarie, giudiziarie o d'altro genere dei territori ceduti, compresi quelli che furono trasferiti altrove, sotto la riserva del comma 2 ;

4. Articolo 177 : comma 1º e articolo 178 : gli atti, documenti e memorie storiche, posseduti dagli istituti pubblici che hanno un rapporto diretto con la storia dei territori ceduti e che furono asportati dopo il 1º gennaio 1868 ; per ciò che concerne l'Italia, questo periodo risalirà alla data della proclamazione del Regno (1861). Gli atti, documenti, e memorie che non risalgono a più di venti anni, che abbiano diretto rapporto con la storia o l'Amministrazione del territorio ungherese e che si trovino eventualmente nei territori ceduti, saranno restituiti al Governo ungherese dagli altri Stati firmatari di questa convenzione.

5. Paragrafi 10 e 13 dell'allegato agli articoli 232 e 233 : tutti gli atti, archivi, conti e atti contabili, documenti e ragguagli di ogni specie, contratti, certificati e altri titoli di proprietà, contemplati nei paragrafi suddetti, in possesso di autorità statali o di istituti controllati o garantiti dallo Stato. Per la restituzione degli atti e documenti della stessa specie,

in possesso di privati, si osserveranno le disposizioni del Trattato.

Art. 2. — La presente Convenzione si applica pure a tutto quello che concerne la comunicazione contemplata al comma 2 dell'articolo 93 del Trattato di San Germano e rispettivamente al comma 2 dell'articolo 77 del Trattato di Trianon. In mancanza di convenzioni speciali concluse o da concludersi fra gli Stati interessati, la comunicazione relativa a questi archivi, registri, piani, documenti e titoli, implica in ispecie il libero accesso agli archivi, registri e altri depositi pubblici, contemplati agli articoli già citati dei Trattati suddetti ; l'ispezione, la consultazione, la facoltà di fare copie, estratti, fotografie e riproduzioni d'altro genere, e in casi speciali di ottenere prestiti temporanei a condizione di reciprocità da parte degli Stati interessati e senza pregiudicare il funzionamento del servizio normale, come pure l'obbligo di conservare in buono stato e di non trasferire altrove gli archivi e i documenti.

Resta inteso che questo articolo non si riferisce ai documenti che riguardano esclusivamente l'Amministrazione dei territori attuali dell'Austria e dell'Ungheria.

La presente Convenzione si applica agli atti, archivi, ecc. riguardanti le antiche amministrazioni austriache, ungheresi e austro ungheresi, non soltanto se si trovano sul territorio dell'Austria e rispettivamente dell'Ungheria, ma anche se si trovano su qualunque altro territorio dell'antica Monarchia trasferito agli altri Stati contraenti.

Art. 3. — La restituzione e la consegna saranno eseguite direttamente dall'uno all'altro Stato nel modo seguente :

1. Ognuno degli Stati contraenti designerà entro

un mese dall'entrata in vigore di questa convenzione,
uno o più tecnici per esaminare gli atti, archivi, registri, piani, titoli e documenti di ogni specie, contemplati nell'articolo 1º ;

2. Compiuto questo esame, ogni perito comunicherà un elenco degli atti, archivi ecc., che egli reclama per il suo paese, alla persona designata a questo scopo dallo Stato dove gli atti si trovano, affinchè lo esamini ; ove ne sia il caso, la restituzione sarà fatta immediatamente dagli organi del detto Stato ;

3. Se nel corso del procedimento, il perito o lo Stato detentore constata che si tratta di atti, archivi, ecc., che interessano un terzo Stato contraente, che potrebbe reclamarli, gli Stati interessati ne saranno informati e potranno, entro un mese dal giorno in cui avranno ricevuto l'informazione, delegare uno o più periti per definire in via amichevole la questione dell'attribuzione definitiva degli atti, archivi ecc. di cui si tratta.

4. In tutti i casi di disaccordo circa l'applicazione dei paragrafi 2 e 3 in mancanza di una convenzione fra gli Stati interessati, la questione sarà deferita, qualora due soli Stati vi siano interessati, a due esperti designati dai due Stati interessati e ad un presidente arbitro, eletto di comune accordo dai detti periti ; un solo arbitro, nominato di comune accordo, deciderà in tutti i casi in cui la controversia interessi più Stati. In caso di disaccordo sulla nomina dell'arbitro presidente o dell'arbitro unico, questi saranno eletti dal Presidente della Confederazione Elvetica, e, in caso di impedimento, dal Presidente del Consiglio della Società delle Nazioni, fra gli specialisti sudditi di un paese diverso dagli Stati contraenti.

Se uno o più Stati interessati non designano il
loro perito entro due mesi dalla notifica che sarà loro
fatta, l'arbitro presidente o l'arbitro unico sarà nominato in conformità delle disposizioni suddette, a
richiesta delle altre Parti.

5. I periti e l'arbitro, nominati in conformità del
paragrafo 4, saranno competenti anche per decidere
se sia il caso di fare le comunicazioni previste agli
articoli 93, comma 2, del Trattato di San Germano e
77 comma 2 del Trattato di Trianon, di rilasciare
copie, ecc. ;

6. Per ciò che concerne l'esecuzione della presente Convenzione, le Alte Parti contraenti si impegnano ad assicurare ai periti ed agli arbitri, libero accesso a tutti i luoghi nei quali si trovano gli atti, sia
nella loro sede principale abituale, sia nelle succursali od in qualsiasi altro luogo e ciò senz'altra restrizione che quelle contenute nel comma 2 del presente
articolo. Le Alte Parti contraenti si impegnano del
pari ad assicurare loro la consultazione degli inventari, catologhi, ecc. nonchè degli atti di carattere
amministrativo e che appartengano alle amministrazioni ed agli istituti rispettivi e di facilitare loro in
ogni modo il compimento del loro incarico, senza pregiudizio delle disposizioni interne di ogni paese, relative alla pubblicità degli atti di cui si tratta.

Resta inteso che l'accesso libero si riferisce solo
agli atti compilati sotto l'antico regime in Austria e
in Ungheria e che l'accesso avverrà nelle ore di servizio e in presenza di un funzionario delle Amministrazioni in parola.

7. Le Alte Parti contraenti si impegnano a conservare integralmente tutti gli archivi, atti, ecc.
contemplati in questa convenzione e che siano attualmente in loro possesso, finchè siano compiute

la restituzione e la consegna contemplate all'articolo 1, ad astenersi da ogni altro provvedimento contemplato nella presente convenzione, ispecie a non procedere ad alcuna cernita degli atti di cui si tratta, senza averne prima dato avviso a tutti gli altri Stati contraenti e senza averne ricevuta l'autorizzazione. Qualora una risposta al detto avviso non sia stata data entro il termine di tre mesi dal giorno in cui sia stato ricevuto, si potrà procedere alla cernita.

8. Le spese eventuali e gli onorari dell'arbitro saranno determinati e ripartiti di comune accordo dai periti previsti ai comma precedenti.

In caso di disaccordo e in mancanza d'una convenzione speciale conclusa o da concludersi fra gli Stati interessati, ogni questione relativa alle dette spese e indennità sarà risolta secondo la procedura stabilita dal presente articolo ;

9. I provvedimenti summenzionati, per quanto forma oggetto dei paragrafi 5 dell'art. 1-*A* e 5 dell'art. 1-*B* di questa Convenzione, non escludono che siano eseguite le restituzioni secondo le altre disposizioni ed in base alle norme stabilite dai Trattati di San Germano e di Trianon.

ART. 4. — Articolo 274 (Trattato di San Germano) comma 2º e articolo 257 (Trattato di Trianon) comma 2º. Per quanto concerne gli archivi, registri e piani relativi al servizio della proprietà industriale, letteraria e artistica, fino allo smembramento della Monarchia austro-ungarica, le Alte Parti contraenti si accordano reciprocamente un diritto di uso comune, per quanto concerne i rispettivi sudditi, quando la loro trasmissione e comunicazione non sia possibile senza pregiudicare il regolare andamento del servizio e gli interessi comuni. Per conseguenza ognuno degli Stati interessati avrà il diritto di fare a proprie

spese e, occorrendo, anche per mezzo di propri man-
datari, senza obbligo di pagare qualsiasi tassa od
imposta, copie autentiche o semplici, fotografie o
disegni dei registri, piani ed in generale, di tutti gli
atti, documenti e allegati, relativi ai diritti dei propri
sudditi ; le amministrazioni presso le quali si trovano
gli archivi, registri e piani sono tenute a rilasciare,
su domanda delle parti interessate, delle copie autentiche od ordinarie delle iscrizioni, dei piani e di tutti
gli allegati, che le riguardino, senza che possano essere
perciò imposte tasse od oneri diversi o maggiori che ai
sudditi del proprio Stato.

ART. 5. — *A*) Per l'Austria :

1. Trattato di San Germano, articolo 196. Per
quanto riguarda gli oggetti di carattere artistico,
archeologico, scientifico e storico, facenti parte delle
collezioni che appartenevano un tempo al Governo
della Monarchia austro-ungarica o alla Corona, qualora non formino oggetto di altre disposizioni del
Trattato suddetto, l'Austria si impegna ;

a) a negoziare cogli Stati interessati, quando
ne sia richiesta, un accordo amichevole in virtù del
quale qualsiasi parte delle collezioni anzidette o qualsiasi di quegli oggetti che facciano parte del patrimonio intellettuale dei distretti ceduti col Trattato di
San Germano, potranno essere restituiti a titolo di
reciprocità al loro distretto di origine. Per quanto concerne il patrimonio intellettuale dei territori ceduti col Trattato di Trianon, e che apparteneva al
Governo della Monarchia austro-ungarica o alla
Corona, l'Austria si dichiara pronta a negoziare un
accordo con gli Stati interessati sulla base di concessioni reciproche ;

b) a nulla alienare o disperdere di tali collezioni e a non disporre di tali oggetti per venti anni,

a meno che un accordo speciale non sia intervenuto prima della scadenza di questo termine, ma a garantire la loro sicurezza e la loro buona conservazione ed a tenerli, cogli inventari, cataloghi e documenti amministrativi relativi alle dette collezioni, a disposizione degli studiosi e dei periti, sudditi delle Potenze firmatarie alleate e associate.

B) Per l'Ungheria :

Trattato di Trianon, articolo 177 ; comma 2-5. Per quanto riguarda gli oggetti o documenti di carattere artistico, archeologico, scientifico e storico facenti parte delle collezioni che appartenevano un tempo al Governo della Monarchia austro-ungarica o alla Corona, qualora non formino oggetto di altre disposizioni del Trattato suddetto, l'Ungheria s'impegna :

a) a negoziare cogli Stati interessati, quando ne sia richiesta, un accordo amichevole in virtù del quale qualsiasi parte delle collezioni anzidette o qualsiasi di quegli oggetti o documenti che dovrebbero appartenere al patrimonio intellettuale dei detti Stati potranno essere restituiti, a titolo di reciprocità, al loro paese di origine ;

b) a nulla alienare o disperdere di tali collezioni e a non disporre di alcuni di tali oggetti per venti anni, a meno che un accordo speciale non sia intervenuto, prima della scadenza di questo termine ; ma a garantire la loro sicurezza e la loro buona conservazione ed a tenerli, cogli inventari, cataloghi e documenti amministrativi relativi alle dette collezioni, a disposizione degli studiosi e dei periti, sudditi di ciascuna delle Potenze firmatarie, alleate ed associate. Reciprocamente, l'Ungheria avrà il diritto di rivolgersi ai detti Stati ed in ispecie all'Austria, per negoziare alle stesse condizioni suddette gli accordi per il rimpatrio delle collezioni, documenti e oggetti sopraindicati, ai quali si applicheranno le garanzie previste al comma b).

2. Gli Stati che intendono far la domanda prevista all'articolo 196 del Trattato di San Germano e all'articolo 177 del Trattato di Trianon, ne informeranno l'Austria e rispettivamente l'Ungheria entro un anno dall'entrata in vigore del Trattato di San Germano, per quanto concerne l'Austria, e rispettivamente del Trattato di Trianon per quanto concerne l'Ungheria, una domanda particolareggiata, indicandovi le collezioni, gli oggetti e i documenti reclamati, come pure le condizioni di reciprocità che lo Stato reclamante crede di poter offrire.

Negli accordi da concludersi si stipuleranno le modalità per definire le controversie che sorgessêro circa l'esecuzione di questi accordi.

ART. 6. — Le disposizioni di questa convenzione non pregiudicano in nessun modo quelle dei Trattati di San Germano e di Trianon, nè i diritti della Commissione delle Riparazioni, in ispecie per quanto concerne la sua competenza a norma del comma 2º dell'art. 192 del Trattato di San Germano e del comma 2º dell'articolo 176 del Trattato di Trianon. Resta inteso altresì che le disposizioni delle convenzioni già concluse tra l'Austria e rispettivamente l'Ungheria con l'una o l'altra delle Alte Parti contraenti, in ispecie quelle della convenzione fra l'Austria e l'Italia, firmata a Vienna il 4 maggio 1920 e della Convenzione fra l'Austria e la Cecoslovacchia, firmata a Praga il 18 maggio 1920, conserveranno del pari tutta la loro efficienza.

La presente Convenzione non potrà neppure pregiudicare gli altri accordi speciali già conclusi o che potrebbero essere conclusi in seguito, fra l'uno e l'altro degli Stati interessati.

ART. 7. — La presente Convenzione sarà ratificata al più presto possibile.

Ciascuno Stato trasmetterà la propria ratifica al
Governo italiano, che ne darà comunicazione a tutti
gli altri Stati firmatari.

Le ratifiche rimarranno depositate negli Archivi
del Governo italiano.

La presente Convenzione entrerà in vigore per ogni
Stato firmatario, alla data del deposito della propria
ratifica, e da questo momento avrà efficacia fra gli
Stati che avranno proceduto al deposito delle loro
ratifiche.

In fede di che i plenipotenziari suddetti hanno
firmato la presente Convenzione.

Fatto a Roma, il sei aprile millenovecentoventidue
in italiano e in francese, i due testi facendo egualmente fede, in un solo esemplare che rimarrà depositato negli Archivi del Governo d'Italia e copie autentiche del quale saranno rimesse a ciascuno degli
Stati firmatari.

Per l'Austria :
RÉMI KWIATKOWSKI.

Per la Cecoslovacchia :
VLASTIMIL KYBAL.
Sous réserve de la déclaration ci-jointe.

Per l'Italia :
IMPERIALI.

Per la Polonia :
MACIEJ LORET.

Per il Regno Serbo Croato e Sloveno :
Dr. RYBAR.

1922
6 aprile

Per la Romania :
    EF. ANTONESCO.

Per l'Ungheria :
    NEMES.

Ratifica dell'Italia : 10 marzo 1924.
    Esecuzione per R. Decreto : 13 dicembre 1923,
n. 3237.

DICHIARAZIONE
DELLA DELEGAZIONE POLACCA.

« La Delegazione polacca ha l'onore di dichiarare
che animata dal desiderio di vedere accettata da tutte
le Alte Parti contraenti la presente convenzione, essa
non insiste sulle riserve formulate il 7 giugno 1921,
esprimendo nello stesso tempo il voto che le negozia-
zioni da iniziarsi tra la Polonia e l'Austria daranno
piena ed intiera soddisfazione ai punti di vista soste-
nuti dal Governo polacco, riguardo agli Archivi ;
la Delegazione non deve essere intesa come accettazione da parte del Governo polacco delle proposte
sugli Archivi contenute nella nota del Ministero Federale degli Affari Esteri di Austria rimessa nel mese
di gennaio ultimo alla Legazione di Polonia di Vienna.

Fatto a Roma, il sei aprile millenovecentoventidue.

Per la Polonia : MACIEJ LORET.

DICHIARAZIONE
DELLA DELEGAZIONE CECOSLOVACCA.

La Delegazione cecoslovacca dichiara di non firmare la presente Convenzione concernente gli Archivi, nel testo attuale, che con le seguenti riserve :
all'art. 1, lett. *A*, numeri 1 e 4, e lett. *B*, numero 1 e 4,
essa mantiene le parole dei rispettivi Trattati di
pace : « *Tutti* gli atti, ecc. » ;

all'articolo 2, 2º capoverso, essa intende espressamente che la riserva fatta dall'Austria e dall'Ungheria, vale egualmente per la Cecoslovacchia e che questa riserva non può in alcun caso, impedire il libero

accesso ai pubblici depositi, previsti al capoverso 1 dello stesso articolo ;

all'articolo 3, numero 3, sotto l'espressione : « ove ne sia il caso » essa intende il caso d'accordo fra lo Stato interessato e lo Stato detentore e non ammette il caso di contestazione.

Fatto a Roma, il sei aprile millenovecentoventidue.

Per la Cecoslovacchia : VLASTIMIL KYBAL.

XLII.

6 aprile 1922.

ROMA.

Accordo fra l'Italia, l'Austria, la Cecoslovacchia, la Polonia, il Regno Serbo-Croato-Sloveno, la Romania e l'Ungheria relativo alle fondazioni ed ai beni delle collettività e delle persone morali pubbliche,

(N. **33** del Protocollo finale della Conferenza di Roma).

L'Austria, la Cecoslovacchia, l'Italia, la Polonia, il Regno Serbo-Croato-Sloveno, la Romania e l'Ungheria desiderosi di regolare le questioni che riguardano le fondazioni e i beni delle collettività e delle persone morali pubbliche,
volendo concludere un accordo a questo riguardo, le Alte Parti contraenti hanno nominato come loro Plenipotenziari :

IL PRESIDENTE DELLA REPUBBLICA AUSTRIACA :

il Signor Rémi Kwiatkowski, Inviato Straordinario e Ministro Plenipotenziario ;

IL PRESIDENTE DELLA REPUBBLICA CECOSLOVACCA :

il Signor Vlastimil Kybal, Inviato Straordinario e Ministro Plenipotenziario ;

SUA MAESTÀ IL RE D'ITALIA :

S. E. il Marchese Guglielmo Imperiali, Senatore del Regno, Ambasciatore ;

,IL CAPO DELLO STATO POLACCO :

il Signor Maciej Loret, Incaricato d'Affari dello Stato polacco a Roma ;

SUA MAESTÀ IL RE DEI SERBI, CROATI E SLOVENI :

il Signor Ottokar Rybár, ex deputato ;

SUA MAESTÀ IL RE DI ROMANIA :

il Signor Ef. Antonesco, Consigliere della Corte di Cassazione di Bucarest.

SUA ALTEZZA IL REGGENTE D'UNGHERIA :

il Conte Nemes de Hidvêg, Inviato Straordinario e Ministro Plenipotenziario ;

i quali, dopo aver depositato i loro pieni poteri, trovati in buona e debita forma, hanno convenuto quanto segue :

ART. 1. — Per gli effetti dell'articolo 266, ultimo alinea del Trattato di San Germano e dell'articolo 249 alinea 6 del Trattato di Trianon, la sistemazione delle fondazioni, ecc. e per gli effetti dell'articolo 273 del Trattato di San Germano e dell'articolo 256 del Trattato di Trianon, la ripartizione dei beni che appartengono a collettività o a persone morali pubbliche che esercitano la loro attività sui territori divisi tra due o più Stati successori, saranno regolati secondo le disposizioni seguenti.

ART. 2. — Gli enti costituiti nell'interesse degli abitanti di un territorio passato interamente sotto la sovranità di una sola delle Alte Parti contraenti dovranno senza ritardi trasferire la loro sede sul territorio dello Stato a cui quegli abitanti appartengono.

Art. 3. — La sistemazione o la ripartizione sarà fatta tenendo conto principalmente, secondo le circostanze speciali dei singoli casi :

1922
6 aprile

a) degli statuti ;

b) dei vantaggi che ciascuna popolazione o determinate categorie di essa hanno titolo ad avere ;

c) del numero degli abitanti dei territori in questione, come risulta dai dati statistici dell'anagrafe per il 1910, ferme restando le limitazioni e le preferenze stabilite negli statuti ;

d) del contributo alla formazione del patrimonio e dei redditi annui dell'ente.

Le clausole di decadenza e di riversibilità non potranno fare ostacolo alla divisione dei beni.

Art. 4. — Saranno esenti dalla ripartizione i beni di qualsiasi istituzione nel caso nel quale la divisione pregiudicherebbe la continuità dell'esistenza dell'ente o ne diminuirebbe l'efficacia gravemente.

Le istituzioni suindicate saranno attribuite allo Stato nel quale hanno la loro sede a condizione che un equo compenso sia accordato, in questi casi, da parte della commissione di cui all'art. 6 agli abitanti dei territori interessati.

Art. 5. — Gli enti che provvedono ad un interesse comune inscindibile, come per esempio i consorzi pel regime delle acque, continueranno a sussistere in conformità dei regolamenti attuali, salvo le modificazioni che potranno esservi introdotte dalla Commissione di cui all'articolo 6.

Le presenti disposizioni non toccano le prescrizioni degli articoli 309 e 310 del Trattato di San Germano e degli articoli 292 e 293 del Trattato di Trianon.

Art. 6. — Il R. Governo d'Italia notificherà alle Alte Parti contraenti la data dell'entrata in vigore del presente accordo e le inviterà a notificare al Ministero Federale degli Affari Esteri a Vienna, nel termine di due mesi, la nomina dei loro Delegati.

I Delegati costituiranno una Commissione con sede a Vienna. La Commissione eleggerà il suo Presidente all'unanimità.

In caso di disaccordo sulla persona del Presidente, questi sarà nominato dal Presidente della Confederazione Elvetica.

L'Ufficio del Presidente è onorifico, le retribuzioni dei Delegati saranno a carico dello Stato che li ha nominati.

Art. 7. — Il Presidente parteciperà alle Alte Parti contraenti la costituzione della Commissione e le inviterà a notificare ad essa le loro domande nel termine di tre anni dalla costituzione della Commissione.

Art. 8. — Ciascuna delle Alte Parti contraenti potrà formulare nel termine menzionato nell'art. 7 le sue domande precise in base agli articoli 266 ultimo alinea, e 273 del Trattato di San Germano e in base agli articoli 249 alinea 6 e 256 del Trattato di Trianon.

Le domande presentate dopo spirato questo termine non saranno prese in considerazione dalla Commissione e saranno oggetto di trattative in via diplomatica.

Art. 9. — I Delegati delle Alte Parti contraenti possono prendere conoscenza di tutte le domande. Nella prima adunanza che sarà convocata nel termine di due mesi dalla costituzione della Commissione, questa stabilirà il suo regolamento all'unanimità.

In caso di disaccordo il regolamento sarà fissato dal Presidente.

Art. 10. — A richiesta di ciascuno dei Delegati, la Commissione domanderà informazioni alle autorità

.centrali competenti delle Alte Parti contraenti, le quali saranno obbligate a dar seguito ad ogni richiesta al più presto possibile.

Senza pregiudizio della questione se una fondazione cade sotto le disposizioni dell'art. 266, ultimo alinea del Trattato di San Germano o dell'articolo 249 del Trattato di Trianon alinea 6, e senza pregiudizio della questione se le fondazioni in generale cadano sotto le disposizioni dell'articolo 273 del Trattato di San Germano o dell'articolo 256 del Trattato di Trianon, le Alte Parti contraenti, se richieste, forniranno alla Commissione specialmente i registri esistenti relativi a tutte le fondazioni, tenuti dalle autorità centrali o dai governi provinciali.

ART. 11. — Se i Delegati degli Stati interessati sono d'accordo circa le domande pendenti, il Presidente della Commissione prenderà atto di questo accordo.

In caso di disaccordo deciderà un arbitro.

ART. 12. — L'arbitro sarà nominato su domanda del Presidente della Commissione di comune accordo dalle Parti contraenti.

In caso di disaccordo sulla persona dell'arbitro, questi sarà nominato dal Presidente della Confederazione Elvetica.

ART. 13. — Gli Stati interessati in una questione particolare potranno accordarsi per la designazione di un arbitro speciale.

ART. 14. — La procedura arbitrale sarà stabilita dallo stesso arbitro.

L'arbitro può compiere le indagini che stimerà necessarie e rivolgersi direttamente alle autorità centrali di ciascuna delle Alte Parti contraenti, le quali sono obbligate a corrispondere alle sue richieste nel più breve tempo possibile.

Ciascuno degli Stati interessati avrà il diritto di intervenire nella procedura per mezzo di un delegato.

Art. 15. — L'arbitro deciderà sulla questione se una fondazione, ecc. o una collettività o una persona morale pubblica è o meno soggetta ai ricordati articoli dei Trattati e in qual modo debba procedersi alla sua sistemazione o alla ripartizione o ad altro accomodamento.

Le decisioni dell'arbitro avranno sul territorio delle Alte Parti contraenti la forza di una sentenza giudiziaria definitiva ed esecutoria.

Art. 16. — Le spese di cancelleria e dei locali saranno anticipate dall'Austria e ripartite dall'arbitro generale (articolo 12).

Le spese per l'arbitro generale e per gli arbitri speciali (articolo 13) saranno regolate d'accordo e, in mancanza d'accordo, saranno fissate e ripartite dall'arbitro generale ex aequo et bono.

Art. 17. — Il presente accordo non tocca gli accordi particolari che gli Stati hanno conclusi o concluderanno tra loro in questa materia.

Art. 18. — Il presente accordo sarà ratificato al più presto possibile.

Ciascuno Stato trasmetterà la propria ratifica al Governo italiano che ne darà comunicazione a tutti gli altri Stati firmatari.

Le ratifiche rimarranno depositate negli Archivi del Governo italiano.

Questo accordo non entrerà in vigore se non dopo la ratifica di tutte le Alte Parti contraenti.

In fede di che, i plenipotenziari suddetti hanno firmato il presente accordo.

Fatto a Roma, il sei aprile millenovecentoventidue in italiano e in francese, i due testi facendo egual-

mente fede, in un solo esemplare che rimarrà deposi- 1922
6 aprile
tato negli Archivi del Governo del Regno d'Italia e
copie autentiche del quale saranno rimesse a ciascuno
degli Stati firmatari.

Per l'Austria :
  RÉMI KWIATKOWSKI.

Per la Cecoslovacchia :

Per l'Italia :
  ˙ IMPERIALI.

Per la Polonia :
  MACIEJ LORET.

Per il Regno Serbo Croato e Sloveno :
  Dr. RYRAR.

Per la Romania :
  EF ANTONESCO.

Per l'Ungheria :
  NEMES.

XLIII.

6 aprile 1922.

ROMA.

Accordo fra l'Austria, la Cecoslovacchia, l'Italia, la Polonia, la Romania e l'Ungheria in materia di fidecommessi.

(N. 34 del Protocollo finale della Conferenza di Roma).

L'Austria, la Cecoslovacchia, l'Italia, la Polonia, la Romania e l'Ungheria desiderose di regolare le questioni in materia di fidecommessi,

volendo concludere un accordo a questo riguardo, le Alte Parti contraenti hanno nominato come loro Plenipotenziari :

IL PRESIDENTE FEDERALE
DELLA REPUBBLICA AUSTRIACA :

il Signor Rémi Kwiatkowski, Inviato Straordinario e Ministro Plenipotenziario ;

IL PRESIDENTE DELLA REPUBBLICA CECOSLOVACCA :

il Signo Vlastimil Kybal, Inviato Straordinario e Ministro Plenipotenziario :

SUA MAESTÀ IL RE D'ITALIA :

S. E. il Marchese Guglielmo Imperiali, Senatore del Regno, Ambasciatore ;

IL CAPO DELLO STATO POLACCO :

il Signor Maciej Loret, Incaricato d'Affari dello
Stato polacco a Roma ;

SUA MAESTÁ IL RE DI ROMANIA :

il Signor Ef Antonesco, Consigliere alla Corte di
Cassazione di Bucarest ;

SUA ALTEZZA IL REGGENTE D'UNGHERIA :

il Conte Nemes de Hidvêg, Inviato Straordinario
e Ministro Plenipotenziario ;

i quali, dopo aver depositato i loro pieni poteri
trovati in buona e debita forma, hanno convenuto
quanto segue :

ART. 1. — I sudditi di una delle Alte Parti contraenti non potranno in alcun caso essere esclusi,
a causa della loro cittadinanza, dal diritto di percepire le rendite di un fidecommesso sottoposto alle
leggi delle altre Parti.

ART. 2. — In caso di soppressione dei fidecommessi, e della risoluzione del vincolo fidecommessa-
rio, da parte di una delle Alte Parti contraenti, i
sudditi delle altre parti chiamati alla successione dei
beni, godranno, sia in caso di divisione dei detti beni,
sia in caso di pagamento di indennità, lo stesso trattamento dei sudditi dello Stato in cui sono situati
i beni.

ART. 3. — Nessuna tassa, tributo od onere in qualsiasi forma, sarà imposto per questo riguardo ai sudditi delle Parti contraenti, che non sia imposto egualmente a sudditi dello Stato in cui sono situati i beni.

ART. 4. — Il presente accordo sarà ratificato al
più presto possibile.

Ciascuno Stato trasmetterà la propria ratifica al Governo italiano, che ne darà comunicazione a tutti gli altri Stati firmatari.

Le ratifiche rimarranno depositate negli Archivi del Governo italiano.

Il presente Accordo entrerà in vigore, per ogni Stato firmatario, alla data del deposito della propria ratifica, e da questo momento avrà efficacia fra gli Stati che avranno proceduto al deposito delle loro ratifiche.

In fede di che, i plenipotenziari suddetti hanno firmato il presente accordo.

Fatto a Roma, il sei aprile millenovecentoventidue, in italiano e in francese, i due testi facendo egualmente fede, in un solo esemplare che rimarrà depositato negli Archivi del Governo del Regno d'Italia e copie autentiche del quale saranno rimesse a ciascuno degli Stati firmatari.

Per l'Austria :
RÉMI KWIATKOWSKI.

Per la Cecoslovacchia :

Per l'Italia :
IMPERIALI.

Per la Polonia :
MACIEJ LORET.

Per la Romania :
EF. ANTONESCO.

Per l'Ungheria :
NEMES.

Ratifica dell'Italia : 27 febbraio 1924.

· *Esecuzione per R. Decreto Legge : 13 dicembre 1923, n. 3183.*

Convertito in Legge 31 gennaio 1926, n. 955.

XLIV.

6 aprile 1922.

ROMA.

Convenzione fra l'Italia, l'Austria, la Cecoslovacchia, la Polonia, il Regno Serbo-Croato-Sloveno, la Romania e l'Ungheria relativa alla cittadinanza.

(N. 35 del Protocollo finale della Conferenza di Roma).

L'Austria, la Cecoslovacchia, l'Italia, la Polonia, il Regno Serbo-Croato-Sloveno, la Romania e l'Ungheria desiderosi di regolare le questioni che riguardano la cittadinanza,
volendo concludere una convenzione a questo riguardo, le Alte Parti contraenti hanno nominato come loro plenipotenziari:

IL PRESIDENTE FEDERALE
DELLA REPUBBLICA AUSTRIACA:

il Signor Rémi Kwiatkowski, Inviato Straordinario e Ministro Plenipotenziario;

IL PRESIDENTE DELLA REPUBBLICA CECOSLOVACCA:

il Signor Vlastimil Kybal, Inviato Straordinario e Ministro Plenipotenziario;

SUA MAESTÀ IL RE D'ITALIA:

S. E. il Marchese Guglielmo Imperiali, Senatore del Regno, Ambasciatore;

25

IL CAPO DELLO STATO POLACCO :

il Signor Maciej Loret, Incaricato d'Affari dello Stato polacco a Roma ;

SUA MAESTÀ IL RE DEI SERBI, CROATI E SLOVENI :

il Signor Ottokar Rybár, ex deputato ;

SUA MAESTÀ IL RE DI ROMANIA :

il Signor Al Em. Lahovary, Inviato Straordinario e Ministro Plenipotenziario ;

SUA ALTEZZA IL REGGENTE D'UNGHERIA :

il Conte Nemes de Hidvêg, Inviato Straordinario e Ministro Plenipotenziario ;

i quali, dopo aver depositato i loro pieni poteri, trovati in buona e debita forma, hanno convenuto quanto segue :

ART. 1. — I modi di acquisto e di perdita della cittadinanza sono regolati dalle leggi dei singoli Stati.

ART. 2. — Nei rapporti tra le Alte Parti contraenti, la cittadinanza sarà provata con un certificato dell'autorità competente secondo la legge dei singoli Stati, vidimato dalla autorità da cui l'autorità predetta dipende. Il certificato indicherà il fondamento legale della cittadinanza che attesta. Ciascuna delle Alte Parti contraenti potrà tuttavia, ogni qualvolta lo stimerà necessario, esigere che il contenuto del certificato sia confermato dall'autorità governativa.

ART. 3. — Le Alte Parti contraenti s'impegnano a notificarsi reciprocamente l'elenco delle Autorità competenti a rilasciare e vidimare il certificato di cui all'articolo precedente.

ART. 4. — In caso di contestazione tra le Alte Parti contraenti sulla cittadinanza da attribuire, secondo le disposizioni dei trattati di San Germano e di Trianon, a un suddito del cessato Impero austriaco e del cessato Regno d'Ungheria, una Commissione composta di un delegato di ciascuna delle Alte Parti contraenti interessate e di un Presidente, eletto di comune accordo dalle dette Parti e in caso di disaccordo dal Presidente della Confederazione Elvetica, fra i sudditi di uno Stato diverso dalle parti contraenti – scaduti i termini per l'esercizio del diritto di elezione o di opzione – deciderà la controversia. In caso di disaccordo tra i delegati, deciderà il Presidente.

Le decisioni adottate saranno in ogni caso definitive.

Le presenti disposizioni non derogano alle disposizioni e regole dei trattati di San Germano e di Trianon e specialmente alle disposizioni degli articoli 81 e 230 del Trattato di San Germano e degli articoli 65 e 213 del Trattato di Trianon nè alle disposizioni delle convenzioni particolari conchiuse o da conchiudere tra gli Stati interessati e specialmente a quelle della convenzione tra la Cecoslovacchia e l'Austria firmata a Brno il 7 giugno 1920.

ART. 5. — La presente convenzione sarà ratificata al più presto possibile.

Ciascuno Stato trasmetterà la propria ratifica al Governo italiano, che ne darà comunicazione a tutti gli altri Stati firmatari.

Le ratifiche rimarranno depositate negli Archivi del Governo italiano.

La presente convenzione entrerà in vigore, per ogni

Stato firmatario, alla data del deposito della propria ratifica, e da questo momento avrà efficacia fra gli Stati che avranno proceduto al deposito delle loro ratifiche.

In fede di che, i plenipotenziari suddetti hanno firmato la presente convenzione.

Fatto a Roma, il sei aprile millenovecentoventidue, in italiano e in francese, i due testi facendo egualmente fede, in un solo esemplare che rimarrà depositato negli Archivi del Governo del Regno d'Italia e copie autentiche del quale saranno rimesse a ciascuno degli Stati firmatari.

Per l'Austria :
RÉMI KWIATKOWSKI,

Per la Cecoslovacchia :
VLASTIMIL KYBAL.

Per l'Italia :
IMPERIALI.

Per la Polonia :
MACIEJ LORET.

Per il Regno Serbo Croato e Sloveno :
Dr. RYBAR.

Per la Romania :
A. EM. LAHOVARY.

Per l'Ungheria :
NEMES.

Ratifica dell'Italia : 21 febbraio 1924.
Esecuzione per R. Decreto : 13 dicembre 1923,
n. 3180.

XLV.

6 aprile 1922.

ROMA.

Convenzione tra l'Italia e l'Austria, relativa all'estradizione dei malfattori.

(N. **36** del Protocollo finale della Conferenza di Roma).

L'Austria e l'Italia, desiderose di regolare le questioni che riguardano l'estradizione dei malfattori, volendo concludere una convenzione a questo riguardo, le Alte Parti contraenti hanno nominato come loro plenipotenziari :

IL PRESIDENTE FEDERALE
DELLA REPUBBLICA AUSTRIACA :

il Signor Rémi Kwiatkowski, Inviato Straordinario e Ministro Plenipotenziario ;

SUA MAESTÀ IL RE D'ITALIA :

S. E. il Marchese Guglielmo Imperiali, Senatore del Regno, Ambasciatore ;

i quali, dopo aver depositato i loro pieni poteri, trovati in buona e debita forma, hanno convenuto quanto segue :

ART. 1. — Le Alte Parti contraenti si impegnano a far ricercare e arrestare e a consegnarsi reciprocamente le persone che, imputate o condannate dalla autorità giudiziaria competente di uno dei due paesi, per alcuni dei delitti indicati nel seguente articolo, si trovino nel territorio dell'altro.

ART. 2. — L'impegno di cui all'articolo precedente concerne i delitti comuni, eccettuati quelli indicati nell'articolo 5, per i quali sia stata applicata una pena restrittiva della libertà personale non inferiore a sei mesi o pei quali secondo la legge dello Stato richiedente può essere applicata una pena restrittiva della libertà personale non inferiore a un anno. Il fatto deve essere punibile secondo la legge dello Stato richiedente e dello Stato richiesto.

ART. 3. — L'estradizione potrà essere concessa, in vista di particolari circostanze, anche per reati non compresi nell'articolo precedente, quando lo permettano le leggi degli Stati contraenti.

ART. 4. — Non è ammessa l'estradizione del proprio cittadino.

ART. 5. — Non potrà avere luogo l'estradizione :

1. per i reati previsti esclusivamente dalle leggi sulla stampa ;

2. per i reati esclusivamente militari, quando cioè il fatto non sarebbe altrimenti punibile che per le leggi militari ;

3. per i reati politici o per fatti connessi a tali reati, salvo che il fatto costituisca principalmente un delitto comune.

Nei casi previsti nei numeri precedenti, qualsiasi apprezzamento sulla natura dei fatti è esclusivamente riservata alle autorità dello Stato richiesto.

ART. 6. — L'estradizione di un malfattore può essere rifiutata se le autorità dello Stato richiesto sono competenti secondo la propria legge a giudicare il delitto.

Se la persona di cui si chiede l'estradizione è sottoposta a procedimento penale, o detenuta per altro reato commesso nello Stato dove si trova, la sua consegna può essere differita fino a che il procedimento non abbia avuto termine, e in caso di condanna, fino alla compiuta espiazione della pena.

ART. 7. — L'estradizione non è concessa, se l'azione penale o la condanna siano prescritte secondo le leggi dello Stato richiesto.

ART. 8. — La persona di cui fu concessa l'estradizione potrà essere giudicata per ogni altro fatto commesso prima della consegna, in connessione con quello che la motivò, purchè non osti uno dei divieti indicati all'articolo 5.

Quando si tratti di reato non connesso, lo Stato al quale fu concessa l'estradizione, chiederà all'altro Stato di estendere gli effetti del provvedimento ai fatti pei quali intende procedere.

ART. 9. — La domanda di estradizione sarà presentata direttamente dal Ministero della Giustizia dello Stato richiedente al Ministero della Giustizia dello Stato richiesto.

L'estradizione sarà accordata in base ad una sentenza di condanna o a un mandato di cattura o a qualsiasi altro atto equivalente al mandato, che dovrà indicare la natura e la gravità del fatto imputato e le disposizioni della legge penale applicate od applicabili.

I documenti predetti saranno rimessi in copia autentica, nelle forme prescritte dalle leggi dello Stato richiedente, insieme con una copia del testo delle leggi applicate od applicabili, e, possibilmente, coi contrassegni personali, la fotografia delle persone reclamate e qualsiasi altra indicazione atta a constatarne l'identità.

La domanda e i documenti saranno redatti nella lingua ufficiale dello Stato richiedente.

ART. 10. — In caso di urgenza si potrà concedere l'arresto provvisorio, in seguito a dichiarazione anche per telegrafo, della esistenza di alcuno dei documenti indicati nel secondo alinea dell'articolo precedente.

Le autorità giudiziarie, e gli agenti diplomatici e consolari del paese che intende chiedere l'estradizione, sono autorizzati a fare direttamente questa dichiarazione al Ministero della Giustizia o alla autorità giudiziaria competente dello Stato richiesto.

L'arrestato provvisoriamente sarà messo in libertà, se entro quarantacinque giorni dalla data dell'arresto non siano pervenuti al Ministero della Giustizia dello Stato richiesto la domanda e i documenti occorrenti.

Il detto termine sarà di due mesi quando l'individuo da consegnare sia segnalato come delinquente pericoloso.

ART. 11. — Se la persona reclamata da una delle Alte Parti contraenti è reclamata al tempo stesso da altri Stati, si darà la preferenza alla domanda concernente il reato che, a giudizio dello Stato richiesto sia più grave.

Se i reati si reputassero della stessa gravità sarà preferita la domanda di data anteriore. Tuttavia, se uno degli Stati richiedenti è il paese al quale appartiene la persona ricercata gli si darà la preferenza, a condizione che le sue leggi permettano di procedere contro la persona di cui si tratta per i reati commessi nel territorio di detti Stati.

ART. 12. — Il denaro e gli oggetti in possesso della persona ricercata al momento dell'arresto, saranno sequestrati e consegnati allo Stato richiedente. Il denaro e gli oggetti, legittimamente posseduti dall'arrestato, saranno consegnati, ancorchè si trovino presso altri, se dopo l'arresto vengano in potere delle autorità. La consegna non si limiterà alle cose provenienti dal reato per il quale è stata chiesta l'estradizione, ma comprenderà tuttociò che può servire per la prova del reato, ed avverrà ancorchè l'estradizione non abbia potuto effettuarsi per la fuga o la morte del delinquente.

Sono riservati i diritti dei terzi, non implicati nel procedimento, sulle cose sequestrate che dovranno essere loro restituite senza spese al termine del processo.

ART. 13. — Il permesso di transito, sui territori delle Alte Parti contraenti, di persona non appartenente al paese di transito e consegnato da un altro Stato, sarà concesso su semplice domanda presentata a norma dell'articolo 9, della presente convenzione, dalle autorità del paese che ha chiesto l'estradizione.

Il permesso di transito sarà dato con provvedimento del Ministero competente del paese richiesto del transito, omessa qualsiasi formalità giudiziaria, purchè non si tratti di uno dei reati di cui all'art. 5 e non vi si oppongano gravi motivi di ordine pubblico, Il trasporto del detenuto si effettuerà con i mezzi più rapidi, sotto la sorveglianza di agenti del paese richiesto.

Il detenuto non è ammesso a penetrare nel territorio del paese richiesto per il transito finchè il permesso di transito non sia accordato.

ART. 14. — Le spese cagionate dalla domanda di estradizione sul territorio dello Stato richiesto, sono a carico di quest'ultimo. Le spese del transito sono a carico del paese richiedente.

ART. 15. — La presente convenzione sarà ratificata e gli istrumenti di ratifica saranno scambiati al più presto possibile.

Essa andrà in vigore dopo lo scambio delle ratifiche e resterà in vigore fino a sei mesi dal giorno della denunzia da parte di una delle Alte Parti contraenti·

In fede di che, i plenipotenziari suddetti hanno firmato la presente convenzione.

Fatto a Roma, il sei aprile millenovecentoventidue, in italiano ed in francese, i due testi facendo egualmente fede, in due esemplari, di cui uno sarà rimesso a ciascuno degli Stati firmatari.

Per l'Austria :
    RÉMI KWIATKOWSKI.

Per l'Italia :
    IMPERIALI.

Esecuzione per R. Decreto : 13 dicembre 1928, n. 3181.

XLVI.

6 aprile 1922.

ROMA.

Convenzione fra l'Italia e il Regno Serbo-Croato-Sloveno, relativo all'estradizione dei malfattori,
(N. 37 del Protocollo finale della Conferenza di Roma).

L'Italia e il Regno Serbo-Croato-Sloveno desiderosi di regolare le questioni che riguardano l'estradizione dei malfattori,
volendo concludere una convenzione a questo riguardo, le Alte Parti contraenti hanno nominato come loro plenipotenziari :

SUA MAESTÀ IL RE D'ITALIA :

S. E. il Marchese Guglielmo Imperiali, Senatore del Regno, Ambasciatore ;

SUA MAESTA IL RE DEI SERBI, CROATI E SLOVENI :

il Signor Ottokar Rybár, ex deputato ;

i quali, dopo aver depositato i loro pieni poteri, trovati in buona e debita forma, hanno convenuto quanto segue :

ART. 1. — Le Alte Parti contraenti s'impegnano a far ricercare e arrestare e a consegnarsi reciprocamente le persone che imputate o condannate dall'autorità giudiziaria competente di uno dei due paesi, per alcuni dei delitti indicati nel seguente articolo, si trovino nel territorio dell'altro.

Art. 2. — L'impegno di cui all'articolo precedente concerne i delitti comuni, eccettuati quelli
indicati nell'articolo 5, per i quali sia stata applicata
una pena restrittiva della libertà personale non minore di sei mesi o pei quali secondo la legge dello
Stato richiedente può essere applicata una pena restrittiva della libertà personale non inferiore a un
anno. Il fatto deve essere punibile secondo la legge
dello Stato richiedente e dello Stato richiesto.

Art. 3. — L'estradizione potrà essere concessa,
in vista di particolari circostanze, anche per i reati
non compresi nell'articolo precedente, quando lo
permettano le leggi degli Stati contraenti.

Art. 4. — Non è ammessa l'estradizione del
proprio cittadino.

Art. 5. — Non potrà aver luogo l'estradizione :

1. per i reati previsti esclusivamente dalle leggi
sulla stampa ;

2. per i reati esclusivamente militari, quando
cioè il fatto non sarebbe altrimenti punibile che per le
leggi militari ;

3. per i reati politici o per fatti connessi a tali
reati, salvo che il fatto costituisca principalmente
un delitto comune.

Nei casi previsti nei numeri precedenti, qualsiasi
apprezzamento sulla natura dei fatti è esclusivamente
riservata alle autorità dello Stato richiesto.

Art. 6. — L'estradizione di un malfattore può
essere rifiutata se le autorità dello Stato richiesto
sono competenti secondo la propria legge a giudicare
il delitto.

Se la persona di cui si chiede l'estradizione è sottoposta a procedimento penale, o detenuta per altro
reato commesso nello Stato dove si trova, la sua consegna può essere differita fino a che il procedimento

non abbia avuto termine, e in caso di condanna, fino alla compiuta espiazione della pena.

ART. 7. — L'estradizione non è concessa, se l'azione penale, o la condanna siano prescritte secondo le leggi dello Stato richiesto.

ART. 8. — La persona di cui fu concessa l'estradizione potrà essere giudicata per ogni altro fatto commesso prima della consegna, in connessione con quello che la motivò, purchè non osti uno dei divieti indicati all'articolo 5.

Quando si tratti di reato non commesso, lo Stato al quale fu concessa l'estradizione chiederà all'altro Stato di estendere gli effetti del provvedimento ai fatti pei quali intende procedere.

ART. 9. — La domanda di estradizione sarà presentata direttamente dal Ministero della Giustizia dello Stato richiedente al Ministero della Giustizia dello Stato richiesto.

L'estradizione sarà accordata in base ad una sentenza di condanna o a un mandato di cattura o a qualsiasi altro atto equivalente al mandato, che dovrà indicare la natura e la gravità del fatto imputato e le disposizioni della legge penale applicate od applicabili.

I documenti predetti saranno rimessi in copia autentica nelle forme prescritte dalle leggi dello Stato richiedente, insieme con una copia del testo delle leggi applicate od applicabili e, possibilmente, coi contrassegni personali, la fotografia delle persone reclamate e qualsiasi altra indicazione atta a constatarne l'identità.

La domanda e i documenti saranno redatti nella lingua ufficiale dello Stato richiedente.

ART. 10. — In caso di urgenza si potrà concedere l'arresto provvisorio, in seguito a dichiarazione, anche per telegrafo, della esistenza di alcuno dei documenti indicati nel secondo alinea dell'articolo precedente.

Le autorità giudiziarie, e gli agenti diplomatici e consolari del paese che intende chiedere l'estradizione, sono autorizzati a fare direttamente questa dichiarazione al Ministero della giustizia o all'autorità giudiziaria competente dello Stato richiesto.

L'arrestato provvisoriamente sarà messo in libertà, se entro quarantacinque giorni dalla data dell'arresto, non siano pervenuti al Ministero della giustizia dello Stato richiesto la domanda e i documenti occorrenti.

Il detto termine sarà di due mesi quando l'individuo da consegnare sia segnalato come delinquente pericoloso.

ART. 11. — Se la persona reclamata da una delle Alte Parti contraenti è reclamata al tempo stesso da altri Stati, si darà la preferenza alla domanda concernente il reato che, a giudizio dello Stato richiesto sia più grave.

Se i reati si reputassero della stessa gravità sarà preferita la domanda di data anteriore. Tuttavia, se uno degli Stati richiedenti è il paese al quale appartiene la persona ricercata, gli si darà la preferenza, a condizione che le sue leggi permettano di procedere contro la persona di cui si tratta per i reati commessi nel territorio di detti Stati.

ART. 12. — Il denaro e gli oggetti in possesso della persona ricercata al momento dell'arresto, saranno sequestrati e consegnati allo Stato richiedente. Il denaro e gli oggetti, legittimamente posseduti dall'arrestato, saranno consegnati, ancorchè si trovino presso altri, se dopo l'arresto vengano in potere delle autorità. La consegna non si limiterà alle cose provenienti dal reato per il quale è stata chiesta l'estradizione, ma comprenderà tutto ciò che può servire per la prova del reato ed avverrà ancorchè l'estradizione non abbia potuto effettuarsi per la fuga o la morte del delinquente.

Sono riservati i diritti dei terzi, non implicati nel procedimento, sulle cose sequestrate che dovranno essere loro restituite senza spese al termine del processo.

ART. 13. — Il permesso di transito, sui territori delle Alte Parti contraenti, di persona non appartenente al paese di transito e consegnata da un altro Stato, sarà concesso su semplice domanda presentata a norma dell'art. 9 della presente convenzione, dalle autorità del paese che ha chiesto l'estradizione.

Il permesso di transito sarà dato con provvedimento del Ministero competente del paese richiesto del transito, omessa qualsiasi formalità giudiziaria, purchè non si tratti di uno dei reati di cui all'art. 5 e non vi si oppongano gravi motivi di ordine pubblico. Il trasporto del detenuto si effettuerà con i mezzi più rapidi, sotto sorveglianza di agenti del paese richiesto.

Il detenuto non è ammesso a penetrare nel territorio del paese richiesto per il transito finchè il permesso di transito non sia accordato.

ART. 14. — Le spese cagionate dalla domanda di estradizione sul territorio dello Stato richiesto, sono a carico di quest'ultimo. Le spese del transito sono a carico del paese richiedente.

ART. 15. — La presente convenzione sarà ratificata e gli istrumenti di ratifica saranno scambiati al più presto possibile.

Essa andrà in vigore dopo lo scambio delle ratifiche e resterà in vigore fino a sei mesi dal giorno della denunzia da parte di una delle Alte Parti Contraenti.

In fede di che, i plenipotenziari suddetti hanno firmato la presente Convenzione.

Fatto a Roma, il sei aprile millenovecentoventidue in italiano e in francese, i due testi facendo egualmente fede, in due esemplari di cui uno sarà rimesso a ciascuno degli Stati firmatari.

Per l'Italia:
Imperiali.

Per il Regno Serbo Croato e Sloveno:
Dr. Rybàr.

Scambio delle ratifiche: 6 febbraio 1931.
Esecuzione per R. Decreto: 13 dicembre 1928, n. 3182.

XLVII.

6 aprile 1922.

ROMA.

Convenzione fra l'Italia e la Cecoslovacchia relativa all'estradizione dei malfattori.

(N. 38 del Protocollo finale della Conferenza di Roma).

La Cecoslovacchia e l'Italia, desiderose di regolare le questioni che riguardano l'estradizione dei malfattori ;

volendo concludere una convenzione a questo riguardo, le Alte Parti contraenti hanno nominato come loro plenipotenziari :

IL PRESIDENTE DELLA REPUBBLICA CECOSLOVACCA :

il Signor Vlastimil Kybal, Inviato Straordinario e Ministro Plenipotenziario ;

SUA MAESTÀ IL RE D'ITALIA :

S. E. il Marchese Guglielmo Imperiali, Senatore del Regno, Ambasciatore ;

i quali, dopo aver depositato i loro pieni poteri, trovati in buona e debita forma, hanno convenuto quanto segue :

ART. 1. — Le Alte Parti Contraenti s'impegnano a far ricercare e arrestare e a consegnarsi reciprocamente le persone che, imputate o condannate dall'autorità giudiziaria competente di uno dei due paesi,

26

per alcuno dei delitti indicati nel seguente articolo, si trovino nel territorio dell'altro.

ART. 2. — L'impegno di cui all'articolo precedente concerne i delitti comuni, eccettuati quelli indicati nell'articolo 5, per i quali sia stata applicata una pena restrittiva della libertà personale non minore di sei mesi o pei quali secondo la legge dello Stato richiedente può essere applicata una pena restrittiva della libertà personale non inferiore a un anno. Il fatto deve essere punibile secondo la legge dello Stato richiedente e dello Stato richiesto.

ART. 3. — L'estradizione potrà essere concessa, in vista di particolari circostanze, anche per reati non compresi nell'articolo precedente, quando lo permettano le leggi degli Stati contraenti.

ART. 4. — Non è ammessa l'estradizione del proprio cittadino.

ART. 5. — Non potrà aver luogo l'estradizione :

1. per i reati previsti esclusivamente dalle leggi sulla stampa ;

2. per i reati esclusivamente militari, quando cioè il fatto non sarebbe altrimenti punibile che per le leggi militari ;

3. per i reati politici o per i fatti connessi a tali reati, salvo che il fatto costituisca principalmente un delitto comune.

Nei casi previsti nei numeri precedenti, qualsiasi apprezzamento sulla natura dei fatti è esclusivamente riservata alle autorità dello Stato richiesto.

ART. 6. — L'estradizione di un malfattore può essere rifiutata se le autorità dello Stato richiesto sono competenti secondo la propria legge a giudicare il delitto.

Se contro la persona di cui si chiede l'estradizione è in corso un procedimento penale, o se la persona suddetta è detenuta per altro reato commesso nello Stato dove si trova, la sua consegna può essere differita fino a che il procedimento non abbia avuto termine e in caso di condanna, fino alla compiuta espiazione della pena.

ART. 7. — L'estradizione non è concessa, se la azione penale o la condanna siano prescritte secondo le leggi dello Stato richiesto.

ART. 8. — La persona di cui fu concessa l'estradizione potrà essere giudicata per ogni altro reato commesso prima della consegna, in connessione con quello che la motivò, purchè non osti uno dei divieti indicati all'articolo 5.

Quando si tratti di reato non commesso, lo Stato al quale fu concessa l'estradizione, chiederà all'altro Stato di estendere gli effetti del provvedimento ai fatti pei quali intende procedere.

ART. 9. — La domanda di estradizione sarà presentata direttamente dal Ministero della Giustizia dello Stato richiedente al Ministero della Giustizia dello Stato richiesto.

L'estradizione sarà accordata in base ad una sentenza di condanna o a un mandato di cattura o a qualsiasi altro atto equivalente al mandato, che dovrà indicare la natura e la gravità del fatto imputato e le disposizioni della legge penale applicate od applicabili.

I documenti predetti saranno rimessi in copia autentica, nelle forme prescritte dalle leggi dello Stato richiedente, insieme con una copia del testo delle leggi applicate od applicabili, e possibilmente, coi contrassegni personali, la fotografia delle persone reclamate e qualsiasi altra indicazione atta a constatarne l'identità.

La domanda e i documenti saranno redatti nella lingua ufficiale dello Stato richiedente.

ART., 10. — In caso di urgenza si potrà concedere l'arresto provvisorio in seguito a dichiarazione anche per telegrafo, della esistenza di alcuno dei documenti indicati nel secondo alinea dell'articolo precedente.

Le autorità giudiziarie, e gli agenti diplomatici e consolari del paese che intende chiedere l'estradizione, sono autorizzati a fare direttamente questa dichiarazione al Ministero della Giustizia o all'autorità giudiziaria competente dello Stato richiesto.

L'arrestato provvisoriamente sarà messo in libertà, se entro quarantacinque giorni dalla data dell'arresto, non siano pervenuti al Ministero della Giustizia dello Stato richiesto la domanda e i documenti occorrenti.

Il detto termine sarà di due mesi quando l'individuo da consegnare sia segnalato come delinquente pericoloso.

ART. 11. — Se la persona reclamata da una delle Alte Parti contraenti è reclamata al tempo stesso da altri Stati, si darà la preferenza alla domanda concernente il reato che, a giudizio dello Stato richiesto, sia più grave.

Se i reati si reputassero della stessa gravità, sarà preferita la domanda di data anteriore. Tuttavia, se uno degli Stati richiedenti è il paese al quale appartiene la persona ricercata, gli si darà la preferenza, a condizione che le sue leggi permettano di procedere contro la persona di cui si tratta per i reati commessi nel territorio di detti Stati.

ART. 12. — Il denaro e gli oggetti in possesso della persona ricercata al momento dell'arresto, saranno sequestrati e consegnati allo Stato richiedente. Il denaro e gli oggetti, legittimamente posseduti dall'arrestato, saranno consegnati, ancorchè si trovino presso altri, se dopo l'arresto vengano in potere delle autorità. La consegna non si limiterà alle cose prove-

nienti dal reato per il quale è stata chiesta l'estradi- 1922
6 aprile
zione, ma comprenderà tutto ciò che può servire per
la prova del reato ed avverrà ancorchè l'estradizione
non abbia potuto effettuarsi per la fuga o la morte del
delinquente.

Sono riservati i diritti dei terzi, non implicati nel
procedimento, sulle cose sequestrate che dovranno
essere loro restituite senza spese al termine del processo.

ART. 13. — Il permesso di transito, sui territori
delle Alte Parti contraenti, di persona non appartenente al paese di transito e consegnata da un altro
Stato, sarà concesso su semplice domanda presentata
a norma dell'articolo 9 della presente convenzione,
dalla autorità del Paese che ha chiesto l'estradizione.

Il permesso di transito sarà dato con provvedimento del Ministero competente del paese richiesto
del transito, omessa qualsiasi formalità giudiziaria,
purchè non si tratti di uno dei reati di cui all'art. 5
e non vi si oppongano gravi motivi di ordine pubblico.
Il trasporto del detenuto si effettuerà con i mezzi più
rapidi, sotto la sorveglianza di agenti del paese richiesto.

Il detenuto non è ammesso a penetrare nel territorio del paese richiesto per il transito, finchè il permesso di transito non sia stato accordato.

ART. 14. — Le spese cagionate dalla domanda di
estradizione sul territorio dello Stato richiesto, sono
a carico di questo ultimo. Le spese del transito sono
a carico del paese richiedente.

ART. 15. — La presente convenzione sarà ratificata e gli istrumenti di ratifica saranno scambiati
al più presto possibile.

Essa entrerà in vigore dopo lo scambio delle ratifiche e resterà in vigore fino a sei mesi dal giorno

della denunzia da parte di una delle Alte Parti contraenti.

In fede di che, i plenipotenziari suddetti hanno firmato la presente convenzione.

Fatto a Roma il sei aprile millenovecentoventidue,
in italiano ed in francese, i due testi facendo egualmente fede, in due esemplari, di cui uno sarà rimesso a
ciascuno degli Stati firmatari.

Per la Cecoslovchia :
    VLASTIMIL KYBAL.

Per l'Italia :
    IMPERIALI.

Scambio ratifiche : 31 maggio 1926.
Esecuzione per R. Decreto : 19 luglio 1924, n. 1559.

XLVIII.

6 aprile 1922.

ROMA.

Convenzione fra l'Italia e l'Austria per l'assistenza giudiziaria.

(N. 39 del Protocollo finale della Conferenza di Roma).

L'Austria e l'Italia, desiderose di regolare le questioni che riguardano la protezione legale e giudiziaria dei rispettivi sudditi,

volendo concludere una convenzione a questo riguardo, le Alte Parti contraenti hanno nominato come loro plenipotenziari :

IL PRESIDENTE FEDERALE
DELLA REPUBBLICA AUSTRIACA :

il Signor Rémi Kwiatkowski, Inviato Straordinario e Ministro Plenipotenziario ;

SUA MAESTÀ IL RE D'ITALIA : :

S. E. il Marchese Guglielmo Imperiali, Senatore del Regno, Ambasciatore ;

i quali, dopo aver depositato i loro pieni poteri, trovati in buona e debita forma, hanno convenuto quanto segue :

TITOLO PRIMO.

Protezione legale dei rispettivi sudditi.

ART. 1. — I cittadini di ciascuna delle Alte Parti contraenti godranno sul territorio dell'altra lo stesso

trattamento dei nazionali in quanto concerne la protezione legale e giudiziaria delle loro persone e dei
loro beni. Avranno, a questo fine, libero accesso ai
tribunali e potranno stare in giudizio alle stesse condizioni e con le stesse forme dei nazionali, specie per
quanto concerne il patrocinio gratuito e la *cautio
judicatum solvi.*

ART. 2. — Il certificato di povertà dovrà essere
rilasciato per i sudditi delle due Parti contraenti
dalle autorità del luogo di residenza e, in mancanza
di questa, dalle autorità del luogo della dimora.

Qualora queste autorità non appartenessero ad uno
degli Stati contraenti, il certificato potrà essere rilasciato da un agente diplomatico o consolare dello
Stato al quale il richiedente appartiene.

Se il richiedente non risiede nel paese nel quale è
fatta la domanda, il certificato di povertà sarà legalizzato senza spesa da un agente diplomatico o
consolare del paese nel quale deve essere prodotto.

L'autorità competente a rilasciare il certificato
di povertà potrà prendere informazioni sulle condizioni economiche del richiedente, presso le autorità
dell'altra Parte contraente.

L'autorità incaricata di statuire sulla domanda di
patrocinio gratuito conserva, nei limiti delle sue
attribuzioni, il diritto di controllare i certificati e le
informazioni che le sono fornite.

ART. 3. — La parte alla quale è stato accordato
il gratuito patrocinio dalle autorità competenti di
una delle Alte Parti contraenti, godrà di tale beneficio
anche in tutti gli atti di procedura, relativi alla stessa
lite, davanti alle autorità dell'altra Parte contraente.

ART. 4. — Le condanne alle spese del giudizio,
pronunziate in uno degli Stati contraenti contro l'attore o l'intervenuto in causa suddito dell'altro Stato,

saranno rese gratuitamente esecutive dalla competente autorità dell'altro Stato contraente, in seguito a domanda fatta pel tramite del Ministero della Giustizia o, se possibile, presentata direttamente dalla parte interessata.

1922
6 aprile

La stessa norma si applica alle decisioni dell'autorità giudiziaria con le quali l'ammontare delle spese è fissato ulteriormente.

Art. 5. — Le decisioni relative alle spese saranno dichiarate esecutive senza sentire le parti, ma salvo ulteriore ricorso della parte condannata conformemente alla legislazione del paese, ove l'esecuzione è promossa.

L'autorità competente a pronunciare sulla domanda di esecuzione si limiterà ad esaminare :

1. se, secondo le leggi del paese, ove la condanna è stata pronunciata, la spedizione della decisione riunisce le condizioni necessarie per la sua autenticità ;

2. se, secondo le stesse leggi, la decisione è passata in giudicato.

Per soddisfare alle condizioni previste nell'alinea 2, n. 1 e 2, basterà una dichiarazione dell'autorità competente dello Stato richiedente la quale attesti che la decisione è passata in giudicato.

La competenza di questa autorità sarà attestata dal Ministero della Giustizia dello Stato richiedente.

Titolo II.

Assistenza giudiziaria reciproca.

Art. 6. — Le autorità giudiziarie delle Alte Parti contraenti corrisponderanno fra loro per mezzo del Ministero della Giustizia dei rispettivi Stati, per quanto concerne le notificazioni di atti giudiziari e la trasmissione di commissioni rogatorie, in materia civile, commerciale e penale.

Tuttavia, in materia civile e commerciale, nei casi di assoluta e giustificata urgenza, le autorità giudiziarie hanno facoltà di corrispondere direttamente fra loro.

Le autorità giudiziarie per la Repubblica austriaca e le autorità giudiziarie del Regno d'Italia subordinate alle Corti d'Appello di Trento, Trieste e Zara, hanno facoltà di corrispondere direttamente tra loro nella propria lingua in tutte le materie civili, commerciali e penali, enumerate più sopra, senza essere tenute a ricorrere all'intervento dei rispettivi Ministeri.

ART. 7. — Le autorità giudiziarie di ciascuno degli Stati contraenti hanno facoltà di redigere nella lingua del loro Stato le richieste degli atti, di cui all'articolo precedente.

Nel caso dell'alinea 2 dell'articolo precedente all'atto o alla rogatoria sarà unita una traduzione nella lingua dello Stato dell'autorità richiesta.

ART. 8. — Le notificazioni e le rogatorie sono eseguite in conformità delle leggi del paese richiesto.

Tuttavia, le notificazioni in materia civile e commerciale potranno essere eseguite in una forma speciale, se la parte richiedente ne esprime il desiderio, purchè non sia contraria alle leggi dello Stato richiesto.

Alla stessa condizione anche per le rogatorie in materia civile e commerciale, si potrà ottemperare alla domanda dell'autorità richiedente, perchè si proceda in una forma speciale.

L'autorità richiedente, se ne fa domanda, sarà informata della data e del luogo in cui si procederà all'esecuzione della rogatoria, affinchè le parti interessate siano in grado di assistervi.

Art. 9. — Gli atti comprovanti le notificazioni e l'esecuzione delle rogatorie verranno rimessi dal Ministero della Giustizia dello Stato richiesto al Ministero della Giustizia dello Stato richiedente.

Art. 10. — L'esecuzione di una rogatoria può essere ricusata soltanto :

1. se nello Stato richiesto l'esecuzione della rogatoria non rientri nelle attribuzioni del potere giudiziario ;

2. se lo Stato nel cui territorio dovrebbe compiersi l'esecuzione, la giudichi contraria all'ordine pubblico o al diritto pubblico interno.

Nel caso di incompetenza dell'autorità richiesta, la rogatoria sarà trasmessa di ufficio all'autorità giudiziaria competente dello Stesso Stato, secondo le norme stabilite dalla legislazione dello Stato medesimo il quale ne avvisa immediatamente, quando ne sia il caso, il Ministero dello Stato richiedente.

Art. 11. — In materia civile o commerciale ciascuna delle Alte Parti contraenti conserva la facoltà di indirizzare gli atti direttamente agli interessati, rispettivi cittadini, per posta o a cura dei propri agenti diplomatici o consolari.

Art. 12. — L'esecuzione delle notificazioni e delle rogatorie in materia civile o commerciale non potrà dar luogo al rimborso di tasse e di spese di qualsiasi specie.

Tuttavia, lo Stato richiesto avrà diritto di esigere dallo Stato richiedente il rimborso delle indennità pagate ai testimoni ed ai periti, come delle spese causate dall'intervento di un ufficiale pubblico reso necessario per non essere i testimoni comparsi volontariamente, o delle spese risultanti dall'applicazione eventuale di una forma speciale di esecuzione di notificazione o di rogatoria.

ART. 13. — Nella materia penale l'autorità giudiziaria di uno degli Stati contraenti potrà domandare all'autorità giudiziaria dell'altro Stato, per rogatoria, la comunicazione di corpi di reato (pièces de conviction) o i documenti che si trovino in possesso di autorità dello Stato richiesto. Verrà dato seguito alla domanda, tranne che vi si oppongano considerazioni particolari, e con l'obbligo di restituire cose e documenti nel più breve tempo possibile.

ART. 14. — Se in un processo penale sia necessaria la comparizione personale di un testimonio o di un perito, l'atto di citazione dell'autorità giudiziaria sarà trasmesso nelle vie prescritte dalla presente convenzione e sarà notificato a cura dello Stato richiesto, tranne che particolari considerazioni vi si oppongano.

Le spese per la comparizione saranno a carico dello Stato richiedente.

L'atto di citazione indicherà la somma che sarà corrisposta a titolo di spese di viaggio e di soggiorno nonchè l'ammontare dell'anticipazione che lo Stato richiesto potrà, salvo rimborso da parte dello Stato richiedente, fare al testimonio o al perito sulla somma complessiva.

Il testimonio o il perito, quale sia la sua nazionalità, che vorrà comparire innanzi l'autorità giudiziaria dello Stato richiedente, non potrà essere processato o arrestato per fatti e condanne anteriori, nè come partecipe ai fatti che formano oggetto del processo, nel quale è stata ordinata la sua testimonianza o perizia, durante il tempo necessario a questo fine, e a ritornare nel suo paese.

Se l'individuo, di cui si domanda la comparizione, sia detenuto nell'altro Stato, potrà chiedersene la consegna provvisoria, salvo a rinviarlo nel più breve tempo possibile.

Occorrerà però anche in questo caso il consenso dell'individuo stesso, qualora non sia suddito dello Stato richiedente.

ART. 15. — Quando il cittadino di una delle Alte Parti contraenti sia condannato per reato punito con pena restrittiva della libertà personale nel territorio dell'altra parte, questa si impegna a comunicare nelle vie prescritte dalla presente convenzione, l'estratto della decisione alla autorità giudiziaria del paese al quale appartiene il condannato.

ART. 16. — Le spese occasionate dall'esecuzione di rogatorie in materia penale sono a carico del Governo richiesto.

Tuttavia le spese occasionate per l'esecuzione di perizie sono a carico dello Stato richiedente.

TITOLO III.

Disposizioni finali.

ART. 17. — Il Ministero della Giustizia di ciascuna delle Parti contraenti, sulla richiesta di un'autorità giudiziaria dell'altra Parte contraente, fornirà il testo delle leggi in vigore sul proprio territorio e, qualora ne sia il caso, le informazioni necessarie sul punto di diritto controverso.

La richiesta deve precisare la questione di diritto sulla quale debbono essere date le informazioni.

ART. 18. — Gli atti pubblici, i quali siano stati redatti sul territorio di una delle Alte Parti contraenti dalla competente autorità pubblica e siano provvisti del sigillo di ufficio, hanno sul territorio dell'altra parte il medesimo valore, quanto alla loro autenticità degli atti pubblici redatti nel territorio di questa senza necessità di legalizzazione da parte dell'autorità diplomatica o consolare.

ART. 19. — La legalizzazione diplomatica o consolare non è richiesta per gli atti privati redatti sul territorio di una delle due Parti Contraenti, ivi autenticati dalla competente autorità o da un notaio pubblico.

ART. 20. — La presente Convenzione sarà ratificata e gli istrumenti di ratifica saranno scambiati al più presto possibile.

Essa andrà in vigore dopo lo scambio delle ratifiche e resterà in vigore fino a sei mesi dal giorno della denunzia da parte di una delle Alte Parti contraenti.

In fede di che, i plenipotenziari suddetti hanno firmato la presente convenzione.

Fatto a Roma, il sei aprile millenovecentoventidue, in italiano e in francese, i due testi facendo egualmente fede, in due esemplari di cui uno sarà rimesso a ciascuno degli Stati firmatari.

Per l'Austria :
   RÉMI KWIATKOWSKI.

Per l'Italia :
   IMPERIALI.

Scambio delle ratifiche : 12 giugno 1924.
Esecuzione per R. Decreto : 13 dicembre 1923, n. 3181.

IL.

6 aprile 1922.

ROMA.

Convenzione fra l'Italia e l'Ungheria relativa alla protezione legale dei rispettivi sudditi.

(N. 40 del Protocollo finale della Conferenza di Roma).

L'Italia e l'Ungheria desiderose di regolare le questioni che riguardano la protezione legale dei rispettivi sudditi,

volendo concludere una convenzione a questo riguardo, le Alte Parti contraenti hanno nominato come loro plenipotenziari :

SUA MAESTÀ IL RE D'ITALIA :

S. E. il Marchese Guglielmo Imperiali, Senatore del Regno, Ambasciatore ;

SUA ALTEZZA IL REGGENTE D'UNGHERIA :

il Conte Nemes de Hidvêg, Inviato Straordinario e Ministro Plenipotenziario ;

i quali, dopo aver depositato i loro pieni poteri, trovati in buona e debita forma, hanno convenuto quanto segue :

TITOLO I.

Protezione legale dei rispettivi sudditi.

ART. 1. — I cittadini di ciascuna delle Alte Parti contraenti godranno sul territorio dell'altra lo stesso

trattamento dei nazionali in quanto concerne la protezione legale e giudiziaria delle loro persone e dei
loro diritti. Essi avranno, a questo fine, libero accesso
ai tribunali e potranno stare in giudizio alle stesse
condizioni e con le stesse forme dei nazionali, specie
per quanto concerne il patrocinio gratuito e la *cautio
indicatum solvi.*

ART. 2. — Il certificato di povertà dovrà essere
rilasciato per i sudditi delle due Parti contraenti dalle
autorità del luogo di residenza e, in mancanza di
questa, dalle autorità del luogo di dimora.

Qualora queste autorità non appartenessero ad uno
degli Stati contraenti, il certificato potrà essere rilasciato da un agente diplomatico o consolare del paese
al quale il richiedente appartiene.

Se il richiedente non risiede nel paese nel quale la
domanda è fatta, il certificato d'indigenza sarà legalizzato senza spese da un Agente diplomatico
o consolare del paese nel quale deve essere presentato.

L'autorità competente a rilasciare il certificato di
povertà potrà assumere informazioni sulle condizioni
economiche del richiedente presso le autorità dell'altra Parte contraente.

L'autorità incaricata di statuire sulla domanda di
patrocinio gratuito conserva, nei limiti delle sue attribuzioni, il diritto di controllare i certificati e le informazioni che le sono fornite.

ART. 3. — La parte alla quale è stato accordato il
gratuito patrocinio dall'autorità competente d'una
delle Alte Parti contraenti, godrà di tale beneficio
anche in tutti gli atti di procedura relativi alla stessa
lite, davanti alle autorità giudiziarie dell'altra Parte
contraente.

ART. 4. — Le condanne alle spese del giudizio,
pronunciate in uno degli Stati contraenti contro

l'attore o l'intervento in causa, suddito dell'altro Stato saranno rese gratuitamente esecutive dalla competente autorità dell'altro Stato contraente, in seguito a domanda fatta pel tramite del Ministero della giustizia, o se, possibile, presentata direttamente dalla parte interessata.

1922
6 aprile

La stessa norma si applica alle decisioni dell'autorità giudiziaria con le quali l'ammontare delle spese è fissato ulteriormente.

ART. 5. — Le decisioni relative alle spese saranno dichiarate esecutive senza sentire le parti, ma salvo ulteriore ricorso della parte condannata conformemente alla legislazione del paese, ove l'esecuzione è promossa.

L'autorità competente a pronunciare sulla domanda di esecuzione si limiterà ad esaminare :

1. se, secondo la legge del paese ove la condanna è stata pronunciata, la spedizione della decisione riunisce le condizioni necessarie per la sua autenticità ;

2. se, secondo la stessa legge la decisione è passata in giudicato.

Per soddisfare alle condizioni previste nell'alinea 2 n. 1 e 2, basterà una dichiarazione dell'autorità competente dello Stato richiedente, la quale attesti che la decisione è passata in giudicato.

La competenza di questa autorità sarà attestata dal Ministero della Giustizia dello Stato richiedente.

TITOLO II.

Assistenza giudiziaria reciproca.

ART. 6. — Le autorità giudiziarie delle Alte Parti contraenti corrisponderanno fra loro per mezzo dei Ministeri della Giustizia dei rispettivi Stati, per

quanto concerne le notificazioni di atti giudiziari
e la trasmissione di commissioni rogatorie, in materia
civile, commerciale e penale.

Tuttavia in materia civile e commerciale, nei casi
di assoluta e giustificata urgenza, le autorità giudiziarie avranno la facoltà di corrispondere direttamente
fra loro.

ART. 7. — Le autorità giudiziarie di ciascuno degli
Stati contraenti hanno facoltà di redigere nella lingua del loro Stato le richieste e gli atti, di cui all'articolo precedente.

Nel caso dell'alinea 2 dell'articolo precedente, al-
l'atto o alla rogatoria sarà unita una traduzione nella
lingua dello Stato dell'autorità richiesta.

ART. 8. — Le notificazioni e le rogatorie sono eseguite in conformità delle leggi del paese richiesto.

Tuttavia, le notificazioni in materia civile e commerciale potranno su domanda essere eseguite in una
forma speciale, purchè non sia contraria alle leggi dello
Stato richiesto.

Alla stessa condizione anche per le rogatorie in
materia civile e commerciale si potrà ottemperare
alla domanda dell'autorità richiedente perchè si proceda in una forma speciale.

L'autorità richiedente, se ne fa domanda, sarà
informata della data e del luogo in cui si procederà
all'esecuzione della rogatoria, affinchè le parti interessate siano in grado di assistervi.

ART. 9. — Gli atti comprovanti le notificazioni e
l'esecuzione delle rogatorie verranno rimessi dal Ministero della Giustizia dello Stato richiesto al Ministero
della Giustizia dello Stato richiedente.

ART. 10. — L'esecuzione di una rogatoria può
essere ricusata soltanto :

1. se nello Stato richiesto l'esecuzione della ro-

gatoria non rientri nelle attribuzioni del potere giudiziario ;

2. se lo Stato nel cui territorió dovrebbe compiersi l'esecuzione la giudichí contraria all'ordine pubblico o al diritto pubblico interno.

Nel caso di incompetenza dell'autorità richiesta, la rogatoria sarà trasmessa di ufficio all'autorità giudiziaria competente dello stesso Stato, secondo le norme stabilite dalla legislazione dello Stato medesimo, il quale ne avvisa immediatamente, quando ne sia il caso, il Ministero dello Stato richiedente.

ART. 11. — In materia civile o commerciale ciascuna delle Alte Parti contraenti conserva la facoltà di indirizzare gli atti direttamente agli interessati, rispettivi cittadini, per posta od a cura dei propri agenti diplomatici o consolari.

ART. 12. — L'esecuzione delle notificazioni e delle rogatorie in materia civile o commerciale non potrà dar luogo al rimborso di tasse e di spese di qualsiasi specie.

Tuttavia lo Stato richiesto avrà diritto di esigere dallo Stato richiedente il rimborso dell'indennità pagate ai testimoni ed ai periti, come delle spese causate dall'intervento di un ufficiale pubblico reso necessario per non essere i testimoni comparsi volontariamente, o delle spese risultanti dall'applicazione eventuale di una forma speciale di esecuzione di notificazione o di rogatoria.

ART. 13. — Nella materia penale l'autorità giudiziaria di uno degli Stati contraenti, potrà domandare all'autorità giudiziaria dell'altro Stato per rogatoria la comunicazione dei corpi di reato (pièces de conviction) o i documenti che si trovino in possesso di autorità dello Stato richiesto.

Verrà dato seguito alla domanda, tranne che vi si

oppongano considerazioni particolari, e con l'obbligo di restituire cose e documenti nel più breve tempo possibile.

ART. 14. — Se in un processo penale sia necessaria la comparizione di un testimonio o di un perito, l'atto di citazione dell'autorità giudiziaria sarà trasmesso nelle vie prescritte dalla presente Convenzione e sarà notificato a cura dello Stato richiesto, tranne che particolari considerazioni vi si oppongano.

Le spese per la comparizione saranno a carico dello Stato richiedente.

L'atto di citazione indicherà la somma che sarà corrisposta a titolo di spese di viaggio e di soggiorno nonchè l'ammontare dell'anticipazione che lo Stato richiesto potrà, salvo rimborso da parte dello Stato richiedente, fare al testimonio o al perito sulla somma complessiva.

Il testimonio o il perito, quale sia la sua nazionalità, che vorrà comparire innanzi l'autorità giudiziaria dello Stato richiedente, non potrà essere processato o arrestato, per fatti e condanne anteriori, nè come partecipe ai fatti che formano oggetto del processo, nel quale è stata ordinata la sua testimonianza o perizia, durante il tempo necessario a questo fine e a ritornare nel suo paese.

Se l'individuo, di cui si domanda la comparizione, sia detenuto nell'altro Stato, potrà chiedersene la consegna provvisoria, salvo a rinviarlo nel più breve tempo possibile.

Occorrerà però anche in questo caso il consenso dell'individuo stesso, qualora non sia suddito dello Stato richiedente.

ART. 15. — Quando il cittadino di una delle Alte Parti contraenti sia condannato per reato punito con pena restrittiva della libertà personale nel territorio dell'altra Parte, questa si impegna a comunicare nelle vie prescritte dalla presente convenzione l'estratto della decisione all'autorità giudiziaria del paese al quale appartiene il condannato.

ART. 16. — Le spese cccasionate dall'esecuzione di rogatorie in materia penale sono a carico del Governo richiesto.

Tuttavia le spese occasionate per l'esecuzione di perizie sono a carico dello Stato richiedente.

TITOLO III.

Disposizioni finali.

ART. 17. — Il Ministero della Giustizia di ciascuna delle Parti Contraenti, sulla richiesta di una autorità giudiziaria dell'altra Parte Contraente, fornirà il testo delle leggi in vigore sul proprio territorio e, qualora ne sia il caso, le informazioni necessarie sul punto di diritto controverso.

La richiesta deve precisare la questione di diritto sulla quale debbono essere date le informazioni.

ART. 18. — Gli atti pubblici, i quali siano stati redatti sul territorio di una delle Alte Parti Contraenti dalla competente autorità pubblica e siano provvisti del sigillo di ufficio, hanno sul territorio dell'altra Parte il medesimo valore, quanto alla loro autenticità, degli atti pubblici redatti nel territorio di questa, senza necessità di legalizzazione da parte dell'autorità diplomatica o consolare.

ART. 19. — La legalizzazione diplomatica o consolare non è richiesta per gli atti privati redatti sul territorio di una delle due Parti Contraenti, ivi autenticati dalla competente autorità o da un notaio pubblico.

ART. 20. — La presente convenzione sarà ratifi-cata e gli strumenti di ratifica saranno scambiati al più presto possibile.

Essa andrà in vigore dopo lo scambio delle ratifi-che e resterà in vigore sei mesi dal giorno della de-nunzia da parte di una delle Alte Parti Contraenti.

In fede di che, i plenipotenziari suddetti hanno fir-mato la presente convenzione.

Fatto a Roma, il sei aprile millenovecentoventidue, in italiano e in francese, i due testi facendo egual-mente fede, in due esemplari di cui uno sarà rimesso a ciascuno degli Stati firmatari.

Per l'Italia :
IMPERIALI.

Per l'Ungheria :
NEMES.   .

Scambio delle ratifiche : 6 febbraio 1931.
Esecuzione per R. Decreto : 13 dicembre 1923,
n. 3182.

L.

6 aprile 1922.

ROMA.

Convenzione fra l'Italia ed il Regno Serbo-Croato-Sloveno, riguardante la protezione legale e giudiziaria dei rispettivi sudditi.

(N. 41 del Protocollo finale della Conferenza di Roma).

L'Italia, il Regno Serbo-Croato-Sloveno, desiderosi di regolare le questioni che riguardano la protezione legale dei rispettivi sudditi,
volendo concludere una convenzione a questo riguardo, le Alte Parti Contraenti hanno nominato come loro plenipotenziari :

SUA MAESTÀ IL RE D'ITALIA :

S. E. il Marchese Guglielmo Imperiali, Senatore del Regno, Ambasciatore ;

SUA MAESTÀ IL RE DEI SERBI, CROATI E SLOVENI :

il Signor Ottokar Rybár, ex deputato ;

i quali, dopo aver depositato i loro pieni poteri, trovati in buona e debita forma, hanno convenuto quanto segue :

TITOLO I.

Protezione legale dei rispettivi sudditi.

ART. 1. — I cittadini di ciascuna delle Alte Parti Contraenti godranno sul territorio dell'altra lo stesso

trattamento dei nazionali in quanto concerne la protezione legale e giudiziaria delle persone e dei loro beni. Avranno, a questo fine, libero accesso ai tribunali e potranno stare in giudizio alle stesse condizioni e con le stesse forme dei nazionali, specie per quanto concerne il patrocinio e la *cautio judicatum solvi*.

ART. 2. — Il certificato di povertà dovrà essere rilasciato per i sudditi delle due Parti Contraenti dalle autorità del luogo di residenza e, in mancanza di questa, dalle autorità del luogo di dimora.

Qualora queste autorità non appartenessero ad uno degli Stati contraenti, il certificato potrà essere rilasciato da un agente diplomatico o consolare dello Stato al quale il richiedente appartiene.

Se il richiedente non risiede nel paese nel quale è fatta la domanda, il certificato di poverta sarà legalizzato senza spesa da un agente diplomatico o consolare del paese nel quale deve essere prodotto.

L'autorità competente a rilasciare il certificato di povertà potrà prendere informazioni sulle condizioni economiche del richiedente, presso le autorità dell'altra Parte Contraente.

L'autorità incaricata di statuire sulla domanda di patrocinio gratuito conserva, nei limiti delle sue attribuzioni, il diritto di controllare i certificati e le informazioni che le sono fornite.

ART. 3. — La parte alla quale è stato accordato il gratuito patrocinio dalle autorità competenti di una delle Alte Parti Contraenti, godrà di tale beneficio anche in tutti gli atti di procedura relativi alla stessa lite, davanti alle autorità dell'altra Parte Contraente.

ART. 4. — Le condanne alle spese del giudizio, pronunziate in uno degli Stati Contraenti contro l'attore o l'intervenuto in causa, suddito dell'altro Stato, saranno rese gratuitamente esecutive dalla competente autorità dell'altro Stato Contraente, in seguito a domanda fatta pel tramite del Ministero della Giustizia, o, se possibile, presentata direttamente dalla parte interessata.

La stessa norma si applica alle decisioni dell'autorità giudiziaria con le quali l'ammontare delle spese è fissato ulteriormente.

ART. 5. — Le decisioni relative alle spese saranno dichiarate esecutive senza sentire le parti, ma salvo ulteriore ricorso della parte condannata conformemente alla legislazione del paese, ove l'esecuzione è promossa.

L'autorità competente a pronunciare sulla domanda di esecuzione si limiterà ad esaminare :

1. se, secondo le leggi del paese, ove la condanna è stata pronunciata, la spedizione della decisione riunisse le condizioni necessarie per la sua autenticità ;

2. se, secondo le stesse leggi, la decisione è passata in giudicato.

Per soddisfare alle condizioni previste nell'alinea 2 n. 1 e 2, basterà una dichiarazione dell'autorità competente dello Stato richiedente, la quale attesti che la decisione è passata in giudicato.

La competenza di questa autorità sarà attestata dal Ministero della Giustizia dello Stato richiedente.

TITOLO II.

Assistenza giudiziaria.

ART. 6. — Le autorità giudiziarie delle Alte Parti Contraenti corrisponderanno fra loro per mezzo del Ministero della Giustizia dei rispettivi Stati, per quanto concerne le notificazioni di atti giudiziari e la trasmissione di commissioni rogatorie, in materia civile, commerciale e penale.

Tuttavia, in materia civile e commerciale nei casi di assoluta e giustificata urgenza, le autorità giudiziarie hanno facoltà di corrispondere direttamente fra loro.

Le autorità giudiziarie del Regno d'Italia subordinate alle Corti d'Appello di Trieste e Zara e le autorità giudiziarie del Regno Serbo, Croato e Sloveno subordinate ai Tribunali Superiori di Lubiana, Zagabria, Spalato e Serajevo, hanno facoltà di corrispondere direttamente tra loro nella propria lingua, in tutte le materie civili, commerciali e penali, enumerate più sopra, senza essere tenute a ricorrere all'intervento dei Ministeri rispettivi.

ART. 7. — Le autorità giudiziarie di ciascuno degli Stati contraenti hanno facoltà di redigere nella lingua del loro Stato le richieste e gli atti di cui all'articolo precedente.

Nel caso dell'alinea 2 dell'articolo precedente, all'atto o alla rogatoria sarà unita una traduzione nella lingua dello Stato dell'autorità richiesta.

ART. 8. — Le notificazioni e le rogatorie sono eseguite in conformità delle leggi del paese richiesto.

Tuttavia, le notificazioni in materia civile e commerciale potranno essere eseguite in una forma speciale, se la parte richiedente ne esprime il desiderio, purchè non sia contraria alle leggi dello Stato richiesto.

Alla stessa condizione, anche per le rogatorie in materia civile e commerciale, si potrà ottemperare alla domanda dell'autorità richiedente, perchè si proceda in una forma speciale.

L'autorità richiedente, se ne fa domanda, sarà informata della data e del luogo in cui si procederà all'esecuzione della rogatoria affinchè le parti interessate siano in grado di assistervi.

ART. 9. — Gli atti comprovanti le notificazioni e l'esecuzione delle rogatorie verranno rimessi dal Ministero della Giustizia dello Stato richiesto al Ministero della Giustizia dello Stato richiedente.

ART. 10. — L'esecuzione di una rogatoria può essere ricusata soltanto ;

1. se nello Stato richiesto l'esecuzione della rogatoria non rientri nelle attribuzioni del potere giudiziario ;

2. se lo Stato, nel cui territorio dovrebbe compiersi l'esecuzione, la giudichi contraria all'ordine pubblico od al diritto pubblico interno.

Nel caso di incompetenza dell'autorità richiesta, la rogatoria sarà trasmessa di ufficio all'autorità giudiziaria competente dello stesso Stato, secondo le norme stabilite dalla legislazione dello Stato medesimo, il quale ne avvisa immediatamente, quando ne sia il caso, il Ministero dello Stato richiedente.

ART. 11. — In materia civile o commerciale ciascuna delle Alte Parti contraenti conserva la facoltà di indirizzare gli atti direttamente agli interessati, rispettivi cittadini, per posta o a cura dei propri agenti diplomatici o consolari.

ART. 12. — L'esecuzione delle notificazioni e delle rogatorie in materia civile o commerciale non potrà dar luogo al rimborso di tasse e di spese di qualsiasi specie.

Tuttavia lo Stato richiesto avrà diritto di esigere dallo Stato richiedente il rimborso delle indennità pagate ai testimoni ed ai periti, come delle spese causate dall'intervento di un ufficiale pubblico, reso necessario per non essere i testimoni comparsi volontariamente, o delle spese risultanti dall'applicazione eventuale di una forma speciale di esecuzione di notificazione o di rogatoria.

ART. 13. — Nella materia penale l'autorità giudiziaria di uno degli Stati contraenti potrà domandare all'autorità giudiziaria dell'altro Stato, per rogatoria, la comunicazione di corpi di reato (pièces de conviction) o i documenti che si trovino in possesso di autorità dello Stato richiesto. Verrà dato seguito alla domanda, tranne che vi si oppongano considerazioni particolari, e con l'obbligo di restituire cose e documenti nel più breve tempo possibile.

ART. 14. — Se in un processo penale sia necessaria la comparizione personale di un testimonio o di un perito, l'atto di citazione dell'autorità giudiziaria sarà trasmesso nelle vie prescritte dalla presente convenzione e sarà notificato a cura dello Stato richiesto, tranne che particolari considerazioni vi si oppongano.

Le spese per la comparizione saranno a carico dello Stato richiedente.

L'atto di citazione indicherà la somma che sarà corrisposta a titolo di spese di viaggio di soggiorno nonchè l'ammontare dell'anticipazione che lo Stato richiesto potrà, salvo rimborso da parte dello Stato richiedente, fare al testimonio o al perito sulla somma complessiva.

Il testimonio o il perito, quale sia la sua nazionalità, che vorrà comparire innanzi l'autorità giudiziaria dello Stato richiedente, non potrà essere processato o arrestato per fatti e condanne anteriori, nè come partecipe ai fatti che formano oggetto del processo, nel quale è stata ordinata la sua testimonianza o perizia, durante il tempo necessario a questo fine e a ritornare al suo paese.

Se l'individuo, di cui si domanda la comparizione, sia detenuto nell'altro Stato, potrà chiedersene la consegna provvisoria, salvo a rinviarlo nel più breve tempo possibile.

Occorrerà però, anche in questo caso, il consenso dell'individuo stesso, qualora non sia suddito dello stato richiedente.

ART. 15. — Quando il cittadino di una delle Alte Parti contraenti sia condannato per reato punito con pena restrittiva della libertà personale nel territorio dell'altra Parte, questa si impegna a comunicare nelle vie prescritte dalla presente Convenzione l'estratto della decisione all'autorità giudiziaria del paese al quale appartiene il condannato.

ART. 16. — Le spese occasionate dall'esecuzione di rogatorie in materia penale sono a carico del Governo richiesto.

Tuttavia le spese occasionate per l'esecuzione di perizie sono a carico dello Stato richiedente.

TITOLO III.

Disposizioni finali.

ART. 17. — Il Ministero della Giustizia di ciascuna delle Parti contraenti, sulla richiesta di una autorità giudiziaria dell'altra Parte contraente, fornirà il testo delle leggi in vigore sul proprio territorio, e qualora ne sia il caso, le informazioni necessarie sul punto di diritto controverso.

La richiesta deve precisare la questione di diritto sulla quale debbono essere date le informazioni.

ART. 18. — Gli atti pubblici, che siano stati redatti sul territorio di una delle Alte Parti contraenti dalla competente autorità pubblica e siano provvisti del sigillo di ufficio, hanno sul territorio dell'altra Parte il medesimo valore quanto alla loro autenticità degli atti pubblici redatti nel territorio di questa senza necessità di legalizzazione da parte dell'autorità diplomatica o consolare.

ART. 19. — La legalizzazione diplomatica o consolare non è richiesta per gli atti privati redatti sul territorio di una delle due Parti contraenti, ivi autenticati dalla competente autorità o da un notaio pubblico.

ART. 20. — La presente convenzione sarà ratificata e gli istrumenti di ratifica saranno scambiati al più presto possibile.

Essa andrà in vigore dopo lo scambio delle ratifiche e resterà in vigore sei mesi dal giorno della denunzia da parte di una delle Alte Parti contraenti.

In fede di che, i plenipotenziari suddetti hanno firmato la presente convenzione.

Fatto a Roma, il sei aprile millenovecentoventidue, in italiano e in francese, i due testi facendo egualmente fede, in due esemplari di cui uno sarà rimesso a ciascuno degli Stati firmatari.

Per l'Italia :
IMPERIALI.

Per il Regno Serbo Croato e Sloveno :
Dr. RYBAR.

Scambio delle ratifiche : 2 febbraio 1927.
Esecuzione per R. Decreto: 13 dicembre 1923, n. 3179.

LI.

6 aprile 1922.

ROMA.

Convenzione fra l'Italia e la Cecoslovacchia, relativa alla protezione legale dei rispettivi sudditi.
(N. 42 del Protocollo finale della Conferenza di Roma).

La Cecoslovacchia e l'Italia desiderose di regolare le questioni che riguardano la protezione legale dei rispettivi sudditi,
volendo concludere una Convenzione a questo riguardo, le Alte Parti Contraenti hanno nominato come loro plenipotenziari :

IL PRESIDENTE DELLA REPUBBLICA CECOSLOVACCA :

Il Signor Vlastimil Kybal, Inviato Straordinario e Ministro Plenipotenziario ;

SUA MAESTÀ IL RE D'ITALIA :

S. E. il Marchese Guglielmo Imperiali, Senatore del Regno, Ambasciatore ;

i quali, dopo aver depositato i loro Pieni Poteri trovati in buona e debita forma, hanno convenuto quanto segue :

TITOLO I.

Protezione legale dei rispettivi sudditi.

Art. 1. — I cittadini di ciascuna delle Alte Parti Contraenti godranno sul territorio dell'altra lo stesso

trattamento dei nazionali in quanto concerne la protezione legale e giudiziaria delle loro persone e dei
loro diritti. Esse avranno, a questo fine, libero accesso
ai tribunali e potranno stare in giudizio alle stesse
condizioni e con le stesse forme dei nazionali, specie
per quanto concerne il patrocinio gratuito e la *cautio
judicatum solvi.*

Art. 2. — Il certificato di povertà dovrà essere
rilasciato per i sudditi delle due Parti Contraenti
dalle autorità del luogo di residenza, e in mancanza di
questa, dalle autorità del luogo di dimora.

Qualora queste autorità non appartenessero ad
uno degli Stati Contraenti, il certificato potrà essere
rilasciato da un agente diplomatico o consolare del
paese al quale il richiedente appartiene.

Se il richiedente non risiede nel paese nel quale è
fatta la domanda, il certificato di povertà sarà legalizzato senza spesa da un agente diplomatico o consolare del paese nel quale deve essere prodotto.

L'autorità competente a rilasciare il certificato
di povertà potrà assumere informazioni sulle condizioni economiche del richiedente presso le autorità
dell'altra Parte Contraente.

L'autorità incaricata sulla domanda di patricinio
gratuito conserva, nei limiti delle sue attribuzioni,
il diritto di controllare i certificati e le informazioni
che le sono fornite.

ART. 3. — La parte alla quale è stato accordato il
patrocinio gratuito dall'autorità competente di una
delle Alte Parti Contraenti, godrà di tale beneficio
anche in tutti gli atti di procedura, relativi alla stessa
lite, davanti alle autorità giudiziarie dell'altra Parte
Contraente.

ART. 4. — Le condanne alle spese del giudizio pronunziate in uno degli Stati Contraenti contro l'attore

o l'intervenuto in causa, suddito dell'altro Stato, saranno rese gratuitamente esecutive dalla competente autorità dell'altro Stato Contraente, in seguito a domanda fatta pel tramite del Ministero della Giustizia o, se possibile, presentata direttamente dalla parte interessata.

La stessa norma si applica alle decisioni dell'autorità giudiziaria con le quali l'ammontare delle spese è fissato ulteriormente.

ART. 5. — Le decisioni relative alle spese saranno dichiarate esecutive senza sentire le parti, ma salvo ulteriore ricorso della parte condannata, conformemente alla legislazione del paese ove l'esecuzione è promossa.

L'autorità competente a pronunciare sulla domanda di esecuzione si limiterà ad esaminare :

1. se, secondo la legge del paese ove la condanna è stata pronunciata, la copia della decisione riunisce le condizioni necessarie per la sua autenticità ;

2. se, secondo la stessa legge, la decisione è passata in giudicato.

Per soddisfare alle condizioni previste nell'alinea 2, n. 1 e 2, basterà una dichiarazione dell'autorità competente dello Stato richiedente, la quale attesti che la decisione è passata in giudicato.

La competenza di questa autorità sarà attestata dal Ministero della Giustizia dello Stato richiedente.

TITOLO II.

Assistenza giudiziaria reciproca.

ART. 6. — Le autorità giudiziarie delle Alte Parti Contraenti corrisponderanno fra loro per mezzo dei Ministeri della Giustizia dei rispettivi Stati, per

quanto concerne le notificazioni di atti giudiziari
e la trasmissione di commissioni rogatorie, in materia civile, commerciale e penale.

Tuttavia, in materia civile e commerciale, nei casi
di assoluta e giustificata urgenza, le autorità giudiziarie hanno facoltà di corrispondere direttamente
fra loro.

Le autorità giudiziarie della Repubblica cecoslovacca e le autorità giudiziarie del Regno d'Italia,
subordinate alla Corte d'Appello di Trieste, hanno
facoltà di corrispondere direttamente fra loro, nella
lingua ufficiale del proprio Stato, in tutte le materie
civili, commerciali e penali, senza essere tenute a
ricorrere all'intervento dei rispettivi Minister i.

Art. 7. — Le autorità giudiziarie di ciascuno degli
Stati Contraenti hanno facoltà di redigere, nella
lingua del loro Stato, le richieste e gli atti di cui
all'articolo precedente.

Nel caso dell'alinea 2 dell'articolo precedente,
all'atto o alla rogatoria sarà unita una traduzione
nella lingua dello Stato dell'autorità richiesta.

Art. 8. —Le notificazioni e le rogatorie sono eseguite in conformità delle leggi del paese richiesto.

Tuttavia le notificazioni in materia civile e commerciale potranno su domanda, essere eseguite in
una forma speciale, purchè non sia contraria alle
leggi dello Stato richiesto.

Alla stessa condizione, anche per le rogatorie in
materia civile e commerciale, si potrà ottemperare
alla domanda dell'autorità richiedente, perchè si
proceda in una forma speciale.

L'autorità richiedente, se ne fà domanda, sarà
informata della data e del luogo in cui si procederà
all'esecuzione della rogatoria, affinchè le parti interessate siano in grado di assistervi.

ART. 9. — La prova della notificazione si farà o mediante una ricevuta datata e autenticata dal destinatario o mediante certificato dell'autorità dello Stato richiesto, che constati il fatto, la forma e la data della notificazione.

Se l'atto da notificare fu trasmesso in doppio esemplare, la ricevuta o il certificato deve farsi su uno degli esemplari o esservi annesso.

ART. 10. — Gli atti comprovanti le notificazioni e l'esecuzione delle rogatorie, verranno rimessi dal Ministero della Giustizia dello Stato richiesto al Ministero della Giustizia dello Stato richiedente.

ART. 11. — L'esecuzione di una rogatoria può essere ricusata soltanto :

1. se nello Stato richiesto l'esecuzione della rogatoria non rientri nelle attribuzioni del potere giudiziario ;

2. se lo Stato nel cui territorio dovrebbe compiersi l'esecuzione, la giudichi contraria all'ordine pubblico od al diritto pubblico interno.

In caso di incompetenza dell'autorità richiesta, la rogatoria sarà trasmessa d'ufficio all'autorità giudiziaria competente dello stesso Stato, secondo le norme stabilite dalla legislazione dello Stato medesimo, il quale ne avvisa immediatamente, quando ne sia il caso, il Ministero dello Stato richiedente.

ART. 12. — In materia civile o commerciale ciascuna delle Alte Parti Contraenti conserva la facoltà di indirizzare gli atti direttamente agli interessati, rispettivi cittadini, per posta o a cura dei propri agenti diplomatici o consolari.

ART. 13. — L'esecuzione delle notificazioni e delle rogatorie in materia civile o commerciale non potrà dar luogo al rimborso di tasse e di spese di qualsiasi specie.

1922
6 aprile

Tuttavia lo Stato richiesto avrà diritto di esigere dallo Stato richiedente il rimborso delle indennità pagate ai testimoni ed ai periti, come delle spese causate dall'intervento di un ufficiale pubblico reso necessario per non essere i testimoni comparsi volontariamente, o delle spese risultanti dall'applicazione eventuale di una forma speciale di esecuzione di notificazione o di rogatoria.

ART. 14. — Nella materia penale, l'autorità giudiziaria di uno degli Stati Contraenti potrà domandare all'autorità giudiziaria dell'altro stato, per rogatoria, la comunicazione di corpi di reato (pièces de conviction) o i documenti che si trovino in possesso di autorità dello Stato richiesto. Verrà dato seguito alla domanda, tranne che vi si oppongano considerazioni particolari e con l'obbligo di restituire cose e documenti nel più breve tempo possibile.

ART. 15. — Se in un processo penale sia necessaria la comparizione personale di un testimonio o di un perito, l'atto di citazione dell'autorità giudiziaria sarà trasmesso nelle vie prescritte dalla presente convenzione e sarà notificato a cura dello Stato richiesto, tranne che particolari considerazioni vi si oppongano.

Le spese per la comparizione saranno a carico dello Stato richiedente.

L'atto di citazione indicherà la somma che sarà corrisposta a titolo di spese di viaggio e di soggiorno, nonchè l'ammontare dell'anticipazione che lo Stato richiesto potrà, salvo rimborso da parte dello Stato richiedente, fare al testimonio od al perito sulla somma complessiva.

Il testimonio o il perito, qualunque sia la sua nazionalità, che vorrà comparire innanzi l'autorità giudiziaria dello Stato richiedente, non potrà essere

processato o arrestato per fatti e condanne anteriori, nè come partecipe ai fatti che formano oggetto
del processo, nel quale è stata ordinata la sua testimonianza o perizia, durante il tempo necessario a
questo fine e a ritornare nel suo paese.

Se l'individuo, di cui si domanda la comparizione,
sia detenuto nell'altro Stato, potrà chiedersene la
consegna provvisoria, salvo a rinviarlo nel più breve
tempo possibile.

Occorrerà però, anche in questo caso, il consenso
dell'individuo stesso, qualora non sia suddito dello
Stato richiedente.

ART. 16 — Quando il cittadino di una delle Alte
Parti Contraenti sia condannato per reato punito
con pena restrittiva della libertà personale nel territorio dell'altra Parte, questa si impegna a comunicare nelle vie prescritte dalla presente Convenzione,
l'estratto della decisione alla autorità giudiziaria del
paese al quale appartiene il condannato.

ART. 17. — Le spese occasionate dall'esecuzione
di rogatorie in materia penale sono a carico del
Governo richiesto.

Tuttavia le spese occasionate per l'esecuzione di
perizie sono a carico dello Stato richiedente.

TITOLO III.

Disposizioni finali.

ART. 18. — Il Ministero della Giustizia di ciascuna
delle Parti Contraenti, sulla richiesta di un'autorità
giudiziaria dell'altra Parte Contraente, fornirà il
testo delle leggi in vigore sul proprio territorio e,
qualora ne sia il caso, le informazioni necessarie sul
punto di diritto controverso.

La richiesta deve precisare la questione di diritto sulla quale debbono essere date le informazioni.

ART. 19. — Gli atti pubblici che siano stati redatti sul territorio di una delle Alte Parti Contraenti dalla competente autorità pubblica e siano provvisti del sigillo di ufficio, hanno sul territorio dell'altra Parte il medesimo valore, quanto alla loro autenticità degli atti pubblici redatti nel territorio di questa, senza necessità di legalizzazione da parte dell'autorità diplomatica o consolare.

ART. 20. — La legalizzazione diplomatica o consolare non è richiesta per gli atti privati redatti sul territorio di una delle due Parti Contraenti, ivi autenticati dalla competente autorità o da un notaio pubblico.

ART. 21. — La presente Convenzione sarà ratificata e gli istrumenti di ratifica saranno scambiati al più presto possibile.

Essa andrà in vigore dopo lo scambio delle ratifiche e resterà in vigore sei mesi dal giorno della denunzia da parte di una delle Alte Parti Contraenti.

In fede di che, i plenipotenziari suddetti hanno firmato la presente Convenzione.

Fatto a Roma il sei aprile Millenovecentoventidue, in italiano ed in francese, i due testi facendo egualmente fede, in due esemplari di cui uno sarà rimesso a ciascuno degli Stati firmatari.

Per la Cecoslovacchia :

Per l'Italia :

IMPERIALI.

Scambio delle ratifiche : 31 maggio 1926.
Esecuzione per R. Decreto : 19 luglio 1924 n. 1559.

LII.

6 aprile 1922.

ROMA.

Accordo fra l'Italia e l'Austria per l'esecutorietà delle sentenze.

(N. 43 del Protocollo finale della Conferenza di Roma)

L'Austria e l'Italia, desiderose di regolare le questioni che riguardano la esecutorietà delle sentenze ecc. in materia civile e commerciale,

volendo concludere un accordo a questo riguardo, le Alte Parti Contraenti hanno nominato come loro plenipotenziari :

IL PRESIDENTE FEDERALE
DELLA REPUBBLICA AUSTRIACA :

Il Signor Rémi Kwiatkowski, Inviato Straordinario e Ministro Plenipotenziario ;

SUA MAESTÀ IL RE D'ITALIA :

S. E. il Marchese Guglielmo Imperiali, Senatore del Regno, Ambasciatore ;

i quali, dopo aver depositato i loro pieni poteri trovati in buona e debita forma, hanno convenuto quanto segue :

ART. 1. — Le decisioni pronunciate in materia civile o commerciale dalle Autorità giudiziarie di una delle Alte Parti Contraenti hanno nel territorio dell'altra l'autorità della cosa giudicata, quando concorrano le condizioni seguenti :

1. che, secondo le norme vigenti nello Stato in cui la decisione è prodotta, le autorità giudiziarie dello Stato in cui fu pronunciata potessero conoscere della controversia ;

2. che la decisione abbia acquistato forza di cosa giudicata secondo le leggi del paese in cui è stata pronunziata ;

3. che, secondo le stesse leggi, le parti siano state legalmente citate, rappresentate o dichiarate contumaci ;

4. che la decisione non sia contraria ad altra decisione pronunciata sullo stesso oggetto dalle autorità giudiziarie dello Stato in cui è prodotta :

5. che non contenga disposizioni contrarie all'ordine pubblico o al diritto pubblico interno del paese.

ART. 2. — Le sentenze delle autorità giudiziarie di una delle Alte Parti Contraenti saranno rese esecutive nel territorio dell'altra, sui beni mobili o immobili, e per gli effetti della trascrizione in pubblici registri, premesso un giudizio di delibazione nel quale deve essere verificato il concorso delle condizioni indicate all'articolo primo del presente accordo senza esame in merito.

ART. 3. — Se il convenuto, già contumace davanti l'autorità straniera, non sia comparso nel giudizio di delibazione e se la citazione non gli sia stata notificata in persona propria o nelle forme equipollenti secondo la legge del luogo, sarà ammessa la opposizione alla decisione che avesse dato forza esecutiva alla sentenza straniera.

ART. 4. — Nel giudizio di delibazione saranno osservate le forme stabilite dalla legge del paese nel quale l'esecuzione è richiesta.

ART. 5. — Le norme stabilite agli articoli precedenti si osservano, in quanto siano applicabili per ciò che concerne : *a*) i provvedimenti aventi forza di titolo esecutivo, emessi dalle autorità giudiziarie civili ; *b*) le decisioni dei collegi arbitrali permanenti o degli arbitri nominati per compromesso delle parti ; *c*) le transazioni dinanzi l'autorità giudiziaria e gli atti notarili muniti di clausola di esecuzione.

ART. 6. — Le decisioni e gli atti a cui si riferiscono gli articoli precedenti saranno presentati o trasmessi in copia autentica accompagnati, quando occorra, dai documenti che attestino il concorso dei requisiti di cui ai nn. 2 e 3 dell'art. 1 del presente accordo, e da una traduzione, certificata conforme, nella lingua del paese in cui la decisione o l'atto è prodotto, o la esecuzione è richiesta.

La trasmissione in via ufficiale contemplata nella convenzione per l'assistenza giudiziaria esime dall'obbligo di qualsiasi legalizzazione.

ART. 7. — Le decisioni pronunciate dall'autorità giudiziaria di una delle Alte Parti Contraenti a favore di una Parte che abbia ottenuto il gratuito patrocinio saranno rese esecutive gratuitamente nel territorio dell'altra, senza che la Parte che chiede l'esecuzione debba ottenere di nuovo, a questo fine, il beneficio della gratuita assistenza.

ART. 8. — La presente convenzione è applicabile soltanto per titoli esecutivi relativi ad obbligazioni pecuniarie o a prestazioni di cose mobili sorte dal 1º gennaio 1922.

ART. 9. — La presente convenzione sarà ratificata e gli atti di ratifica saranno scambiati al più presto possibile.

Essa non entrerà in vigore che dopo lo scambio delle ratifiche e resterà in vigore fino a sei mesi dopo il giorno della denunzia da parte delle Alte Parti Contraenti.

In fede di che, i plenipotenziari suddetti hanno firmato il presente accordo.

Fatto a Roma, il sei aprile millenovecentoventidue, in italiano e in francese, i due testi facendo egualmente fede, in due esemplari, uno dei quali sarà consegnato a ciascuno degli Stati firmatari.

Per l'Austria :
   RÉMI KWIATKOWSKI.

Per l'Italia :
   IMPERIALI.

Sambio delle ratifiche : 12 giugno 1924.
Esecuzione per R. Decreto : 13 dicembre 1923, n: *3181.*

LIII.

6 aprile 1922.

ROMA.

Accordo fra l'Italia e il Regno Serbo-Croato-Sloveno per l'esecutorietà delle sentenze.
(N. **44** del Protocollo finale della Conferenza di Roma).

L'Italia e il Regno Serbo-Croato-Sloveno, desiderosi di regolare le questioni che riguardano l'esecutorietà delle sentenze ecc., in materia civile e commerciale,
volendo concludere un accordo a questo riguardo, le Alte Parti Contraenti hanno nominato come plenipotenziari :

SUA MAESTÀ IL RE D'ITALIA :

S. E. il Marchese Guglielmo Imperiali, Senatore del Regno, Ambasciatore ;

SUA MAESTÀ IL RE DEI SERBI, CROATI E SLOVENI :

Il Signor Ottokar Rybár, ex deputato ;

i quali, dopo aver depositato i loro Pieni Poteri trovati in buona e debita forma hanno convenuto quanto segue :

ART. 1. — Le decisioni pronunciate in materia civile o commerciale dalle Autorità giudiziarie di una delle Alte Parti Contraenti hanno nel territorio dell'altra l'autorità della cosa giudicata, quando concorrano le condizioni seguenti :

1. che, secondo le norme vigenti nello Stato in cui la decisione è prodotta, le autorità giudiziarie dello Stato in cui fu pronunciata potessero conoscere della controversia ;

2. che la decisione abbia acquistato forza di cosa giudicata secondo le leggi del paese in cui è stata pronunziata ;

3. che, secondo le stesse leggi, le parti siano state legalmente citate, rappresentate o dichiarate contumaci ;

4. che la decisione non sia contraria ad altra decisione pronunciata sullo stesso oggetto dalle autorità giudiziarie dello Stato in cui è prodotta ;

5. che non contenga disposizioni contrarie all'ordine pubblico o al diritto pubblico interno del paese.

ART. 2. — Le sentenze delle Autorità giudiziarie di una delle Alte Parti Contraenti saranno rese esecutive nel territorio dell'altra, sui beni mobili o immobili, e per gli effetti della trascrizione in pubblici registri, premesso un giudizio di delibazione nel quale deve essere verificato il concorso delle condizioni indicate all'articolo primo del presente accordo, senza esame in merito.

ART. 3. — Se il convenuto, già contumace davanti l'autorità giudiziaria straniera, non sia comparso nel giudizio di delibazione e se la citazione non gli sia stata notificata in persona propria o nelle forme equipollenti secondo la legge del luogo, sarà ammessa l'opposizione alla decisione che avesse dato forza esecutiva alla sentenza straniera.

ART. 4. — Nel giudizio di delibazione saranno osservate le forme stabilite dalla legge del paese nel quale l'esecuzione è richiesta.

ART. 5. — Le norme stabilite agli articoli precedenti si osservano, in quanto siano applicabili, per
ciò che concerne : *a*) i provvedimenti aventi forza di
titolo esecutivo, emessi dalle autorità giudiziarie
civili ; *b*) le decisioni dei collegi arbitrali permanenti o degli arbitri nominati per compromesso
delle parti ; *c*) le transazioni dinanzi le autorità giudiziarie e gli atti notarili muniti di clausola di esecuzione.

1922
6 aprile

ART. 6. — Le decisioni e gli atti a cui riferiscono
gli articoli precedenti saranno presentati o trasmessi
in copia autentica, accompagnati, quando occorra,
dai documenti che attestino il concorso dei requisiti
di cui ai nn. 2 e 3 dell'art. 1 del presente accordo,
e da una traduzione, certificata conforme, nella lingua del paese in cui la decisione o l'atto è prodotto,
o l'esecuzione è richiesta.

La trasmissione in via ufficiale contemplata nella
convenzione per l'assistenza giudiziaria esime dal-
l'obbligo di qualsiasi legalizzazione.

ART 7 — Le decisioni pronunciate dall'autorità giudiziaria di una delle Alte Parti Contraenti
in favore di una parte che abbia ottenuto il gratuito
patrocinio saranno rese esecutive gratuitamente nel
territorio dell'altra, senza che la parte che chiede
l'esecuzione debba ottenere di nuovo, a questo fine,
il beneficio della gratuita assistenza.

ART 8 — La presente convenzione sarà ratificata e gli atti di ratifica saranno scambiati al più
presto possibile.

Essa non entrerà in vigore che dopo lo scambio
delle ratifiche e resterà in vigore fino a sei mesi dopo
il giorno della denunzia da parte di una della Alte
Parti Contraenti.

In fede di che i plenipotenziari suddetti hanno firmato il presente accordo.

Fatto a Roma, il 6 aprile millenovecentoventidue, in italiano e in francese, i due testi facendo egualmente fede, in due esemplari, uno dei quali sarà consegnato a ciascuno degli Stati Firmatari.

Per l'Italia :
IMPERIALI.

Per il Regno Serbo Croato e Sloveno :
Dr. RYBAR.

Scambio delle ratifiche : 6 febbraio 1931.
Esecuzione per R. decreto : 13 dicembre 1923,
n. 3182.

LIV.

6 aprile 1922.

ROMA.

Accordo fra l'Italia e la Cecoslovacchia circa l'esecutorietà delle sentenze ecc. in materia civile e commerciale.

(N. **45** del Protocollo finale della Conferenza di Roma).

La Cecoslovacchia e l'Italia, desiderose di regolare le questioni che riguardano l'esecutorietà delle sentenze, ecc. in materia civile e commerciale, volendo concludere un accordo a questo riguardo, le Alte Parti Contraenti hanno nominato come loro plenipotenziari :

IL PRESIDENTE DELLA REPUBBLICA CECOSLOVACCA :

Il Signor Vlastimil Kybal, Inviato Straordinario e Ministro Plenipotenziario ;

SUA MAESTÀ IL RE D'ITALIA :

S. E. il Marchese Guglielmo Imperiali, Senatore del Regno, Ambasciatore ;

i quali, dopo aver depositato i loro Pieni Poteri trovati in buona e debita forma, hanno convenuto quanto segue :

ART. 1. — Le decisioni pronunciate in materia civile o commerciale dalle autorità giudiziarie di una delle Alte Parti Contraenti hanno nel territorio dell'altra l'autorità della cosa giudicata, quando concorrano le condizioni seguenti :

1. che, secondo le norme vigenti nello Stato in cui la decisione è prodotta, le autorità giudiziarie dello Stato in cui fu pronunciata potessero conoscere della controversia ;

2. che la decisione abbia acquistato forza di cosa giudicata secondo le leggi del paese in cui è stata pronunziata ;

3. che, secondo le stesse leggi, le parti siano state legalmente citate, rappresentate o dichiarate contumaci ;

4. che la decisione non sia contraria ad altra decisione pronunciata sullo stesso oggetto dalle autorità giudiziarie dello Stato in cui è prodotta ;

5. che non contenga disposizioni contrarie all'ordine pubblico o al diritto pubblico interno del paese.

ART. 2. — Le sentenze delle autorità giudiziarie di una delle Alte Parti Contraenti saranno rese esecutive dell'altra, sui beni mobili o immobili, e per gli effetti della trascrizione in pubblici registri, premesso un giudizio di delibazione nel quale deve essere verificato il concorso delle condizioni indicate all'articolo primo del presente Accordo, senza esame in merito.

ART. 3. — Se il convenuto, già contumace davanti l'autorità giudiziaria straniera, non sia comparso nel giudizio di delibazione e se la citazione non gli sia stata notificata in persona propria o nelle forme equipollenti secondo la legge del luogo, sarà ammessa l'opposizione alla decisione che avesse dato forza esecutiva alla sentenza straniera.

ART. 4. — Nel giudizio di delibazione saranno conservate le forme stabilite dalla legge del paese nel quale l'esecuzione è richiesta.

ART. 5. — Le norme stabilite agli articoli precedenti si osservano, in quanto siano applicabili, per ciò che concerne : *a*) provvedimenti aventi forza di titolo esecutivo, emessi dalle autorità giudiziarie civili ; *b*) le decisioni dei collegi arbitrali permanenti o degli arbitri nominati per compromesso dalle parti ; *c*) le transazioni dinanzi le autorità giudiziarie e gli atti notarili muniti di clausola di esecuzione.

ART. 6. — Le decisioni e gli atti a cui si riferiscono gli articoli precedenti saranno presentati o trasmessi in copia autentica, accompagnati, quando occorra, dai documenti che attestino il concorso dei requisiti di cui ai nn. 2. e 3. dell'art. 1 del presente Accordo, e da una traduzione, certificata conforme, nella lingua del paese in cui la decisione o l'atto prodotto, o l'esecuzione è richiesta.

La trasmissione in via ufficiale contemplata nella convenzione per l'assistenza giudiziaria esime dall'obbligo di qualsiasi legalizzazione.

ART. 7. — Le decisioni pronunciate dall'autorità giudiziaria di una delle Alte Parti Contraenti in favore di una Parte che abbia ottenuto il gratuito patrocinio saranno rese esecutive gratuitamente nel territorio dell'altra senza che la Parte che chiede l'esecuzione debba ottenere di nuovo, a questo fine, il beneficio della gratuita assistenza.

ART. 8. — Il presente Accordo sarà ratificato e gli atti di ratifica saranno scambiati al più presto possibile.

Esso non entrerà in vigore che dopo lo scambio delle ratifiche e resterà in vigore fino a sei mesi dopo il giorno della denunzia da parte di una delle Alte Parti Contraenti.

In fede di che i plenipotenziari suddetti hanno firmato il presente Accordo.

29

Fatto a Roma, il sei aprile millenovecentoventidue in italiàno e in francese, i due testi facendo egualmente fede in due esemplari, uno dei quali sarà consegnato a ciascuno degli Stati firmatari.

Per la Cecoslovacchia :

Per l'Italia :
IMPERIALI.

Scambio delle ratifiche : 31 maggio 1926.
Esecuzione per R. Decreto : 19 luglio 1924 n. 1559.

LV.

15 aprile 1922.

MADRID.

Modus vivendi commerciale italo-spagnuolo.

Madrid, 15 aprile 1922.

Signor Ministro,

In risposta alla Nota dell'E. V. n. 45 dell'11 corrente mi pregio d'informarla che il Governo del Re accetta le modificazioni proposte dal Governo di S. M. Cattolica al progetto di *modus vivendi* commerciale italo-spagnuolo.

· Esso propone solamente che. per maggior chiarezza, nell'articolo quarto capoverso secondo alle parole « polizza di carico o manifesto vistato dai Consoli rispettivi » vengano aggiunte le parole « o bolletta ferroviaria diretta ».

Propone pure la data del 20 corrente mese di aprile per l'entrata in vigore di tale *modus vivendi* commerciale, il quale rimarrebbe quindi redatto come segue :

ART. 1. — Dal venti del corrente mese di aprile, data dell'entrata in vigore del presente accordo, saranno applicati ai prodotti naturali e fabbricati di origine e provenienza spagnuola importati in Italia i dazi doganali più ridotti applicabili ai prodotti analoghi di altri Paesi, fermo restando come eccezione, ·a questo principio il disposto dell'articolo sesto del Trattato di Commercio e Navigazione stipulato fra l'Italia e la Spagna il trenta marzo millenovecentoquattordici.

ART. 2. — Da parte sua, a decorrere dalla stessa data, la Spagna applicherà ai prodotti naturali o fabbricati di origine e provenienza italiana i dazi della seconda colonna della Tariffa doganale che in qualsiasi tempo fosse in vigore coll'intesa che la stessa tariffa non comporterà l'applicazione dei sopradazi in dipendenza della svalutazione della moneta per i suddetti prodotti di origine e provenienza italiana.

ART. 3. — Per tutto ciò che riguarda le importazioni al di fuori di quanto in questa materia è regolato dalle clausole precedenti, come pure per tutto ciò che concerne le esportazioni, il transito ed il deposito doganale delle merci, particolarmente per quanto riguarda l'ammontare, la garanzia e la riscossione dei diritti, le tasse locali, le formalità doganali, i diritti di accisa e di consumo percepiti sia per conto dello Stato sia per conto delle Provincie e dei Comuni, · ciascuna delle Parti Contraenti s'impegna a fare approfittare l'altra gratuitamente di tutti i favori o privilegi che in tali materie abbia concesso o concedesse ad una terza Potenza qualsiasi. Lo stesso principio è stabilito reciprocamente per ciò che riguarda l'esercizio del commercio e dell'industria ed il trattamento dei commessi viaggiatori.

ART. 4. — Il presente accordo resterà in vigore per due mesi e, dopo questo termine, se nessuna delle Parti Contraenti lo avrà denunziato almeno un mese prima, esso continuerà ad esercitare i suoi effetti fino allo scadere di un mese dal giorno in cui l'una o l'altra parte lo avrà denunziato.

Il Governo italiano potrà tuttavia denunziarlo,

per farne cessare gli effetti in ogni momento, anche
prima dello scadere dei due mesi dalla sua applicazione, nel caso in cui il Governo spagnuolo concedesse
ad una terza Potenza e non estendesse dopo esserne
stato richiesto, all'Italia, una tariffa d'importazione
più ridotta di quella della seconda colonna della
tariffa spagnuola oppure facesse ad una terza Potenza
concessioni in materia di società commerciali senza
estenderle anche alle società italiane.

In tal caso i dazi più ridotti della tariffa italiana e
quelli della seconda colonna della tariffa spagnuola
saranno rispettivamente applicabili alle merci spa-
gnuole e italiane che siano state già spedite con polizza di carico diretta o manifesto vistato dai Consoli
rispettivi o bolletta ferroviaria diretta entro quindici
giorni dalla data della denuncia.

Le disposizioni del presente accordo non saranno
ciò nonpertanto applicabili alle concessioni di carattere doganale che la Spagna facesse al Portogallo ».

Rimango in attesa di un cenno di accettazione da
parte dell'E. V., col quale il presente accordo sarà
perfetto e colgo frattanto l'occasione per rinnovarle
signor Ministro, gli atti della mia alta considerazione.

FASCIOTTI.

1922
15 aprile

Madrid, 15 de abril de 1922.

Exc.mo Señor.

Muy · Señor mio : Refiriendome à nuestra anterior corrispondencia y especialmente à su atenta nota de hoy, tengo la honra de parteciparle que el Gobierno de S. M., aceptando las modificaciones que en dicha comunicacion se sirve proponer V. E. en nombre del Gobierno de Italia, considera ultimado el *modus vivendi* comercial que hemos venido negociando, en los terminos siguiente₃ :

ART. 1. — Desde el dia 20 del corriente mes de abril, fecha de la entrata en vigor del presente acuerdo seran aplicados à los productos naturales ò fabricados de origen y procedencia española importados en Italia, los derechos arancelarios mas reducidos aplicables à los productos analogos de otros paises, quedando en vigor como excepción à este principio lo dispuesto en el articulo sexto de· Tratado de comercio y navegacion concertado entre España e Italia el 30 marzo 1914.

ART. 2. — Por su parte, y a contar de la misma fecha, España aplicarà a los productos naturales ò fabricados de origen y procedencia italiana, los derechos de la segunda columna del Arancel de Aduanas que en cualquier tiempo estuviese en vigor, entendiendose, que dicho regimen no llevarà consigo la aplicación de la sobretasa por despreciacion de la moneda para los indicados productos de origen y procedencia italiana.

ART. 3. — Para todo lo que se refiera à las importaciones, indepiendentemente de cuanto queda reglamentado sobre esta materia en las clausulas preceden-

tes, como asimismo. para todo lo que concierne à la ex- 1922
15 aprile
portacion, al transito y al deposito aduanero de las
mercancias, especialmente en lo relativo al importe,
à la garantia y a' la exacion de los derechos, de los
impuestos locales, de las formalidades aduaneras, de
los derechos de sisa y de consumo percibidos sea por
cuenta del Estado ò por cuenta de las provincias y
de los Municipios, cada una de las Partes contratantes se obliga a hacer beneficiar à la otra, gratuitamente, de todos los favores ò privilegios que respecto
a dichas materias huhiese concedido ò concediese. à
úna tercera potencia cualquiera. El mismo principio
queda establecido reciprocamente, para lo que se
refiere al ejercicio del comercio y de la industria y
al trato de los viajantes de comercio.

ART. 4. — El presente acuerdo continuarà en
vigor por dos meses y despues de este plazo, si nin-
guna de la Partes contratantes lo hubiera denunciado
por lo menos con un mes de anticipacion ; seguira
produciendo sus effectos hasta pasado un mes del
dia en que una ù otra Parte lo denunciare.

El Gobierno italiano podrà, sin embargo, denun-
ciarlo para hacer cesar sus efectos en qualquier
momento, aun antes de trascurir los dos meses de
su aplicacion, en el caso de que el Gobierno español
concediese à una tercera Potencia y no lo hiciera
extensivo à Italia, después de haber sido requerido,
una tarifa de importación mas reducida que la de
la segunda columna del arancel español ò bien hiciera à una tercera Potencia concessiones in materia de
sociedades comerciales sin extenderlas tambien à las
sociedades italianas.

En tal caso, los derechos mas reducidos de la tarifa
italiana y los de la segunda columna del arancel
español seran aplicados, respectivamente, à las mer-

cancias españolas è italianas que hubieran sido ya expedidas con conocimiento de embarque directo ò manifiesto visado por el Consul respectivo è con talon directo de ferrocarril dentro de los quince dias siguientes à la fecha de la denuncia.

La disposiciones del presente acuerdo no seran, sin embargo, aplicables à la concesiones de caracter arancelario que Espana otorgase à Portugal».

De acuerdo con lo que se sirve indicar V. E. en la ultima parte de su citada Nota de hoy, declaro que mediante dicha comunicacion y la presente queda definitivamente concertado el presente *modus-vivendi*.

Aprovecho la ocasion para reiterar á V. E. la seguridades de mi alta consideración.

FERNANDEZ PRIDA

LVI.

11 maggio 1922.

ROMA.

Accordo italo-inglese circa le sepolture militari britanniche in Italia.

Le Gouvernement britannique et le Gouvernement italien animés du même désir d'honorer la mémoire des soldats britanniques tombés au champ d'honneur sur le territoire italien, ont convenu ce qui suit :

ART. 1. — La Commission impériale des Sépoltures militaires, constituée par Décret royal du 10 mai 1917, est reconnue par le Gouvernement italien comme le seul organe officiel chargé de veiller en Italie à la conservation des sépoltures militaires britanniques.

ART. 2. — Les tombes isolées des soldats britanniques ainsi que celles qui se trouvent dans les cimetières qu'on décidera de ne pas conserver en perpétuité seront relevées et transférées dans d'autres cimetières militaires.

La Commission impériale des Sépoltures militaires décidera quels sont les cimetières qui devront être maintenus.

Le Gouvernement italien donnera les instructions nécessaires aux autorités préfectorales et municipales à fin que les autorisations nécessaires pour l'exhumation et le transport des corps dans les cimetières militaires soient accordées.

Si, à fin de pouvoir réunir les tombes isolées, la Commission impériale des Sépultures militaires reconnaissait la nécessité de créer de nouveaux cimetières, elle en formulera la demande au Gouvernement italien.

Art. 3. — L'exhumation des cadavres des militaires britanniques destinés à être rapatriés ne pourra avoir lieu qu'après un accord préliminaire entre les deux Gouvernements intéressés.

Art. 4. — A la demande du Gouvernement britannique, le Gouvernement italien reconnaît à la Commission impériale des Sépultures militaires, le droit d'assurer le maintien des sépultures et des cimetières britanniques, selon la réglementation prévue par le Décret luogotenenziale N. 896 du 23 juin 1918 et de pourvoir à ses frais à l'aménagement des sépultures et cimetières susdits.

La Commission impériale des Sépultures militaires est, en conséquence, autorisée à clore les cimetières militaires britanniques, à les aménager suivant un plan approuvé par elle, à y établir de monuments funéraires, à y faire des plantations, à èdicter des règlements pour la visite des cimetières et à désigner les personnes chargées de les garder.

Elle est également autorisée à assurer l'aménagement des sépultures militaires britanniques placées dans les cimetières appartenant à l'Etat italien où se trouvent à la fois des tombes de militaires de l'Armée britannique et des tombes de militaires des Armées alliées. Lorsque la Commission impériale des Sépultures militaires estimera qu'il serait désirable qu'un plan commun d'aménagement soit adopté pour un cimetière mixte, elle soumettra ses propositions à l'Autorité italienne compétente.

Art. 5. — Toute autorisation à l'érection d'un monument commémoratif destiné à rappeler un

.fait d'armes de l'Armée britannique ou d'une des unités qui la composèrent, ne sera accordés que sur l'avis favorable de la Commission impériale.

ART. 6. — La Commission impériale sera représentée en Italie par un Comité chargé d'entretenir les relations officielles avec les Autorités italiennes, et autorisé à exercer au nom de la Commission tous les droits qui lui seront reconnus par la présente Convention.

Le Comité pourra, au nom de la Commission et dans les limites de la délégation obtenue, prendre toutes les dispositions qu'il croira utiles à la réalisation de ses objectifs.

ART. 7. — Le Comité sera composé de 16 membre (4 d'honneur et 12 techniques), moitié italiens et moitié britanniques. Les Membres italiens seront proposés par le Gouvernement italien et, de même que leurs collègues britanniques, nommés par la Commission impériale.

La proposition des membres italiens aura lieu par la voie diplomatique.

Les Membres d'honneur italiens seront choisis parmi les personalités qui se sont illustrées dans l'Armée, la Marine, les Lettres, les Sciences et les Arts.

Les Membres techniques italiens seront choisis à raison de leurs fonctions administratives, et seront : un Officier général de l'Etat-Major, un Officier supérieur du Génie militaire, un Officier supérieur de la Santé militaire, un fonctionnaire de la Santé publique, un fonctionnaire du Ministère de l'Intérieur, la sixième sera un Magistrat.

Les Membres honoraires et le Magistrat seront nommés pour 3 ans et leur mandat pourra être renouvelé.

Les Membres techniques seront nommés au moment de leur entrée en fonction et cesseront de faire partie du Comité le jour où ils perdront la qualification à laquelle ils doivent leur nomination.

La Commission impériale désignera le Secrétaire général du Comité mixte.

ART. 8. — Dans l'exercice des droits conférés par la presente Convention la Commission impériale des Sépultures militaires se conformera strictement aux lois et aux réglements italiens.

En foi de quoi les Soussignés, dûment autorisés à cet effet, ont dressé le présent Accord, qu'ils ont revêtu de leurs cachets.

Fait à Rome, en double exemplaire, le 11 mai 1922.

(L. S.) RONALD GRAHAM.
(L. S.) VINCENZO LOJACONO.

LVII.

12 maggio 1922.

GENOVA

Trattato di commercio fra Italia e Polonia.

Sa Majesté le Roi d'Italie d'une part et le Chef de l'Etat polonais d'autre part :

Animés d'un égal désir de favoriser et de developper les relations commerciales entre les deux pays, ont décidé de conclure une Convention commerciale appropriée au régime transitoire, actuellement encore en vigueur dans leurs pays respectifs et ont nommé à cet effet pour leurs Plénipotentiaires, savoir :

SA MAJESTÉ LE ROI D'ITALIE :

S. E. le dr. Carlo Schanzer, ministre des affaires étrangères

S. E. le comte avv. Teofilo Rossi, ministre de l'industrie et du commerce.

LE CHEF DE L'ÉTAT POLONAIS :

S. E. Konstanty Skirmunt, ministre des affaires étrangères ;

S. E. Henryk Strasburger, sous-secrétaire au Ministére de l'industrie et du commerce ;

lesquels, après s'être communiqué leurs pleins pouvoirs respectifs, trouvés en bonne et due forme, sont convenus des articles suivants :

ART. 1. — Les ressortissants de l'une des Parties Contractantes, établis dans le territoire de l'autre Partie ou y résidant temporairement, jouiront, en ce qui concerne l'établissement et l'esercice du commerce et de l'industrie dans le territoire de l'autre Partie Contractante des mêmes droits, privilèges, immunités, faveurs et exemptions, que les ressortissants de la nation la plus favorisée.

ART. 2. — Les ressortissants de chacune des Parties Contractantes recevront sur le territoire de l'autre Partie Contractante, par rapport à leur situation juridique, leurs biens mobiliers et immobiliers, leurs droits et intérêts, le même traitement que celui accordé aux ressortissants de la nation la plus favorisée.

Sont toutefois réservées, quant à l'achat, à la possession et à l'usage des biens immeubles, les exceptions et les restrictions qui sont ou seraient établies à l'égard des ressortissants de tous les Etats étrangers en ce qui concerne la sureté de l'Etat.

Les ressortissants de chacune des Parties contractantes seront libres de régler leurs affaires sur le territoire de l'autre Partie contractante, soit personnellement, soit par un intermédiaire de leur propre choix et ils auront le droit, en se conformant aux lois du pays, d'ester en justice et un accès libre auprès des autorités. Ils jouiront, quant aux rapports judiciaires, de tous les droits et immunités des nationaux et comme ceux-ci ils auront la faculté de se servir pour la sauvegarde de leurs intérêts d'avocats ou de mandataires choisis par eux-mêmes.

ART. 3. — Les Sociétés civiles ou commerciales qui, en vertu des lois respectives, sont constituées sur le territoire de l'une des Parties Contractantes et qui y ont leur domicile, pourront, en se soumettant aux lois de l'autre, s'établir sur le territoire de ce dernier et y exercer leurs droits et leurs industries, acquérir, posséder ou affermer les immeubles nécessaires à leur bon fonctionnement.

Sont toutefois exceptées les industries qui, en raison de leur caractère d'utilité générale, sont ou seraient soumises à des restrictions spéciales, applicables à tous les pays.

Ces sociétés, une fois admises conformément aux lois et prescriptions qui sont ou seront en vigueur sur le territoire du pays respectif, auront libre et facile accès auprès des tribunaux des deux pays et ne seront pas soumises à des taxes, contributions et généralement à des redevances fiscales autres ou plus élevées que celles imposées aux sociétés du pays.

Le Gouvernement polonais s'engage à condition de réciprocité, à faire jouir, quant aux autres conditions d'exercice, les Sociétés italiennes établies en Pologne, du traitement de la nation la plus favorisée, lorsque ce traitement serait accordé à une puissance tierce quelconque, non limitrophe avec la Pologne.

ART. 4. — Les droits et taxes intérieurs perçus pour le compte de l'Etat, des provinces, des communes ou des corporations qui grèvent ou grèveront la production, la préparation des marchandises ou la consommation d'un article dans le territoire de l'une des Parties Contractantes, ne pourront frapper les produits, marchandises ou articles de l'autre Partie d'une manière plus forte ou plus gênante que les produits, marchandises ou articles indigènes de même espèce ou ceux de la nation la plus favorisée.

ART. 5. — Les ressortissants de chacune des Parties Contractantes ne pourront, dans aucun cas, être soumis, pour l'exercice du commerce et de l'industrie dans le territoire de l'autre Partie Contractante, à des droits, taxes, impôts ou charges, sous quelque

dénomination que ce soit, autres ou plus élevés que
ceux qui sont ou seraient exigés des nationaux.

Ils seront dispensés du paiement des emprunts et
des dons nationaux forcés, ainsi que de toute autre
contribution, de quelque nature que ce soit, imposés
pour les besoins de la guerre.

Les ressortissants de chacune des Parties Contractantes seront exempts, sur le territoire de l'autre,
de tout service militare et fonction officielle obligatoire, judiciaire, administrative ou municipale. Ils
ne seront astreints en temps de paix et en temps de
guerre qu'aux prestations et réquisitions militaires
imposées aux nationaux dans la mesure et d'après
les mêmes principes que ces derniers, et toujours contre une juste indemnité.

ART. 6. — Tous les produits du sol ou de l'industrie de la Pologne qui seront importés en Italie et tous
les produits du sol ou de l'industrie de l'Italie qui
seront importés en Pologne, destinés soit à la consommation, soit à l'entreposage, soit à la réexportation,
soit au transit, seront soumis pendant la durée de la
présente convention au traitement accordé à la nation
la plus favorisée et notamment ne pourront en aucun
cas être soumis à des droits ni plus élevés, ni autres
que ceux qui frappent les produits ou les marchandises de la nation la plus favorisée.

Chacune des Parties Contractantes s'engage donc
à faire immédiatement et sans autres conditions
profiter l'autre de toute faveur, de tout privilège et
de toute réduction de droits ou de coefficients de majo-
ration, de taxes qu'elle a déjà accordés ou pourrait,
par la suite, accorder, sous les rapports sus mentionné
à titre permanent ou temporairement à une tierce
nation.

A l'exportation en Pologne il ne sera pas perçu

en Italie et à l'exportation en Italie il ne sera pas perçu en Pologne, des droits ou taxes autres ou plus élevés, qu'à l'exportation des mêmes objets dans le pays le plus favorisé à cet égard.

ART. 7. — Les dispositions fixées par l'article précédent ne s'appliquent pas :

1. aux privilèges accordés ou qui pourraient être accordés ultérieurement par une des Parties Contractantes dans le trafic frontière avec les pays limitrophes ;

2. aux faveurs spéciales résultant d'une union douanière ;

3. au régime provisoire douanier entre les Parties : polonaise et allemande de la Haute Silésie.

ART. 8. — Les Parties Contractantes sont convenues que les restrictions ou prohibitions concernant l'importation et l'exportation de certaines marchandises ne seront maintenues que pendant le temps et dans la mesure absolument nécessités par les conditions économiques actuelles.

En attendant que la liberté d'importation et d'exportation soit rétablie, elles s'engagent à prendre toutes les mesures nécessaires, afin que les entraves qui découlent desdites prohibitions soient réduites au minimum moyennant l'octroi de dérogations ou autres moyens appropriés.

En tous cas les Parties Contractantes se réservent le droit d'établir des restrictions aux importations et aux exportations :

a) pour des raisons de sécurité publique ;

b) pour des motifs de police sanitaire ou en vue de la protection des animaux et des plantes utiles, contre les maladies, les insectes et parasites nuisibles et particulièrement dans l'intérêt de la santé publique,

30

conformément aux principes internationaux adoptés à ce sujet ;

c) pour les marchandises faisant l'objet d'un monopole d'Etat ;

d) en vertu de l'application aux marchandises étrangères des prohibitions ou restrictions qui ont été et qui seront établies par la législation intérieure en ce qui concerne la production, la vente, le transport ou la consommation à l'intérieur des marchandises indigènes similaires.

ART. 9. — Sous obligations de réexportation ou de réimportation dans le délai d'un an et de la preuve d'identité, la franchise de tout droit d'entrée et de sortie est stipulée réciproquement :

1. pour les objets destinés aux foires, aux expositions et aux concours ;

2. pour les fûts et barils en fer et acier servant d'emballage pour les produits de naphte.

La réexportation de ces objets devra être garantie soit par le dépôt (en espèce) au bureau de douane d'entrée du montant des droits applicables soit par une caution valable.

ART. 10. — Les produits du sol ou de l'industrie de l'un des deux pays importés sur le territoire de l'autre et destinés à l'entreposage ou au transit vers quelque destination que ce soit, ne seront soumis à aucun droit de douane ou à aucun droit intérieur autre que la taxe de plombage et le droit de statistique, ou tous autres droits et taxes exclusivement affectés à couvrir les dépenses de surveillance et d'administration que peut imposer ce transit, sans préjudice toutefois des taxes fiscales afférentes aux transactions dont ces marchandises pourraient être l'objet au cours de leur entreposage ou de leur transport.

Les marchandises, originaires d'un tiers Etat, im-

portées dans le territoire de l'une des Parties Contractantes après avoir été déposées dans les entrepôts
de l'autre, y seront admises au même traitement auquel elles seraient assujetties à leur importation à
travers les entrepôts de l'Etat le plus favorisé à
cet égard.

ART. 11. — Les négociants, industriels et autres
producteurs de l'un des deux pays, ainsi que leurs
commis-voyageurs qui prouvent par la présentation
d'une carte de légitimation industrielle, conforme
au modèle annexe A, délivrée par les autorités
compétentes de leur pays, qu'ils y sont autorisés à exercer leur commerce ou leur industrie et
qu'ils y acquittent les taxes et impôts prevus par les
lois, auront le droit, sans payer aucune taxe de patente, de faire dans l'autre pays des achats pour leur
commerce ou fabrication et d'y rechercher des com-
mandes auprès des personnes ou maisons opérant la
revente de leurs articles ou faisant l'usage de ces articles pour leurs besoins professionnels. Ils pourront
avoir avec eux des échantillons ou modèles, mais il
leur est interdit de colporter des marchandises à
moins d'autorisation donnée conformément à la législation du pays où ils voyageront.

Les échantillons ou modèles, importés par lesdites
industriels et commis-voyageurs, seront d'une part
et d'autre admis en franchise de droit d'entrée et de
sortie. La réexportation des échantillons et modèles
dans le délai d'un an, devra être garantie soit par le
dépôt (en espèces) au bureau de, douane d'entrée
du montant des droits applicables, soit par une caution valable.

ART. 12. — Les deux Parties contractantes se
garantissent réciproquement sur leurs territoires, en
tout ce qui concerne les diverses formalités adminis-

tratives ou autres, rendues nécessaires par l'application des dispositions contenues dans la présente convention, le traitement de la nation la plus favorisée.

Art. 13. — Dans les ports des deux pays, les bateaux italiens et les bateaux polonais, ainsi que leurs
équipages et leurs cargaisons, leurs passagers et leurs
bagages, seront traités sur le pied d'une parfaite
égalité, tant en ce qui concerne les taxes générales ou
spéciales qu'en ce qui concerne le classement des bateaux, les facilités pour leur amarrage, pour leur chargement ou leur déchargement et, généralement, pour
toutes les formalités ou dispositions quelconques auxquelles peuvent être soumis les bateaux de commerce,
leurs cargaisons et leurs équipages, leurs passagers
et leurs bagages.

Les privilèges et droits énumérés ci-dessous ne
s'étendent pas :

a) aux lois spéciales de protection de la marine de
commerce nationale ;

b) aux concessions spéciales accordées aux Sociétés de Sport nautique et aux navires de plaisance ;

c) aux services des ports et au cabotage réservés
à la marine nationale, ainsi qu'aux services entre l'Italie et ses colonies ;

d) à la péche nationale.

Les deux Parties Contractantes accepteront pour le
tonnage des bateaux respectifs les certificats de jauge
délivrés en conformité des lois respectives de chaque
pays.

Art. 14. — Les ressortissants des deux Parties
Contractantes, leurs bagages et marchandises jouiront sur les chemins de fer respectifs des droits ré-
servês à la nation la plus favorisée, tant par rapport
aux prix et modes de transport que par rapport aux
conditions de livraison, taxes et impôts publics.

1922
12 maggio

ART. 15. — Dans le cas ou l'une des Parties Contractantes soumettrait à l'importation ou à l'exportation certains produits ou marchandises à des conditions de prix contrôlées par le Gouvernement ou par
tout autre organisme constitué par lui les conditions
applicables à l'autre Partie seront les plus favorable
qui sont ou pourraient être appliquées à d'autres Puissances tierces ou ressortissantes des autres Puissances tierces.

ART. 16. — Le Gouvernement polonais se déclare
prêt à faciliter le voyage des émigrants ressortissants
de son territoire, et celui des émigrants de transit qui
se dirigent aux ports italiens, ainsi que celui des émigrants qui rentrent dans leurs pays par lesdits ports.

Le Gouvernement polonais déclare consentir à ce
que les compagnies de navigation italiennes, en se soumettant à la législation polonaise, établissent des
agences de vente en Pologne et y exercent leur activité, pour des transports directs de Trieste aux ports
de l'Amérique du Sud et du bassin de la Méditerranée.

Le Gouvernement italien, en conformité de la législation italienne sur l'émigration assurera aux émigrants polonais, aussi bien dans le Royaume que sur
les bateaux qui chargeront les émigrants, la même
protection qu'il accorde aux émigrants italiens. Il
s'engage, en outre, à prendre soin à ce que sur chaque
bateaux qui fait le service avec le port de Trieste et
qui transporte des émigrants polonais, se trouve un
interprête approuvé par les autorités italiennes du
service de l'émigration.

ART. 17. — La présente convention sera ratifiée
et les ratifications en seront échangées à Rome, aussitôt que faire se pourra.

Elle entrera en vigueur le quinzième jour après
l'échange des ratifications.

La présente convention restera obligatoire pendant une année à partir du jour de son entrée en vigueur.

Après l'expiration de ce délai, elle sera prorogée par voie de tacite reconduction et à partir du jour de sa dénonciation par une des Parties contractantes, restera en vigueur encore trois mois.

En foi de quoi les Plénipotentiaires ont signé la présente Convention.

Fait en double exemplaire, à Gênes, le 12 mai mil-neuf cent vingt deux.

     (*L. S.*) SKIRMUNT.
     (*L. S.*) CARLO SCHANZER.
     (*L. S.*) HENRYK STRASBURGER.
     (*L. S.*) TEOFILO ROSSI.

Scambio delle ratifiche : 7 marzo 1924.

Esecuzione per Decreto-Legge : 16 agosto 1922, n. 1172 e Legge : 22 febbraio 1923, n. 755.

ANNESSO A.

Carte de legitimation pour voyageurs de commerce.

MODÈLE

Carte de legitimation pour Voyageurs de commerce :

pour l'année .... 19 ....

n. de la carte ....

(Armoirie)

Valable en Italie et Pologne

Porteur
(nom et prenom)

(lieu, le .... 19 ....)

L. S. Autorité qui délivre la carte
Signature

Il est certifié que le porteur de cette
carte voyage

pour $\begin{cases} \text{la maison} \\ \overline{\text{les maisons}} \end{cases}$

1 .... à ....
1 .... à· .. ..
3 .... à ....

et que $\begin{cases} \dfrac{\text{cette maison acquitte}}{\text{ces maisons acquittent}} \end{cases}$ les taxes legales.

(Signalement du Porteur :)

Age ....
Taille ....
Cheveux ... .
Signes particuliers ....

Signature du Porteur :

....

LVIII.

1 giugno 1922.

ROMA.

Dichiarazione italo-cecoslovacca circa le comunicazioni reciproche delle informazioni fornite dai censimenti periodici della popolazione.

Art. 1. — I due Governi contraenti si impegnano a consegnarsi reciprocamente e senza spese, dopo ogni censimento generale della popolazione dei loro territori a partire da quelli già eseguiti nel 1921, gli elenchi o bollettini individuali relativi ai cittadini dell'altro Stato compresi nei predetti censimenti. Questi elenchi o bollettini individuali indicheranno i nomi, cognomi, professione, stato civile, età, luogo di nascita, dimora e cittadinanza dichiarati da questi ultimi.

Art. 2. — Questi elenchi o questi bollettini individuali sarauno consegnati dal Governo italiano alla legazione della Repubblica cecoslovacca in Roma, e dal Governo cecoslovacco alla legazione italiana in Praga.

Art. 3. — Rimane espressamente inteso che il rilascio o l'accettazione dei documenti di cui si tratta non pregiudicherà le questioni di identità o di cittadinanza.

Art. 4. — La presente dichiarazione sarà esecutiva a datare dal decimo giorno dopo la sua pubblicazione nei due Paesi. Ciascuna delle Parti contraenti si riserva il diritto di denunciarla mediante avviso preventivo dato con un anno di anticipazione.

In fede di che i sottoscritti, Marchese Enrico Durand de la Penne, Capo dell'Ufficio VI al Regio Ministero degli Affari Esteri, e Dottore Vlastimil Kybal, Inviato Straordinario e Ministro Plenipotenziario della Repubblica Cecoslovacca presso S. M. il Re d'Italia, dopo di aver scambiato i loro pieni poteri, riconosciuti in buona e debita forma, hanno firmato la presente dichiarazione in doppio originale, italiano e cecoslovacco.

Fatto a Roma, addì 1º giugno 1922.

E. DE LA PENNE.   V. KYBAL.

Comunicata nella Gazzetta Ufficiale *del 31 luglio 1922, n. 179.*

LIX.

10 giugno – 28 agosto 1922.

LUSSEMBURGO.

Scambio di note fra Italia e Lussemburgo per la reciproca estensione del Trattato commerciale italo-belga.

IL PRESIDENTE DEL GOVERNO DEL LUSSEMBURGO AL MINISTRO D'ITALIA PRESSO IL GRANDUCATO.

Luxembourg, le 10 juin 1922.

En vertu de l'accord économique conclu entre la Belgique et le Grand-Duché de Luxembourg pour une période de 50 ans à partir du 1º mai 1922, le Gouvernement grand-ducal appliquera désormais aux produits en provenance d'Italie le tarif douanier applicable à ces mêmes produits à leur entrée en Belgique.

Il prend acte que de son côté le Gouvernement Royal d'Italie appliquera à partir de ce jour et à titre de réciprocité aux produits provenant du Grand-duché de Luxembourg le même traitement douanier qu'aux produits provenant de la Belgique.

Le Ministre d'Etat, Président du Gouvernement :
REUTER.

1922
10 giugno
28 agosto

IL MINISTRO D'ITALIA A LUSSEMBURGO
AL PRESIDENTE DEL GOVERNO GRANDUCALE

Luxembourg, le 28 août 1922.

Le Gouvernement Royal d'Italie prend acte de la déclaration du Gouvernement grand-ducal de Luxembourg, en date du 10 juin 1922, par laquelle celui-ci s'engage à appliquer aux produits en provenance d'Italie le tarif douanier applicable à ces même produits à leur entrée en Belgique.

Le Gouvernement Royal susdit, à partir de ce jour et à titre de réciprocité, appliquera aux produits provenant du Grand-duché de Luxembourg le même traitement douanier qu'aux produits provenant de la Belgique.

Le Ministre d'Italie :
DELLA TORRE

LX.

4 ottobre 1922.

GINEVRA.

Protocollo I, II e III, annessi e nota interpretativa, relativi alla ricostruzione economica
e finanziaria dell'Austria.

PROTOCOLE N. I.

LE GOUVERNEMENT DE SA MAJESTÉ BRITANNIQUE,
LE GOUVERNEMENT DE LA RÉPUBLIQUE FRANÇAISE,
LE GOUVERNEMENT DE SA MAJESTÉ LE ROI D'ITALIE
ET LE GOUVERNEMENT DE LA RÉPUBLIQUE TCHÉCOS-
LOVAQUE,

D'une part,

Au moment où ils entreprennent d'aider l'Autriche
dans son oeuvre de restauration économique et financière,

Agissant uniquement dans l'intérêt de l'Autriche
et de la paix générale et d'accord avec les engagements
qu'ils ont déjà pris quand ils ont accepté de devenir
Membres de la Société des Nations,

Déclarent solennellement :

Qu'ils respecteront l'indépendance politique, l'intégrité territoriale et la souveraineté de l'Autriche ;

Qu'ils ne chercheront aucun avantage spécial ou
exclusif d'ordre économique ou financier de nature
à compromettre directement ou indirectement cette
indépendance ;

Qu'ils s'abstiendront de toute action qui pourrait être contraire à l'esprit des conventions qui seront stipulées en commun pour la reconstruction économique et financière de l'Autriche ou qui pourrait porter préjudice aux garanties que les Puissances auront stipulées pour sauvegarder les intérêts des créanciers et des Etats garants ;

1922
4 ottobre

Et que, le cas échéant, en vue d'assurer le respect de ces principes par toutes les nations, ils s'adresseront, en conformité avec les règles du Pacte de la Société des Nations, soit individuellement, soit collectivement, au Conseil de la Société pour qu'il avise aux mesures à prendre et qu'ils se conformeront aux décisions dudit Conseil.

LE GOUVERNEMENT DE LA RÉPUBLIQUE FÉDÉRALE D'AUTRICHE,

D'autre part,

S'engage, dans les termes de l'article 88 du Traité de Saint-Germain, à ne pas aliéner son indépendance ; il s'abstiendra de toute négociation et de tout engagement économique ou financier qui serait de nature à compromettre directement ou indirectement cette indépendance.

Cet engagement ne s'oppose pas à ce que l'Autriche conserve, sous réserve des dispositions du Traité de Saint-Germain, sa liberté en matière de tarifs douaniers et d'accords commerciaux ou financiers et, en général, pour tout ce qui touche à son régime économique ou à ses relations commerciales, étant entendu, toutefois qu'elle ne pourra porter atteinte à son indépendance économique par l'octroi à un Etat quelconque d'un régime spécial ou d'avantages exclusifs, de nature à menacer cette indépendance.

Le présent Protocole restera ouvert à la signature de tous les Etats qui voudront y adhérer.

En foi de quoi, les soussignés, dûment autorisés à cet effet, ont signé la présente Déclaration (Protocole I).

Fait à Genève, en un seul exemplaire, qui restera déposé au Secrétariat de la Société des Nations et sera par lui immédiatement enregistré, le quatre octobre mil neuf cent vingt-deux.

(*Signé*) BALFOUR.	(*Signé*) SEIPEL.
G. HANOTAUX.	
IMPERIALI	
KREMAR	
POSPISIL.	

PROTOCOLE N. II.

En vue d'aider l'Autriche dans son oeuvre de restauration économique et financière, les Gouvernements britannique, français, italien, tchécoslovaque et autrichien ont arrêté d'un commun accord les dispositions suivantes :

ART. 1er. — Le Gouvernement autrichien pourra créer, sous la garantie résultant de la présent Convention, la quantité de titres nécessaires pour produire une somme effective équivalente au maximum à 650 millions de couronnes-or. Le capital et les intérêts des titres ainsi émis seront exempts de tous impôts, droits ou charges au profit de l'Etat autrichien.

ART. 2. — Les frais d'émission, de négociations, de remise seront ajoutés au capital de l'emprunt fixé dans l'article précédent.

ART. 3. — Le service des intérêts et de l'amortissement de l'emprunt sera assuré au moyen d'une annuité fournie par les revenus affectés en garantie de cet emprunt d'après les dispositions contenues dans le Protocole n. III.

ART. 4. — Le produit de cet emprunt ne pourra être employé que sous l'autorité du Commissaire général désigné par le Conseil de la Société des Nations et conformément aux obligations contractées par le Gouvernement autrichien et contenues dans le Protocole n. III.

ART. 5. — Les Gouvernements britannique, français, italien, tchécoslovaque, sans préjudice des autres Gouvernements qui accéderaient à la présente Convention, s'engagent à demander sans délai à leur Parlement l'autorisation de garantir – sous réserve de l'approbation par le Parlement autrichien du Proto-

cole n. III e du vote par ce Parlement de la loi prévue
à l'article 3 de ce Protocole – le service de l'annuité
de cet emprunt jusqu'à concurrence d'un maximum
de 84 pour cent à répartir suivant arrangement spéciaux entre les intéressés.

ART. 6. — Chacun des quatre Gouvernements
aura la faculté de désigner un représentant au Comité
de contrôle dont les attributions sont fixées par les
dispositions suivantes. Chacun de ces représentants
disposera de 20 voix. Les Gouvernements qui accep-
teraient de garantir le reliquat de l'annuité non cou-
verte par la garantie des Gouvernements britannique,
français, italien et tchécoslovaque auront également
la faculté de désigner soit chacun un représentant, soit de s'entendre pour désigner des représentants communs. Chaque représentant aura une voix
par fraction de 1 % garantie par son Gouvernement.

ART. 7. — Les modes d'application de la garantie,
les conditions de l'emprunt, prix d'émission, taux
d'intérêt, amortissement, frais d'émission, de négociations et de remise devront être soumis à l'approbation du Comité de contrôle des Etats garants. Le
chiffre de l'annuité nécessaire au service des intérêts
et de l'amortissement de l'emprunt sera également
approuvé par le Comité de contrôle. Tout emprunt
projeté par le Gouvernement autrichien, en dehors
des conditions du programme visé au Protocole n. III,
devra être soumis à l'approbation préalable du Comité
de contrôle.

ART. 8. — Le Comité de contrôle déterminera les
conditions dans lesquelles devraient être effectuées
les avances des Gouvernements si la garantie était
mise en action, ainsi que le mode de remboursement
qui leur serait applicable.

Aʀт. 9. — Dans les limites des contrats d'émission, le Gouvernement autrichien aura le droit d'opérer la conversion des emprunts avec l'assentiment du Comité de contrôle ; il sera tenu d'exercer cette faculté sur la demande faite par le Comité de contrôle.

1922
4 ottobre

Aʀт. 10. — Le Comité de contrôle aura le droit d'exiger la production de situations et comptes périodiques ou tous autres renseignements de caractère urgent sur la gestion des revenus affectés en garantie ; il pourra signaler au Commissaire général les modifications administratives et améliorations de nature à accroître leur productivité. Les modifications de tarifs de ces recettes, qui seraient de nature à réduire leur rendement global minimum, évalué en or, tel qu'il sera arrêté avant l'émission des emprunts pour couvrir les annuité nécessaires, devront être soumises à l'approbation préalable du Comité de contrôle. Il en sera de même pour les projets de contrats de concession ou d'affermage de ces revenus.

Aʀт. 11. — Au cas où le rendement des revenus affectés serait insuffisants et risquerait de mettre en action la garantie des Gouvernements, le Comité de contrôle pourra requérir l'affectation d'autres revenus suffisants pour faire face au service de l'annuité.

Tout projet d'acte ou de contrat de nature à modifier notablement la consistance du domaine de l'Etat autrichien sera communiqué au Comité trois semaines avant que l'acte ne devienne définitif.

Aʀт. 12. — Le Comité de contrôle se réunira périodiquement à telles dates qu'il fixera lui-même, de préférence au siege de la Société des Nations. Il ne pourra communiquer qu'avec le Commissaire général ; celui-ci devra assister ou se faire représenter aux réunions du Comité de contrôle. Les décisions de ce Comité sont prises à la majorité absolue des voix

31

présentes ; toutefois, une majorité de deux tiers des voix présentes sera requise pour les décisions relatives aux articles 7 et 8.

Le Comité de contrôle sera convoqué en session extraordinaire sur une demande réunissant au moins dix voix.

ART. 13. — Le Comité de contrôle ou chacun de ses membres pourra demander tous renseignements et éclaircissements sur l'élaboration du programme de réformes financières et sur son exécution. Le Comité pourra adresser au Commissaire général toutes observations et lui faire toutes représentations qui seraient reconnues nécessaires pour sauvegarder les intérêts des Gouvernements garants.

ART. 14. — En cas d'abus, le Comité de contrôle ou tout Etat garant pourra adresser un recours au Conseil de la Société des Nations qui se prononcera sans délai.

ART. 15. — En cas de différend concernant l'interprétation de ce Protocole, les parties accepteront l'avis du Conseil de la Société des Nations.

En foi de quoi les soussignés dûment autorisés à cet effet ont signé le présent Protocole.

Fait à Genève en un seul exemplaire, qui restera déposé au Secrétariat de la Société des Nations et sera par lui immédiatement enregistré, le quatre octobre mil neuf cent vingt-deux.

(*Signé*) BALFOUR   (*Signé*) SEIPEL.
G. HANOTAUX
IMPERIALI
KREMAR
POSPISIL.

Esecuzione per Decreto Legge : 7 gennaio 1923, n. 411 e Decreto Legge : 7 marzo 1923, n. 456.

Annexes au Protocole n. II.

PREAMBULE.

1. La garantie accordée par les Etats signataires du Protocole n. II s'appliquera à un emprunt autrichien de 650 millions de couronnes-or, les titres de cet emprunt devant avoir tous le même caractère et offrir la même sécurité, le Comité financier ayant calculé que le déficit autrichien doit être augmenté de 520 à 650 millions de couronnes-or, pour tenir compte des avances qui ont été faites par certains Gouvernements au cours de cette année et qui ont droit au remboursement, soit sur le produit de l'emprunt organisé par la Saciété des Nations, soit en titres jouissant des mêmes gages et des mêmes avantages.

2. Toutefois, afin d'éviter que les avances pouvant résulter de la garantie de la part de l'emprunt autrichien qui devra être consacrée au remboursement des avances déjà faites ne puissent retomber sur des Etats non intéressés à ce remboursement, et afin que les sacrifices qui pourront avoir à être demandés éventuellement à ces Etats ne dépassent pas ceux que comporterait la garantie par eux d'un emprunt de 520 millions de couronnes-or, les Gouvernements qui ont à obtenir des remboursements du Gouvernement autrichien (Gouvernements britannique, français, italien et tchécoslovaque) ont pris des dispositions qui font l'objet de l'annexe *B*.

(ANNEXE *A*).

Les Gouvernements français, italien, tchécoslovaque s'engagent à affecter à la garantie des émissions de bons du Trésor ou opérations de trésorerie analogues, garanties par les recettes brutes des douanes et des tabacs et prévues par le rapport du Comité financier pour la période antérieure au vote des autorisations de garantie par les divers Parlaments, le reliquat des avances promises en 1922 au Gouvernement autrichien et dont le montant était fixé ;

France	55 millions de francs
Italie	70 millions lire
Tchécoslovaquie	500 millions couronnes tchécoslovaques

Par reliquat, on doit entendre non seulement les somnes non encore versées sur les totaux ci-dessus, mais celles qui, ayant été versées, seraient susceptibles, en raison de leur présente affectation, d'être libérées pour un autre emploi avec le consentement du Gouvernement autrichien. Aussitôt que celui-ci aura été obtenu, les reliquats, tels qu'ils sont ici définis, devront être sans délai mis à la disposition du Gouvernement autrichien pour être utilisés, sous l'autorité du Commissaire général ou de la délégation provisoire du Conseil, aux opérations de trésorerie visées ci-dessus.

Aussitôt que les autorisations de garanties votées par les divers Parlements auront atteint un total d'au moins 80 %, les reliquats d'avances ainsi utilisés en garantie seront libérés et remboursés aux Gouvernements intéressés.

Fait à Genève le quatre octobre mil neuf cent vingt-deux.

(*Signé*) BALFOUR
G. HANOTAUX
IMPERIALI
KREMAR
POSPISIL.

(Annexe *B*).

La répartition de la garantie entre les quatre Gouvernements britannique, français, italien et tchécoslovaque, prévue par l'article 4 du protocole II et le paragraphe 2 du préambule, aura lieu conformément aux dispositions suivantes :

1. La garantie des annuités correspondant à la somme de 130 millions, nécessaire pour le remboursement des avances visé au paragraphe premier du préambule, sera répartie par tiers entre les trois Gouvernements britannique, français et tchécoslovaque.

2. La somme nécessaire au remboursement du crédit tchécoslovaque s'élevant à environ 80 millions de couronnes-or, le Gouvernement tchécoslovaque, s'engage à limiter à 60 millions de couronnes-or le montant du remboursement auquel il aura droit sur le produit de l'emprunt. Il acceptera en paiement de cette part de 60 millions des titres de l'emprunt émis en sus du montant des souscriptions effectives. Quant au solde de cette créance, il se contentera pour le couvrir de bons libellés en couronnes tchécoslovaques et jouissant des mêmes droits et gages que les titres de l'emprunt ; mais il est entendu que ces bons ne bénéficieront pas de la garantie des autres Gouvernements et pourront être émis en excédent du chiffre de 650 millions.

Le Gouvernement britannique et le Gouvernement français qui ont droit, aux termes de leurs contrats, au remboursement total du montant de leurs avances sur le produit du premier emprunt, acceptent un barème de remboursement progressif faisant porter sur les dernières tranches d'emprunt la plus grande de la charge du remboursement.

L'Italie aura droit au remboursement sur le produit de l'emprunt, conformément à un barème de paiement identique à celui adopté pour la créance anglaise de la part de son avance qui n'aura pas été recouvrée après avoir été employée aux termes de l'annexe *A*. En cas de mise en action de la garantie, l'Italie en ce qui concerne la garantie de 130 millions, supportera seulement la charge afférente à la part de l'annuité de l'emprunt correspondant au montant des remboursements auxquels elle a droit.

Dans la mesure où l'Italie sera amenée à assumer ainsi une partie de la garantie des 130 millions, la part de garantie de la France, de la Tchécoslovaquie et de la Grande-Bretagne sera diminuée d'autant.

Fait à Genève le quatre octobre mil neuf cent vingt-deux.

(*Signé*)   BALFOUR   (*Signé*)   SEIPEL.
            HANOTAUX
            IMPERIALI
            KREMAR
            POSPISIL.

NOTE INTERPRETATIVE

De la comparaison de l'article 5 du Protocole n. II (fixant au maximum de 84 % la garantie des quatre Gouvernements à répartir suivant arrangement) du Préambule et de l'annexe *B*, il ressort :

Que chacun des quatre Gouvernements s'engage à garantir chacun 20 % de l'annuité correspondante au capital emprunté pour faire face au déficit de 520 millions ;

Que la répartition de la garantie sur l'excédent de l'annuité correspondant à la différence de 130 millions entre le total de 650 et cette somme de 520 millions sera réglée conformément à l'annexe *B*.

Genève, le 4 octobre 1922.

(*Signé*)   BALFOUR
            G. HANOTAUX
            IMPERIALI
          · KREMAR
            POSPISIL.

PROTOCOLE N. III (1).

Le soussigné, agissant au nom du Gouvernement autrichien et dûment autorisé à cet effet, déclare accepter les obligations qui suivent :

1. Le Gouvernement autrichien demandera au Parlement la ratification de la déclaration politique signée par lui, qui fait l'objet du Protocole n. I.

2. Le Gouvernement autrichien établira, dans le délai d'un mois, en collaboration soit avec le Commissaire général, dont les attributions font l'objet du paragraphe 4 ci-dessus, soit avec une délégation provisoire du Conseil de la Société des Nations, qui pourra être nommée à cette fin, un programme de réformes et d'assainissement à réaliser par étapes et destiné à permettre à l'Autriche de rétablir un équilibre permanent de son budget dans un délai de deux ans et dont les lignes d'ensemble ont été tracées dans le rapport du Comité financier (Annexe). Ce programme devra mettre l'Autriche en mesure de satisfaire à ses obligations par l'accroissement des recettes et la réduction des dépenses ; il exclura tout recours à l'emprunt, sauf dans les conditions qui y seront déterminées ; il interdira, aux termes des status à donner à la Banque d'émission qui sera instituée, toute nouvelle inflation monétaire.

Il devra, en outre, permettre à l'Autriche d'assurer sur des bases permanentes sa stabilité financière, par un ensemble de mesures tendant à une réforme économique générale. Le rapport du Comité économique, qui traite de cet aspect du problème, sera dûment communiqué au Commissaire général.

Il est entendu qu'au cas où le premier programme apparaîtrait à l'usage comme insuffisant pour rétablir un équilibre permanent du budget dans un délai de deux ans, le Gouvernement autrichien devrait, en consultation avec le Commissaire général, y apporter les modifications appropriées au résultat essentiel à atteindre. Le Gouvernement autrichien demandera au Parlement d'approuver le plan ci-dessus.

3. Le Gouvernement autrichien présentera immédiatement au Parlement autrichien un projet de loi qui, pendant deux

---

(1) Ai Protocolli n. I e II fa seguito il seguente Protocollo n. III firmato dal Governo austriaco.

ans, donnera à tout Gouvernement qui serait alors aux affaires pleins pouvoirs pour rendre, dans les limites de ce programme, toutes mesures qui, à son avis, seront nécessaires en vue d'assurer, à la fin de cette période, le rétablissement de l'équilibre budgétaire, sans qu'il soit nécessaire de recourir ultérieurement à une sanction nouvelle du Parlement.

4. L'Autriche accepte la nomination par le Conseil de la Société des Nations d'un Commissaire générale, qui sera responsable devant le Conseil et révocable par lui. Ses fonctions sont définies dans leurs grandes lignes dans le rapport du Comité financier.

Il aura pour mission de requérir l'exécution du programme de réformes et de veiller à son exécution. Le Commissaire général résidera a Vienne. Il pourra s'adjoindre le personnel technique nécessaire. Les dépenses du Commissaire général et de son service seront approuvées par le Conseil et seront à la charge du Gouvernement autrichien. Le Commissaire général adressera tous les mois au Conseil un rapport sur le progrès des réformes et les résultats acquis. Ce rapport sera communiqué sans délai aux Membres du Comité de contrôle.

Le Gouvernement autrichien accepte de ne pouvoir disposer des fonds provenant des emprunts, ni procéder aux opérations destinées à escompter le résultat des emprunts, qu'avec l'autorisation du Commissaire général, les conditions qui seront fixées par le Commissaire général pour accorder cette autorisation ne devant avoir d'autre objet que d'assurer la réalisation progressive du programme de réformes et d'éviter un avilissement des gages affectés au service de l'emprunt.

Si le Gouvernement autrichien estime que le Commissaire général a abusé de son autorité, il pourra adresser un recours au Conseil de la Société des Nations.

Les fonctions du Commissaire général prendront fin par déci-sion du Conseil de la Société des Nations, quand celui-ci aura constaté que la stabilité financière de l'Autriche aura été assurée, sans préjudice du contrôle spécial des gages affectés au service de l'emprunt.

5. Le Gouvernement autrichien affectera comme gages à l'emprunt garanti les recettes brutes des douanes et du monopole des tabacs, et au cas où le Commissaire général l'estimerait nécessaire, d'autres gages spécifiques, d'accord avec lui. Il ne prendra aucune mesure qui, de l'avis du Commissaire général, serait de nature à diminuer la valeur de ces gages de façon

à menacer la sureté des créanciers et des Etats garants. Le Gouvernement autrichien ne pourra notamment faire subir, sans
l'approbation du Commissaire général, aux tarifs des recettes
affectées en garantie, des modifications qui seruent de nature à
réduire leur rendement global minimum évalué en or, tel qu'il
sera arrêté avant l'émission des emprunts pour couvrir les annuités nécessaires.

Le produit des revenus bruts affectés en gage sera versé à un
compte spécial au fur et à mesure de leur perception, en vue
d'assurer le service de l'annuité des emprunts. Le Commissaire
général seul aura la dispositions de ce compte. Le Commissaire
général pourra réquérir les modifications et àmeliorations de
nature à accroître la productivité des recettes affectées en garantie. Au cas où, malgré ces représentations, la gestion du
Gouvernement autrichien lui paraîtrait compromettre grave-
ment la valeur de ces gages, il pourra requérir que cette gestion soit transférée à une administration spéciale, soit par
voie de mise en régie, soit par voie de concession ou d'affermage.

6. a) Le Gouvernement autrichien s'engage à ne pas accorder de concessions qui selon l'avis du Commissaire général
seraient de nature à compromettre l'exécution du programme
de réformes.

b) Le Gouvernement autrichien abandonnera tout droit
d'émission de papier-monnaie et ne négociera ni ne conclura
d'emprunt, sinon conformément au programme défini ci-dessus
et avec l'autorisation du Commissaire général. Si le Gouvernement autrichien se croyait dans la nécessité d'envisager des
emprunts en dehors des conditions du programme visé dans ce
Protocole, il devra soumettre ces projets à l'approbation préalable du Commissaire général et du Comité de contrôle.

c) Le Gouvernement autrichien demandera au Parlament
les modifications jugées nécessaires, en conformité avec le rapport du Comité financier (Annexe) aux statuts de la Banque
d'émission et, le cas échéant, à la loi du 24 juillet 1922 (Bulletin des Lois n. 490). Les statuts de la Banque d'émission devront lui assurer, vis-à-vis du Gouvernement, une pleine auto-
nomie. Elle devra exercer les fonctions de caissier de l'Etat,
centraliser les opérations de recettes et de dépenses et fournir
des situations périodiques aux dates et dans la forme qui seront
fixées d'accord avec le Commissaire général.

d) Le Gouvernement autrichien prendra et exécutera
toutes les décisions nécessaires en vue de réaliser pleinement le

programme d'assainissement, y compris les réformes administratives et les transformations indispensables dans la législation.

7. Le Gouvernement autrichien prendra toutes mesures en
vue d'assurer le maintien de l'ordre public.

8. Tous les engagements définis ci-dessus, relatifs aux attributions du Commissaire général ou à des réformes d'ordre
financier ou administratif, dans la mesure où ils se rapportent à
une période postérieure au 1er janvier 1923, sont conditionnels
et ne deviendront définitifs que lorsque les Gouvernements britannique, français, italiens et tchécoslovaque auront sanctionné
leur promesse de garantie par l'approbation de leurs parlements
respectifs.

Toutefois, le Gouvernement autrichien s'engage définitivement :

a) A prendre dès maintenant toutes les mesures en son
pouvoir pour réduire le déficit, ces mesures comportant en par-
ticulier un relèvement des tarifs de chemins de fer, des postes,
des télégraphes et des prix de vente du produit des monopoles ;

b) A présenter immédiatement au Parlement autrichien
le projet de loi visé au paragraphe 3 qui, pendant deux ans,
donnera au Gouvernement en exercice ou à tout Gouvernement qui lui succédera pleins pouvoirs pour prendre toutes mesures qui, à son sens, seront nécessaires en vue d'assurer, à la
fin de cette période, le rétablissement de l'équilibre budgétaire ;

c) A préparer immédiatement un programme de réforme,
à provoquer les mesures législatives nécessaires, à appliquer les
premières mesures d'exécution prévues dans ce programme d'ici
au 1er janvier 1923.

9. En cas de différend concernant l'interpétation de ce
Protocole, les parties accepteront l'avis du Conseil de la Société
des Nations.

Le présent Protocole sera communiqué aux Etats signataires
du Protocoles п. II, signé à Genève le 4 octobre 1922.

En foi de quoi le soussigné, dûment autorisé à cet effet, a
signé le présent Protocole.

Fait à Genève en un seul exemplaire, qui restera déposé au
Secrétariat de la Société des Nations et sera par lui immédiatement enregistré, le quatre octobre mil neuf cent vingt-deux.

(Signé) SEIPEL.

LXI.

23 ottobre 1922.

ROMA.

Accordo fra italia e Stato Serbo-Croato-Sloveno per l'esecuzione delle Convenzioni stipulate a Rapallo il 12 novembre 1920 (fa parte degli accordi detti di S. Margherita).

S. M. il Re dei Serbi, Croati e Sloveni, e S. M. il Re d'Italia avendo preso in considerazione le difficoltà da superare ed i problemi da risolvere per giungere all'esecuzione definitiva delle convenzioni stipulate a Rapallo il 12 novembre 1920, ed ispirandosi agli stessi sentimenti coi quali fu concluso il Trattato di Rapallo, cioè al desiderio di stabilire fra i due Stati un regime sincero e di cordiali relazioni per il bene comune dei due Popoli, hanno deliberato di concludere accordi a tale effetto ed hanno nominato loro plenipotenziari :

SUA MAESTÀ IL RE DEI SERBI, CROATI E SLOVENI :

S. E. Voislav Antonievitch, Suo Inviato Straordinario e Ministro Plenipotenziario ;

SUA MAESTÀ IL RE D'ITALIA :

S. E. Carlo Schanzer, Senatore del Regno, Suo Ministro degli Affari Esteri ;

i quali, dopo lo scambio dei loro pieni poteri, trovati in buona e debita forma, hanno convenuto quanto segue :

I.

Zara.

All'atto della ratifica del presente accordo il Governo italiano darà alle Autorità competenti gli ordini necessari per lo sgombero della Terza Zona di occupazione e per la consegna del rispettivo territorio alle Autorità del Regno dei Serbi, Croati e Sloveni nel termine di dodici giorni a decorrere dalla ratifica stessa.

Il Governo del Regno d'Italia ed il Governo del Regno dei Serbi, Croati e Sloveni, nell'interesse delle relazioni fra il territorio di Zara ed il territorio limitrofo, appongono la loro firma alla convenzione concernente il regime doganale ed il traffico di frontiera tra Zara ed i territori limitrofi, la quale dovrà entrare in vigore nello stesso termine contemplato nella prima parte del presente articolo.

Traffico di frontiera e facilitazioni doganali.

Il Governo italiano dichiara che il territorio di Zara è all'infuori del territorio doganale del Regno d'Italia, e che, per conseguenza, tutte le merci provenienti dal Regno dei Serbi, Croati e Sloveni entreranno nel detto territorio liberamente ed in franchigia di qualsiasi sorta.

Nel traffico tra il territorio di Zara ed il territorio limitrofo del Regno dei Serbi, Croati e Sloveni sono accordate reciprocamente le facilitazioni che regolano d'abitudine il traffico di frontiera tra Stati limitrofi.

I diritti od altre tasse di esportazione, le proibizioni od altre restrizioni che potrebbero essere adottate per le esportazioni dal detto Regno in generale, non potranno estendersi alle esportazioni nel territorio di Zara dei prodotti specialmente indicati in un elenco annesso alla convenzione, in quanto questi prodotti provengano e siano originari dalla zona del territorio del Regno dei Serbi, Croati e Sloveni, determinata dalla convenzione stessa.

1922
23 ottobre

Inoltre, i prodotti provenienti ed originari del territorio di Zara, indicati in un secondo elenco annesso alla convenzione, saranno ammessi all'entrata nella suddetta zona in traffico di frontiera, senza pagare diritti doganali o altre tasse, nella quantità annua corrispondente ai bisogni della popolazione della stessa zona di frontiera.

Il Regno dei Serbi, Croati e Sloveni s'impegna a non prendere alcuna misura eccezionale contro le esportazioni dal Regno nel territorio di Zara, dei prodotti alimentari di qualsiasi genere.

II.

Fiume.

Dopo che saranno stati dati gli ordini di sgombero di Sussak, che dovrà essere compiuto entro cinque giorni a datare dalla ratifica del presente accordo, una Commissione mista di tre italiani e di tre jugoslavi, assistita da esperti, procederà :

a) a sorvegliare le operazioni di sgombero da Sussak ;

b) a delimitare la frontiera tra il Regno dei Serbi, Croati e Sloveni e lo Stato libero di Fiume, in conformità delle disposizioni del trattato di Rapallo 12 novembre 1920 ;

c) ad aprire il traffico con Fiume ;

d) ad organizzare dal lato tecnico ed amministrativo i servizi del porto ;

e) ad organizzare il funzionamento dello Stato di Fiúme, in base all'art. 4 del Trattato di Rapallo.

La Commissione dovrà compiere i propri lavori nel termine di un mese a decorrere dalla sua prima riunione. Questo termine potrà essere prorogato di comune accordo.

In caso di divergenza, le due Alte Parti Contraenti faranno ricorso, in via amichevole, all'arbitrato secondo l'art. 5 del Trattato di Rapallo.

La Commissione dovrà pure formulare proposte allo scopo di organizzare un traffico di frontiera in favore di Castua, secondo i principi adottati per Zara.

La Commissione si riunirà ad Abbazia immediatamente dopo la ratifica del presente accordo.

III.

Accordi generali e per la repressione del contrabbando e delle contravvenzioni alle leggi di finanza.

Le Convenzioni stipulate fra il Governo del Regno d'Italia e il Governo del Regno dei Serbi, Croati e Sloveni in materia di accordi generali e per la repressione del contrabbando e delle contravvenzioni alle leggi di finanza, saranno ratificate contemporaneamente al presente accordo.

IV.

Accordi economici e culturali.

I Governi delle due Alte Parti Contraenti procederanno senza ritardo alla stipulazione degli accordi economici interessanti i due Paesi, ed intraprenderanno immediatamente i negoziati per la conclusione degli altri accordi preveduti negli articoli 6 e 8 del Trattato di Rapallo.

Il presente accordo sarà ratificato e le ratifiche saranno scambiate a Roma.

In fede di che, i Plenipotenziari hanno firmato il presente accordo e l'hanno munito del loro sigillo.

Fatto a Roma, in italiano ed in francese, in doppio esemplare il 23 ottobre 1922.

(*L. S.*) VOISLAV ANTONIEVTICH
(*L. S.*) CARLO SCHANZER.

Scambio ratifiche : 26 febbraio 1923.
Esecuzione per Legge : 21 febbraio 1923, n. 281.

LXII.

23 ottobre 1922.

ROMA.

Convenzione concernente il regime doganale ed il traffico di frontiera fra Zara ed i territori limitrofi conclusa fra l'Italia e lo Stato Serbo-Croato-Sloveno (fa parte degli accordi detti di S. Margherita).

S. M. il Re dei Serbi, Croati e Sloveni e S. M. il Re d'Italia, animati dal desiderio di procedere all'esecuzione delle disposizioni contenute nell'accordo stipulato in data odierna, e concernenti il territorio di Zara, hanno deliberato di concludere una convenzione a quest'effetto ed hanno nominato loro plenipotenziari :

SUA MAESTÀ IL RE DEI SERBI, CROATI E SLOVENI :

S. E. Voislav Antonievitch, Suo Inviato Straordinario e Ministro Plenipotenziario ;

SUA MAESTÀ IL RE D'ITALIA :

S. E. Carlo Schanzer, Senatore del Regno, Suo Ministro degli Affari Esteri :

i quali, dopo lo scambio dei loro pieni poteri, trovati in buona e debita forma, hanno convenuto quanto segue :

Regime doganale.

ART. 1. — Il territorio di Zara, sebbene si trovi sotto la sovranità del Regno d'Italia, non è compreso nel territorio doganale di detto Regno.

L'Italia s'impegna a non stabilire nessun diritto speciale sulla esportazione delle merci destinate al territorio di Zara, nè proibizioni o restrizioni riguardanti tali esportazioni.

ART. 2. — Il Regno dei Serbi, Croati e Sloveni s'impegna a non adottare alcuna misura eccezionale contro le esportazioni dal Regno nel territorio di Zara, dei prodotti alimentari di qualsiasi genere.

In ogni caso, i diritti o altre tasse d'esportazione le proibizioni o altre restrizioni che potessero essere adottate nei riguardi delle esportazioni dal detto Regno in generale, non potranno estendersi alle esportazioni nel territorio di Zara dei prodotti indicati nell'elenco qui annesso (allegato *A*), in quanto questi prodotti provengano e siano originari dalla zona del territorio del Regno i cui limiti sono segnati nel piano qui annesso (allegato *B*).

ART. 3. — I prodotti indicati qui appresso, provenienti e originari dal territorio di Zara e destinati ad essere consumati nella zona di frontiera del Regno dei Serbi, Croati e Sloveni, menzionata nell'art. 2 saranno ammessi all'entrata nella suddetta zona, in esenzione da ogni diritto doganale o da tasse di qualsiasi specie :

fieno ; paglia ; erbe per l'alimentazione del bestiame ; foglie secche ; piante vive ; legumi freschi ; legno in tronchi grezzi ; legna da ardere ; carbone di legna ; torba e carbone di torba ; sansa disseccata ; pannelli ed altri residui di grani e di frutti oleosi torchiati ; ceneri da lisciivia ; ingrassi ; feccia di vino ; vinaccie ; spazzature ; limi ; prodotti della macinazione dei cereali importati temporaneamente dalla suddetta zona di frontiera per essere macinati nel territorio di Zara, tenuto conto della percentuale di rendimento ; carne in quantità non superiore a 10

32

chili ; farina di cereali e di legumi in quantità non
superiore a 10 chili ; pane e paste alimentari in
quantità non superiore a 10 chili ; burro e formaggio
in quantità non superiore a 5 chili ; ghiaccio artifi-
ciale.

I prodotti indicati nel prospetto annesso (allegato
C), provenienti e originari dal territorio di Zara, godranno della stessa esenzione alla loro entrata nella
suddetta zona di frontiera fino alla concorrenza della
quantità annua rispettivamente indicata nel detto
prospetto, e in questi limiti quantitativi essi non saranno sottoposti a vincoli, a proibizioni d'importazione, nè ad imposte interne, che non siano egualmente applicati agli stessi prodotti fabbricati nel
Regno dei Serbi, Croati e Sloveni.

L'entrata in franchigia da diritti non sarà accordata
ai prodotti summenzionati che fossero importati
per via postale, qualunque sia la loro quantità, anche
nel caso che siano destinati ad abitanti della suddetta
zona di frontiera.

Le disposizioni per regolare queste concessioni, nonchè le misure da adottare nei singoli casi di abuso,
saranno stabilite di comune accordo tra le amministrazioni competenti delle due Alte Parti contraenti.

ART. 4. — Nei punti della frontiera tra il territorio di Zara e la zona adiacente del Regno dei Serbi,
Croati e Sloveni, nei quali se ne riconosca il bisogno,
saranno ammessi in franchigia dai diritti di dogana e
di bollo i medicamenti che gli abitanti della suddetta
zona si recassero ad acquistare nelle farmacie situate
nel territorio di Zara, in base a ricette del medico, nelle
piccole dosi corrispondenti alla condizione degli acqui-
renti. Per le importazioni entro questi limiti si potrà
derogare all'obbligo di presentare la ricetta, nel caso
in cui si tratti semplicemente di droghe medicinali o

di preparazioni chimiche o farmaceutiche, portanti sull'involucro l'indicazione farmaceutica precisa e delle quali la vendita e l'uso siano ammessi liberamente nel territorio dove dovranno essere consumate.

ART. 5. — I sudditi delle Alte Parti contraenti che avessero le loro abitazioni o le loro fattorie nel territorio di Zara e dei beni rustici nella zona di frontiera del Regno dei Serbi, Croati e Sloveni di cui all'art. 2, oppure che avessero le loro abitazioni o le loro fattorie in detta zona e dei beni rustici nel territorio di Zara, hanno il diritto di trasportare nelle loro abitazioni e nelle loro fattorie, attraverso la linea di frontiera tra il detto territorio di Zara e la zona suddetta, anche per vie non doganali, in esenzione dai diritti doganali di importazione o di esportazione, e da ogni tassa od imposta e senza che essi possano essere sottoposti a proibizioni di importazione od esportazione, tutti i prodotti raccolti nelle loro proprietà, e ciò durante tutto il periodo che va dal principio della stagione dei raccolti fino alla fine di dicembre.

Le persone che si trovino nelle condizioni indicate nel primo alinea del presente articolo hanno pure il diritto di trasportare attraverso la suddetta linea di frontiera, godendo delle stesse esenzioni da diritti, tasse o proibizioni, gli animali, i carriaggi, e tutti gli strumenti ed utensili necessari per i lavori agricoli, nonchè i materiali di costruzione necessari per la riparazione dei fabbricati esistenti nelle dette proprietà ed i viveri necessari per il mantenimento degli operai e degli animali, per la durata dei lavori agricoli o della riparazione dei fabbricati.

Le disposizioni sopra menzionate si applicano pure nei casi in cui le persone suddette abbiano da eseguire dei lavori forestali o inerenti a dei diritti di servitú forestale.

1922
23 ottobre

Tutte queste disposizioni sono applicabili anche ai rappresentanti dei corpi morali e delle persone giuridiche del territorio di Zara che posseggano beni rustici o diritti fondiari nella zona del Regno dei Serbi, Croati e Sloveni, di cui all'art. 2, come pure ai rappresentanti dei corpi morali e delle persone giuridiche di questa zona che posseggano beni rustici o diritti fondiari nel territorio di Zara.

Le disposizioni per regolare tali concessioni e le misure da adottare nei casi di abuso saranno stabiliti di comune accordo tra le Amministrazioni competenti delle due Alte Parti contraenti.

Art. 6. — I proprietari o gli affittuari di terre separate dalle proprie abitazioni e dalle fattorie rispettive dalla frontiera che divide il territorio di Zara dal Regno dei Serbi, Croati e Sloveni, sono autorizzati a trasportare dalle loro case e dalle loro fattorie nelle terre suddette il bestiame per il pascolo, in esenzione da diritti doganali d'importazione e d'esportazione.

Quando il ritorno dal pascolo abbia luogo nella stessa giornata, gli uffici doganali competenti si limiteranno ad esercitare la loro sorveglianza con misure sufficienti ad impedire abusi, senza tuttavia sottomettere il bestiame al regime doganale dell'importazione temporanea. In ogni caso, questo regime non potrà essere adottato che in seguito a regole da stabilire di comune accordo fra i Governi dei due Stati contraenti.

Art. 7. — Ai proprietari od affittuati delle terre in località situate sul territorio del Regno dei Serbi, Croati e Sloveni, ma separate l'una dall'altra dal territorio di Zara, sarà permesso di trasportare attraverso il detto territorio, senza alcun impedimento doganale, i prodotti ed il bestiame alle stesse condizioni e negli stessi limiti indicati negli articoli 5 e 6.

ART. 8. — Il movimento degli animali fra il territorio di Zara e la zona di frontiera del Regno dei Serbi, Croati e Sloveni di cui all'art. 2 sarà generalmente esente da ogni misura sanitaria.

Tuttavia, quando nel detto territorio o nella detta zona si verificassero casi di afta epizootica o di altre malattie di natura largamente contagiosa, gli animali della specie soggette al contagio, provenienti dalle regioni infette, dovranno, per essere ammessi ad attraversare la frontiera, essere muniti di un certificato rilasciato dall'autorità comunale competente, da cui risulti che gli animali indicati nel certificato provengono da località esente dalla epizoozia.

Allorchè nel territorio di Zara oppure nella zona di frontiera suddetta fossero constatate manifestazioni di peste bovina, ogni movimento di bestiame e ogni transito di prodotti e di residui di animali, come pure il transito della paglia, dei foraggi, ecc., entro il detto territorio e la detta zona saranno proibiti.

Tessere di frontiera.

ART. 9. — Gli abitanti del territorio di Zara e della zona di frontiera del Regno dei Serbi, Croati e Sloveni di cui all'art. 2 potranno liberamente varcare la frontiera e circolare nel detto territorio e nella detta zona senza conformarsi alle disposizioni concernenti i passaporti, ma a condizione che essi siano muniti di una « tessera di frontiera » rilasciata dalle autorità colle modalità indicate negli articoli seguenti.

Essi potranno passare e circolare anche a cavallo, in vettura o con altro veicolo qualsiasi, a condizione di conformarsi alle disposizioni doganali che regolano il passaggio di questi mezzi di trasporto attraverso la frontiera.

Sono dispensati dall'obbligo di presentare la tessera di frontiera i fanciulli di età inferiore ai 12 anni, purchè siano accompagnati da adulti muniti di tessera di frontiera.

ART. 10. — Agli effetti delle disposizioni dell'articolo precedente sono considerati come abitanti del territorio e della zona ivi menzionati :

a) tutte le persone dimoranti abitualmente nel territorio di Zara o nella detta zona o che, pure abitando al di fuori del territorio o della zona suddetti, vi posseggano dei beni rustici in proprietà od in affitto o tengano in essi un esercizio a scopo di lucro ;

b) il personale alla dipendenza dei proprietari o degli affittuari di cui alla lettera a) da essi impiegato in modo permanente, pei loro lavori o nella loro industria, nel territorio di Zara o nella zona suddetta ;

c) i rappresentanti e gli impiegati dei corpi morali e delle persone giuridiche che posseggano nel territorio suddetto o nella suddetta zona un esercizio a scopo di lucro, in quanto i detti rappresentanti o impiegati esplichino abitualmente le loro funzioni nel luogo ove l'esercizio è situato.

ART. 11. — Le tessere di frontiera di cui all'art. 9 devono essere conformi al modello cui unito (allegato D) e sono rilasciate dalle autorità di pubblica sicurezza della circoscrizione del paese rispettivo.

Perchè siano valevoli le tessere di frontiera devono essere sottoposte al visto o da parte dell'autorità consolare dell'altro Stato o da parte delle autorità di questo medesimo Stato che hanno competenza a rilasciarle.

La validità delle tessere di frontiera è limitata ad un anno, ma se esse sono destinate ad impiegati di un esercizio che funzioni per un periodo più breve, la loro validità è limitata alla durata del funzionamento dell'esercizio, alla fine del quale esse possono essere prorogate fino al termine di un anno.

Le tessere di frontiera devono riprodurre la descrizione della persona, secondo le disposizioni in vigore per i passaporti.

ART. 12. — In caso di estrema urgenza (morte, malattie improvvise, funerali e simili) i funzionari incaricati del controllo alla frontiera possono rimettere alle persone non munite di tessera di frontiera un « permesso di passaggio » secondo il modello qui allegato (allegato *E*), valevole per entrare una sol volta dal territorio di Zara nella zona di frontiera del Regno dei Serbi, Croati e Sloveni e viceversa.

Questi permessi devono essere vistati, nel momento dell'entrata nell'altro Stato, dall'ufficio di controllo di frontiera di questo medesimo Stato, e sono valevoli per tre giorni.

ART. 13. — Le tessere di frontiera ed i permessi di passaggio di cui agli articoli precedenti e le loro vidimazioni sono esenti da ogni diritto di bollo o di altra specie.

ART. 14. — Salvo le eccezioni previste dalle presenti disposizioni, il passaggio della frontiera mediante tessere di frontiera o permessi di passaggio non può aver luogo che nei punti di transito fissati di comune accordo tra le rispettive autorità politiche e doganali.

Tali punti devono essere indicati sulle tessere di frontiera e sui permessi di passaggio.

ART. 15. — I medici, le levatrici ed i veterinari residenti nel territorio di Zara, possono, in caso di urgenza (sopratutto in caso di sinistri), essere ammessi ad esercitare la loro professione nella zona di frontiera del Regno dei Serbi, Croati e Sloveni. Negli stessi casi i medici, le levatrici ed i veterinari residenti nella zona suddetta possono essere ammessi ad esercitare la loro professione nel territorio di Zara.

A quest'effetto il consenso dato dalle autorità competenti deve risultare da una annotazione da fare sulla rispettiva tessera di frontiera nel momento in cui questa è rilasciata.

Nei casi summenzionati i medici, le levatrici ed i veterinari potranno varcare la frontiera anche per vie secondarie, di giorno e di notte, a piedi, a cavallo, in vettura o su altro veicolo qualsiasi, purchè essi abbiano ottemperato alla verifica da parte dell'ufficio doganale. Essi possono portare, inoltre, in esenzione da qualsiasi diritto, gli oggetti necessari all'esercizio della loro professione (strumenti, fasciature, medicamenti), in quantità che sia ciascuna volta proporzionata ai bisogni pei quali è richiesta la loro assistenza.

Manutenzione delle strade.

ART. 16. — Le Alte Parti contraenti avranno cura di disporre che le autorità e le Amministrazioni che hanno l'obbligo di provvedervi in base alle rispettive leggi, vigilino, secondo le esigenze del traffico, alla manutenzione, nonchè allo sgombero della neve, delle strade e delle vie pubbliche attraversate dalla frontiera, tra il territorio di Zara ed il Regno dei Serbi, Croati e Sloveni.

Per quel che si riferisce alle strade che escono dalla linea di frontiera e vi entrano, o che corrono per qualche tratto lungo la frontiera o ne sono tramezzate le Alte Parti contraenti si metteranno d'accordo per, determinare quali debbano essere mantenute secondo le disposizioni di cui sopra e con quali modalità.

Allorchè il materiale per la selciatura di una delle

strade di cui si tratta sia stato finora estratto da una
cava attualmente situata nel territorio dell'altro
Stato, la fornitura ed il trasporto delle selci dovranno
essere facilitate con modalità da stabilire d'accordo
fra le rispettive amministrazioni competenti.

ART. 17. — Il Governo del Regno dei Serbi, Croati
e Sloveni si impegna a non eseguire, a non fare eseguire, a non permettere che sia eseguito nella zona
del Lago di Boccagnazzo e nei dintorni attribuiti al
suddetto Regno, nessun lavoro od opera, la cui conseguenza potrebbe esser quella di alterare in qualsiasi
modo il volume e la qualità dell'acqua di cui la città
di Zara ha il godimento, o rendere più difficile la deri-
vazione dell'acqua stessa.

ART. 18. — Il Governo del Regno dei Serbi, Croati
e Sloveni accorda al Governo del Regno d'Italia la
facoltà di eseguire e di fare eseguire, nella zona del
lago attribuita al Regno dei Serbi, Croati e Sloveni e
nei suoi dintorni, le opere ed i lavori atti ad assicurare alla città di Zara la quantità d'acqua necessaria,
nel caso in cui essa risultasse insufficiente per qualsiasi causa.

ART. 19. — Il Governo dei Serbi, Croati e Sloveni
si impegna a non intraprendere e a non permettere
che vengano intrapresi lavori od opere che possano
in qualsiasi modo alterare le sorgenti e le correnti
d'acqua che alimentano il vecchio acquedotto di Murvizza. Esso si impegna pure a garantire la piena libertà di esecuzione da parte del Governo italiano di
tutti i lavori eventualmente necessari nei terreni circostanti per conservare la potenza idrica del bacino
di Murvizza, senza portar pregiudizio alle esigenze
locali, e a dare libero accesso ai tecnici ed agli operai
che debbono procedere a questi lavori.

Le indennità da versare, se del caso, ai proprietari

dei terreni suddetti saranno a carico del Governo italiano.

ART. 20. — Alle persone residenti nelle isole di Ugliano, Eso, Rivanj e Sestruni è conservato il diritto di approvvigiornarsi di acqua nei pozzi pubblici di Zara senza portar pregiudizio ai bisogni locali.

La presente Convenzione sarà ratificata e le ratifiche saranno scambiate a Roma. Essa entrerà in vigore entro il termine di 12 giorni a partire dalla ratifica.

In fede di che, i Plenipotenziari hanno firmato la presente Convenzione e l'hanno munita del proprio sigillo.

Fatto a Roma, in italiano ed in francese, in doppio esemplare il 23 ottobre 1922.

       (*L. S.*) VOISLAV ANTONIEVITCH
       (*L. S.*) CARLO SCHANZER.

Scambio ratifiche : 26 febbraio 1923.
Esecuzione per Legge : 21 febbraio 1923, n. 281.

(ALLEGATO *A*).

Elenco delle merci del Regno dei Serbi, Croati e Sloveni, la
cui esportazione nel territorio di Zara è esente da ogni diritto o
tassa, e non può essere sottoposta a proibizioni o a restrizioni,
in quanto questi prodotti provengano o siano originari dalla
zona del territorio del detto Regno, i cui limiti sono stabiliti
nell'articolo 2.

Olio d'oliva
Vino
Aceto
Bestiame da macello
Volatili
Uova
Latte fresco
Formaggi freschi
Ricotta
Pesce fresco e salato
Crostacei e molluschi
Cacciagione
Ortaggi e legumi freschi e secchi
Patate
Frutta fresche e secche
Cereali
Lana
Legna da ardere
Scope e spazzole ordinarie

(Allegáto *B*).

A cominciare dal punto di partenza della frontiera settentrionale del territorio di Zara sulla costa del Canale di Zara, la
linea di delimitazione segue la costa del mare tutto intorno al
continente dell'antico distretto di Zara fino al Mare di Novegradi ; segue la costa del mare di Novegradi fino alla linea che
separa da Novegradi la frazione di Possidaria ; segue questa
stessa linea fino al punto in cui essa raggiunge la frazione di
Islam greco ; segue la linea di separazione fra Novegradi e le
frazioni di Islam Greco e Smilcich fino a che essa incontra il
territorio del distretto giudiziario di Bencovaz ; discende lungo
la linea di separazione fra questo distretto ed il distretto giudiziario di Zara fino ad incontrare la linea di separazione fra il
distretto giudiziario di Zara ed il distretto giudiziario di Zara-
vecchia ; segue la stessa linea fino alla costa del Canale di Zara ;
dopo aver attraversato questo Canale entra nel Canale di Mezzo
e tocca la punta meridionale dell'isola di Eso ; segue nella direzione nord la costa occidentale dell'isola stessa e, dalla punta
estrema settentrionale di questa stessa isola, che resta così
compresa nella zona, va ad attaccarsi alla punta settentrionale
dell'isola di Ugliano, da cui essa attraversa nuovamente il
Canale di Zara per ricongiungersi al suo punto di partenza sulla
costa, all'estremità settentrionale del territorio di Zara.

ITALIA E STATO SERBO-CROATO-SLOVENO   509

(ALLEGATO *C*)

Elenco dei prodotti del territorio di Zara, la cui importazione
nel territorio del Regno dei Serbi, Croati e Sloveni, è ammessa
fino alla concorrenza annua delle quantità rispettivamente qui
sotto indicate, in esenzione da ogni diritto o altre tasse d'importazione e che non può essere sottoposta a proibizioni o restrizioni qualsiasi, in quanto questi prodotti siano destinati al
consumo nel territorio del detto Regno, i cui limiti sono fissati
come all'art. 2.

Contingente annuo

1. Olio di oliva	Ettolitri	100
2. Vino comune da tavola	»	1000
3. Aceto	»	30
4. Sapone ordinario	Quintali	300
5. Candele di cera	»	150
6. Corde e canapa grezza	»	300
7. Reti	»	200
8. Lane greggie o lavate	»	100
9. Lavori in legno (casse, letti, sedie o sedili, fusti)	»	300
10. Pelli greggie, fresche o secche	»	150
11. Cappelli di paglia	»	15
12. Zappe, badili, vomeri ed altri utensili agricoli	»	100
13. Utensili d'uso domestico in lamiera di ferro	»	100
14. Vetri e bottiglie di vetro	»	30
15. Cereali	»	1000
16. Pesci freschi e salati	»	200
17. Paste alimentari	»	500
18. Polveri insetticide	»	5

NOTA — Sono ammesse fuori dei contingenti e per conseguenza non sono comprese nelle quantità sopra indicate, le
piccole quantità dei suddetti prodotti, che non oltrepassino
cinque chilogrammi per gli articoli indicati ai numeri 9, 10,
12 e 13 e due chilogrammi per gli altri, purchè siano trasportate
a mano da persone traversanti la frontiera e destinate al loro
uso personale e giornaliero.

(ALLEGATO *D*)

Tessera di Frontiera.

FIRMA DEL TITOLARE

....   Si certifica che il Sig........

Connotati.   ....

Statura ....   titolare di questa tessera,
                             nato a..................

Corporatura ....

Colorito ....   il giorno ....

Capelli...................   appartenente al comune di..

Barba ....

Occhi ....   di professione ....

Naso.....................   ....

Bocca ....   dimora abitualmente nel co-
                             mune di ....

Fronte ....

Segni particolari ....

e   { possiede dei beni rustici }
    { tiene in fitto dei beni rustici } a ....
    { tiene un esercizio a scopo di }   ....
    { lucro }

oppure : è al servizio del Sig. ....
proprietario di beni rustici a ....   ed
è occupato in permanenza a ....
oppure : è rappresentante (o impiegato) di ....
che possiede un esercizio a ....

Il Sig. ....è per conseguenza
autorizzato a passare la frontiera fra il territorio di Zara e quello
della zona limitrofa del Regno dei Serbi, Croati e Sloveni per
la via di..................e di restare

liberamente nel detto territorio di Zara e nella zona di fron- 1922
tiera del Regno dei Serbi, Croati e Sloveni. 23 ottobre

Questa tessera non può essere impiegata per viaggi al di là
del suddetto territorio di Zara e della suddetta zona di frontiera.

Questa tessera è valevole fino a ....

Ogni abuso d'impiego di questa tessera ne annulla la
validità.

(Data).................... il giorno.............

Autorità che rilascia la tessera

Visto

(ALLEGATO E).

Permesso di passaggio

rilasciato al Signor ....

dimorante a ....

per entrare una sola volta nel territorio di ....

passando per la via di ....

valevole fino a ....

(Data).................... giorno ....

Autorità di controllo alla frontiera

....

Visto

....

AVVERTENZA — Il permesso di passaggio può essere rilasciato dall'autorità di controllo alla frontiera in caso di urgenza
(morte, malattia subitanea, funerali, ecc.). Essa dovrà essere
vistata dall'autorità di controllo della frontiera dell'altro Stato
e la sua durata non può oltrepassare tre giorni.

Il permesso di passaggio non può essere impiegato per viaggi
al di là del territorio di Zara o di quello della zona limitrofa del
Regno dei Serbi, Croati e Sloveni.

LXIII.

23 ottobre 1922.

ROMA.

Convenzione per la repressione del contrabbando e delle contravvenzioni alle leggi di Finanza tra Italia e Stato Serbo-Croato-Sloveno (fa parte degli accordi detti di S. Margherita).

Sua Maestà il Re dei Serbi, Croati e Sloveni e Sua Maestà il Re d'Italia, animati dal desiderio di fornire agli organi competenti dei loro Stati i mezzi convenienti affinchè possano cooperare ad impedire e punire il contrabbando dal territorio dell'uno nel territorio dell'altro Stato, hanno stabilito di concludere una convenzione a tal'effetto ed hanno nominato loro plenipotenziari :

SUA MAESTÀ IL RE DEI SERBI, CROATI E SLOVENI :

S. E. Voislav Antonievitch, Suo Inviato Straordinario e Ministro Plenipotenziario,

SUA MAESTÀ IL RE D'ITALIA :

S. E. Carlo Schanzer, Senatore del Regno, Suo Ministro degli Affari Esteri ;

i quali, dopo essersi scambiati i loro pieni poteri, trovati in buona e debita forma, hanno convenuto quanto segue :

ART. 1. — Ciascuna delle Alte Parti contraenti si obbliga a cooperare, nei modi stabiliti nelle disposi-

33

zioni seguenti, a ciò che le contravvenzioni alle leggi doganali o a quelle dei monopoli di Stato dell'altra Parte contraente, siano prevenute e punite.

ART. 2. — Ciascuna delle Alte Parti contraenti darà istruzioni ai suoi funzionari incaricati di prevenire o di reprimere le contravvenzioni alle leggi di dogana e dei monopoli di Stato, affinchè, non appena siano informati che si stia preparando o che sia stata già commessa una contravvenzione alle leggi suddette dell'altra Parte contraente, essi facciano di tutto, nel primo caso, per impedirne l'esecuzione con tutti i mezzi di cui dispongono, ed, in entrambi i casi, ne facciano denunzia all'autorità competente del proprio Paese.

ART. 3. — Le autorità di finanza di una Parte dovranno portare a conoscenza delle autorità di finanza dell'altra Parte le contravvenzioni alle leggi di dogana e dei monopoli di Stato che siano state ad essi segnalate, e dare notizia di tutti i fatti e relativi particolari che abbiano potuto scoprire.

Sono autorizzati a fare tali comunicazioni e a dare tali informazioni : in Italia, la Direzione Generale delle Dogane e delle Imposte Indirette, le Dogane Principali e gli Ufficiali della Guardia di Finanza ; nel Regno dei Serbi, Croati e Sloveni la Direzione Generale delle Dogane e le Dogane Principali.

ART. 4. — Nel caso in cui la dogana di una delle Alte Parti contraenti, allo scopo di scoprire od accertare una frode tentata o commessa a detrimento dei diritti doganali o dei monopoli di Stato del proprio paese, abbia bisogno di conoscere il movimento delle merci che siano oggetto della frode, potrà rivolgersi alla dogana dell'altra Parte contraente per avere informazioni delle operazioni da essa compiute, dei documenti rilasciati o delle registrazioni effettuate nei riguardi delle dette merci.

La dogana alla quale sia stata rivolta la richiesta sarà tenuta a soddisfarla senza indugio, salvo il caso in cui, secondo i regolamenti della propria amministrazione, sia ad essa all'uopo necessaria un'autorizzazione speciale da parte dell'autorità superiore.

In questo caso essa dovrà affrettarsi a promuovere detta autorizzazione ed a conformarsi alle istruzioni che le verranno impartite dalla competente autorità superiore.

ART. 5. — Nell'intento di prevenire e di scoprire i tentativi di contrabbando, le Autorità dirigenti delle finanze, gli impiegati delle dogane e dei monopoli di Stato, come pure gli agenti della Guardia di finanza delle due Alte Parti contraenti si aiuteranno premurosamente a vicenda, non solamente comunicandosi a questo scopo nel più breve termine le loro osservazioni, ma mantenendo reciprocamente continui rapporti, allo scopo di prendere di comune accordo le misure più atte al raggiungimento del risultato prefisso.

ART. 6. — Ciascuna delle Alte Parti contraenti si impegna ad impedire che provviste di merci da potersi considerare come destinate ad essere fraudolentemente introdotte nel territorio dell'altra Parte, siano accumulate vicino alla frontiera, o che vi siano depositate, senza che vengano sottoposte a misure di precauzione sufficienti per prevenirne il contrabbando.

Come regola generale, non sarà permesso di stabilire depositi di merci estere non nazionalizzate in prossimità della frontiera, in località ove non esistano uffici doganali.

Nel caso in cui fosse necessario derogare da tale regola, l'autorità doganale porrà sotto chiave questi depositi e li sorveglierà.

Se, in un caso speciale, non potesse essere provve-
duto a porli sotto chiave, verranno adottate altre
misure di controllo atte a raggiungere, nel più sicuro
modo possibile, lo scopo prefisso.

Le provviste di merci estere nazionalizzate e di
merci nazionali non potranno oltrepassare nei distretti di frontiera le esigenze del commercio lecito
cioè del commercio proporzionato al consumo locale
nel proprio paese. In caso di sospetto che le provviste
di merci estere nazionalizzate o di merci nazionali
oltrepassino le esigenze del consumo locale e che siano
destinate al contrabbando, questi depositi dovranno
essere sottoposti, per quanto le leggi lo consentano, a
controlli doganali speciali, allo scopo di prevenire il
contrabbando.

ART. 7. — Su richiesta delle autorità competenti
di finanza o giudiziarie di una delle Alte Parti contraenti, quelle dell'altra Parte dovranno prendere o
promuovere dalle autorità competenti del loro paese,
le misure necessarie per stabilire i fatti e a raccogliere
le prove degli atti di contrabbando commessi o tentati
in pregiudizio dei diritti doganali o dei monopoli di
Stato, e per ottenere, a seconda delle circostanze
il sequestro provvisorio delle merci.

Le Autorità di ciascuna delle Alte Parti contraenti
dovranno corrispondere alle suddette richieste, come
se si trattasse di contravvenzioni alle leggi doganali
ed ai monopoli di Stato del proprio paese.

Allo stesso modo, i funzionari della dogana e dei
monopoli di Stato, e gli agenti della guardia di finanza
di una delle Alte Parti contraenti, potranno, in seguito
a richiesta rivolta all'autorità da cui dipendono le
autorità competenti dell'altra Parte, essere chiamati
a deporre davanti all'autorità competente del loro
paese sulle circostanze relative alla contravvenzione

tentata e commessa in pregiudizio dell'altra Alta Parte contraente.

1922
23 ottobre

ART. 8. — Nessuna delle Alte Parti contraenti permetterà sui propri territori, associazioni aventi per iscopo il contrabbando sui territori dell'altra Parte, nè riconoscerà validi i contratti di assicurazione per contrabbando.

Le Alte Parti contraenti s'impegnano inoltre, reciprocamente, a far sorvegliare nei rispettivi territori i sudditi dell'altra Parte notoriamente dediti al contrabbando.

ART. 9. — Ciascuna delle Alte Parti contraenti è obbligata :

a) a non accordare, nei territori dell'altra Parte, il passaggio di merci, la cui importazione o il transito vi siano proibiti, a meno che non venga fornita la prova che venne rilasciata da detta Parte una particolare autorizzazione ;

b) a non autorizzare l'uscita delle merci destinate nei territori dell'altra Parte contraente e che siano in essa sottoposti a diritti di importazione, se non dirette ad un corrispondente ufficio di dogana munito di adeguate attribuzioni. La detta autorizzazione non potrà essere accordata che a condizione che venga evitato ogni ritardo non necessario e ogni deviazione dalla strada doganale che conduce da un ufficio all'altro delle Parti contraenti. Resta anche inteso che l'uscita delle merci non potrà aver luogo che in ore determinate, calcolate in modo che le merci giungano all'ufficio corrispondente durante l'orario regolamentare.

ART. 10. — Ciascuna delle Alte Parti contraenti si impegna a non liberare le cauzioni ad essa fornite per l'uscita dai propri territori delle merci in transito, o per la riesportazione di merci estere non nazionalizzate, e a non restituire o a non rimborsare i diritti di entrata o di consumo per le merci in uscita, se non venga comprovato, a mezzo di certificato dell'ufficio di entrata dell'altra Parte contraente, che le merci furono ivi presentate e dichiarate.

In vista di circostanze speciali, saranno consentite, di comune accordo delle eccezioni alla suddetta disposizione.

ART. 11. — Per ciò che riguarda le disposizioni contenute negli articoli 9 lettera b) e 10, le Alte Parti contraenti fisseranno di comune accordo il numero e le attribuzioni degli uffici ai quali le merci dovranno essere presentate al loro passaggio attraverso la frontiera comune, l'orario in cui potranno effettuarsi le operazioni di dogana ed il passaggio delle merci e il modo con cui esse dovranno essere scortate all'Ufficio dell'altra Parte contraente.

ART. 12. — Per le contravvenzioni ai divieti d'entrata, d'uscita o di transito, e per le frodi ai diritti doganali o di monopolio, commesse o tentate in pregiudizio dell'altra Parte, ciascuna delle Alte Parti contraenti sottoporrà i contravventori, su domanda d'una autorità competente dell'altra Parte, alle pene stabilite dalle proprie leggi per le contravvenzioni dello stesso genere od analoghe, nei seguenti casi :

1. se l'imputato è suddito dello Stato che deve sottoporlo al procedimento ed alla pena ;

2. se, non essendo suddito di detto Stato, abbia ivi il suo domicilio, anche temporaneo, o se la contravvenzione sia stata commessa sul territorio dello Stato medesimo o se ivi si sia lasciato sorprendere nel momento dell'arrivo della domanda di procedimento o dopo.

Si applicheranno tuttavia le pene stabilite dalle leggi dell'altra Alta Parte contraente (richiedente), allorchè esse siano meno gravi.

Se per disposizione di legge la pena pecuniaria debba essere stabilita in proporzione alla somma frodata, si prenderà per base la tariffa dell'Alta Parte contraente, le cui leggi doganali e di monopolio sono state lese.

In caso di divergenza fra gli organi amministrativi delle Alte Parti contraenti sull'applicazione della tariffa alla merce, i Governi rispettivi si metteranno preliminarmente d'accordo per appianare la divergenza.

ART. 13. — Nei processi da iniziare a termini dell'art. 12, i rapporti ufficiali delle autorità o dei funzionari dell'altra Parte contraente avranno lo stesso valore probatorio che è attribuito a quelli delle autorità o dei funzionari del luogo, in casi simili.

ART. 14. — Le spese occasionate dai processi iniziati in base all'art. 12 dovranno essere rimborsate dall'Alta Parte contraente nell'interesse della quale il processo è fatto, a meno che esse non possano essere coperte dal valore degli oggetti sequestrati o abbandonati dai contravventori.

ART. 15. — Le somme versate dall'imputato o condannato in occasione di procedimenti compiuti in base all'art. 12, o realizzate con la vendita degli oggetti in contravvenzione, saranno impiegate in maniera che le spese del processo siano rimborsate in primo luogo ; verranno rimborsati in secondo luogo i diritti sottratti all'altra Parte contraente ; verranno in terzo luogo le pene pecuniarie.

Queste ultime resteranno a disposizione dell'Alta Parte contraente sul territorio della quale ha avuto luogo il processo.

ART. 16. — L'azione penale nei procedimenti iniziati a termini dell'art. 12 non dovrà essere proseguita quando l'autorità dell'Alta Parte contraente che ebbe a promuoverli ne faccia domanda, a meno che non sia stata già emessa una sentenza definitiva, cioè passata in giudicato.

In tale caso saranno egualmente applicabili le disposizioni dell'art. 14 circa le spese del procedimento.

Art. 17. — Le autorità amministrative e giudiziarie di ciascuna delle Alte Parti contraenti dovranno, per quel che riguarda i procedimenti istruiti nel territorio dell'altra Alta Parte contraente, sia per contravvenzione alle leggi doganali o di monopolio di questa stessa Parte, sia in virtù dell'art. 12, su richiesta delle autorità o del giudice competente :

1. Interrogare, quando sia necessario con giuramento, i testimoni ed i periti che si trovino nel distretto della propria giurisdizione, e, occorrendo, costringere i primi a rendere la loro testimonianza, purchè questa non possa venire ricusata in base alle leggi vigenti nel paese ;

2. Procedere d'ufficio a visite e certificarne i risultati ;

3. Fare intimare citazioni e sentenze agli imputati che si trovino nel distretto dell'autorità richiesta, e che non siano sudditi dello Stato dell'Alta Parte contraente da cui essa dipende.

Art. 18. — Ciascuna delle Alte Parti contraenti è tenuta a versare ai sudditi dell'altra Parte che nel suo interesse abbiano contribuito alla scoperta o al sequestro di oggetti in contrabbando, il premio che, nello identico caso, sarebbe spettato ai nazionali in base alla legge del luogo. Ciò tuttavia a condizione che il caso di contrabbando sia stato esattamente segnalato dai sudditi dell'altra Alta Parte e che inoltre, non soltanto il relativo processo sia stato definitivamente chiuso, ma che anche la pena pecuniaria alla quale il contravventore fu condannato, o il prodotto della vendita degli oggetti sequestrati, siano stati versati nelle casse dello Stato.

Art. 19. — In tutti i porti del Regno dei Serbi, Croati e Sloveni, ove non risieda un agente consolare del Regno d'Italia e nei porti del Regno d'Italia, ove non risieda un agente consolare del Regno dei Serbi, Croati e Sloveni, l'Autorità doganale o l'Autorità del porto (quest'ultima dopo aver einformato la dogana della prossima partenza del bastimento) visterà i manifesti dei bastimenti diretti ad uno dei porti dell'altro Stato in tutti. i casi in cui in base alle disposizioni doganali di questo medesimo Stato, i manifesti debbano presentarsi muniti di questo visto.

Il visto sui manifesti dei bastimenti italiani e dei bastimenti del Regno dei Serbi, Croati e Sloveni in tale caso sarà rilasciato gratuitamente, qualunque sia l'autorità (consolare, doganale o portuale) che l'abbia posto.

Art. 20. — Le disposizioni fissate dalla presente Convenzione per il commercio per via di terra, s'intendono pure estese, in quanto siano applicabili. al commercio per via di mare.

Art. 21. — Nella presente Convenzione le parole « leggi doganali » indicano pure le disposizioni riguardanti i divieti d'entrata, di uscita e di transito e le parole « autorità amministrativa » o « autorità giudiziaria » le autorità istituite nei territori delle due Alte Parti contraenti per i procedimenti e la punizione relativi alle contravvenzioni alle leggi suddette.

Art. 22. — La presente Convenzione resterà in vigore per un periodo di cinque anni.

Nel caso in cui da nessuna delle due Alte Parti contraenti venga denunziata un anno avanti la sua scadenza, essa rimarrà in vigore per tacito consenso fino allo scadere di un anno a partire dal giorno in cui una delle due Alte Parti contraenti l'avrà denunziata.

È tuttavia convenuto che la suddetta convenzione non sarà denunziata per tutta la durata del trattato di commercio e di navigazione che verrà concluso fra le due Alte Parti contraenti, e che, per conseguenza, essa dovrà, in ogni caso, aver vigore fino al momento in cui il suddetto trattato cesserà di avere applicazione.

La presente Convenzione sarà ratificata e le ratifiche saranno scambiate a Roma. Essa entrerà in vigore nel termine di dodici giorni a partire dalla sua ratifica.

In fede di che, i Plenipotenziari hanno firmato la presente Convenzione e l'hanno munita del loro sigillo.

Fatto a Roma, in italiano ed in francese, in doppio esemplare il 23 ottobre 1922.

(*L. S.*)   Voislav Antonievitch
(*L. S.*)   Carlo Schanzer.

Ratifica dell'Italia : 26 febbraio 1923.
Esecuzione per legge : 21 febbraio 1923, n. 281.

LXIV.

23 ottobre 1922.

ROMA

Accordi Generali, Protocollo e Scambi di Note conclusi fra l'Italia e lo Stato
Serbo-Croato-Sloveno (fanno parte degli accordi detti di S. Margherita).

Sua Maestà il Re dei Serbi, Croati e Sloveni e Sua
Maestà il Re d'Italia, animati dal desiderio di eliminare ogni difficoltà che possa nuocere alla ripresa
delle relazioni d'affari fra i loro Stati, hanno deliberato di concludere accordi a quest'effetto ed hanno
nominato loro plenipotenziari :

SUA MAESTÀ IL RE DEI SERBI, CROATI E SLOVENI :

S. E. Voislav Antonievitch, Suo Inviato Straordinario e Ministro Plenipotenziario ;

SUA MAESTÀ IL RE D'ITALIA :

S. E. Carlo Schanzer, Senatore del Regno, Suo
Ministro degli Affari Esteri ;

i quali, dopo aver scambiato i loro pieni poteri,
trovati in buona e debita forma, hanno convenuto
le seguenti disposizioni :

I.

Istituto di Credito Fondiario.

ART. 1. — Qualsiasi controversia riguardante la
conversione delle corone austro-ungariche, che sono
state presentate dall' « Istituto Provinciale di Cre-

dito Fondiario del Regno di Dalmazia », è regolata dall'accordo speciale sulla sistemazione delle Banche e degli Istituti di credito (Capitolo VI).

Art. 2. — Le modalità per la ripartizione delle altre attività del suddetto « Istituto Provinciale di Credito Fondiario del Regno di Dalmazia », saranno stabilite dalla Commissione speciale incaricata della sistemazione degli interessi patrimoniali delle provincie, distretti, comuni ed altri corpi morali pubblici locali.

II.

Valutazione delle proprietà mobiliari ed immobiliari provinciali della Dalmazia.

Art. 3. — Per l'esecuzione dell'art. 2 del Trattato di Rapallo, in ciò che concerne l'equa ripartizione tra il Regno d'Italia ed il Regno dei Serbi, Croati e Sloveni, dei beni provinciali e comunali, come pure delle fondazioni di carattere provinciale della Dalmazia, le Alte Parti contraenti convengono che si proceda alla valutazione di tutti i mobili, immobili e loro pertinenze nella provincia di Dalmazia, ivi compreso il Palazzo del Consiglio Provinciale di Agricoltura, e ciò a mezzo di una Commissione unica di periti (Commissione per la valutazione), che sarà nominata e che darà principio ai suoi lavori entro due mesi dalla data della messa in vigore del presente accordo.

Art. 4. — La valutazione del mobilio di ciascun fabbricato dovrà essere fatta separatamente.

Art. 5. — Non sono oggetto di valutazione :

a) il mobilio della Giunta provinciale ;

b) il mobilio del Palazzo del Consiglio provinciale di agricoltura e dell'Istituto provinciale di Credito Fondiario ;

c) i mobili, il materiale chirurgico, medicamentario e farmaceutico, come pure gli apparecchi Röntgen eventualmente esistenti nei quattro Ospedali Provinciali della Dalmazia (Borgo Erizzo, Sebenico, Spalato e Ragusa) e le loro biblioteche ;

d) il mobilio della scuola d'«Ostetricia» annessa all'Ospedale Provinciale di Borgo Erizzo ;

e) il mobilio ed il materiale didattico delle scuole popolari e civiche della Dalmazia e le loro biblioteche.

ART. 6. — A comporre la Commissione di valutazione ciascuna delle Alte Parti contraenti nominerà :

a) un delegato ;

b) un perito architetto ;

c) un perito agrario ;

d) un perito per i mobili.

Se durante il corso dei lavori si presentasse l'occasione di dover stimare oggetti non appartenenti alle categorie dei fabbricati, dei terreni, o dei mobili, ciascuno dei delegati delle Alte Parti contraenti avrà facoltà di designare per la stima di tali oggetti una persona idonea fra coloro che sono inscritti nella lista dei periti giudiziari.

ART. 7. — La Commissione, prima di intraprendere le operazioni che le sono confidate, dovrà stabilire le linee di massima da applicare nel corso della valutazione.

Le ipoteche che gravano sugli immobili, alla cui valutazione si procede, rimangono a carico dell'istituzione provinciale a cui gli immobili sono assegnati ; tuttavia, se ne terrà conto nella loro stima.

Le ipoteche simultanee, che gravano sugli immobili assegnati in parte ad una ed in parte all'altra delle Alte Parti contraenti, saranno considerate come i debiti provinciali non garantiti da ipoteca.

ART. 8. — Nel caso di divergenza su qualche stima i periti dovranno nominare un arbitro. Qualora non intervenga l'accordo sulla scelta dell'arbitro, questo verrà scelto tra coloro che furono proposti dai periti, dal rappresentante del Governo del territorio ove è situato l'oggetto da stimare.

ART. 9. — La stima di tutti i beni sarà fatta in moneta del Regno dei Serbi, Croati e Sloveni.

ART. 10. — Ciascuna delle Alte Parti contraenti assumerà a proprio carico le spese occasionate dai membri della Commissione che essa avrà nominati.

III.

Sistemazione degli interessi patrimoniali delle provincie distretti e comuni e di altri corpi morali pubblici locali.

ART. 11. — Il Governo d'Italia e il Governo dei Serbi, Croati e Sloveni si impegnano col presente accordo a sottoporre al giudizio di Commissioni speciali tutte le questioni concernenti la sistemazione degli interessi patrimoniali delle provincie, distretti e comuni limitrofi dei due Paesi, le cui circoscrizioni territoriali abbiano subito variazioni in seguito all'applicazione del Trattato di Rapallo.

Le Alte Parti contraenti si impegnano a sottoporre a queste stesse Commissioni le questioni riguardanti la sistemazione degli interessi patrimoniali dei corpi morali di diritto pubblico che esercitano le loro funzioni sul territorio delle provincie su menzionate, sia che la loro circoscrizione si estenda a tutta la provincia, sia che si limiti ad un distretto o ad un comune.

Saranno comprese tra le questioni da sottoporre alle Commissioni suddette quelle della medesima indole riguardanti gli Istituti di Credito ipotecario e le questioni concernenti i diritti di caccia, di legnatico, di pascolo ed altri diritti simili, spettanti alle popolazioni dei territori attraversati dalla nuova frontiera.

ART. 12. — Per l'esecuzione delle disposizioni dell'articolo precedente, saranno istituite tre Commissioni speciali, di cui una – che risiederà alternativamente a Gorizia e a Lubiana – avrà competenza per le questioni riguardanti la provincia di Gorizia e la Carniola; l'altra che risiederà alternativamente a Parenzo e a Ponte di Veglia – sarà competente per quelle riguardanti la provincia dell'Istria, l'isola di Veglia ed il comune di Castua; e la terza – che risiederà alternativamente a Zara ed a Spalato – sarà competente per le questioni riguardanti la provincia di Dalmazia. Questa ultima Commissione dovrà conformarsi, per l'adempimento del suo mandato, ai principi ed alle disposizioni speciali che si riferiscono alla provincia di Dalmazia, di cui ai capitoli IV e V, in quanto esse riguardino il compito delle suddette Commissioni.

ART. 13. — Ognuna delle tre Commissioni previste nell'articolo precedente sarà composta di sei delegati effettivi, e di sei membri supplenti, di cui tre tra i primi e tra i secondi saranno nominati dal Governo Italiano e tre dal Governo Serbo, Croato, Sloveno.

ART. 14. — Le Alte Parti contraenti si comunicheranno reciprocamente i nomi dei propri delegati e dei supplenti e la sede degli uffici delle Commissioni nei rispettivi territori.

ART. 15. — Ciascuna delle Alte Parti contraenti si impegna di porre a disposizione dei propri delegati il personale di segreteria necessario ed eventualmente il personale tecnico, come pure i documenti, informazioni e tutti i dati che potranno essere necessàri per un equo giudizio sulla materia sottoposta alle Commissioni previste dal presente accordo.

ART. 16. — I rappresentanti dei due Stati e gli uffici sopraddetti saranno chiamati a stabilire a quali corpi morali le disposizioni del presente capitolo debbono essere applicate in virtù dell'art. 11 ed a raccogliere ed a classificare tutti i documenti e tutti i dati necessari per fissarne la sistemazione patrimoniale.

Due mesi dopo la costituzione delle Delegazioni e degli uffici sopraddetti, le Commissioni saranno convocate ad iniziativa di una delle Alte Parti contraenti nel proprio territorio e nella sede di cui si è parlato all'art. 12.

Anche prima della suddetta convocazione, le delegazioni dei due Stati contraenti potranno comunicarsi direttamente gli elenchi dei corpi morali che dovranno formare oggetto delle prossime discussioni.

ART. 17. — Fino dalla prima seduta, le Commissioni eleggeranno nel proprio seno un Presidente. Esse si comunicheranno tutti i documenti e tutti i dati rispettivamente raccolti e classificati. In caso di disaccordo, la presidenza verrà assunta a turno da un membro scelto da ogni Delegazione.

ART. 18. — Se per la determinazione delle questioni formanti oggetto di discussione o per la loro definizione una di queste Delegazioni avesse necessità di avere altri documenti o di procedere ad ulteriori richieste, i Delegati ed il Governo dello Stato ove si trovano i documenti o nel quale le inchieste debbono essere effettuate, risponderanno alle domande fatte dalla Delegazione dell'altro Stato con-

traente colla più grande sollecitudine, facilitandone
nel miglior modo le ricerche.

ART. 19. — Le decisioni prese saranno comunicate dalle due Delegazioni ai rispettivi Governi, per
la ratifica, nel termine di un mese a partire dalla loro
data.

Le questioni che, in mancanza d'accordo, le Commissioni non avessero potuto regolare e quelle la cui
decisione non fosse ratificata dai due Governi suddetti entro il termine di sei mesi dalla data della
loro comunicazione, saranno deferite al giudizio di
un arbitro, che sarà scelto di comune accordo dai
Governi delle Alte Parti contraenti.

In caso di divergenza sulla scelta dell'arbitro,
questa scelta sarà deferita alla Società delle Nazioni.

IV.

Ripartizione dei beni delle provincie e dei comuni.

ART. 20. — 1. Gli edifizi dello Stato e le loro appartenenze ed i mobili che vi sono strettamente connessi appartengono in proprietà assoluta a quella
delle due Alte Parti contraenti nel territorio della
quale essi sono situati, e non devono essere oggetto
di ripartizione.

2. Per ciò che concerne gli uffici dello Stato di
carattere provinciale, che avevano la loro sede nel
territorio di Zara e la cui competenza territoriale
si estendeva a tutto il regno di Dalmazia, si procederà ad una ripartizione equa e proporzionale dei
mobili che non sono strettamente connessi agli edifici, come pure dei libri, strumenti ed altri mezzi ausi-
liari, con riguardo alle necessità pratiche delle due
amministrazioni, in modo da facilitare ad esse, nella
nuova situazione, la continuità pacifica e regolare

34

delle loro funzioni. Per gli oggetti che si possono fa-
cilmente acquistare nel libero commercio, il Governo
d'Italia potrà versare l'equivalente in ispecie.

3. Il materiale didattico e scientifico (gabinetti,
mobili, ecc.) come pure la biblioteca del Ginnasio superiore di istruzione di lingua serbo-croata in Zara, saranno attribuiti al Regno dei Serbi, Croati e Sloveni e
posti senza ritardo a sua disposizione.

Per ciò che si riferisce al *preparandio* maschile di
Borgo Erizzo, la biblioteca soltanto sarà oggetto di
equa ripartizione, tenute presenti le esigenze particolari degli Istituti scolastici esistenti nei territori
della Dalmazia assegnati al Regno dei Serbi, Croati
e Sloveni.

4. L'applicazione pratica delle disposizioni di
cui ai paragrafi 2 e 3 sarà affidata alla « Commissione
di ripartizione » da nominare a termini dell'accordo
relativo (vedi Capitolo III).

ART. 21. — Le basi della ripartizione del patrimonio provinciale della Dalmazia. sono . fissate nel
seguente modo :

1. Gli immobili che fanno parte del patrimonio
provinciale della Dalmazia, senza riguardo al ramo
dell'amministrazione e salvo il calcolo del loro valore,
spettano in proprietà a quella delle Alte Parti contraenti che ha la sovranità del territorio ove essi sono
situati.

2. Detti immobili, compreso il Palazzo del Consiglio provinciale di agricoltura di Zara, come pure il
loro mobilio, formeranno oggetto di regolare valutazione da parte della Commissione di valutazione prevista dalle disposizioni sulla valutazione delle proprietà mobiliari ed immobiliari della Dalmazia (vedi
cap. II).

Allorquando ne sia stato stabilito il valore, la Commissione di ripartizione prevista dall'art. 20, n. 4, procederà alla ripartizione degli immobili e del mobilio, in modo da attribuirne il 10 % allo Stato italiano ed il 90 % allo Stato dei Serbi, Croati e Sloveni, le differenze verranno compensate in ispecie, in moneta serbo-croato-slovena.

Nella determinazione dei valori formanti la base della ripartizione si dovrà dedurre da essi, proporzionalmente alla valutazione attuale degli immobili, le somme che furono impiegate nella costruzione degli edifici (specialmente degli ospedali) e provenienti da fondi locali speciali, come le fondazioni ed altri patrimoni particolari.

3. Per quel che si riferisce al debito pubblico della provincia di Dalmazia verranno adottate delle disposizioni in conformità all'art. 204 del Trattato di San Germano.

4. Tutte le altre passività, tal quali risulteranno dalla liquidazione dei diversi fondi amministrativi, saranno passate a carico del Regno dei Serbi, Croati e Sloveni. Per soddisfare la sua quota parte di passività fissata al 10 %, il Regno d'Italia verserà al Regno dei Serbi, Croati e Sloveni una somma da stabilire su liquidazione di ciascuna partita che sarà effettuata dalla suddetta Commissione di ripartizione.

In tutte le questioni per le quali, a causa di difficoltà tecniche dovute alle condizioni eccezionali in cui l'amministrazione provinciale si trovò durante la guerra o nel periodo di occupazione, non fosse possibile giungere a conclusioni rigorosamente esatte dal punto di vista contabile, la Commissione o l'arbitro procederanno *de bono et aequo*, secondo la regola fissata al n. 2 del presente articolo, alla ripartizione del numerario e dei titoli, nonchè dei residui attivi e passivi, in quanto questi siano stati constatati.

5. La stessa Commissione menzionata al numero precedente, procederà alle constatazioni necessarie e sottoporrà ai due Governi le proposte riguardanti la liquidazione delle somme anticipate dal Governo italiano quale Potenza occupante, sia sotto forma di versamenti diretti alla Giunta provinciale della Dalmazia a Zara, sia sostenendo spese che in base alle leggi preesistenti avrebbero dovuto restare a carico di fondi provinciali autonomi.

Nel ripartire tra le due Amministrazioni i carichi derivanti dalle suddette anticipazioni e spese fatte durante l'occupazione, poichè si tratta di sborsi effettuati a profitto esclusivo del territorio dalmata di occupazione, la base di ripartizione non sarà del 10 % e del 90 %, ma una nuova base verrà determinata in proporzione della popolazione e delle imposte reali dirette del territorio occupato.

6. Ciascuna delle Alte Parti contraenti assume i diritti e gli obblighi che la provincia di Dalmazia aveva in base alle leggi finora in vigore, di fronte ai funzionari e agli altri impiegati in servizio o pensionati che hanno acquistato o che acquisteranno la nazionalità del rispettivo Stato, compresi i professori e gli impiegati del Consiglio provinciale di agricoltura.

In attesa, le contribuzioni arretrate occorrenti saranno pagate o ritenute rispettivamente dalle casse che hanno pagato sino ad ora.

Così pure ognuna delle Alte Parti contraenti nella sua qualità di amministratrice della cassa pensioni degli impiegati comunali, assume tutti i diritti e tutti gli obblighi che la provincia di Dalmazia aveva di fronte ai funzionari ed agli altri impiegati, pensionati o no, e che sono passati o che passeranno sotto la nazionalità dello Stato rispettivo.

La ripartizione delle attività dei fondi rispettivi, avrà luogo non sulla base della regola sopra stabiliti ma in proporzione dei carichi che saranno attribuiti a ciascuno dei due Stati.

7. Le anticipazioni accordate e versate per la costruzione degli edifici scolastici resteranno a carico di quella delle due Alte Parti contraenti nel territorio della quale l'edificio è stato costruito.

Nel computo della massa provinciale saranno esclusi i fondi o legati speciali di carattere locale devoluti a determinate scuole e che, in conformità al paragrafo 30 della legge scolastica, dovranno rimanere a profitto delle scuole beneficiarie.

8. Tutto il mobilio esistente nella sede della Giunta Provinciale dalmata e nella sede dell'Istituto provinciale di Credito fondiario apparterrà, fuori conteggio, al Regno dei Serbi, Croati e Sloveni, mentre tutto il mobilio esistente nella sede del Consiglio Provinciale di Agricoltura apparterrà, egualmente fuori conteggio, al Regno d'Italia.

Quanto sopra non si riferisce alla sistemazione dell'Istituto provinciale di credito fondiario, sistemazione che sarà fatta separatamente.

9. Le imposte provinciali pubbliche di ogni specie, arretrate o no, saranno percepite fino alla cessazione dell'occupazione, come di diritto e di dovere, da ciascuna delle Alte Parti contraenti in corrispondenza del territorio ove si trova la cosa od agisce la persona, le quali hanno dato luogo all'imposta, salvo il regolamento finale dei conti fra i due Governi.

10. Le Alte Parti contraenti riconoscono che le fondazioni Monti di Knin (Glavica) e Pericic di San Gassiano, amministrate dalla Giunta Provinciale dalmata, debbono essere considerate esclusivamente di interesse del Regno dei Serbi, Croati e Sloveni.

1922
23 ottobre

Per ciò che si riferisce alle altre fondazioni poste sotto l'amministrazione dello Stato o della Provincia o di altri organi e che estendevano la loro azione a tutta la provincia, le Alte Parti contraenti hanno convenuto che la Commissione di ripartizione dovrà seguire le direttive che vennero stabilite dalla Conferenza di Roma, in esecuzione degli articoli 226 e 273 del Trattato di pace di San Germano.

11. Per l'installazione di un ufficio consolare del Regno dei Serbi, Croati e Sloveni a Zara, il Governo italiano s'impegna a cedere al suddetto Regno un edificio nella città di Zara, edificio che sia anche di gradimento del Governo Serbo, Croato e Sloveno. Il prezzo della cessione sarà computato nella ripartizione a credito dello Stato italiano.

12. Per ciò che riguarda l'Ospedale Provinciale di Borgo Erizzo, le Alte Parti contraenti, pur confermando il principio della proprietà e dell'esercizio dell'ente da parte dell'Italia, convengono di assicurare ai sudditi jugoslavi (malati, donne gestanti o prossime al parto, trovatelli) senza riguardo alla loro dimora, l'ammissione nel detto ospedale con un trattamento perfettamente eguale a quello dei nazionali italiani, anche per ciò che si riferisce alle spese di mantenimento che dovranno essere rimborsate dal Regno dei Serbi, Croati e Sloveni. Le modalità relative verranno determinate mediante un accordo speciale. I medesimi vantaggi sono garantiti ai sudditi italiani dimoranti in Dalmazia negli ospedali o in consimili istituti situati nel territorio dei Serbi, Croati e Sloveni.

ART. 22. — La ripartizione del patrimonio appartenente al comune politico di Zara tale quale è attualmente, verrà fatta in base ai seguenti principi:

1. Ogni frazione del comune politico di Zara conserva la proprietà dei suoi beni.

La divisione politica della frazione comunale di Diklo non potrà apportare, in nessun caso, una modificazione ai diritti di pascolo e di taglio dei boschi attualmente esistenti.

È nello stesso tempo ammesso che non esiste proprietà immobiliare che sia comune tra la frazione di Zara e le altre frazioni rimanenti ;

2. La municipalità di Zara continuerà a provvedere all'amministrazione regolare separata delle diverse frazioni destinate ad essere staccate dal suo corpo politico, fino al momento in cui la separazione effettiva sarà avvenuta.

In quello stesso momento sarà constatata la situazione finanziaria di ogni frazione. L'eccedente sarà pagato ed il *deficit* sarà esatto.

Per ciascuna delle frazioni assegnate al Regno dei Serbi, Croati e Sloveni sarà compilata una specificazione delle rendite e dei crediti realizzabili, e sarà rimessa al nuovo comune al quale ciascuna frazione verrà aggregata.

La ripartizione delle attività e delle passività della frazione di Diklo verrà fatta in proporzione della popolazione e dell'ammontare delle imposte reali dirette, afferenti a ciascuna delle porzioni assegnate al Regno d'Italia ed al Regno dei Serbi, Croati e Sloveni ;

3. Il fondo comune dovrà funzionare fino al giorno precedente alla consegna.

Non appena il *deficit* sarà stato ripartito fra tutte le frazioni, sulla base di quanto compete allo Stato per le imposte dirette, che il pareggio sarà stato raggiunto fra spese ed entrate e che la ripartizione sarà stata effettuata, sulla base suindicata, fra le due parti della frazione di Diklo, verrà chiuso il fondo comune. A partire da questo momento tutti i debiti ed i rispettivi crediti, riferentisi ad epoche anteriori, resteranno a carico ed a profitto del comune politico al quale le differenti frazioni saranno state aggregate. Per conseguenza, appena effettuata la consegna al Regno dei Serbi, Croati e Sloveni delle frazioni convenute, nonchè delle eccedenze e dei *deficit* rispettivi, il comune politico di Zara non dovrà più occuparsi della esazione delle rendite, nè del pagamento delle spese riferentisi al tempo anteriore alla consegna, sia che spettino alle dette frazioni, sia che spettino al fondo comune.

Il Regno dei Serbi, Croati e Sloveni rinuncia espressamente alla ripartizione sotto qualsiasi forma degli effetti destinati come mobilio della sede e dell'ufficio del comune di Zara.;

4) Rimane convenuto che il Regno dei Serbi, Croati e Sloveni e le frazioni che saranno staccate dal comune di Zara non avranno alcuna ingerenza o alcun diritto su beni e fondazioni posti sotto l'amministrazione del comune politico di Zara, il cui elenco è qui sotto riprodotto :

Fondazione Cipriani ; fondazione Giovino ; fondazione per gli assegni ad un allievo dell'Accademia di Fiume ; fondo pensioni per le guardie municipali ; fondazione per la storia di Zara ; due fondazioni per borse di studio ; fondazione per gli orfani ; fondi per le vedove e gli orfani di soldati morti in guerra ; prestito della città di Zara del 1911 ;

5) Per ciò che riguarda il patrimonio dell'Istituto di beneficenza pubblica di Zara, le Alte Parti contraenti prenderanno eventualmente accordi, dopo avvenuto uno scambio di informazioni sull'origine, la consistenza e la destinazione dello stesso patrimonio.

ART. 23. — L'eventuale ripartizione degli archivi avrà luogo secondo le regole stabilite nel capitolo V. Per ciò che non è contemplato nello stesso capitolo V saranno applicate le disposizioni dei trattati e delle convenzioni attualmente in vigore.

Nel caso eventuale della ripartizione dei beni dei vescovati cattolico ed ortodosso di Zara, nonchè dei rispettivi seminari, la Commissione di ripartizione procederà, se del caso, d'accordo con l'Autorità ecclesiastica competente, in quanto i due Governi lo giudichino necessario.

ART. 24. — Le controversie di qualsiasi specie, che potranno sorgere fra le Alte Parti contraenti relativamente alle disposizioni contenute nel presente capitolo, saranno sottoposte all'arbitro da nominare a termini dell'art. 19 delle disposizioni sulla sistemazione degli interessi patrimoniali delle provincie, dei distretti e dei comuni. (vedi capitolo III).

I pagamenti da fare in conformità dell'art. 21, numeri 2, 4 e 5 dovranno essere eseguiti entro sei mesi a partire dal momento in cui i rispettivi importi saranno stati fissati in modo definitivo.

V.

Ripartizione degli archivi della Dalmazia.

ART. 25. — Per ciò che riguarda l'eventuale ripartizione degli archivi, biblioteche d'ufficio, libri e registri pubblici, prenotazioni, conti, piani, carte, titoli, documenti, protocolli, indici ed appartenenze di qualsiasi specie, di proprietà delle autorità, degli uffici e degli istituti dei diversi rami civili e militari – nessuno eccettuato – della passata Amministrazzione di Stato, in Dalmazia, nonchè dell'Ammini-

1922
23 ottobre

strazione autonoma provinciale e comunale, sarà istituita una Commissione speciale, nella quale le Alte Parti contraenti saranno rappresentate da un egual numero di Delegati. Si debbono intendere per archivi gli uffici di registrazione ed il loro relativo materiale di atti, ivi compresi gli atti notarili in custodia giudiziaria.

Alla biblioteca del tribunale d'appello è riconosciuto il carattere di biblioteca d'ufficio.

ART. 26. — La Commissione avrà la propria sede a Zara. Essa incomincierà i suoi lavori entro tre mesi dalla entrata in vigore del presente accordo. Verrà garantito ai suoi membri l'accesso ai locali ove sono conservati i materiali di cui all'art. 25, come pure l'appoggio più completo e la collaborazione di tutte le Autorità e di tutti gli uffici.

ART. 27. — La Commissione si propone i seguenti scopi :

a) Sceglierà prima di tutto gli atti necessari all'Amministrazione dello Stato del territorio dell'una o dell'altra delle due Alte Parti contraenti ; ne farà degli elenchi esatti, che trasmetterà alle Autorità competenti, affinchè queste ne ordinino le relativa consegna. In casi di urgenza e su richiesta delle Autorità interessate, tali atti saranno consegnati senza indugio e per la via più breve.

La Commissione separerà gli atti dell'Amministrazione corrente dagli atti più antichi, considerando come correnti quelli che non rimontino ad un'epoca anteriore agli ultimi quarant'anni dell'Amministrazione austriaca, cessata alla data dell'armistizio, e astenendosi dal toccare gli altri, che saranno trattati secondo le regole da stabilire per gli atti storici. Quelli fra gli atti correnti, che, per ragione di competenza personale o territoriale, si riferiscano unicamente agli interessi di una delle due Amministrazioni dello Stato, saranno immediatamente assegnati dalla Commissione all'Autorità competente, alla quale essa ne farà la consegna. Per contro gli atti correnti, il cui interesse è considerato dalla Commissione comune ai due territori e quelli che saranno dalla Commissione considerati per qualsiasi ragione come indivisibili, verranno normalmente attribuiti dalla Commissione all'Autorità serbo-croata e slovena competente, specialmente allorchè essi riguardino tutta la provincia di Dalmazia, e salvo l'attribuzione all'Autorità italiana competente degli atti concernenti sopratutto gli interessi del territorio italiano in Dalmazia. Le norme per la compilazione degli elenchi di questi atti ed il metodo di consegna sono uguali a quelle stabilite per gli altri.

I libri ed i registri pubblici, nonchè quelli di prenotazione e di evidenza, saranno considerati come atti correnti, nel caso in cui siano stati in uso durante gli ultimi quarant'anni, senza riguardo alla data della loro posta in opera. Per le masse degli archivi notarili, saranno decisive la sede dell'ufficio del notaio e la data della loro presa in conservazione. Gli atti personali saranno attribuiti e trasmessi, senza riguardo alla loro data, in corrispondenza al diritto di cittadinanza e in rapporto agli emolumenti di ciascun funzionario.

b) Gli archivi della Giunta Provinciale di Dalmazia sono interamente trasmessi al Regno dei Serbi, Croati e Sloveni, ed egualmente quelli del Consiglio Provinciale di Agricoltura, salvo quegli atti che si riferiscono direttamente al territorio della Dalmazia facente parte del Regno d'Italia. Egualmente saranno estratti dagli archivi del comune politico di Zara, e saranno trasferiti a chi di diritto, soltanto gli atti riguardanti direttamente le frazioni comu-

nali che debbono separarsi dalla loro circoscrizione
originale.

c) La ripartizione delle biblioteche d'ufficio
sarà fatta con riguardo alle necessità pratiche delle
due Amministrazioni, in modo da facilitare nelle
condizioni attualmente cambiate, la continuità normale delle loro funzioni.

ART. 28. — La Commissione delibera a maggioranza di voti. Le sue deliberazioni hanno effetto
immediato. Nel caso di parità di voti, i due Governi
provvedono d'accordo : se tale accordo non si verifica, ciascuna delle Alte Parti contraenti è libera di
appellarsi al giudizio di un arbitro, che, in caso di
mancata intesa, verrà designato dal Segretariato
permanente della Società delle Nazioni.

ART. 29. — Fino a che la ripartizione non avrà
avuto luogo, gli archivi, le cancellerie, le biblioteche
resteranno integralmente nei luoghi ove essi si trovavano nel mese di ottobre 1918.

ART. 30. — Per la parte di materiale che, pur riguardando interessi comuni, fosse attribuito per
qualsiasi ragione ad una sola delle Alte Parti concontraenti, o che restasse in qualsiasi modo in consegna di una sola delle Alte Parti contraenti, queste
s'impegnano reciprocamente a permettere, alla parte
che lo richieda, di poterne prendere visione sul posto,
di prenderne copia, estratti, fotografie, ecc., come
pure a concedere in uso, in casi speciali, oggetti particolari a titolo di prestito, contro restituzione in
un termine da fissare.

Le Alte Parti contraenti si impegnano di conservare accuratamente e di mantenere inalterato questo
materiale, nella sede ove esso verrà situato di comune
accordo.

Le spese relative alle differenti maniere dell'uso

suddetto, resteranno a carico della Parte che ne avrà fatto domanda.

ART. 31. — Gli atti ed i documenti riguardanti soltanto diritti privati o interessi di sudditi o di persone giuridiche, aventi la loro residenza o la loro sede nel territorio serbo-croato-sloveno, saranno dati al Regno dei Serbi, Croati e Sloveni.

Gli atti ed i documenti riguardanti diritti o interessi comuni ai sudditi dei due Stati, saranno conservati negli archivi ove si trovano e se ne rilascerà copia a spese degli interessati italiani o serbo-croati e sloveni che ne avranno fatto richiesta.

La parte degli archivi di Zara, con gli atti, i documenti o gli oggetti che vi sono conservati e che rappresentano le vestigia o i ricordi della Dominazione della Repubblica di Venezia in Dalmazia, non sono oggetto di ripartizione ; essi saranno conservati dallo Stato italiano.

La determinazione delle norme per la ripartizione degli archivi e delle biblioteche di pertinenza delle Autorità e degli Istituti ecclesiastici, qualunque sia la loro origine, è riservata a negoziati separati.

VI.

Sistemazione delle Banche.

ART. 32. — Considerato che si sono verificate divergenze fra i punti di vista del Governo d'Italia e del Governo del Regno dei Serbi, Croati e Sloveni per ciò che riguarda l'esistenza e l'ammontare degli interessi dei sudditi serbi, croati e sloveni nelle banche e negli Istituti di credito aventi sede nel territorio annesso all'Italia o che vi hanno delle succursali ;

Considerato che esiste una divergenza fra i due Governi, anche per quel che riguarda le condizioni alle quali i suddetti interessi potrebbero essere presi in considerazione agli effetti dell'articolo 215 del Trattato di San Germano ; e che il Governo d'Italia contesta che detto articolo sia applicabile nei rapporti fra le due Alte Parti contraenti ;

considerato che il Governo d'Italia ed il Governo dei Serbi, Croati e Sloveni desiderano appianare ogni difficoltà che si opponga ad una ripresa di amichevoli relazioni d'affari fra i due Paesi, senza tuttavia intaccare menomamente i principi sui quali le Alte Parti contraenti basano i loro punti di vista nella controversia suddetta ;

e considerato che i due Governi mirano e s'impegnano a facilitare la creazione di un Istituto di credito, che sia in grado di rendere più intimi i rapporti commerciali fra l'Italia ed il Regno dei Serbi, Croati e Sloveni ;

le Alte Parti contraenti hanno deliberato di eliminare la divergenza con una transazione amichevole, alle seguenti condizioni :

§ 1. — Il Governo del Regno d'Italia effettuerà, appena sarà possibile, la conversione delle corone austro-ungariche in possesso di sudditi serbo-croati e sloveni o per loro conto depositate negli Istituti o presso persone fisiche o giuridiche nel territorio di Zara, la cui conversione venne rifiutata, allo stesso tasso di cambio e alle stesse condizioni che sono state fissate per i sudditi italiani residenti nel territorio su menzionato di Zara.

La conversione dei depositi avrà luogo anche nel caso in cui i depositi siano stati costituiti da sudditi serbi, croati e sloveni residenti all'estero.

§ 2. — Il Governo del Regno dei Serbi, Croati

e Sloveni farà effettuare la conversione delle corone
austro-ungariche in possesso di sudditi italiani o per conto loro depositate in Istituti o presso persone fisiche o giuridiche nel territorio dei Serbi, Croati e Sloveni, allo stesso tasso e alle stesse condizioni che sono state fissate o che saranno fissate per i sudditi serbi, croati e sloveni.

La conversione dei depositi avrà luogo anche nel caso in cui i depositi siano stati costituiti da sudditi residenti all'estero.

§ 3. — Per regolare le altre questioni che formano oggetto di divergenza fra le due Alte Parti contraenti in ciò che riguarda gli interessi negli Istituti di credito sopra indicati, il Governo del Regno d'Italia porrà a disposizione del Governo del Regno dei Serbi, Croati e Sloveni, entro il termine di quaranta giorni a decorrere dalla data dell'entrata in vigore del presente Accordo, la somma di 16 milioni di lire italiane.

Se l'ammontare è versato prima o dopo del giorno sopraindicato, gli interessi al 5 per cento annuo saranno portati a credito o a debito del Governo italiano.

§ 4. — Il Governo del Regno dei Serbi, Croati e Sloveni riconosce che nè esso nè i propri sudditi avranno alcun diritto nè alcuna ragione di chiedere indennità o pagamenti al Governo italiano per qualsiasi titolo che abbia tratto alla conversione della moneta austro-ungarica in lire, alla conversione di depositi presso Istituti di Credito, o ai danni relativi, sofferti dai sudditi serbi, croàti e sloveni nel territorio annesso al Regno d'Italia e che non sono considerati negli accordi speciali.

1922
23 ottobre

VII.

Istituti di assicurazione sociale.

ART. 33. — Il Governo italiano ed il Governo serbo, croato e sloveno hanno convenuto di affidare ad una Commissione speciale l'incarico di compiere i lavori preparatori e di formulare proposte concrete per la sistemazione dei rapporti fra le Alte Parti contraenti su tutti gli Istituti e Fondi di Assicurazione sociale, che operavano nei territori dell'ex Monarchia austro-ungarica e che sono attualmente passati sotto la sovranità di uno dei due Stati contraenti.

Questa Commissione, che siederà a Trieste, dovrà essere costituita in tempo utile per cominciare i propri lavori nel termine di due mesi a decorrere dalla data dell'entrata in vigore del presente Accordo.

VIII.

Vie di comunicazioni.

ART. 34. — Tutte le questioni concernenti le comunicazioni devono essere risolte dal Trattato di Commercio da concludere fra le due Alte Parti contraenti.

IX.

Nazionalizzazione delle Società e delle Case di commercio.

ART. 35. — Le Società in nome collettivo ed in accomandita semplice, le Società in accomandita per azioni e le Società per azioni, le Società anonime e le Società a garanzia limitata attualmente es'stenti nel territorio che faceva parte dell'ex Monarchia

austro-ungarica e che è stato attribuito all'una o
all'altra delle Alte Parti contraenti, avranno la nazionalità dello Stato ove esse sono state legalmente
costituite e sul territorio del quale esse hanno l'oggetto e la sede principale della loro impresa.

ART. 36. — Allorchè da una parte la sede di una
Società contemplata nell'articolo precedente e la sede del Tribunale presso cui detta Società è registrata
e d'altra parte il luogo dell'impresa o dello stabilimento principale non siano situati nel territorio dello
stesso Stato, la determinazione della nazionalità di
detta Società sarà di competenza dell'Autorità politica provinciale del luogo ove si trova l'oggetto
principale dell'impresa.

Se tuttavia l'oggetto principale è situato al di fuori
delle frontiere di una delle Alte Parti contraenti,
ed anche nel caso in cui non sarà possibile determinare quale delle diverse imprese o quale stabilimento
debba essere considerato come l'oggetto principale
dell'impresa, questa determinazione sarà di competenza dell'Autorità politica provinciale nella circoscrizione giurisdizionale del Tribunale presso cui
la Società è registrata.

ART. 37. — Le Case commerciali individuali e
sociali, compresi i Consorzi economici a garanzia
limitata od illimitata, aventi soltanto la loro sede
nel territorio già facente parte della Monarchia austro-ungarica e che è stato attribuito all'una delle
Alte Parti contraenti, possono trasferire la loro sede
nel territorio dell'altra Alta Parte contraente, nel
quale esse hanno l'oggetto principale della loro impresa.

In tal caso non sarà richiesta la liquidazione della
Casa commerciale anche se si tratti di una Società
anonima.

ART. 38. — La radiazione dal registro del commercio verrà effettuata in base ad una domanda della parte interessata, munita dell'approvazione dell'Autorità politica provinciale dello Stato nel cui territorio dovrà essere trasferita la sede della Casa commerciale di cui si tratta.

ART. 39. — La Casa commerciale che avrà ottenuta tale radiazione sarà esentata, nello Stato in cui aveva la sede e dal quale essa si trasferisce, dal pagamento delle imposte ordinarie e straordinarie, comprese le imposte di guerra e le relative imposte addizionali, gravanti sui redditi industriali. Tale esenzione avrà effetto a datare dal giorno della presentazione della domanda, purchè questa sia presentata entro sei mesi dalla data della messa in vigore del presente Accordo, e che il trasferimento effettivo della sede abbia luogo immediatamente dopo ottenuta l'approvazione del suddetto trasferimento.

Tale esenzione si estende anche alle imposte che si possono esigere durante un'eventuale liquidazione, e specialmente ai profitti di liquidazione ed all'imposta sul patrimonio.

X.

Fidecommessi.

ART. 40. — I sudditi di una delle Alte Parti contraenti non potranno in verun caso essere esclusi a causa della loro nazionalità, dal diritto di percepire le rendite di un fidecommesso sottoposto alle leggi dell'altra Parte.

ART. 41. — Nel caso di soppressione dei fidecommessi o di risoluzione del vincolo fidecommissario

1922
23 ottobre

da parte di una delle Alte Parti contraenti, i sudditi dell'altra Parte chiamati alla successione dei beni godranno tanto nel caso di ripartizione dei suddetti beni, quanto in quello di pagamento di indennità, dello stesso trattamento fatto ai sudditi dello Stato in cui si trovano i beni.

ART. 42. — Nessuna tassa, canone od onere sotto qualsiasi forma saranno a questo riguardo imposti ai sudditi delle Alte Parti contraenti se non siano egualmente imposti ai sudditi dello Stato in cui i beni si trovano.

XI.

Imposte.

ART. 43. — Per la stipulazione di un accordo speciale per la liquidazione delle imposte dopo il 3 novembre 1918 e da effettuare sino alla fine dell'anno finanziario 1922, nel territorio dell'antica monarchia austro-ungarica trasferito alle Alte Parti contraenti, allo scopo di evitare una doppia tassazione, sarà istituita una Commissione speciale entro il termine di tre mesi a decorrere dalla messa in vigore del presente accordo.

La Commissione sarà composta di un delegato munito di pieni poteri per ciascuna delle due Alte Parti contraenti.

Essa si riunirà a Lubiana entro un mese dalla sua costituzione.

XII.

Pesca marittima.

ART. 44. — I Governi delle due Alte Parti convengono di considerare ccme esecutiva, senz'altra ratifica, la Convenzione che regola la pesca nell'Adriatico e che venne firmata dai delegati tecnici dei due Stati, a Brioni, il 14 settembre 1921.

La ´suddetta Convenzione resterà in vigore cinque anni, a decorrere dall'entrata in vigore del presente accordo. Nel caso in cui da nessuna delle due Alte Parti contraenti sia stata denunziata un anno avanti la scadenza, essa continuerà a rimanere in vigore, per tacita rinnovazione, fino allo scadere di un anno a decorrere dal giorno in cui sarà stata denunciata dall'una o dall'altra delle Alte Parti contraenti.

È tuttavia convenuto che detta Convenzione non sarà denunziata per tutta la durata del Trattato di commercio e di navigazione che sarà concluso fra le due Alte Parti contraenti, e che, per conseguenza, essa dovrà in ogni caso aver vigore fino al momento in cui il suddetto trattato cesserà di avere applicazione.

XIII.

Disposizioni complementari alla Convenzione conclusa a Roma il 6 aprile 1922 riguardanti il diritto di cittadinanza.

ART. 45. — Agli effetti delle disposizioni stipulate nel Trattato di Rapallo del 12 novembre 1920 e delle disposizioni che seguono, saranno considerati come aventi acquistato la nazionalità italiana insieme con tutti i diritti che ne derivano, tutte le persone che, in base alla dichiarazione di opzione presentata entro il termine del 2 febbraio 1922, avranno ottenuto dalle autorità competenti del Regno d'Italia il diritto di cittadinanza.

ART. 46. — Per ciò che riguarda le dichiarazioni di opzione presentate dopo la data suddetta e fino al giorno dell'entrata in vigore del presente accordo il Governo del Regno dei Serbi, Croati e Sloveni deciderà, se del caso, se alle suddette dichiarazioni debbano essere assicurati gli effetti della nazionalità italiana di cui all'art. 45.

Le persone alle quali non sarà riconosciuto il diritto di cittadinanza agli effetti dell'art. VII n. 2 del Trattato di Rapallo, avranno diritto di conservare su loro domanda la nazionalità del Regno dei Serbi, Croati e Sloveni.

ART. 47. — Coloro che dimorano nei territori ancora occupati dalle truppe Reali Italiane e che opteranno per la nazionalità italiana entro il termine di sei mesi a partire dal giorno dello sgombero, godranno tutti i diritti contemplati negli articoli precedenti.

ART. 48. — Le disposizioni dell'art. VII n. 2 del Trattato di Rapallo, come pure quelle che sono stipulate negli accordi che derivano dal suddetto articolo saranno, integralmente applicate anche all'isola di Veglia.

XIV.

Disposizioni preliminari e transitorie riguardanti l'esercizio delle professioni, delle industrie e dei commerci in attesa della conclusione del trattato di commercio.

ART. 49. — I sudditi dei territori che appartenevano fino al 3 novembre 1918 all'antica monarchia austro-ungarica e che sono stati trasferiti in virtù dei trattati di pace di San Germano e del Trianon e del Trattato di Rapallo al Regno dei Serbi, Croati e Sloveni, i quali per il diritto ad essi conferito dall'articolo VII n. 2 di quest'ultimo Trattato avranno optato per la nazionalità italiana, avranno la facoltà personale di continuare ad esercitare sempre nel territorio del Regno dei Serbi, Croati e Sloveni, le arti, i mestieri, le industrie e le professioni di ogni specie che essi avevano legittimamente esercitato fino alla conclusione del Trattato di Rapallo.

Sono escluse le professioni di notaio, di agrimensore geometra, di ingegnere civile autorizzato e di avvocato.

Le interruzioni nell'esercizio delle arti, mestieri, industrie e professioni, dovute a cause di forza maggiore, non saranno prese in considerazione agli effetti dell'alinea 1°.

Queste disposizioni non si applicano ai pubblici funzionari.

ART. 50. — Per le concessioni accordate dopo l'occupazione da parte delle truppe Reali italiane, il Governo dei Serbi, Croati e Sloveni si riserva il diritto di revocarle nel caso in cui esistessero ragioni di decadenza che, secondo le leggi in vigore, giustificassero la revoca.

ART. 51. — Le concessioni e le licenze industriali che, in base alle leggi dell'antico regime, erano trasmissibili agli eredi, potranno essere trasmesse agli eredi aventi optato direttamente o indirettamente per la nazionalità italiana agli effetti dell'art. 49, e che, anche in mancanza di testamento, fossero chiamati alla successione.

La trasmissione avrà luogo anche se la nazionalità serbo-croata e slovena fosse richiesta per l'esercizio ed il godimento di dette concessioni o licenze e alle stesse condizioni alle quali essa avverrebbe tra i sudditi del Regno dei Serbi, Croati e Sloveni.

ART. 52. — Le disposizioni emanate dall'antico governo austro-ungarico in conseguenza della guerra a partire dal 25 luglio 1914 fino al 3 novembre 1918, contro Società, Istituti o individui di nazionalità italiana sono considerate senza effetto e le Società, gli Istituti e gli individui che ne furono colpiti saranno totalmente reintegrati nei diritti di cui anteriormente godevano. Il Regno dei Serbi, Croati e Sloveni non sarà tenuto a pagare una qualsiasi indennità.

ART. 53. — Senza menomazione del diritto di libera contrattazione, per quel che riguarda i contratti di lavoro, i sudditi di cui si tratta non saranno esclusi dall'esercizio della loro professione a causa della loro qualità di sudditi italiani, anche se attualmente o in avvenire, per l'esercizio di queste professioni, fosse necessaria l'appartenenza al Regno dei Serbi, Croati e Sloveni, purchè essi si sottopongano alle regole in vigore per i sudditi dello stesso Regno.

Tale disposizione non è applicabile ai pubblici funzionari.

Le disposizioni di questo articolo e quelle dell'articolo 49 del presente capitolo saranno per analogia applicate ai sudditi del Regno dei Serbi, Croati e Sloveni che hanno la loro residenza a Zara.

ART. 54. — Le disposizioni contenute in questo capitolo avranno effetto fino a che questa materia sia definitivamente regolata da un Trattato di commercio fra le due Alte Parti contraenti.

XV.

Disposizioni preliminari dei regolamenti di procedura ed amministrativi e sull'insegnamento.

ART. 55. — Per completare le disposizioni contenute nella Convenzione relativa alle popolazioni allogene, fatta a San Germano il 10 settembre 1919, ed approvata dal Regno dei Serbi, Croati e Sloveni con dichiarazione del 5 dicembre 1919, si conviene che le dette disposizioni saranno applicate anche ai sudditi italiani divenuti tali agli effetti del Trattato di Rapallo del 12 novembre 1920, per ciò che riguarda l'uso della lingua italiana e la libertà d'esercizio del culto e della loro religione in questa lingua, e per ciò che riguarda il diritto di istituire, dirigere e controllare scuole ed altri Istituti di educazione, Istituzioni di beneficenza, religiose o di assistenza sociale, oppure di carattere di coltura intellettuale, nella estensione accordata dai suddetti trattati di San Germano e di Rapallo.

La frequenza delle scuole e degli Istituti privati sopra menzionati avrà lo stesso valore della frequenza delle scuole del Regno dei Serbi, Croati e Sloveni della stessa categoria.

I certificati rilasciati da queste scuole e da questi Istituti privati, avranno gli stessi effetti che sono riconosciuti ai certificati delle scuole pubbliche corrispondenti.

Nelle scuole private su menzionate l'insegnamento della lingua serbo-croata sarà obbligatorio.

Nelle scuole private di cui si tratta, l'insegnamento sarà impartito da maestri e da catechisti scelti da sudditi italiani e graditi dalle autorità competenti del Regno dei Serbi, Croati e Sloveni.

Il fatto della nazionalità italiana non potrà formare motivo di non gradimento per gli istitutori, maestri e catechisti delle scuole e degli istituti privati sopra menzionati.

XVI.

Diritto di proprietà.

ART. 56. — Le persone, le società, le imprese di ogni genere ed i corpi morali rispettivamente di nazionalità italiana o che hanno ottenuto la constatazione della loro appartenenza al Regno d'Italia e, d'altra parte le persone od enti di nazionalità serba, croata e slovena, non potranno essere sottoposti per quel che riguarda i beni ed il loro possesso, i loro diritti od interessi nei territori trasferiti ed annessi ad uno dei due Stati in virtù dei Trattati di Pace e del Trattato di Rapallo, ad alcun pregiudizio, vincolo o restrizione che non siano applicati egualmente ai sudditi dello Stato dal quale i territori dipendono e che non diano luogo, in ogni caso, ad una conveniente indennità.

ART. 57. — Le modalità per la determinazione ed il pagamento dell'indennità di cui all'articolo precedente saranno stabilite in uno speciale accordo nel corso dei negoziati per il trattato di commercio.

ART. 58. — Le persone, le società, le imprese di ogni genere, i corpi morali, i loro beni, diritti ed interessi, di cui all'art. 56, non potranno essere sottoposti ad alcuna tassa o carico superiori a quelli di cui saranno colpite le persone e le imprese pertinenti allo Stato che esige l'imposta o dai quali saranno colpiti i loro beni, diritti o interessi.

XVII.

Eleggibilità
nei consigli d'amministrazione e uso del credito.

ART. 59. — I Governi delle due Alte Parti contraenti si riservano di constatare con uno scambio di note che:

1. I sudditi dei due Stati potranno essere liberamente eletti nei Consigli di Amministrazione, nelle Direzioni, nei Collegi Sindacali delle Società Anonime e nei Collegi di Curatori e nella Direzione dei corpi morali, eccettuati gli Enti di diritto pubblico ;

2. I sudditi indicati nell'art. 45 del Capitolo riguardante il diritto di cittadinanza in esecuzione dell'art. VII del Trattato di Rapallo, potranno gio-

varsi di pieno diritto del loro credito presso gli Istituti o presso particolari, senz'altre limitazioni di quelle fissate per i sudditi del Regno dei Serbi, Croati e Sloveni.

ART. 60. — È riconosciuta la necessità di prendere misure atte ad evitare ogni pressione che abbia lo scopo di licenziare, soltanto a causa del loro diritto di cittadinanza o della loro nazionalità, gli impiegati e gli operai che si sottomettano alle disposizioni in vigore per i nazionali.

XVIII.

Requisizione.

ART. 61. — È convenuto che i sudditi delle due Alte Parti contraenti godranno gli stessi diritti dei sudditi nazionali, riguardo ai compensi per le requisizioni ed al risarcimento dei danni causati dalle dette requisizioni fatte dalle autorità o dalle truppe dei due Stati durante l'occupazione, nei territori attualmente annessi, sia al Regno d'Italia, sia al Regno dei Serbi, Croati e Sloveni.

I danni indiretti non sono compresi in queste disposizioni.

ART. 62. — Avranno diritto ai compensi ed ai risarcimenti nel territorio di una delle Alte Parti contraenti, salvo per i territori ancora occupati dalle truppe italiane, i sudditi che avranno denunziato fino al 1º maggio 1922 alle autorità di una delle Alte Parti contraenti i danni ed i guasti subiti. Nei territori ancora occupati alla data del 1º maggio 1922 dalle Truppe italiane, le denunzie alle autorità di una delle Alte Parti contraenti potranno aver luogo nel termine di 45 giorni dopo lo sgombero dei territori rispettivi

ART. 63. — L'accertamento dei danni e dei guasti già fatto dalle autorità competenti di una delle Alte Parti contraenti sarà definitivamente accettato dalle autorità dell'altra come base per la fissazione del compenso e del risarcimento.

I danni ed i guasti che non siano stati ancora accertati dovranno essere constati dalle autorità locali con l'intervento delle Autorità dell'altra Alta Parte contraente.

Questi accertamenti dovranno aver luogo entro un termine di tre mesi dopo la messa in vigore del presente accordo, per ciò che riguarda i territori già evacuati, e di quattro mesi dopo l'evacuazione dei territori eventualmente ancora occupati alla data suddetta.

ART. 64. — Entro il termine di tre mesi a decorrere dalla data della messa in vigore del presente accordo, o, nel caso in cui l'accertamento non abbia ancora avuto luogo, a decorrere dalla data dell'accertamento dei danni e dei guasti, le somme da pagare saranno liquidate dalle autorità competenti ed i pagamenti saranno effettuati nel corso del mese successivo alla liquidazione.

XIX.

Sequestri.

ART. 65. — I sequestri e tutti gli altri vincoli che sono stati fissati in conformità dell'articolo 249 del Trattato di Pace di San Germano e dell'articolo 232 del Trattato di Pace del Trianon, e che riguardano beni, diritti, interessi dei sudditi di una delle Alte Parti contraenti, saranno tolti non appena i sudditi di cui si tratta avranno presentato la dichiarazione relativa al loro diritto di cittadinanza, nelle forme prescritte dagli Accordi conclusi e ratificati o da ratificare, oppure, se essi avranno presentato una dichiarazione del Ministero degli Affari

Esteri dello Stato di cui sono sudditi, agli organi che sono chiamati a decidere.

ART. 66. — Le disposizioni dell'articolo 65 saranno applicabili a condizione che la proprietà o la partecipazione ai beni, diritti, interessi sequestrati siano provate come esistenti al 3 novembre 1918, o che il trasferimento ne sia stato effettuato come conseguenza di successione in caso di morte di un suddito, che, se fosse ancora vivente, avrebbe il diritto a godere di tale vantaggio.

ART. 67. — Le disposizioni del presente capo sono applicabili in tutti i casi in cui si tratti di beni, diritti, o interessi di persone che sono divenute suddite di una delle Alte Parti contraenti di pieno diritto o in base ad una dichiarazione fatta in conformità delle disposizioni stabilite nei Trattati di Pace, nel Trattato di Rapallo, o nel presente Accordo, anche se il termine degli articoli 249 del Trattato di San Germano e 232 del Trattato del Trianon sia scaduto.

La presente Convenzione sarà ratificata e le ratifiche saranno scambiate in Roma. Essa entrerà in vigore nel termine di 12 giorni a decorrere dalla ratifica.

In fede di che i Plenipotenziari hanno firmato la presente Convenzione e l'hanno munita del loro sigillo.

Fatto a Roma, in italiano ed in francese, in doppio esemplare, il 23 ottobre 1922.

(L. S.) VOISLAV ANTONIEVITCH
(L. S.) CARLO SCHANZER.

Scambio ratifiche : 26 febbraio 1923.
Esecuzione per Legge : 21 febbraio 1923, n. 281.

PROTOCOLLO

Nel momento di procedere alla firma dell'Accordo e delle Convenzioni, conclusi in data di oggi, fra il Regno dei Serbi, Croati e Sloveni ed il Regno d'Italia, i Plenipotenziari delle due Alte Parti contraenti, si sono accordati sulle dichiarazioni seguenti:

I. — Si conviene che le attuali comunicazioni fra Zara ed i territori circostanti non potranno essere modificate fino a quando le questioni relative non saranno regolato dal Trattato di commercio.

II. — Si conviene che, in virtù dell'art. 54 del Capitolo XIV della Convenzione per accordi generali, soltanto la questione delle professioni escluse dall'Accordo, di cui al secondo alinea dell'art. 49, sarà riesaminata e definitivamente regolata dal Trattato di commercio da concludere fra le due Alte Parti contraenti.

Ciò significa che le altre disposizioni, di cui al Capitolo XIV summenzionato, restano regolate e sono definitivamente poste in vigore colla ratifica della suddetta Convenzione.

III. — Rimane inteso che le disposizioni contenute nell'Accordo e nelle Convenzioni che sono stipulati in data d'oggi non potranno in nessun caso essere interpretate in modo che ne risulti per i sudditi italiani una situazione meno favorevole di quella che loro deriva dai Trattati di San Germano e dal Trattato di Rapallo.

Il presente Protocollo, che sarà considerato come approvato e sanzionato senz'altra ratifica speciale pel solo fatto dello scambio delle ratifiche dell'Accordo e delle Convenzioni cui si riferisce, è stato redattó in italiano ed in francese, in doppio esemplare, a Roma il 23 ottobre 1922.

(*L. S.*) - *firmato :* VOISLAV ANTONIEVITCH.
(*L. S.*) - *firmato :* CARLO SCHANZER.

L'ENVOYÉ EXTRAORDINAIRE ET MINISTRE
PLÉNIPOTENTIAIRE DU ROYAUME DES SERBES,
CROATES E SLOVÈNES
AU MINISTRE DES AFFAIRES ÉTRANGÈRES
DU ROYAUME D'ITALIE.

Rome, le 23 octobre 1922.

Monsieur le Ministre,

J'ai l'honneur de Vous informer que je suis autorisé de mon Gouvernement de faire la déclaration suivante à Votre Excellence :

« Le Gouvernement des Serbes-Croates-Slovènes donne l'interprétation suivante à l'article 55, Chapitre XV, *Dispositions complémentaires des réglements de procédure et administratifs et sur l'enseignement :*

a) la direction et le contrôle des écoles privées dont il s'agit, seront exercés dans les limites fixées par les lois générales en vigueur dans le Royaume des Serbes-Croates-Slovènes ;

b) il est entendu que la nationalité italienne, dont on parle dans le susdit art. 55, dernier alinéa, comprend aussi les ressortissants italiens, c'est-à-dire que les instituteurs, maîtres et catéchistes des écoles privées pourront être aussi des ressortissants italiens. Ces instituteurs, maîtres et catéchistes, pourront être habilités pour l'enseignement en Italie.

Dans les écoles et établissements dont il s'agit seront admis les textes d'enseignement qui sont en usage dans les écoles publiques italiennes ».

Veuillez agréer, Monsieur le Ministre, l'assurance, etc.

Signé : V. ANTONIEVITCH

IL MINISTRO PER GLI AFFARI ESTERI
DEL REGNO D'ITALIA
ALL'INVIATO STRAORDINARIO E MINISTRO
PLENIPOTENZIARIO
PEL REGNO DEI SERBI, CROATI E SLOVENI.

Roma, 23 ottobre 1922.

Signor Ministro,

A nome del Governo Reale d'Italia ho l'onore di
accusarle ricevuta della Sua lettera in data 23 ottobre 1922 P. N. 910 e di prendere buona nota che
il Governo Reale dei Serbo-Croati-Sloveni ha dato
l'incarico a Vostra Eccellenza della seguente comunicazione :

« Il Governo dei Serbo-Croato-Sloveni dà la seguente interpretazione all'art. 55, Capitolo XV, *Disposizioni complementari dei regolamenti di procedura
e amministrativi e sull'insegnamento :*

a) la direzione e il controllo delle scuole private di cui si tratta, saranno esercitati nei limiti
fissati dalle leggi generali in vigore nel Regno dei
Serbo-Croati-Sloveni ;

b) resta inteso che la nazionalità italiana, di
cui si parla nel suddetto art. 55, ultimo alinea, com-
prende pure i sudditi italiani, cioè che gli istitutori,
maestri e catechisti delle scuole private potranno
essere pure sudditi italiani. Questi istitutori, maestri,
e catechisti potranno essere abilitati all'insegnamento
in Italia.

Nelle scuole e negli Istituti di cui si tratta, saranno
ammessi i testi d'insegnamento che sono in uso nelle
scuole pubbliche italiane ».

Voglia gradire, Signor Ministro, l'assicurazione,
ecc.

Firmato : SCHANZER.

LXV.

13 novembre 1922.

ROMA.

Accordo commerciale fra Italia e Francia.

Le Gouvernement de Sa Majesté le Roi d'Italie et le Gouvernement de la République Française, désireux de favoriser, dans toute la mesure du possible, les relations économiques entre les deux pays jusqu'a la stipulation d'un traité de commerce par lequel ces relations soient réglées d'une manière définitive conformément aux exigences de leur production nationale, ont décidé de proroger l'accord commercial du 21 novembre 1898 (1), qui avait été dénoncé et prorogé ensuite par des accords successifs, ainsi que l'accord signé à Turin le 30 mai 1917 (2), au bénéfice des dispositions suivantes :

ART. 1. — Les produits originaires et en provenance de France, des Colonies et Possessions françaises énumérés à la liste *A* ci-jointe seront soumis, à leur importation en Italie, aux droits stipulés à ladite liste, qui seront perçus en lieu et place des droits prévus, pour les mêmes articles, soit au tableau des droits conventionnels annexé à la Convention du 21 novembre 1898, soit au tarif italien du 1er Juillet 1921.

- (1) Vedi Vol. 15º pag. 441.
  (2) Vedi Vol. 23º pag. 473.

36

Conformément aux dispositions générales de ladite Convention ces mêmes produits bénéficieront immédiatement et sans compensation de tout tarif plus favorable que l'Italie pourrait accorder aux produits identiques ou similaires de toute Puissance tierce.

ART. 2. — Les produits originaires et en provenance de France, des Colonies et Possessions françaises, qui bénéficiaient de droits conventionnels en vertu de la Convention de 1898, et qui ne sont pas énumérés à la liste *A* ci-jointe, seront soumis, à leur importation en Italie, aux droits du tarif italien publié le 1ᵉʳ Juillet 1921, ou aux droits les plus favorables que l'Italie pourrait accorder aux mêmes produits de toute Puissance tierce.

ART. 3. — Pour les articles figurant à la liste *B* ci-jointe concernant les importations en Italie et à la liste *C* ci-jointe concernant les importations en France, si le Gouvernement respectif augmente les droits ou rélève les coefficients afférents à ces droits, il est entendu que l'autre Gouvernement pourra, dans un délai de 15 jours à dater de la notification qui sera faite desdites mesures, dénoncer le présent accord pour en faire cesser les effets deux mois après la date de la dénonciation.

Dans cette éventualité, les deux Gouvernements s'engagent à commencer des négociations 15 jours au plus tard après la notification de la dénonciation, en vue de remédier aux mesures incriminées ou d'en assurer une juste compensation, en telle sorte que toutes les mesures de conciliation aient été épuisées avant que la dénonciation devienne effective.

ART. 4. — Le Gouvernement italien et le Gouvernement français sont d'accord pour établir, au cours d'une période de six mois à dater de la mise en vigueur du présent accord, une nomenclature et une tarification nouvelles tant en ce qui touche les tissus et autres produits manufacturés de soie, que pour les soies ouvrées ou moulinées prévues aux numéros 27 du tarif français et 247 du tarif italien.

ART. 5. — Le Gouvernement italien et le Gouvernement français s'engagent à étudier, au cours des trois mois qui suivront la mise en vigueur du présent accord, les conditions du renouvellement d'une Convention relative aux graines de vers à soie, en substitution de celle du 27 août 1920 sur ce même objet.

ART. 6. — Au bénéfice des modifications ci-dessus les Conventions de 1898 et de 1917 sont prorogées pour une période d'un an et, ultérieurement par voie de tacite réconduction, par périodes trimestrielles, à moins que l'une ou l'autre des Parties contractantes ne les dénonce trois mois au moins avant l'expiration de la première période d'un an et deux mois au moins avant l'expiration de chaque période trimestrielle ultérieure.

ART. 7. — Le présent accord sera ratifié et les ratifications en seront échangées à Rome. Il sera mis en vigueur quinze jours après sa signature.

En foi de quoi les délégués du Gouvernement italien :

Son Exc. Benito Mussolini, Président du Conseil, Ministre pour l'Intérieur et par *interim* des Affaires étrangères : Son Exc. Alberto De Stefani, Ministre des Finances et Son Exc. le comte Teofilo Rossi, Ministre pour l'Industrie et le commerce.

Et le Délégué du Gouvernement français :

Son Exc. Camille Barrère, Ambassadeur de la République française près Sa Majesté le Roi d'Italie, à ce dûment autorisés, ont signé le présent acte, expédié en double original, et y ont apposé leurs sceaux.

Fait à Rome le treize novembre mil neufcent vingt-deux.

(L. S.) BENITO MUSSOLINI   (L. S.) BARRÈRE.
(L. S.) DE STEFANI
(L. S.) TEOFILO ROSSI.

Scambio ratifiche : 22 maggio 1924.
Esecuzione per Decreto Legge : 23 novembre 1922,
n. 1488, e Legge : 22 febbraio 1923, n. 754.

Lista A.

Numéros du tarif italien	NOMENCLATURE	Unité	Droits	Coefficients de majoration
47 b) 2	Biscuits avec sucre en quantité supérieure à 18 %	Quintal	70 —	0,2
62	Moutarde :			
	a) en poudre non confectionnée en boîtes ou vases............	id.	12 —	—
	b) en boîtes ou vases ou bien liquide ou en compote..........	id.	20 —	—
63	Epices non dénommées	id.	25 —	—
89	Dattes	id.	5 —	—
ex 98 a) 2	Haricots et petits pois, dans huile, sel, vinaigre	id.	15 —	—
103 b)	Eaux minérales autres	id.	6 —	—
106 b)	Vins en bouteilles :			
	1. d'un demi-litre ou moins :			
	ex a) vins de Champagne (1)...	Cent.	20 —	—
	b) autres	id.	30 —	—
	2. de plus d'un démi-litre et pas plus d'un litre :			
	ex a) vins de Champagne (1)...	id.	40 —	—
	b) autres	id.	50 —	—
ex 110a)	Cognacs :			
	1. en fûts	Hectol.	90 —	0,3
	2. en bouteilles :			
	a) d'un demi litre ou moins ...	Cent.	60 —	0,3
	b) de plus d'un demi-litre et pas plus d'un litre	id.	100—	0,2

(1) Le droit conventionnel de 20 L. et de 40 L. s'applique exclusivement aux vins naturels rendus mousseux par la fermentation en bouteille suivant le méthode classique usitée en Champagne en provenance de la région française à laquelle a été reconnu le droit de l'appellation régionale de Champagne (Décret du 17 décembre 1908) et produits en conformité des dispositions de la loi du 6 mai 1919.

Numéros du tarif italien	NOMENCLATURE	Unité	Droits	Coefficients de majoration
111	Liqueurs :			
	a) en fûts	Hectol.	80 —	0,7
	b) en bouteilles : ..			
	1. d'un demi-litre ou moins ...	Cent.	60 —	0,7
	2. de plus d'un demi-litre et pas plus d'un litre	id.	90 —	0,7
	Ad 111 – Indépendamment du droit de douane, sur les liqueurs et sur les autres boissons alcooliques, édulcorées ou aromatisées, il sera perçu la surtaxe de production de l'alcool, sur la base d'une force alcoolique minima de 50 degrés. La douane a toutefois le droit de soumettre les dites boissons à l'analyse et de liquider la surtaxe sur la force alcoolique effective, dans le cas où celle-ci résulte supérieure à 50 degrés.			
127 b) 1	Graisses végétales pour usage alimentaire	Quintal	30 —	—
170	Tissus de jute veloutés à l'exception des tapis de pieds	id.	150 —	—
171	Tapis de pieds de jute veloutés ...	id.	100 —	—
ex 177	Galons et rubans (lin et chanvre) :			
	b) autres :			
	1. lisses	id.	125 —	0,2
	2. ouvrés	id.	200 —	0,2
ex 187	Fils de coton à broder à la main, mats ou brillants, tordus à deux ou à plusieurs brins, blanc ou en couleurs, et livrés en échevettes, pelotes, bobines et semblables.	id.	110 —	—
200 a) 3	Velours de coton : communs, teints.	id.	215 —	0,2
200 b) 3	Velours de coton : fins, teints	id.	270 —	—
204 a)	Dentelles de coton, écrues	id.	500 —	—

Numéros du tarif italien	NOMENCLATURE	Unité	Droits	Coefficients de majoration
ex 208	Passementerie de coton :			
	– mèches de lampe	Quintal	150 —	—
	– glands, embrasses et garnitures, pour amebleument.............	id.	180 —	—
218 ex a)	Tissus de laine non imprimés pesant par m² :			
	1. jusqu'à 150 grs.	id.	325 —	0,2
	2. plus de 150 grs. jusqu'à 300 grs.	id.	280 —	0,2
218 b)	Tissus de laine imprimés	id.	10 lhes par 100 mq en plus du droit du tissu non imprimé	0,2
ex 218	Etoffes pour meubles, pesant plus de 300 grs. pour m²	id.	200 —	—
ex 226	Couvertures de laine de plus de 300 grs. par m², en tissu à long poil pour literie et cheval.............	id.	Droit du tissu sans coeffic.	—
237	Tulles de laine	id.	700 —	—
	Ad 254 – Sont compris dans cette position les tissus crêpes en laine mélangés de soie, dans lesquels la soie entre dans une proportion de 12 % à 40 %	—	—	—
ex 267	Passementerie dont la partie extérieure est formée de soie ou bourre de soie et de coton, la proportion de soie ou de bourre de soie étant inférieure à 12 %	—	Augmentation de 100 L. sur le droit de la passementerie sans soie	—
ex 270	Objets cousus en chanvre et lin :			
	b) linge de lit et de table, essuie-mains et autres articles en forme rectangulaire simplement ourlés.	—	Augmentation de 10 0/0 sur le droit des tissus	

Numéros du tarif italien	NOMENCLATURE	Unité	Droits	Coefficients de majoration
(suive) ex 270	d) autres, y compris les cols, manchettes, chemises........... ..	—	Augmentation de 40 0/0 sur le droit du tissu	—
ex 271	Objets cousus en coton :			
	b) linge de lit et de table, essuiemains et autres articles en forme rectangulaire simplement ourlés.	—	Augmentation de 10 0/0 sur le droit du tissu	—
	d) autres, y compris les cols, manchettes, chemises.....	—	Augmentation de 40 0/0 sur le droit du tissu	—
272	Objets cousus en laine, crins et poils :			
	a) châles, couvertures et autres objets de forme rectangulaire, simplement ourlés ou seulement avec application de franges ...	—	Augmentation de 20 0/0 sur le droit du tissu	—
	b) autres, y compris les corsets ..	—	Augmentation de 40 0/0 sur le droit du tissu	—
273	Objets cousus en soie :			
	a) châles, couvertures et autres articles de forme rectangulaire simplement ourlés ou seulement avec application de frange		Augmentation de 20 0/0 sur le droit du tissu	—
	b) autres		Augmentation de 50 0/0 sur le droit du tissu	—
280	Fonte de fusion et d'affinage à l'état brut :			
	a) commune	Quintal	1,25	1,50
	b) contenant plus de 15 jusqu'à 25 % de manganèse	id.	1,75	1,50
283	Fer en massiaux, brut	id.	3 —	0,6
285	Acier ordinaire en blooms	id.	7 —	—

Numéros du tarif italien	NOMENCLATURE	Unité	Droits	Coefficients de majoration
286	Fer et acier ordinaire laminés à chaud, en barres ou baguettes, brutes :			
	a) en barres à double T (poutres) :			
	1. d'une hauteur supérieure à 185 mm. et avec une largeur d'ailettes :			
	a) non supérieure à la moitié de la hauteur	Quintal	7 —	0,6
	b) supérieure à la moitié de la hauteur	id.	8 —	0,6
	2. d'une hateur supérieure à 115 et jusqu'à 185 mm. et avec une largeur d'ailettes :			
	a) non supérieure à la moitié de la hauteur.	id.	8 —	0,6
	b) supérieure à la moitié de la hauteur	id.	9 —	0,6
	3. d'une hanteur jusqu'à 115 mm. et avec une largeur d'aillettes ;			
	a) non supérieure à la moitié de la hauteur	id.	9.50	0,6
	b) supérieure à la moitié de la hauteur	id.	10,50	0,6
	b) en barres ou baguettes de la section en U, d'une largeur extérieure :			
	1. supérieure à 145 mm.	id.	7 —	0,6
	2. supérieure á 80 et jusqu'à 145 mm.	id.	8 —	0,6
	3. jusqu'à 80 mm. :			
	a) ayant en section la grosseur minima supérieure à 1 mm. ½	id.	9,50	0,6
	b) ayant en section la grosseur minima de 1 mm. ½ ou moins	id.	12,50	0,7

Numéros du tarif italien	NOMENCLATURE	Unité	Droits	Coefficients de majoration
(suive) 286	*c)* en barres ou baguettes rondes, carrées, ovales, plates, arrondies, angulaires, en T ou Z :			
	1. n'ayant en section aucun côté ou diamètre de 8 mm. ou moins	Quintal	7 —	0,6
	2. ayant en section un ou plus côtés ou diamètres de 8 mm. ou moins mais plus de 4 mm. ½	id.	8 —	0,6
	3. ayant en section un ou plus côtés ou diamètres de 4 mm. ½ ou moins mais plus de 1 mm. ½	id.	9,50	0,6
	4. ayant en section un ou plus côtés ou diamètres de 1 mm. ½ ou moins	id.	12,50	0,7
	d) en barres ou baguettes héxagonales, octogonales, trapézoïdales ou avec d'autres profils, non dénommées :			
	1. n'ayant en section aucun côté ou diamètre de 8 mm. ou moins.	id.	8 —	0,6
	2. ayant en section un ou plusieurs côtés ou diamètres de 8 mm. ou moins, mais plus de 4 mm. ½	id.	9 —	0;6
	3. ayant en section un ou plusieurs côtés ou diamètres de 4 m. ½ ou moins mais plus de 1 mm. ½	id.	10,50	0,6
	4. ayant en section un ou plusieurs côtés ou diamètres de 1 mm. ½ ou moins	id.	13,50	0,7
290	Fers et aciers en barres ou baguettes, travaillées :			
	a) travaillées sur petite partie de leur surface, c'est à dire avec quelque simple trou ou coup de lime ou de marteau	id.	Augmentation de 3 lires le quintal sur le droit des fers et aciers de l'espèce, laminés ou ou battus, en barres ou baguettes d'après leur section	0,2

Numéros du tarif italien	NOMENCLATURE	Unité	Droits	Coefficients de majoration
(suive) 290	*b)* oxydées, vernies, laquées, laitonées, cuivrées, plombées, zinquées, étamées ou .alluminiées...	Quintal	Augmentation de 2'50 lires le quintal sur le droit comme ci-dessus	0,2
	c) nickelées	id.	Augmentation de 6 lires le quintal sur le droit comme ci-dessus	0,2
	d) brunies	id.	Augmentation de 15 lires le quintal sur le droit comme ci-dessus	0,1
ex 292	Fils de fer et d'acier de section ronde ou carrée :			
	a) bruts ou seulement polis :			
	1. avec résistance inférieure à 75 Kg. par mm², de section et diamètre :			
	a) supérieur à 1 mm. ½	id.	11 —	0,6
	2. avec résistance de 75 Kg. ou plus mais moins de 150 Kg. par mm², de section et de diamètre :			
	a) supérieur à 1 mm. ½	id.	18 —	0,6
	3. avec résistance de 150 Kg. ou plus par mm². de section et de diamètre :			
	a) supérieur à 1 mm. ½	id.	40 —	0,2
297	Fers et aciers ordinaires, laminés à chaud, en tôles planes, même si recuites, brutes, d'une grosseur :			
	a) de mm. 4 et plus............	id.	8,50	0,6
	b) de mm. 1 ½ ou plus mais moins de 4	id.	11,50	0,6
	c) de mm. 0,6 ou plus, mais moins de 1 mm. ½	id.	13 —	0,6

Numéros du tarif italien	NOMENCLATURE	Unité	Droits	Coefficients de majoration
(suive) 297	*d)* de mm. 0,4 ou plus mais moins de 0,6	Quintal	15 —	0,7
	e) inférieure à mm. 0,4	id.	16,50	0,7
305	Rails pour chemins de fer et tramways, en fer et acier	id.	7 —	0,6
309	Matériel fixe pour chemins de fer et tramways, non dénommé, à l'exception du matériel électrique :			
	a) piur chemins de fer portatifs ou suspendus....................	id.	18 —	0,8
	b) pour chemins de fer ordinaire et tramways :			
	1. la fonte dominant	id.	16 —	0,8
	2. le fer ou l'acier dominant ...	id.	20 —	0.8
ex 310	Tuyaux en fonte :			
	a) bruts :			
	1. avec parois d'épaisseur supérieure à 7 mm. :			
	a) droits	id.	6,50	0,3
	b) autres	id.	7 —	0,3
	2. avec parois de 7 mm. d'épaisseur ou moins...............	id.	10 —	0,3
	Ad 310 – Les tuyaux en fonte qui, par suite de leur fabrication, ont sur quelques points des parois une épaisseur inférieure à celle présentée sur d'autres points des mêmes parois, seront classés comme ayant une épaisseur correspondant à la moyenne des épaisseurs mesurées à la partie la plus mince et à celle la plus épaisse.			
317	Clous en fer ou en acier:			
	a) Punte di Parigi d'une grosseur :			
	1. de 2 mm. ½ ou plus	id.	15 —	0,3

Numéros du tarif italien	NOMENCLATURE	Unité	Droits	Coefficients de majoration
(suivz) 317	2. de plus de 1 mm. ½ mais moins de 2 mm. ½	Quintal	22 —	0,3
	3. de 1 mm. ½ ou moins	id.	60 —	0,2
	b) pour maréchalerie	id.	24 —	0,3
	c) avec tète recouverte d'autre métal	id.	36 —	0,3
	d) non dénommés, d'une grosseur :			
	1. de 8 mm. ou plus	id.	15 —	0,3
	2. de 4 mm. ou plus mais moins de 8	id.	20 —	0,3
	3. de mm. 1 ½ ou plus mais moins de 4	id.	28 —	0,3
	4. au dessous de 1 mm. ½	id.	60 —	0,2
331	Garnitures en fer, fonte ou acier, pour meubles, portes et fenêtres :			
	a) brutes	id.	30 —	0,4
	b) travaillées :			
	1. mélangées d'autres métaux...	id.	50 —	0,3
	2. autres	id.	40 —	0,3
ex 343	Ouvrages non dénommés, faits principalement avec barres ou tringles de fer ou d'acier :			
	a) bruts, faits avec barres ou tringles :			
	1. grosses	id.	16 —	0,6
	2. moyennes	id.	18,50	0,6
	3. petites	id.	22 —	0,6
378	Ouvrages en nickel et ses alliages, non dénommés :			
	a) ornementaux, ni dorés, ni argentés	id.	150 —	—
	b) dorés ou argentés	id.	150 —	—
	c) autres	id.	100 —	—

Numéros du tarif italien	NOMENCLATURE	Unité	Droits	Coefficients de majoration
390 a) 2	Clefs pour serrures, en fonte, fer ou acier : autres, non dorées ni argentées ni melangées d'autres métaux	Quintal	50 —	0,3
392	Couteaux :			
	a) de poche et canifs :			
	1. avec manche en ivoire, corne, nacre, écaille ou métal commun doré ou argenté	id.	200 —	0,2
	2. avec manche d'autre matière, y compris les métaux communs non dorés ni argentés	id.	125 —	0,2
	b) autres :			
	1. avec manche et lame en une seule pièce, bruts, polis, brunis ou nickelés	id.	40 —	0,2
	2. avec manche en corne ou métal commun non doré ni argenté.	id.	80 —	0,2
	3. avec manche en métal commun doré ou argenté	id.	125 —	0,2
	4. avec manche en ivoire, nacre ou écaille	id.	150 —	0,2
	5. avec manche d'autres matières	id.	60 —	0,2
393	Rasoirs :			
	a) ordinaires et leurs parties	id.	200 —	—
	b) de sûreté, leurs parties et leurs lames	id.	400 —	—
395	Plumes métalliques	id.	200 —	—
ex 411	Machines à repiquer sans cordes....	id.	20 —	0,5
ex 415	Machines pour le tissage de la laine peignée et cardée, pesant :			
	a) plus de 30 quintaux ...:......	id.	14 —	0,5
	b) plus de 10 jusqu'à 30 quintaux	id.	16 —	0,5
	c) jusqu'à 10 quintaux	id.	18 —	0,5

Numéros du tarif italien	NOMENCLATURE	Unité	Droits	Coefficients de majoration
ex 425	Machines pour laver et teindre la laine, pesant :			
	a) plus de 10 quintaux	Quintal	25 —	0,6
	b) plus de 2 ½ jusqu'à 10 quintaux.	id.	27 —	0,6
	c) jusqu'à 2 ½ quintaux	id.	30 —	0,6
ex 431	Pompes pour l'énologie (pompes à transvaser à main ; pompes à moteur pour vins et eaux-de vie, pompes pour moûts ; pompes verticales à quadruple effet pour vins; pompes à coller les vins et groupes de filtration) :			
	a) alternatives :			
	1. de fonte, fer et acier, pesant :			
	a) plus de 3 jusqu'à 10 quintaux	id.	18 —	0,5
	b) plus de 1 jusqu'à 3 quintaux.	id.	22 —	0,5
	c) plus de 25 kilos juqu'à 1 quintal	id.	30 —	0,5
	2. autres, pesant :			
	a) plus de 3 jusqu'à 10 quintaux	id.	23 —	0,5
	b) plus de 1 jusqu'à 3 quintaux.	id.	28 —	0,5
	c) plus de 25 kilos jusqu'à 1 quintal	id.	35 —	0,5
	b) rotatives :			
	1. de fonte, fer et acier pesant :			
	a) plus de 3 jusqu'à 10 quintaux	id.	24 —	0,5
	b) plus de 1 jusqu'à 3 quintaux.	id.	30 —	0,5
	c) plus de 25 kilos jusqu'à 1 quintal	id.	40 —	0,5
	2. autres, pesant :			
	a) plus de 3 jusqu'à 10 quintaux	id.	35 —	0,5
	b) plus de 1 jusqu'à 3 quintaux.	id.	40 —	0,5
	c) plus de 25 kilos jusqu'à 1 quintal	id.	55 —	0,5

Numéros du tarif italien	NOMENCLATURE
(suive) ex 431	c) non dénommées :
	1. de fonte, fer et acier, pesant :
	a) plus de 3 jusqu'à 10 quntaux
	b) plus de 1 jusqu'à 3 quintaux.
	c) plus de 25 kilos jusqu'à 1 quintal ....
431	2. autres, pesant :
	a) plus de 3 jusqu'à 10 quintaux
	b) plus de 1 jusqu'à 3 quintaux.
	c) plus de 25 kilos jusqu'à 1 quintal ....
440	Chauffe-bains ....
ex 466	Réducteurs de vitesse :
	a) en fonte, même avec accessoires d'autres métaux, d'un poids :
	1. de plus de 10 quintaux .....
	2. de plus de 1 jusqu'à 10 quintaux ....
	3. de plus de 40 kilos jusqu'à 1 quintal ....
	4. de plus de 10 jusqu'à 40 kilos.
	b) d'autres métaux communs, d'un poids :
	1. de plus de 10 quintaux .....
	2. de plus de 1 jusqu'à 10 quintaux ....
	3. de plus de 40 kilos jusqu'à 1 quintal ....
	4. de plus de 10 jusqu'à 40 kilos.
469	Lames à scies :
	a) à disque :
	1. d'une épaisseur de plus de 4 mm. :
	a) à dents rapportées ....

Numéros du tarif italien	NOMENCLATURE	Unité	Droits	Coefficiente de majoration
(suive) 469	b) autres	Quintal	20 —	0,8
	2. d'une épaisseur jusqu'à 4 mm. et ayant un diamètre :			
	a) de plus de 40 centimètres .	id.	30 —	0,8
	b) de plus de 10 jusqu'à 40 cm.	id.	50 —	0,8
	b) à ruban sans fin, d'une largeur :			
	1. de plus de 30 mm.	id.	25 —	0,8
	2. jusqu'à 30 mm..............	id.	35 —	0,8
	c) autres, même montées, d'une largeur :			
	1. de plus de 80 mm.	id.	20 —	0,8
	2. de plus de 30 jusqu'à 80 mm.	id.	30 —	0,8
	3. de plus de 20 jusqu'à 30 mm.	id.	75 —	0,3
	4. jusqu'à 20 mm..............	id.	100 —	0,3
471	Faux, faucilles, lames à couper la paille et le foin, et serpes	id.	25 —	0,2
473	Haches, herminettes, hachettes et socs à vomer	id.	25 —	0,2
474	Couteaux et tranchets pour les arts et métiers et pour l'agriculture......	id.	30 —	0,3
476	Ustensiles et instruments pour les arts et métiers et pour l'agriculture, non dénommés :			
	a) communs, la pièce pesant :			
	1. plus de 10 kilogrammes	id.	20 —	0,8
	2. plus de 3 jusqu'à 10 kilogram-mes......................	id.	27 —	0,8
	3. plus de 1 jusqu'à 3 kilogram-mes......................	id.	35 —	0,8
	4. jusqu'à 1 kilogramme	id.	50 —	0,8
	b) fins, la pièce pesant :			
	1. plus de 10 kilogrammes	id.	35 —	0,8

37

Numéros du tarif italien	NOMENCLATURE	Unité	Droits	Coefficiente dé majoration
(suive) 476	2. plus de 3 jusqu'à 10 kilogrammes	Quintal	45 —	0,8
	3. plus de 1 jusqu'à 3 kilogrammes	id.	60 —	0,8
	4. jusqu'à 1 kilogrammes	id.	80 —	0,8
484	Lunettes binoculaires et monoculaires:			
	a) à prismes	la pièce	15 —	0,8
	b) autres :			
	1. ordinaires	id.	2 —	0,5
	2. de luxe	id.	5 —	0,5
493 c)	Compteurs d'eau, chacun pesant :			
	1. plus de 5 kgs.	Quintal	100 —	0,4
	2. jusqu'à 5 kgs.	id.	200 —	0,4
ex 510	Douilles pour cartouches :			
	a) cartouches vides : en carton, même avec fond en métal d'une hauteur non supérieur à un tiers de la hauteur totale de la douille.	id.	100 —	0,5
	b) non dénommées	id.	150 —	0,5
514	Cartouches chargées	id.	200 —	0,7
548	Meules à aiguiser, en pierre naturelle.	id.	3 —	—
ex 551	Ouvrages en émeri, corindon et similaires, naturels ou artificiels, d'un poids par pièce :			
	a) de plus de 5 kgs.	id.	30 —	—
	b) de 750 gr. jusqu'à 5 kgs.	id.	50 —	—
	c) de 75 gr. jusqu'à 750 gr.	id.	75 —	—
567 b)	Matériel réfractaire de qualité supérieure :			
	1. en briques :			
	a) ordinaire	id.	3 —	0,3
	b) autre	id.	4,50	0,3

Numéros du tarif italien	NOMENCLATURE	Unité	Droits	Coefficiente de majoration
(suive) 576–b)	2. en autres objets	Quintal	4,50	0,3
568 b)	Chaux hydraulique	id.	0,50	—
569 a)	Ciment à prise rapide	id.	0,50	—
ex 578	Fleurs en porcelaine :			
	a) blanches	id.	35 —	1 —
	b) colorées, mêmes à une seule couleur, ou décorées d'une manière quelconque	id.	45 —	1 —
679 a)	Tomettes en terre cuite	id.	4 —	—
585	Verre pour optique, brut	id.	40 —	—
ex 586	Bouteilles dites champenoises, conformes aux échantillons deposés...	id.	5 —	0,4
590	Isolateurs pour l'électricité, en verre même uni à d'autres matières, d'un poids :			
	a) de plus de 1 kg.	id.	35 —	0,2
	b) de plus de 500 gr. jusqu'à 1 kilogramme	id.	40 —	0,2
	c) de plus de 100 jusqu'à 500 gr.	id,	50 —	0,2
	d) jusqu'à 100 gr.	id.	65 —	0,2
ex 591	Flancons et fioles en verre et en cristal se bouchant à l'émeri, pour la parfumerie et similaires : .... a) ni dépolis, ni gravés :			
	1. incolores	id.	14 —	0,5
	2. teints en pâte : a) à une seule couleur ...... b) dépolis, gravés :	id.	16 —	0,5
	1. incolores ou teints en pâte à une seule couleur	id.	20 —	0,5
	c) peints, émaillés, dorés, argentés.	id.	20 —	0,5
ex 629	Ouvrages non dénommés, en osier :	id.	30 —	0,5
	a) ordinaires	id.	10 —	—

Numéros du tarif italien	NOMENCLATURE	Unité	Droits	Coefficients de majoration
(suive) ex 629	b) fins :			
	1. sans garniture, application ou accessoire d'autre matière :			
	a) bruts	Quintal	20 —	—
	b) blanchis ou teints	id.	40 —	—
634 b)	Ambre en ouvrages non dénommés .	id.	600 —	—
635 b)	Ivoire en ouvrages non dénommés..	id.	100 —	—
637 b)	Nacre en ouvrages non dénommés..	id.	200 —	—
638 b)	Ecaille en ouvrages non dénommés .	id.	150 —	—
639 b)	Corne, os et matières similaires en ouvrages non dénommés	id.	100 —	—
ex 642	Celluloïde, cellophane, galalite, etc. :			
	e) en ouvrages non dénommés :			
	1. pour usage industriel	id.	80 —	0,4
	2. pour d'autres usages :			
	a) garnis, décorés, dorés ou argentés	id.	250 —	0,4
	b) autres	id.	150 —	0,4
658 a) 5	Essence de rose, non déterpénée ...	Kilogr.	20 —	—
662	Parfumerie :			
	a) alcoolique	Quintal	300 —	0,2
	b) non alcoolique..............	id.	150 —	—
ex 663	Savons :			
	a) communs :			
	1. en forme semblable à celles des savons de toilette	id.	30 —	0,2
	2. autres	id.	12 —	0,2
	b) parfumés	id.	60 —	0,2
717 ı)	Acide salicylique	id.	100 —	—

Numéros du tarif italien	NOMENCLATURE	Unité	Droits	Coefficients de majoration
ex 767	Adrénaline, arécoline et ses sels, atropine, digitaline, emétine et ses sels chlorhydrates, ésérine et ses sels, pilocarpine, strychnine, yoembine, théobromine....................	Sur la valeur officielle	10 %	—
ex 780	Antipyrine ; atoxil ; benzoate, cacodylate et carbonate de gaiacol ; fer méthylarsinate ; gaiacol cristallisé ; novocaine ; pipérazine ; pyramidon ; sulfogaiocolate de potasse ; stovaïne	Kilogr.	12 —	—
ex 781	Préparations pharmaceutiques non dénommées :			
	ex a) vinaigre médicinal simple, bile bovine, carbonate de fer médicinal, chlorate de potasse, fer réduit par l'hydrogène, pâte garance, soufre precipité ; fer porphyrisé ; miel rosé ; alcools médicinaux simples ; thiol ; traumaticine ; vaseline oxygénée (vasogène)	Quintal	100 —	—
	ex b) composées :			
	1. pilules, granules, pastilles, tablettes et capsules	id.	200 —	—
	ex 2 vinaigre médicinal, composé; eau anthystérique ; bière médicinale ; biscuits médicinaux ; papier antiasthmatique ; électuaires ; huiles de foie de morue combinée avec d'autres matières médicinales ; huiles de poisson combinées avec des matières médicinales ; poudre de Seidlitz ; alcools médicinaux composés; jus de réglisse combiné avec des matières médicinales ; suppositoires	id.	200 —	—
	ex 2. vins et sirops	id.	180 —	—

Numéros du tarif italien	NOMENCLATURE	Unité	Droits	Coefficients de majoration
782	Spécialités médicinales :			
	a) remèdes et spécifiques secrets..	Quintal	400 —	—
	b) autres	id.	250 —	—
ex 792	Ocres naturelles, silico-alumineuses, ayant une teneur naturelle en oxyde de fer de 10 % à 40 % :			
	b) moulues, pulverisées, crues ou calcinées	id.	5,50	—
796	Couleurs non dénommées :			
	a) en poudre	id.	15 —	0,7
	b) en pâtes à l'eau, ou en tablettes, trochisque ou autres formes semblables	id.	25 —	0,5
	c) à l'huile	id.	25 —	0,5
	d) en tubes, etc	id.	35 —	0,5
798	Vernis :			
	a) en bouteilles, boîtes ou tuyaux, d'un poids non supérieur à 3 kilos :			
	1. à l'alcool	id.	60 —	—
	2. autres	id.	50 —	0,2
	b) en autres récipients :			
	1. à l'alcool	id.	45 —	—
	2. autres	id.	40 —	0,2
800 *b*)	Encres autres que d'imprimerie :			
	1. en récipients de moins d'un litre.	id.	30 —	—
	2. en récipients autres	id.	25 —	—
803 *a*)	Colle forte	id.	8 —	—
803 ex*b*)	Colle de poisson fausse	id.	15 —	—
ex 809	Peaux tannées, au chrome :			
	a) boeufs, vaches et autres grandes peaux :			
	1. fendues ou égalisées en épaisseur	id.	135 —	—

Numéros du tarif italien	NOMENCLATURE	Unité	Droits	Coefficients de majoration
(suive) ex 809	2. pour semelles	Quintal	60 —	—
11 ex b)	Peaux taillées en tiges et empeignes.	—	Surtaxe de 15 0/0	—
820	Selles	la pièce	15 —	—
ex 822	Valises sauf celles qui contiennent des objets de toilette ou autres constituant des nécessaires de voyage.	Quintal	200 —	—
823	Ouvrages en peaux tannées sans poils, non dénommés	id.	250 —	—
ex 825	Manchons	id.	800 —	—
ex 847	Papier :			
	e) de tenture	id.	30 —	—
	ex f) buvard	id.	12,50	—
854 c)	Ouvrages en papier et en carton, non dénommés : autres	id.	70 —	0,3
855	Cartes à jouer....................	id.	120 —	—
859 a)	Cartes géographiques : imprimées en langue étrangère :			
	1. sur papier ou carton, en feuilles ou en atlas, simplement reliées en brochure	id.	Exempts	—
	2. sur papier doublé de tissus, avec ou sans baguettes ou rouleaux en bois, ou en atlas reliés	id.	30 —	—
860 a)	Les gravures de mode annexées aux journaux de modes imprimés en langue autre que l'italienne, lorsqu'elles ont des indications se référant au journal respectif ou qu'elles sont numérotées et visées dans celui-ci, sont admises au même traitement que les journaux respectifs repris au n. 860 a) 2..................	—	—	—
862 ex b)	Livres imprimés : en langue française, cartonnés, même entièrement recouverts de toile ou papier, et le titre imprimé à l'extérieur	id.	10 —	0,2

Numéros du tarif italien	NOMENCLATURE	Unité	Droits	Coefficients de majoration
ex 881c)	Or battu en feuilles	Kilogr.	16 —	—
893 b)	Chapeaux de femmes :			
	1. de paille, de fibre de palmier, d'écorce, de copeaux, de sparte ou autres matières similaires :			
	a) non garnis	la pièce	3 —	—
	b) non garnis avec la seule coiffe ou simplement ourlés avec ou sans coiffe	id.	5 —	—
	c) garnis	id.	8 —	—
	2. de feutre :			
	a) non garnis	id.	5 —	—
	b) non garnis, avec la seule coiffe ou simplement ourlés avec ou sans coiffe	id.	8 —	—
	c) garnis	id.	8 —	—
	3. anties :			
	a) non garnis	id.	10 —	—
	b) garnis	id.	12 —	—
896	Peignes et épingles à cheveux :			
	a) garnis, décorés, dorés, etc. :			
	1. de métal ordinaire	Quintal	200 —	—
	2. de corne, d'os et de matières similaires	id.	250 —	—
	3. de celluloide, d'ebanite, de galalite et de matières similaires.	id.	250 —	—
	4. d'ivoire, de nacre et d'écaille.	id.	500 —	—
	b) recouverts, en tout ou en partie de métal précieux	id.	800 —	—
ex 897	Boutons :			
	c) de laine	id.	240 —	—
	d) de soie....................	id.	500 —	—

Numéros du tarif italien	NOMENCLATURE	Unité	Droits	Coefficients de majoration
(suive) ex 897	e) de metal commun :			
	1. à pression :			
	a) dorés ou argentés	Quintal	300 —	—
	b) autres	id.	250 —	—
	2. de toute autre espèce :			
	a) dorés ou argentés	id.	200 —	—
	b) autres	id.	100 —	—
	g) de bois	id.	50 —	—
	h) en ambre, ivoire, nacre et écaille	id.	250 —	—
	i) en os et corne...............	id.	80 —	—
	j) en corozo et palme	id.	60 —	—
	k) de celluloïde et galalite, etc. ..	id.	150 —	0,1
	m) en autres matières, sauf métaux précieux ou plaqués en métaux précieux	id.	200 —	—
899 b)	Eventails avec monture en ivoire, nacre ou écaille	Kilogr.	25 —	—
900	Carcasses pour objets de mode	id.	1 —	—
901	Parapluies :			
	a) garnis avec dentelles ou franges.	la pièce	5 —	—
	b) non dénnomés, recouverts :			
	1. de tissu de soie ou mélangé de soie	id.	2 —	0,3
	2. d'autres tissus	id.	0,60	0,3
907	Fleurs artificielles	Kilogr.	15 —	—
908	Fruits artificiels :			
	a) pour ornement de chapeaux et similaires	id.	15 —	—
	b) autres, sauf sculptés, moulés ..	id.	10 —	—

Numéros du tarif italien	NOMENCLATURE	Unité	Droits	Coefficients de majoration
910 b)	Plumes et plumages d'ornement, ou- vrés :			
	1. simplement blanchis ou teints.	Kilogr.	25 —	—
	2. autres	id.	75 —	—
ex 911	Menus objets (mercerie) :			
	a) en caoutchouc..............	Quintal	100 —	—
	b) en bois (y compris porteplumes en bois)	id.	60 —	—
	c) en peau :			
	1. avec monture ou garnitures en métal précieux ou en soie ou récouverts de métal précieux.	id.	300 —	—
	2. autres	id.	250 —	—
	e) non dénommés :			
	1. ordinaires	id.	100 —	—
	2. fins	id.	200 —	—
ex 912	Jouets :			
	d) en bois	id.	75 —	—
	h) de toute matière avec mécanisme.	id.	300 —	—
	ex i) autres :			
	2. fins	id.	250 —	—
913	Poupées en matières diverses :			
	a) ordinaires :			
	1. avec des yeux rapportés ou perruques :			
	a) habillées	id.	300 —	0,2
	b) non habillées	id.	250 —	0,2
	2. autres :			
	a) habillées	id.	250 —	0,2
	b) non habillées	id.	200 —	0,2

Numéros du tarif italien	NOMENCLATURE	Unité	Droits	Coefficients de majoration
(*suive*) 913	b) fines :			
	1. avec des yeux rapportés ou perruques :			
	a) habillées	Quintal	400 —	0,2
	b) non habillées	id.	350 —	0,2
	2. autres :			
	a) habillées	id.	300 —	0,2
	b) non habillées	id.	250 —	0,2
914 ex b)	Brosses à dents, montées en bois verni ou poli, en ébonite, celluloïde, os, ou en matières similaires :			
	2. en fibres animales	id.	250 —	—
ex 948 b)	Pellicules pour cinématographie, impressionnées : négatives..........	100 mètres	10 —	0,6

Lista B.

98   Fruits : légumes, plantes potagères,

        a) dans le vinaigre, la saumure ou l'huile :

           1 – olives.

           2 – autres.

311   Fonte non malléable en jets non dénommés.

313   Acier en jets non dénommés.

314   Fers et aciers en pièces forgées ou estampées à chaud non dénommées.

315   Fers et aciers en pièces forgées ou estampées non dénommées tra-
vaillées totalement ou sur une grande partie de leur surface.

396   Machines motrices.

397   Locomobiles.

407   Machines agricoles.

460   Machines non dénommées.

466   Parties détachées de machines non dénommées.

467   Enclumes et étaux, etc.

468   Limes et râpes.

472   Fléaux, bêches, pioches, etc.

527 *b*) Parties détachées ou accessoires de velocipèdes ou de motocicles autres.

809   Peaux tannées au chrome :

        b) veau, vachette, etc. :

           1 – non teintes, etc.

           2 – non dénommées.

Lista C.

NOMENCLATURE
—

8 Charcuterie fabriquée :
Salami, mortadelle, zamponi et cotechini.

Fromages dits : gorgonzola, reggiano, parmigiano, fontina, bel paese.

Légumes secs.

Fruits de table frais (citrons, oranges, cédrats, et leurs variétés ; mandarines et chinois ; raisins de table ; pêches et abricots).

Fruits de table secs (figues, amandes et noisettes ; noix, pistaches).

Légumes frais.

Vins.

8 Vins de liqueur, vermouth et filtrés doux, provenant des raisins frais.

Marbres sciés et sculptés, polis, moulurés ou autrement ouvrés.

Soufre trituré, épuré, raffiné, sublimé.

Tartrates de potasse.

Machines dynamo-électriques.

Meubles autres qu'en bois courbé, sièges (5 positions).

8 Meubles autres qu'en bois courbé (toutes les positions).

Chapeaux cloches ou plateaux de paille, d'écorce. de sparte, de fibres de palmier.

Chapeaux de feutre de poils et de laine et poils

Chapeaux de feutre de laine.

LXVI.

4–5 dicembre 1922.

TIRANA.

Accordo concernente le relazioni postali fra Italia e Albania e Protocollo finale.

En vertu des articles 22 et 23 de la Convention principale de Madrid, les soussignés représentants des Administrations postales d'Italie et d'Albanie ont arrêté, d'un commun accord, et sous réserve de l'approbation par les Autorités compétentes de leur Etat, les dispositions suivantes :

ART. 1. — Les Administrations contractantes établiront l'échange régulier de la poste aux lettres, des lettres avec valeur déclarée (à l'exclusion des boîtes) et des colis postaux ordinaires et à destination de leur Pays respectif, ainsi que des envois de même nature provenant et à destination des autres Pays par rapport auxquels elles peuvent réciproquement servir d'intermédiaires.

ART. 2. — A) les Bureaux d'échange autorisés à se livrer réciproquement des dépêches closes ou des envois à découvert son désignés d'un commun accord par les Administrations contractantes, qui s'entendront également pour régler tous les autres détails de leur service d'échange.

B) La création et la suppression des dépêches est réservée aux Administrations centrales.

ART. 3. — La correspondance de service doit être rédigée en langue française.

1922
4-5 dicembre

ART. 4. — La franchise des droits postaux est accordée outre qu'aux envois désignés aux paragraphes 3 et de l'art. 13 de la Convention principale de Madrid, aux envois officiels de toute nature concernant le service des télégraphes et des téléphones d'Etat.

ART. 5. — Les correspondances de toute nature échangées entre l'Italie et l'Albanie seront affranchies d'après le tarif intérieur italien et albanais respectivement, en adoptant, pour les lettres, le port unique de 20 grammes fixé par l'art. 6 de la Convention principale de Madrid.

ART. 6. — Les envois de la poste aux lettres originaires d'une des Administrations contractantes et transitant par les services territoriaux ou maritimes de l'autre sont passibles des droits de transit fixés par l'art. 4 de la Convention principale de Madrid.

ART. 7. — Les envois de la poste aux lettres originaires d'une des Administrations contractantes et à destination de l'autre, et les envois de la même nature échangées entre les ports de l'Albanie, seront transportés en franchise au moyen des services maritimes italiens.

ART. 8. — L'échange des valeurs déclarées, limité aux lettres (avec exclusion des boîtes) aura lieu d'après les dispositions de l'Arrangement spécial de Madrid concernant ces envois.

La déclaration de valeur est limitée a 3000 (troismille) francs or ou 10.000 (dix-mille) lires italiennes.

ART. 9. — Les Administrations contractantes se communiqueront réciproquement les droits d'assurance fixés pour les lettres originaires de leur Pays.

ART. 10. — Le Règlement des frais de transit, à partir de la date de l'entrée en vigueur du présent Arrangement, aura lieu d'après la statistique internationale prévue par l'art. 4 de la Convention principale en commençant par celle à effectuer en octobre-novembre 1924.

ART. 11. — Le solde des comptes devra être effectué dans les conditions fixées par l'art. 36 du Règlement d'exécution de la Convention principale de Madrid.

ART. 12. — Il peut être expédié entre l'Italie et l'Albanie des colis postaux avec ou sans valeur déclarée. La limite supérieur de la valeur déclarée est fixée à 1000 (mille) francs-or.

ART. 13. — Chaque colis ne peut pas excéder le poids de 5 gr. ni le volume de 55 centimètres cubes, ni la longueur de 125 centimètres dans un sens quelconque.

ART. 14. — La taxe pour le transport de chaque colis de l'Italie pour l'Albanie et vice-versa se compose de :

Fr.or 1,25 au profit de l'Italie
» 1,25 » » » l'Albanie
» 0,25 transport maritime

Total » 2,75

ART. 15. — La taxe d'assurance par chaque somme de 300 ou fraction de 300 francs de valeur déclarée se compose de :

Fr. or 0,05 au profit de l'Italie
» 0,05 » » » l'Albanie
» 0,10 assurance maritime

Total » 0,20

Toutefois l'Administration italienne, pour les colis d'origine italienne, perçoit 0,50 par chaque somme de 300 frs. or.

ART. 16. — Chacune des deux Administrations notifie à l'autre ses bureaux d'échange.

ART. 17. — Il est loisible au Pays de destination de percevoir pour le factage et pour l'accomplissement des formalités en douane un droit dont le montant total ne peut pas excéder 50 centimes.

ART. 18. — Chacune des deux Administrations doit communiquer à l'autre :

a) la liste des objets dont l'admission dans son Pays n'est pas autorisée par les lois ou les règlements ;

b) la liste des Pays pour lesquels elle se propose de lui servir d'intermédiaire.

ART. 19. — Les colis postaux sont inscrits par le bureau d'échange expéditeur sur les feuilles de route avec indication des montants à bonifier.

Les comptes des feuilles de route seront résumés dans un compte général trimestriel. Les comptes trimestriels seront balancés et soldés annuellement.

ART. 20. — En tout ce qui n'est pas prévu par le présent Arrangement, les relations postales entre l'Italie et l'Albanie seront réglées par les dispositions des Conventions, Arrangements et Règlements d'exécution de l'Union Postale Universelle en vigueur, concernant les services visés par le présent Arrangement.

ART. 21. — Le présent Arrangement entrera en vigueur le premier janvier 1923.

Fait à Tirana, le 4 décembre 1922.

Pour l'Italie :

DURAZZO

S. ORTISI.

Pour l'Albanie :

PANDELI EVANGHELI

N. DELVINA.

PROTOCOLE FINAL

Article unique. — L'arrangement concernant les
relations postales entre les deux Pays contractants,
signé à Tirana le 4 décembre 1922, demeurera en vigueur jusqu'à l'échange de la Convention postale
universelle de Madrid. Toutefois chacune des parties
contractantes a le droit de le dénoncer moyennant
un préavis de six mois.

Fait à Tirana le 5 décembre 1922.

Pour l'Italie :
   DURAZZO
   S. ORTISI.

Pour l'Albanie :
   PANDELI EVANGHELI
   N. DELVINA.

Entrato in vigore : 1 gennaio 1923.
Esecuzione per Decreto Legge : 17 dicembre 1922,
n. 1678.
Convertito in Legge : 31 gennaio 1926, n. 670.

LXVII

4 dicembre 1922.

TIRANA.

Convenzione fra Italia ed Albania per la posa e l'esercizio dei cavi telegrafici italiani e per regolare il servizio telegrafico fra i due Stati.

En vertu de l'art. 17 de la Convention télégraphique internationale de St. Pétérsbourg, les soussignés Réprésentants des Etats sous-indiqués ont établi, de commun accord, et sous reserve de l'approbation par les autorités compétentes de leur Etat, les dispositions suivantes :

ART. 1. — Le Gouvernement albanais reconnaît au Gouvernement italien le droit de maintenir les atterrissages sur les territoire albanais des càbles télégraphiques sous-marins, qui actuellement relient l'Italie à l'Albanie et qui sont :

1. Otranto-Valona-Saseno.
2. Brindisi-Valona.
3. Brindisi-Durazzo.

Les points d'atterrissage des càbles sus-indiqués pourront être déplacés, après accord entre les Administration télégraphiques des deux Pays.

ART. 2. — Le Gouvernement italien s'engage de maintenir ces càbles en bonnes conditions d'exploitation, et de pourvoir à leurs réparations, en cas d'interruption ou lorsque leur etat d'isolament et

de conductibilité ne permettra pas la transmission
regulière des télégrammes.

Le Gouvernement albanais reconnaît au Gouvernement italien le droit de surveillance sur le service
des càbles, et la faculté d'appliquer aux points d'at-
terrisage sur le territoire albanais les défenses mé-
canique et les appareils que l'Administration italienne retiendra nécéssaire d'adopter et d'installer
par l'entremise de ses fontionnaires techniques, pour
l'entretien des dits càbles.

Ceux-ci auront par conséquent libre accés dans les
bureaux télégraphiques albanais, reliés directement
aux bureaux télégraphiques italiens, et pourront
procéder aux expériences nécéssaires pour determiner
les conditions electriques des càbles et leur fonctionnement.

Toutefois avant de procéder à ces travaux les
fonctionnaires italiens s'accorderont avec la Direction locale du bureau télégraphique albanais.

Le Gouvernement italien a également le droit de
faire surveiller les abris d'atterrissage des càbles par
ses agents télégraphiques ; mais sur demande du
Gouvernement albanais les susdites fonctions pourront être confiées à des agents télégraphiques albanais reconnus aptes des fonctionnaires techniques
italiens.

ART. 3. — Pour tout ce qui est considéré à l'article précédent, le Gouvernement italien n'est rede-
vable d'aucune compensation aux Autorités albanaises. Les bateaux italiens destinés à la réparation
des càbles sont exempt des droits sanitaires, de pilotage, d'ancrage et de toutes sortes d'autres droits
maritimes pour les opérations qu'ils auraient à effectuer dans le litoral albanais.

Sont également exempts des droits douaniers et

de toutes sortes d'autres droits les materiaux nécéssaires pour l'atterrissage, manutention et réparation
des càbles.

ART. 4. — Pour l'exercice des càbles indiqués à
l'art. 1 le Gouvernement albanais s'engage :

a) A relier le plus vite possible et à ses frais les
atterrissages des càbles aux bureaux télégraphiques
albanais de Valona et de Durazzo, et autres à determiner, et d'activer d'une maniere consecutive et
régulière la correspondance télégraphiques entre les
susdits bureaux et les bureaux télégraphiques italiens, choisis par l'Administration télégraphique
italienne.

b) D'effectuer le service et la comptabilité y relatifs suivant les dispositions de la Convention télégraphique internationale et du Règlement de service, en vigueur.

c) De pourvoir immédiatement à la réparation
des interruptions et dérangements, qui se vérifieront
sur les lignes terrêstres reliant les càbles aux bureaux
télégraphiques albanais.

ART. 5. — Le Gouvernais albanais reconnaît
au Gouvernement italien le droit de fixer les taxes,
de transit de ses câbles entre l'Italie et l'Albanie.

ART. 6. — Le Gouvernement albanais s'engage
de diriger par voie des càbles italiens :

a) Tous les telégrammes originaires de l'Albanie,
à destination de l'Italie.

b) Tous les télégrammes originaires de l'Albanie
pour les Pays au delà de l'Italie, lorsque ces télégrammes porteront l'indication de « Voie Italie » ou
bien, selon les disposition du Règlement télégraphique international, lorsque la voie Italie sera la moins
coûteuse ou égale à la moins coûteuse.

c) Les télégrammes en transit par l'Albanie à destination de l'Italie et des Pays au delà de l'Italie, aux conditions indiqueês à l'alinea prêcêdent.

ART. 7. — Le Gouvernement albanais s'engage à accorder au Gouvernement italien l'atterrissage de nouveaux càbles télégraphiques sous-marins destinês à relier les villes côtiéres italiênnes à des localités du littoral albanais (à determiner de commun accord entre les Administrations télégraphiques intêressées) dans le but de constituer de nouvelles communications télégraphiques, soit entre l'Italie et l'Albanie, soit entre l'Italie et les Pays limitrophes de l'Albanie.

Dans ce dernier cas, le Gouvernement de l'Albanie s'engage à construire et à mettre à disposition de l'Italie les lignes télégraphiques, à determiner, qui serviraient à assurer la correspondance directe entre l'Italie et les Etats limitrophes de l'Albanie, aux conditions suivantes ;

a) L'Administration télégraphique italienne fournira à l'Administration télégraphique albanaise tout le materiel de lignes nécéssaires au but sus-indiqué. La valeur de ce materiel sera successivement et graduellement remboursée par le Gouvernement albanais à l'Administration italienne, par les taxes de transit lui revenant pour la correspondance transmise au moyen de ces lignes. Toutefois ces lignes télégraphiques albanaises resteront de propriété de l'Administration télégraphique italienne jusqu'à ce que la valeur totale du material fourni ne lui aura été remboursée par l'Administration télégraphique albanaise.

b) Le Gouvernement albanais, d'accord avec le Gouvernement italien, feront les démarches utiles auprés les Etats limitrophes dans le but de conclure, le cas échéant, les conventions nécéssaires.

c) Le parcours des lignes télégraphiques susindiquées sera établi d'accord entre les Administrations de l'Italie et de l'Albanie et les points de jonction des fils, aux frontières albanaises, seront fixés d'accord entre les trois Administrations intéressées.

d) La taxe de transit albanaise pour la correspondance acheminée par ces voies sera fixée d'accord entre l'Administration télégraphique italienne et celle albanaise.

ART. 8. — Les télégrammes d'Etat échaugés, par vois des càbles italiens entre les Ministères des Affaires Etrangêres d'un des deux Etats contractants et les Representants diplomatiques ed consulaires respectifs dans l'autre Etat, jouiroat d'une réduction de 50 % sur la taxe des télégrammes privés ordinaires.

ART. 9. — Les Administrations télégraphiques d'Italie et d'Albanie s'engagent d'appliquer dans les payements des soldes des décomptes télégraphiques les dispositions de l'art. 1 du protocolle final du Réglement d'exécution de la Convention postale principale de Madrid de 1920, en considérant comme monnaie au pair de l'or le dollar des Etats-Unis d'Amerique et en établissant l'équivalent du franc or en dollar 0,192957.

ART. 10. — La présent Convention aura la durée de dix ans à partir du jours de sa mise en vigueur, sauf dénonciation de la part d'un des Gouvernements contractants, avec un préavis préalable de six mois.

A l'écheance indiqué, la dite Convention sera tacitament considérée ronouvellés d'année en année, si l'un des deux Gouvernements ne l'aura denoncée six mois avant son échéance.

ART. 11. — La présente Convention entrera en vigueur le 1er janvier 1923.

Fait à Tirana, le 4 décembre 1922.

Pour l'Italie :
C. DURAZZO
G. GNEME.

Pour l'Albanie :
PANDELI EVANGHIELI
N. DELVINA.

Esecuzione per Decreto Legge : 17 dicembre 1922, n. 1749.
Convertito in Legge : 17 aprile 1925. n. 473.

LXVIII.

14 dicembre 1922.

STRASBURGO.

Convenzione relativa al regime delle patenti di battelliere del Reno.

PROTOCOLE 43.

Strasbourg, le 14 décembre 1922.

Dans le but d'apporter aux stipulations de la Convention revisée pour la Navigation du Rhin du 17 octobre 1868, concernant le régime des patentes de batelier du Rhin, et à la Convention du 4 juin 1898, les modifications nécessaires pour mettre ce régime en harmonie avec les nécessités actuelles, la Commission centrale pour la Navigation du Rhin, composée de :

M. Charguéraud, *Président,*

ETATS ALLEMANDS :

MM. Seeliger – Peters – Fuchs – Koch.

BELGIQUE :

MM. Royers – Brunet.

FRANCE :

MM. Mahieu – Silvain Dreyfus – Fromageot – Berninger.

GRANDE-BRETAGNE :

M. Baldwin.

ITALIE :

M. Sinigalia.

PAYS-BAS :

MM. van Eysinga – Kroller – Jolles.

SUISSE :

MM. Herold – Vallotton.

Hostie, *Secrétaire général.*

sans vouloir préjuger de l'application et de l'interprétation de l'article 356 du Traité de Versailles du 28 juin 1919, a pris la délibération suivante :

CONVENTION RELATIVE AU RÉGIME DES PATENTES DE BATELIER DU RHIN, REMPLAÇANT LES ARTICLE 15 À 21 INCLUSIVEMENT DE LA CONVENTION DU 17 OCTOBRE 1868 ET LA CONVENTION DU 4 JUIN 1898.

ART. 1. — Le droit de conduire un bàtiment sur le Rhin en amont du pont de Duisburg-Hochfeld n'appartient qu'au titulaire d'une patente de batelier du Rhin délivrée par l'autorité compétente de l'un des Etats contractants.

Cette disposition n'est pas applicable aux conducteurs de bâtiments de moins de 15 tonnes métriques, autres que les remorqueurs.

Art. 2. — La patente est délivrée pour tout le
Rhin ou pour des sections déterminées.

Elle mentionne les parties de la voie d'eau sur
lesquelles porte l'autorisation et les catégories de
bâtiments que le titulaire . est autorisé à conduire.
Elle donne le droit de conduire tout bâtiment des
catégories mentionnées dans la patente, à quelque
Etat qu'il appartienne.

Art. 3. — Les conditions dans lesquelles les autorités visées á l'article 1er sont tenues de délivrer une
patente de batelier sont déterminées dans un réglement établi d'un commun accord.

Art. 4. — Le titulaire qui, de quelque manière
que ce soit, laisse parvenir la patente qui lui a été
délivrée en la possession d'une personne ne possé-
dant pas un pareil document, à l'effet de la mettre
en mesure d'exercer la navigation du Rhin en vertu
de cette patente, sera puni, selon les circostances,
du retrait temporaire ou définitif de ladite pièce.

Tout individu qui, n'étant point muni d'une patente pour lui-même, exerce la navigation du Rhin en
se servant de celle qui a été délivrée à une autre personne ne pourra, pendant un délai à déterminer selon
les circostances, obtenir une patente de navigation.

Art. 5. — La patente devra être retirée, par l'Etat
qui l'a délivrée, au titulaire ayant fait preuve d'une
incapacité constituant un danger pour la navigation
ou ayant été condamné soit pour faits répétés de
fraude douanière, soit pour atteintes graves à la
propriété. Le retrait de la patente peut avoir lieu
à titre temporaire. Il est porté à la connaissance des
autres autorités compétentes pour la délivrance des
patentes.

Art. 6. — A partir du moment où la présente
Convention entrera en vigueur, les articles 15 à 21

inclusivement de la Convention revisée pour la Navigation du Rhin du 17 octobre 1868 et la Convention du 4 juin 1898 seront abrogés.

ART. 7. — La présente Convention sera ratifiée aussitôt que possible.

Elle entrera en vigueur trente jours après la date de la clôture du procès-verbal de dépôt des ratifications.

Le présent Protocole est tenu provisoirement ouvert.

CHARGUERAUD
SEELIGER
PETERS   } En même temps pour M. Koch, décédé
FUCHS   } At the same time for M. Koch, deceased.
ROYERS
BRUNET
SILVAIN DREYFUS
FROMAGEOT
BERNINGER
JOHN BALDWIN
SINIGALIA
VAN EYSINGA
KROLLER
JOLLES
HEROLD
VALLOTTON
HOSTIE.

Entrato in vigore : 8 luglio 1925.
Esecuzione per R. Decreto 25 settembre 1924, n. 1609.

LXIX.

21 dicembre 1922.

TRIESTE.

Accordi italo-cecoslovacchi per i traffici marittimi attraverso Trieste.

Le Gouvernement de Sa Majesté le Roi d'Italie d'une part et le Gouvernement de la République Tchécoslovaque d'autre part, animés du désir de développer le trafic de et pour la Tchécoslovaquie par le port de Trieste, sont convenus de conclure des accords et des arrangements concernant :
1. les frais de place,
2. le tarif adriatique,
3. les trains de marchandises directs,
4. les frêts maritimes,
5. le service télégraphique, téléphonique et radiotélégraphique,
6. les passaports,
et ont désigné, à cet effet, pour leurs plénipotentiaires:

SA MAJESTÉ LE ROI D'ITALIE :

Le Gr. Uff. Dott. Iginio Brocchi, Conseiller d'Etat ;

LE PRÉSIDENT DE LA RÉPUBLIQUE TCHÉCOSLOVAQUE :

M. Voitech Krbec, premier Secrétaire de Légation et chef de bureau au Ministère des Affaires Etrangères, lesquels, après avoir échangé leurs pleins pouvoirs, trouvés en bonne et due forme, ont arrêté et signé les accords et les arrangements ci-annexés.

Ces accords auront la durée d'un an, sauf les dispositions spéciales de l'art. 7 de l'arrangement n. 5. Exception faite pour l'accord n. 5 et pour l'arrangement n. 6, ces accords pourront être dénoncés seulement dans l'ensemble, par le moyen d'un préavis à donner trois mois avant leur échéance, par une des Hautes Parties Contractantes. A défaut de dénonciation, leur durée sera prolongée d'un an à l'autre.

Sans préjudice pour l'exécution prompte des accords et des arrangements qui pourront entrer en vigueur par voie administrative, les accords arrêtés entreront en vigueur après l'approbation de la part des deux Gouvernements suivant la législation de chaque Etat.

En foi de quoi les délégués ci-dessus désignés ont apposé leurs signatures au présent Protocole.

Fait à Trieste en français, en deux exemplaires, le 21 décembre 1922.

Pour l'Italie :
IGINIO BROCCHI.

Pour la Tchécoslovaque :
KRBEC.

1922
21 dicembre

I.

ACCORD POUR LES FRAIS DE PLACE.

Le Gouvernement italien accorde par l'entremise des RR. Magasins Généraux de Trieste pour les sucres produits en Tchécoslovaque les réductions suivantes des frais dans les susdits Magasins Généraux :

Embarquement direct, taux actuel L. 0,35, taux réduit L. 0,25.

Embarquement à travers l'Hangar, taux actuel L. 1,20, taux réduit L. 1.

Entrée et sortie du Magasin, taux actuel L.1,60, taux réduit L. 1.

Transport à bord, taux actuel L. 1, taux réduit L. 0,70.

Pesage, taux actuel L. 0,10, taux réduit L. 0,05.

Taxe de grue, taux actuel L. 0,40, taux réduit L. 0,20.

Magasinage, taux actuel L. 0,10 pour 100 kg. par semaine, taux réduit L. 0,08.

L'actuelle franchise de magasinage de deux ou trois semaines est étendue par les Magasins Généraux à seize semaines en faveur des sucres produits en Tchécoslovaquie.

Si une réduction générale des taux actuels des Magasins Généraux est accordée, une réduction proportionnelle doit être appliquée en faveur des sucres tchécoslovaques jusqu'à la concurrence de 15 % sur les taux réduits en vertu du présent accord.

Cependant si ladite réduction générale atteint ou surpasse les taux accordés par le présent accord aux sucres tchécoslovaques, une réduction de 15 %

doit être appliquée sur les nouveaux taux établis par les Magasins Généraux.

Si, dans le délai de douze mois dès la mise en vigueur du présent accord, l'exportation et l'importation totale de et pour la Tchécoslovaquie, en transit par Trieste dépassera la quantité de 120.000 (cent vingt mille) tonnes, les réductions contenues dans cet accord sur les frais de place seront soumises à une révision.

Le Gouvernement d'Italie accordera dans ce cas pour d'autres marchandises de masse provenant de la Tchécoslovaquie comme magnésite, malt, orge, houblon, cellulose, papier, fer et acier demi-ouvré, bière et verreries emballées une franchise de magasinage ne dépassant pas quatre semaines, dans les Magasins Généraux de Trieste et la réduction des frais actuels de mêmes Magasins, dans une mesure proportionnelle à celle indiquée ci-dessus pour le sucre.

Pour l'Italie :
IGINIO BROCCHI.

Pour la Tchécoslovaque :
KRBEC.

II.

ACCORD POUR LE TARIF ADRIATIQUE.

En vue de l'importance que le port de Trieste a pour le trafic international d'importation et d'exportation les Hautes Parties Contractantes s'engagent à s'accorder réciproquement des facilités tarifaires sur leurs chemins de fer pour les marchandises en transit par le port susdit.

Dans ce but, les Hautes Parties Contractantes se prêteront dans les Conférences internationales, l'assistance mutuelle pour arriver à des accords avec les Administrations des chemins de fer des autres Etats participants au tarif adriatique.

Les Hautes Parties Contractantes appliqueront pour la durée du présent accord le tarif adriatique tel qu'il sera publié le premier janvier 1923.

La Tchécoslovaquie accepte provisoirement pour la durée de six mois les dispositions du point 3 insérées à la page 13 alinéa 5, 6 et 7 du Procès Verbal de la Conférence ferrovière de Bolzano du 24 octobre 1922 (voir annexe) dans lequel il est accordé à l'Administration gérante du service adriatique la faculté de prendre sans l'autorisation préalable des autres Administrations intéressées les mesures nécessaires pour régler le tarif suivant les changements des conditions déterminantes son efficacité.

Cette adhésion a lieu sous la condition que pour les gares situées au Nord de la ligne de démarcation Cheb-Praha-Bohumin la limite maxima de réduction, fixée à 60 % sur les tarifs locaux de la Tchécoslovaquie ne soit pas dépassée.

Toutefois des modifications pourront être apportées

au tarif adriatique par suite d'un accord passé entre les Administrations des chemins de fer des Hautes Parties Contractantes.

L'Administration gérante du service adriatique n'am'a pas la faculté d'appliquer les réductions réservées pour les transports effectués de ou pour les gares situées au Nord de la susdite ligne de démarcation aux transports de ou pour les gares situées au sud de la même ligne.

Même dans le cas ou de la part des chemins de fer fédéraux autrichiens ou de la Compagnie des chemins de fer autrichienne de Sud (Sudbahn), le tarif actuel Tchécoslovaquie-Trieste serait dénoncé, les Gouvernements d'Italie et de Tchécoslovaquie s'engagent à former un nouveau tarif Tchécoslovaquie-Trieste répondant à l'esprit du présent accord.

Les dispositions de cet accord seront appliquées à partir du premier janvier 1923.

Pour l'Italia :
Iginio Brocchi.

Pour la Tchécoslovaque .
Krbec.

(ANNEXE).

Point 3, alinéa 5, 6, 7 du Procès Verbal de la Conférence de Bolzano ;
Le Président réplique qu'il a été chargé par son
Administration de proposer que la Direction soit autorisée à prendre les mesures nécessaires à régulariser
les tarifs pour les adacter à la situation changée, dans
le cas ou une ultérieure dévalorisation du Mark exer-
cerait une influence sensible sur le trafic avec Trieste.
Le Délégué du Ministère des chemins de fer de
Prague déclare que dans la plus part des cas il s'agi-
rait de mesures d'ordre financier bien sensibles et
qu'il doit par conséquent recommander d'avoir soin
qu'il ait d'abord l'adhésion des Administrations
participantes étant aussi donné que dans certains
cas même l'Administration dirigeante, ne connaissant
pas les conditions intérieures de chaque Administration, ne pourrait pas être en mesure de prendre
de son initiative, une équitable décision. On ne doit
pas trascurer la nécessité que certaines mesures
soient traitées non seulement au point de vue financier, mais aussi aux autres points de vue concernant
les conditions intérieures de chaque Etat.
Il propose donc de maintenir la procédure actuelle,
se déclarant toutefois prêt, dans ce but d'appuyer,
auprès de son Administration, une trattation de
pareilles mesures d'une façon qui soit dans l'intérêt
de la chose.

III.

ACCORD POUR LES TRAINS MARCHANDISES DIRECTS.

En considération de la nécessité de faciliter le trafic à travers le port de Trieste non seulement par des mesures tarifaires, mais aussi par le transport plus rapide des marchandises, les Hautes Parties Contraetantes s'engagent à réorganiser d'un commun accord le dits transports par la création d'itinéraires fixes et de trains direct de marchandises.

Les Hautes Parties Contractantes s'efforceront de faire participer à cetie réorganisation les autres Etats dont l'Administrations des chemins de fer est inté- · ressée au trafic adriatique en transit.

Pour l'Italie :
IGINIO BROCCHI.

Pour la Tchécoslovaque :
KRBEC.

IV.

ACCORD POUR LES FRETS MARITIMES.

Si les Sociétês de Navigation qui ont signé le Protocole du 21 décembre 1922 annexé au présent accord, ne reconnaîtront pas à des intéressés de la Tchécoslovaquie le droit à l'application des dispositions et des conditions contenues dans le même protocole, quoique les requérants seraient disposés à observer les dispositions réglementaires et des lois, les dits intéressés auront le droit de faire toutes les démarches nécessaires auprès du Gouvernement d'Italie pour obtenir que les engagements des Sociétés soient tenus.

Toute responsabilité directe du Gouvernement Royal d'Italie sera exclue.

Dans le cas où les Sociétés de Navigation qui ont signé le dit Protocole conclueront directement ou indirectement des contrats ou engagements spéciaux relatifs à l'exportations ou à l'importation de ou pour la Tchécoslovaquie, en conformité de la déclaration des mêmes Sociétés, contenue dans le Protocol susdits, les facilités et les réductions prévues dans l'accord sur les frais de place resteront en vigueur, pour toute la durée des contrats et engagements en question.

Il faudra tout de même que ces contrats et engagements aient été conclus dans le délai d'un an dès la mise en vigueur du présent accord et pour une période pas supérieure à un an.

Le Commissariat pour les services de la marine marchande communiquera aux Sociétés de Navigation qui auront signé le protocole annexé la date de l'échéange de la validité du même accord.

Les Sociétés et les autres intéressés qui auront conclu des contrats et des engagements, pourront demander l'application des facilités et des réductions visées à l'alinéa précédent pourvu que ces Sociétés ou les mêmes intéressés aient communiqué au Gouvernement Royal d'Italie (Commissariat pour les services de la Marine Marchande) une liste des contrats et des engagements conclus en conformité des déclarations contenues dans le protocole annexé. Cette communication contiendra le nom des contractants, la dénomination et la quantité de la marchandise pour laquelle les facilités arrêtés dans le présent accord seront applicables.

Pour l'Italie :
   IGINIO BROCCHI.

Pour la Tchécoslovaque :
   KRBEC.

Trieste, le 21 décembre 1922.

PROTOCOLE

ARRÊTÉ À L'OCCASION DE LA CONFERENCE DE TRIE-
STE ENTRE LES DÉLÉGUÉS DE LA RÉPUBLIQUE
TCHÉCOSLOVAQUE ET CEUX DU GOUVERNEMENT
D'ITALIE, POUR INTENSIFIER LES TRAFICS D'IM-
PORTATION ET D'EXPORTATION À TRAVERS LE PORT
DE TRIESTE.

Attendu :

que dans le but d'intensifier les trafics avec la
Tchécoslovaquie à travers le port de Trieste, on a
constaté la nécessité de mesures spéciales de la part
du Gouvernement Royal d'Italie et du Gouvernement
de la République Tchécoslovaque, afin que les Sociétés
de Navigation ayant leur siège dans le port de Trieste puissent s'engager formalement à effectuer le
transport des marchandises de la Tchécoslovaquie
ou des marchandises d'outre mer dirigées en Tchécoslovaquie, à des conditions telles qu'elles puissent
faire face à la concurrence des ports du Nord.

que, en prévision d'un parfait accord entre les
deux Etats concernant les mesures susdites, les Sociétés de Navigation ont précisé en quelle direction
et de quelle façon elles sont disposée à faire des sacrifices dans l'intérêt d'un trafic plus intensif dont
dériverait un avantage soit aux producteurs de la
Tchécoslovaquie, soit aux commerçants du port de
Trieste.

Les Sociétés de Navigation suivantes : Lloyd Triestino, Cosulich Société Triestine de Navigation, la
Société **Tripcovich** e C⁰ et la Société Adria, Société
Anonyme de Navigation Maritime font la déclaration
suivante :

DECLARATION.

1. La Compagnie « Cosulich » Société de Navigation ayant siège à Trieste.

vu que la « Compagnie Cosulich » a déjà fait les plus larges sacrifices pour faciliter le trafic tchêcoslovaque par le port de Trieste en concédant des réductions essentielles tant pour l'importation que pour l'exportation (p. e. du café),

vue que des accords aptes à réjoindre ce but ne pourraient être conclus avec le Gouvernement Tchécoslovaque qui ne s'occupe pas lui-même de l'expédition des marchandises, mais seulement avec des intêressés de la Tchécoslovaquie ou avec leurs associations.

constaté qu'il est exclu de pouvoir assumer un engagement ferme en ce qui concerne les frets d'importations qui sont cotés aux bourses maritimes d'outre-mer et assujettis pour cette raison à des fluctuations continuelles ; mais qu'on accordera pour l'exportation les facilité suivantes :

a) pour l'Amérique du Nord, la « Cosulich » maintiendra pour la durée d'une année à partir d'aujourd'hui le tarif réduit d'exportation n. 18, publié au mois d'octobre 1922, à l'occasion de la Conférence de Bolzano. Ce tarif prévoit, en comparaison avec le tarif précédent, des réductions très importantes allant dans certains cas jusqu'à 50 %.

En outre la « Cosulich » est disposée à faire, en cas d'accord, des réductions ultérieures, pour certaines marchandises énumérées dans l'annexe, variant autour de 10 % ultérieurs.

b) pour l'Amérique du Sud, la « Cosulich » s'oblige :

1. de concéder aux marchandises de prove-

nance tchécoslovaque, en cas d'accord, une réduction sur les frais de débarquement dans les ports sud-américains, allant jusqu'à 40 % pour le débarquement à Buenos Aires, à 20 % pour le débarquement à Santos et à 40 % pour le débarquement à Rio.

2. de concéder sur son propre tarif normal d'exportation actuellement en vigueur pour certains articles d'exportation indiqués dans l'annexe, une réduction variant de 2/6 – 5/ shillings ou de 10 % à peu-près ; le détails résultant des annexes.

c) de faire participer les marchandises tchécoslovaques, en ce qui concerne les opérations dans le port de Trieste, des bénéfices obtenus de la part des Magasins Généraux Royaux de pouvoir utiliser certains hangars pour le dépôt des marchandises utiliser certains hangars pour le dépôt des marchandises destinées à l'exportation, en vue d'épargner les frais de transport du magasin à l'hangar, aux mêmes conditions qui seront appliquées aux marchandises de la même espèce.

Pour la Compagnie de Navigation Cosulich :
A. COSULICH, MOSCHENI.

2. D. Tripcovich e Co.

La Société de Navigation D. Tripcovich & Co. de Trieste garantit pour la durée d'un an, à partir du premier janvier 1923 pour les marchandises provenantes de la Tchécoslovaquie ou y dirigées les suivantes facilités sur ses deux lignes régulières indiquées ci-bas à condition que soit approuvé l'accord conclu entre le Gouvernement Royal d'Italie et le Gouvernement de la Tchécoslovaquie au sujet des tarifs des chemins de fer, jugés nécessaires pour intensifier les trafics à travers le port de Trieste, et au sujet des frais des Magasins Généraux pour le transport du sucre de la Tchécoslovaquie :

1. ligne Adriatique-Méditerranée Occ.-Maroc (Ligne Amom « départs bimensuels » avec scalo aux ports suivants :

A) allée : Catania, Messine, Palerme, Naples, Gênes, Marseille, Barcelone, Valence, Alicante, Malaga, Oran, Tanger, Casablanca et Mazagan ;

B) retour : Tanger, Oran, Malaga, Alicante, Valence, Barcelone, Marseille, Gênes, Naples, Palerme, Messine et Catania.

a) pour l'exportation de Trieste, une réduction sur les tarifs ordinaires de 10 %, jusqu'à 40 %, suivant les divers escales ; la Société sous indiquée tachera en fixant les frets de s'en tenir à ceux des ports d'Anvers et de Hambourg, il est bien entendu qu'il s'agit des frets ordinaires et qu'il ne s'agit pas des frets qui deriveraient d'une guerre tarifaire, entre les Sociétés des ports du Nord ;

b) pour l'importation par Trieste les frets ordinaires en vigueur sur les diverses places, au temps de l'embarquement des marchandises.

2. Ligne Adriatique-Afrique du Nord, départs bimensuels avec escale aux ports suivants :
Malte, Tripoli, Bengasi (facultatif), Tunis et Alger. Sur les marchandises en exportation de Trieste une réduction sur le tarif normal de 17 jusqu'à 29 %, suivant les destinations des mêmes marchandises.

1922
21 dicembre

D. TRIPCOVICH

3. Le « Lloyd Triestino » :

attendu que pour les marchandises tchécoslovaques il adopte depuis la reprise des services maritimes un traitement de faveur ;
à la condition qu'entre le Gouvernement Royal
d'Italie et le Gouvernement de la République Tchêcoslovaque il soit intervenu un accord au sujet des tarifs
du chemin de fer retenus nécessaires pour dêvelop-
per les trafics par la voie de Trieste ainsi qu'au sujet
des entrepôts généraux pour les transport du sucre
provenant de la Tchécoslovaquie,
Le « Lloyd Triestino » s'engage :
1. à maintenir pour l'exportation pour ce qui a
trait au tarif général, pendant une année, une rêdu-
ction de 15 % qui pourrait être portée dans certains
cas au 20 % pour l'exportation dans la Méditerranée,
et cela indépendamment des réductions du tarif que
le Lloyd Triestino s'engage à mettre en vigueur à
partir du premier janvier 1923, lesquelles d'après
les articles et les relations pourraient varier entre
le 10 et 20 %.
2. à maintenir aussi pour la durée d'une année
le tarif spécial actuellement en vigueur pour certains
articles, tarif qui prévoit des réductions plus importantes, en s'engageant de réviser ce dernier d'un cas
à l'autre afin de l'améliorer dans la limite du possible.
3. d'instruire les Agences de fixer les frets d'importation, offerts pour l'Adriatique, de telle façon
qu'ils puissent être préférés en comparaison à ceux
des ports concurrents, y exclu tout engagement sur
la base de réductions de pourcentage, en égard au
fait que les cotations sont faites dans les ports de
cargaison sur la base du marché des frets et par con-

séquent les exportateurs doivent évaluer les offres des frets pour l'Adriatique, en comparaison avec ceux des ports de concurrence.

4. d'accorder suivant les règles des entrepôts et pour ce qui concerne les marchandises provenant de la Tchécoslovaquie, ou destinées à cette dernière les concessions qui seront accordées pour les articles d'exportation par l'Administration des Entrepôts Généraux :

aux marchandises provenant de la Tchécoslovaquie il sera accordé le tonnage nécessaire lors du prochain départ d'un bateau du Lloyd Triestin d'un port de destination des mêmes marchandises. Au cas où, pour une raison quelconque, les marchandises destinées à un port déterminé, auquel les bateaux du Lloyd Triestino font escale, ne pourraient pas être chargés en temps du, le Lloyd Triestino concedera l'emmagasinement de ces marchandises dans son entrepôt pendant la durée de quatre semaines en franchise de magasinage.

Au cas où l'Administration des Entrepôts Généraux à Trieste viendrait d'accorder aux dites marchandises une prolongation de ferme pour l'emmagasinement gratuit, le Lloyd Triestino concédera lui aussi aux marchandises l'emmagasinement sans payement des droits de magasinage pour la durée de ce terme prolongé.

5. à traiter avec les exportateurs de la Tchécoslovaquie en leur faisant pour les services au-delà du Canal de Suez, dont les frais d'exportation ne sont pas sujets à un tarif établi d'avance, des cotations telles qu'elles puissent soutenir la concurrence des ports du Nord.

Lloyd Triestino
UCELLI
N. TRAUNER

Les soussignées demandent que le contenu de ces déclarations soit porté à connaissance des intéressés, par le Gouvernement de la République Tchécoslovaque, dans le but que les Compagnies soient à même de lier des rapports directs avec les intéressés et de fixer des conditions de transport détaillées.

« Cosulich » Società di Navigazione   *Lloyd Triestino*
COSULICH – MOSCHENI   UCELLI – M. TRAUNER

DECLARATION

DE LA COMPAGNIE DE NAVIGATION « ADRIA » – FIUME.

La Compagnie de Navigation « Adria » ayant siège à Fiume déclare d'être disposée de concéder aux marchandises provenantes de la République Tchécoslovaque et qui seront embarquées sur des navires appartenants à elle, tant à Trieste qu'à Fiume, des réductions de frets, jusqu'à 40 % des frets généraux de ses tarifs.

La mesure de la réduction dependra de la situation géographique du lieu de provenance et sera majeure pour ces marchandises dont le transport ferroviaire vers Hambourg présentera une convenience majeure en comparaison avec le transport jusqu'à Trieste et Fiume, tandis que la réduction sera inférieure où les frais du transport ferroviaire jusqu'à Trieste respectivement Fiume seront inférieurs.

Trieste, 21 décembre 1922.

Pour l' « Adria »
Soc. Anon. di Navigazione Marittima
A. COSULICH

ARRANGEMENT

CONCLU ENTRE L'ITALIE ET LA TCHECOSLOVAQUIE
CONCERNANT LE SERVICE TELEGRAPHIQUE, TELE-
PHONIQUE ET RADIOTELEGRAPHIQUE ENTRE LES
DEUX ETATS.

En vertu de l'art. 17 de la Convention télégraphique internationale de St. Pétersbourg, les soussignés
représentants des Administrations télégraphiques
de l'Italie et de la Tchécoslovaquie ont arrêté, d'un
commun accord et sous réserve de l'approbation
des Autorités compétentes, les dispositions suivantes:

ART. 1. — 1. Pour les télégrammes échangés entre
l'Italie et la Tchécoslovaqu'e la taxe terminale de
chaque Etat est fixée à 7 centimes or par mot.

2. Cette taxe est réduite de 50 % pour le télégrammes de presse, adressés à des journaux ou agences, de 18 heures à 12 heures.

3. La même taxe est réduite de 60 % pour les
télégrammes de presse, expédiés, dans les heures
indiquées dans l'alinéa précédent, par une Agence
de nouvelles politiques et commerciales spécialement
désignée par chaque Administration contractante,
et adressés aux représentants de la dite Agence, dans
l'autre Etat.

Cette même réduction sera accordée aux télégrammes de presse expédiés, le cas échéant, par le
Ministère des Affaires étrangères de chaque Etat à
sa Légation dans l'autre Etat.

4. Les taxes et réductions de taxes susindiquées
seront appliquées également aux télégrammes, qui
seront échangés entre les deux Etats par voie radio
directe. Les taxes de transit, qui pour les télégrammes

achéminés par voie télégraphique seraient dues à
l'Autriche, ou à l'Autriche et au Royaume S. H. S.,
seront partagées entre l'Italie et la Tchécoslovaquie.
Même à ces taxes de transit s'appliqueront les réductions de 50 % et 60 %, respectivement établies
pour les télégrammes des journaux et pour ces télégrammes des Agences spécialement désignées par
les deux Etats et des Ministères des Affaires étrangères.

ART. 2. — 1. Le tarif de l'unité de conversation
téléphonique ordinaire de trois minutes entre Trieste
et Prague est fixé à 2,50 francs-or ainsi divisés :

Italie	frs. or	0,90
Royaume S. H. S.	» »	0,40
Autriche	" »	0,50
Tchécoslovaquie	" »	0,70

TOTAL .... frs. or 2,50

Dans le cas où des conversations téléphoniques
avec d'autres villes situées sur le territoire italien
en dehors de la communication Trieste-Prague pourront être effectuées, s'appliqueront les taxes termi-
nales italiennes de frs. or 1,50 ; 2,25 ; 3 ; 4,50 et 5
respectivement pour la première, deuxième, troixième
quatrième et cinquième zone italienne. Pour les conversations qui pourront être effectuées avec d'autres
villes tchécoslovaques, la taxe terminale tchécoslovaque sera établi de cas en cas.

2. Pour les conversations urgentes le tarif est
triplé.

ART. 3. — 1. Pour assurer le service téléphonique
entre Trieste et Prague les Administrations d'Italie
et de la Tchécoslovaquie acceptent pour leur compte,
et s'engagent de faire les démarches nécessaires au-

40

près des Administrations de l'Autriche et du Royaume
S. H.´ S. afin que les dispositions suivantes soient
observées :

   a) les conversations téléphoniques entre Trie-
ste-Graz et Trieste-Vienne doivent être échangées
par les fils 3525 et 3766 ;

   b) les conversations téléphoniques entre Trieste et Prague doivent être échangées par le fil 4297.

   2. Sur le fil 4297 sont affectées exclusivement
au service entre Trieste et Prague les périodes suivantes :

   a) à partir du premier janvier 1923, de 11
heures à 12 heures et de 16 heures à 17 heures ;

   b) à une date ultérieure, la plus rapprochée
qu'il soit possible, aussi les périodes de 8 heures à 9
heures à 22 heures.

De 22 heures à 8 heures le service sur le fil 4297
sera cumulatif de Prague avec Zagreb, Ljubljana et
Trieste, et viceversa, et de Vienne avec Zagreb et
Ljubljana, et viceversa.

   ART. 4. — 1. L'Italie et la Tchécoslovaque s'engagent à procéder à l'établissement d'un fil télégraphique direct et d'un fil téléphonique direct entre Trieste
et Prague, qui ne toucheraient plus le territoire du
Royaume S. H. S.

   2. A cet effet l'Italie et la Tchécoslovaque s'engagent à renouveller la requête à l'Administration
autrichienne de poser la section de fil nécessaire pour
établir une communication télégraphique directe
Prague-Trieste, voie Tarvisio (selon l'art. 3 de l'Arrangement télégraphique de Portorose du 23 novembre 1921).

   Aussitôt que l'Administration autrichienne aura
pourvu dans le sens susindiqué, l'Italie posera sur son
territoire la section de fil nécessaire pour activer la

communication télégraphique directe Trieste-Prague, voie Tarvisio.

1922
21 dicembre

Si l'Administration autrichienne ne sera pas à même de poser la section de fil télégraphique voie Tarvisio, les Administrations Italienne et techécolovaque prendront les mesures nécessaires avec l'Office autrichien pour activer, le cas échéant, une communication télégraphique Trieste-Vienne-Prague, desservie avec le système Baudot échelloné, en utilisant les fils existants Trieste-Vienne, voie Tarvisio, et Vienne-Prague.

3. L'Italie et la Tchécoslovaquie s'engagent aussi à demander à l'Administration autrichienne la pose sur son territoire d'un circuit téléphonique pour établir une communication téléphonique directe entre Trieste et Prague, voie Tarvisio.

Si l'Administration autrichienne ne sera pas à même de poser le dit circuit téléphonique, les Administrations de l'Italie et de la Tchécoslovaquie examineront d'accord avec l'Office autrichien la manière d'assurer la pose des fils nécessaires sur le parcours autrichien, soit en concédant la pose à une Société privée, soit en la faisant effectuer par l'Administration autrichienne, mais à leurs frais et aux conditions à déterminer.

ART. 5. — 1. A partir du premier janvier 1923, les remboursements de taxes pour télégrammes originaires de l'Italie à destination de la Tchécoslovaquie, et viceversa, sont effectués à la charge de l'Administration dont dépend le bureau d'origine, sans communiquer les réclamations d'Office à Office, en tant qu'une enquête ne serait pas, en cas exceptionnel, jugée nécessaire dans l'intérêt du service télégraphique.

2. Les remboursement de taxes sont effectués

par l'Administration d'origine des télégrammes, sur demande de l'expéditeur, lequel doit présenter :

a) lorsqu'il s'agit d'un télégramme non arrivé, une déclaration écrite du bureau de destination, confirmant que le télégramme en question n'a pas été rémis ;

b) lorsqu'il s'agit d'un télégramme rétardé ou altéré, ou mutilé, la copie d'arrivée de ce télégramme.

3. Les taxes des bons de réponse payée, non utilisées par le destinataire ou restés en possession du bureau de destination, afférants aux télégrammes avec — RP — de l'Italie pour la Tchécoslovaquie, et viceversa déposés à partir du premier janvier 1923, sont remboursées aux expéditeurs des télégrammes-demandes, aux soins et frais de l'Administration d'origine de ces mêmes télégrammes.

Pour obtenir le remboursement des bons de réponse les expéditeurs devront présenter à l'Administration d'origine :

a) le bon de réponse délivré au destinataire, si celui-ci n'a pas fait usage du bon ;

b) une déclaration du bureau de destination, de laquelle il résulte que le bon est resté en sa possession, lorsque le télégramme-demande n'a pas été rémis, ou a été rêfusé ou bien que le bon de — RP — a été refusé par le destinataire.

4. Dès la même date les taxes de réponses payées seront exclues des comptes des télégrammes échangés entre l'Italie et la Tchécoslovaquie par le fil direct Trieste-Prague, ou par les communications à travers la Jugoslavie, l'Autriche, la Suisse et l'Allemagne.

Les Administrations intermédiaires en seront informées par les soins des deux Offices intéressées.

ART. 6. — Les Administrations de l'Italie et de la Tchécoslovaquie s'engagent de faire les demandes utiles auprès des Offices de l'Autriche et du Royaume S. H. S. afin que pour les télégrammes extra-européens de et pour la Tchécoslovaquie, ou en transit par la Tchécoslovaquie, transmis par le fil Trieste-Prague, la taxe du transit de l'Autriche et du Royaume S. H. S. en total de 12 centimes par mot, à partager entre les Offices desdits Pays.

ART. 7. — Le présent Arrangement restera en vigueur jusqu'à l'expiration de trois mois à partir du jour où la dénonciation en sera faite par l'une des Administrations contractantes.

Ainsi fait, en double, à Trieste le 21 décembre 1922.

Pour l'Italie :
IGINIO BROCCHI
G. GNEME

Pour la Tchecoslovaque :
KRBEC
O. KUCERA

ACCORD.

En vue de faciliter autant que possible, l'entrée et le transit des ressortissants italiens dans ou par la Tchécoslovaquie et des ressortissants Tchécoslovaques dans ou par l'Italie, les deux Hautes Parties Contractantes sont convenues de conclure ce qui suit :

1. Le visa d'entrée ou de transit aux passeports des ressortissants des deux H. P. C. sera supprimé dans le plus court délai possible.

2. Si un ressortissant de l'une des H. P. C. pour obtenir le visa de transit d'une tierce Puissance aurait besoin du visa préalable de l'autre H. P. C. ce visa lui sera accordé gratuitement.

3. Les deux H. P. C. se réservent pour des cas exceptionnels justifiés par la situation sanitaire ou par les intérêts de la securité publique, ou bien par le règlement du marché du travail de rétablir temporairement le visa d'entrée aux passeports, étant entendu que cette mesure sera supprimée lorsque le motif exceptionnel aura cessé. Ledit visa sera en tout cas accordé gratuitement.

4. Les deux H. P. C. se réservent tous les droits relatifs à la délivrance des passeports à leur ressortissants respectifs avec ou sans expresse indication des pays de destination.

Pour l'Italie ;

IGINIO BROCCHI

Pour la Tchécoslovaque :

KRBEC

Esecuzione per R. Decreto : 25 febbraio 1923, n. 878.

LXX.

26 dicembre 1922.

KASSALA.

Accordo concernente la rettifica di frontiera tra l'Eritrea ed il Sudan
stipulato tra Italia e Gran Bretagna.

Processo verbale.

I sottoscritti,

Frangipani, Dr. Agenore, Commissario Regionale del Barca e del Gasc-Setit delegato a rappresentare il Governo dell'Eritrea, e

Skrine, Sg. Arthur Wallace, Deputy Governor of Kassala Province, delegato a rappresentare il Governo del Sudan Anglo-Egiziano,

In conformità alle istruzioni ricevute dai rispettivi Governi annesse in copia al presente atto, fanno constare col presente processo verbale, redatto in duplice originale e nelle lingue italiana ed inglese quanto segue :

1. Incontratisi in Kassala il giorno 1° dicembre c. a. hanno di pieno accordo convenuto sulla opportunità di apporre frequenti pilastrini in muratura nelle regioni più ricche di acqua e pascoli e di terreni coltivabili al fine di rendere in esse chiaramente visibili ai nativi delle due parti gli allineamenti del confine fra i più elevati e più importanti punti della frontiera tra M. Dobadob e M. Banaifer. E perciò

viene deciso di aggregare alla Delegazione dei due Governi un funzionario topografo che viene scelto nella persona del Sgr. Bolton Ing. Lawrence del Sudan´ Government Survey Department cui viene demandato l'incarico di precisare sul terreno i suddetti allineamenti tracciando un particolareggiato piano topografico da annettersi a quest'atto.

2. Durante i giorni 3 a 10 dicembre c. a. essi hanno :

a) Riconosciuto esatto e poi riattato il precedente segnale su M. Dobadod (quota 998 metri– 3,275 piedi) e stabilito che da questo punto il confine procede in linea retta fino a M. Ghilmabca di cui appresso.

b) Trovato due segnali consistenti in due mucchi di pietre sulla collina Ghilmabca ed, essendosi assicurati essere il vero quello situato più ad Ovest, sul più alto punto della collina, lo hanno riconosciuto ed accettato per esatto e lo hanno restabilito con un pilastro in muratura.

c) Convenuto e stabilito che dalla predetta collina il confine si dirige in linea retta alla più alta vetta del M. Afad-Gumbib (quota 1,012 m. - 3,320 p.) e precisamente al suo vertice orientale. Essendo detto punto costituito da un blocco di roccia isolato e rappresentando esso un chiaro e distinto segnale naturale, non vi è stato costruito alcun pilastro in muratura.

d) Piazzato quindi fra M. Dobadob e M. Afad-Gumbid 14 segnali in muratura numerati per ordine successivo, ivi compreso quello di Ghilmcbca (n. 7).

3. Nei giorni successivi 11 a 14 dicembre c. a. hanno riconosciuto ed identificato il vecchio segnale posto sulla collina Toguilei (o Tedelaje) ed hanno delimitato il confine fra M. Afad-Gumbib ed il detto colle di Toguilei mediante 9 pilastri disposti in linea

retta e numerati c. s. (ivi compreso quello di Toguilei n. 23).

4. Nei giorni 15 a 21 dicembre c. a., non avendo
rinvenuto nel tratto Toguilei Banaifer alcuna trac-
cia di precedenti segnali, si sono attenuti a quanto
risulta dalla carta italiana al 400,000 e da quella
inglese al 250,000 tracciando cioè il confine direttamente su Banaifer e passando per lo scoglio centrale
e più elevato del gruppo delle tre piccole alture roc-
ciose di Temhai. Detto punto, per quanto spostato
di M. 58.90 ad Est del preciso rettilineo, si è dovuto
prescegliere non essendo altrimenti ed in alcun altro
modo riconoscibile la linea di frontiera che traversa
tutta la pianura stendentesi tra Tehmei e M. Banaifer
(quota 1,047 m. - 3,434 p.).

Tra M. Toguilei e M. Banaifer sono stati praticati
lunghi disboscamenti indicanti la linea di frontiera
e apposti 13 pilastri, numerati c. s. Sono stati dunque,
lungo tutta la linea di frontiera che le parti dovevano
delimitare apposti 36 pilastri nei punti sottode-
scritti e più precisamente indicati nell'annesso ri-
lievo. In conseguenza di quanto precede la linea di
confine da M. Dobadob a M. Banaifer fra l'Eritrea
e il Sudan A.E. secondo la demarcazione eseguita
dai due Delegati, rimane stabilita come appresso.

I. – Il confine, partendo da quota 998 m. -3,275
p. del M. Dobadob si dirige in linea retta sul segnale
in muratura apposto sulla più alta cima del M. Ghilmabca, passando per i seguenti pilastri numerati:

1. Ai piedi del M. Dobadob sulla prima elevazione presso la riva sinistra del T. Scialolob-Berre
(con palo di ferro).

2. A circa 500 metri dalla riva destra del suddetto torrente (con palo di ferro).

3. A circa 200 metri dalla riva sinistra del T. Alamaie.

4. Fra i torrenti Scialolob Biriai e Scicanin sulla leggera elevazione alquanto a destra del T. Scialolob Biriai.

5. Sul lato orientale della sommità della collina Tecaraiai (con palo di ferro).

6. Sulle pendici orientali della collina più ad Ovest del gruppo di alture, denominato Allaikeleb.

7. Sulla più alta cima del M. Ghilmabca, su menzionato.

II. – Da detto M. Ghilmabca (segnale n. 7) il confine prosegue in linea retta fino alla più alta vetta del M. Afad-Gumbib (quota 1,012 m. – 3,320 p.) e passa per i seguenti pilastri numerati:

8. Presso la destra del T. Messued.

9. Sulla costa orientale di una collina prospiciente e ad Ovest del M. Togualal-Mussued.

10. Fra i torrenti Mendid e Uod-Maie (o Adum-Minni) circa 150 m. a N. E. della collinetta Tetbate.

11. Presso la riva sinistra del T. Unculaieb.

12. Tra la riva destra del T. Fadada e la sinistra del ramo Sud del T. Falasaie Aret.

13. Fra i due rami del T. Falasaie Aret a 25 m. circa ad Ovest della roccia più a ponente del gruppo Uautet (con palo di ferro).

14. Alle falde del M. Afad-Gumbib su di una roccia affiorante, presso la carovaniera Kassala Lacoeb (con palo di ferro).

III. – Dal picco del M. Afad-Gumbib il confine raggiunge in linea retta il segnale 23 eretto sul colle Toguilei (o Tedelaie) passando per i seguenti pilastri.

15. Tra i piedi di detto monte ed il T. Curbaieb.

16. Sul pendio orientale della collina Sciabbai.

17. Alquanto a Sud dell'Uadi dell'alto corso del T. Ghirghir.

18. A Nord di detto Uadi.

19. Sulla radura elevata tra il T. Ghirghir e il ramo Sud del Temichi.

20. Ad un centinaio di m. ad Est della linea telegrafica del Governo del Sudan A.E. sulla sinistra del ramo Sud del T. Temichi; all'altezza del M. Echitanob.

21. A due km. circa dal precedente, sulla destra del predetto torrente, distante, anche questo un centinaio di m. ad Est dalla linea telegrafica su menzionata.

2. Sulla sinistra del ramo Nord del T. Temichi, fra due colline del gruppo del Tedelaie (o Toguilei) le quali si elevano ad Ovest di uno scoglio contradistinto da un noto Baobab (con palo di ferro).

23. Sul punto più elevato del colle Toguilei (o Tedelaie) allo stesso posto ove esisteva il vecchio segnale.

IV. – Di qui il confine procede in linea retta fino allo scoglio centrale di Tehmei, donde pure in linea retta va a raggiungere il M. Banaifer al suo più alto picco, passando per i seguenti segnali:

24. Tra il colle Toguilei (o Tedelaie) ed il T. Telkuk.

25. Sull'altura centrale del gruppo di roccie denominato Tehmei (con palo di ferro).

26. Circa 3 km. a N.E. di Temhei.

27. Circa 1 km. a Sud del T. 1º Tawai (affluente di sinistra dello Sciagaloba (con palo di ferro).

28. Sulla sinistra del T. Sciagaloba a circa 100 m. dalla confluenza del Balastaff col detto Sviagaloba, lasciando a Sud i torrenti, primo Tawai, Mekib e Balastaff (con palo di ferro).

29. Fra il T. Balastaff Somati ed il T. Babanus-Aie (con palo di ferro).

30. Un km. e mezzo circa dalla sinistra del Tawai 2.

31. A circa 2 km. dal precedente su radura sopraelevata (con palo di ferro).

32. In mezzo alle due roccie Tillilau, sul terreno scoperto ed elevato che si stende tra i torrenti Kerra Imbrissiai e Kerra Michib (con palo di ferro).

3. In località sopraelevata denominata Tirahoiet al di la del T. Kerra Betchenai (con palo di ferro).

34. Ad Ovest della roccia Rahoieb (o Rakoteb) sull'elevazione a circa 1 km. a Sud del T. Kerra Dilliai.

35. In una successiva elevazione e circa 1 km. a Nord dal predetto Kerra-Dilliai (con palo di ferro).

36. Alle pendici del M. Banaifer.

Fatto in Kassala il 26 dicembre 1922.

Dr. AGENORE FRANGIPANI
Il Delegato del Governo dell'Eritrea.

A. W. SKRINE
Il Delegato del Governo del Sudan A. E.

1922
26 dicembre

ANGLO-ITALIAN AGREEMENT RESPECTING THE REC-
TIFICATION OF THE ERITREA-SUDAN FRONTIER.

ORIGINAL OF THE DELEGATE
OF THE SUDAN.

Procès-verbal.

We, the undersigned,

A. W. Skrine, Deputy Governor of Kassala
Province, representing the Government of the Anglo-
Egyptian Sudan, and

Dr. Agenore Frangipani, Commissario Regionale
de Barca e del Gash-Setit, representing the Government of Eritrea,

In accordance with the attached instructions re-
ceived from our Governments, have drawn up the
following *procès-verbal* in two original copies in English
and Italian :]

1. The delegate met at Kassala on 1st December, 1922, and agreed to set up frequent boundary
marks consisting of masonry pillars between J. Dobadob and J. Benaifer in places where the boundary
crosses khors or rich grazing or cultivable land, in
order to render the boundary between the hills,
which form the main boundary marks and which
are somewhat distant from each other, clearly reco-
gnisable to the natives of both countries. Conse-
quently to this it was agreed to attach a surveyor
to the commission in order to set out the alignment
between the principal marks of the frontier and to
make a detailed topographical plan of the boundary

to be attached to this *procès*. It was agreed that the services of Mr. Bolton, of the Sudan Government Survey Departement, should be at the disposal of the mission for this purpose.

2. Between 3rd and 10th December, 1922, they :

a) Recognised that the old boundary mark on J. Dobadod (3,275 fett/998 metres) was intact and correct and they repaired it also, they agreed that from this point the frontier runs in a straight line to J. Gilmabka mentioned below.

b) Found two marks, consisting of cairns on J. Gilmabka, and, after deciding that the true boundary mark was that which was more to the west and was on the highest point of the hill, they accepted that as the correct mark and rebuilt it in masonry.

c) Agreed that from this hill the frontier line runs straight to the highest point of J. Afadgombib (3,320 ft./1,012 m.), which is the most easterly peak of that mountain, and, as that peak consists of an isolated block of rock, which is clearly distinguishable, they did not build a pillar on this hill, as the peak constitutes an unmistakeable natural mark.

d) Set up successively fourteen numbered masonry beacons, including that on J. Gelmabka (No. 7) between J. Dobadob and J. Afadgombib.

3. Between 11th and 14th December they recognised the old boundary mark on J. Tedilaiey (or Toguilaiey), and demarcated the boundary in a straight line between J. Afadgombib and that hill by means of nine numbered masonry beacons, including that on J. Tedilaiey (Toguilaiey) (No. 23).

4. Between 15th and 21st December, finding no previous mark between Tedilaiey (Toguilaiey) (No. 23) and J. Benaifer, they fixed the boundary as shown on the Sudan Map 1/250,000 and the Italian Map 1/400,000 as a straight line from J. Tedilaiey (or Toguilaiey) to J. Benaifer passing over the central rock of the group of rocks called Temhai. Then, as in the extensive plain between J. Tedilaiey and J. Benaifer, there is no intermediate elevation except the rocks of Temhai, and as an exactly straight line would pass over the foot of this rock the two parties agreed to divert the line to pass over the summit of this rock, which is 58.9 metres to the east of the exact straight line. This was also necessary, as it was impossible to see Tedilaiey (Toguilaiey) from north of Temhai. They agreed that from this point the line should go straight to the highest point of J. Benaifer (3,434 ft./1,047 m.).

Between J. Tedilaiey (Toguilaiey) and J. Benaifer they set up thirteen masonry beacons and also cleared lines through the bush in places from which the two extreme points were invisible. That is to say, that on the line of the frontier wich it was required to demarcate, thirty-six beacons have been set up at the points described hereafter and more precisely shown on the plan attached. As a result of the foregoing the frontier line between the Anglo-Egyptian, Sudan and Eritrea from J. Dobadob to J. Benaifer is established as follows according to the demarcation made by the delegates.

I. – From the peak of J. Dobadob, 3,275 ft./998 m., it runs in a straight line to the beacon placed on the highest point of J. Gelmabka, passing over numbered masonry beacons placed at the following points :

1922
26 dicembre

1. At the foot of the J. Dobadob on the first high ground on the left bank of Khor Shellalob Berey. (There is an iron pipe in this beacon).

2. About 500 metres from the right bank of Khor Shellalob Berey. (There is an irom pipe in this beacon).

3. About 200 metres from left bank of Khor Allamaiyey.

4. Between the Khor Shellalob Beriai and Shikaneen on a slight elevation a few yards from the right bank of Khor Shellalob Beriai.

5. On the eastern shoulder of the summit of the hill called Tekaraiai. (There is an iron pipe in this beacon).

6. On the eastern shoulder of the little hill, which is the most westerly of the group of hills called Allaikaleb.

7. On the highest point of J. Gelmabka, as already mentioned.

II. – From this point the boundary runs in a straight line to the highest point of J. Afadgombib (3,320 ft./1,012 m.) passing over the following numbered beacons :

8. Near the right bank of Khor Muswed.

9. On the eastern shoulder of a small hill which lies opposite to and to the west of J. Tagwalal Muswed.

10. Between the Khor Mendid and Khor Wad Maiey (Adam-Minni) and about 150 metres northeast of the low hill called Tetbatei.

11. Near the left bank of the Khor Ankolieb.

12. Between the right bank of Khor Fadada and the more southerly stream of Khor Falasaiey Aret.

13. Between the two branches of the Khor Fa-

lassaiey Aret and 25 metres from the most westerly of the rocks called Wauouted. (There is an iron pipe in this beaon).

14. At the foot of J. Afadgombib on an outcrop of rock near the Kassala Lakoeb caravan route. (There is an iron pipe in this beacon).

III. – From this peak of J. Afadgombib the boundary runs in a straight line to the beacon No. 23 on J. Tedilaiey (Toguilaiey) passing over the following numbered masonry beacons :

15. Between the foot of J. Afadgombib and Khor Kurbaieb.

16. On the eastern shoulder of the low hill called Shabai.

17. Slightly south of the Wadi formed by the upper Khor Girgir.

18. To the north of the above-mentioned Wadi.

19. On the high open ground between Khor Girgir and the south branch of Khor Temiki.

20. On the left of the southern branch of Khor Temiki opposite J. Eikitanob and about 100 metres east of the Sudan Government telegraph line.

21. On the right of the southern branch of Khor Temiki and about 100 metres from the telegraph line and about 2 kilom. from Mark No. 20.

22. South of the northern branch of Khor Temiki on high ground between two of the hills called Tedilaie (Toguilaiey) which lie to the west of that hill of the group, on which there is a conspicuous Tebeldi. (There is an iron pipe in this beaon).

23. On the summit of J. Tedilaiey (Toguilaiey) at the position of the old boundary mark which was recognised and rebuilt. (There is an iron pipe in this beacon).

IV. – From this point the boundary runs in a straight line to the central rock of Temhai, and from that point in a straight line to the highest point of J. Benaifer, passing over the following numbered beacons :

24. Between J. Tedilaiey (Toguilaiey) and Khor Telkuk.

25. On the central rock of Temhai rocks. (There is an iron pipe in this beacon).

26. About 3 kilom. north-north-east of Temhai.

27. About 1 kilom. south of the first Khor called Tawai, which joins Khor Shagaloba. (There is an iron pipe in this beacon).

28. On the left of Khor Shagaloba, about 100 metres from the junction of the Khors Balastaff and Shagaloba, and north of Khors Tawai Meiki and the Khor Balastaff. (There is an iron pipe in this beacon).

29. On the left bank of Khor Balastaff Somati and between it and Khor Babanoosaiey. (There is an iron pipe in this beacon).

30. About 1 kilom. from the left bank of the second Khor Tawai.

31. On high ground about 2 kilom. from No. 30. (There is an iron pipe in this beacon).

32. On high ground between two outcrops of rocks called Tililau and between the Khor Kera Imbressiai and Khor Kera Mikib (There is an iron pipe in this beacon).

33. On the elevation called Tira Hoiyet and to the north of Khor Kera Beit Kinai. (There is an iron pipe in this beacon).

34. On the elevation called Rakojeb Rakote, close to and west of the rocks, and about 1 kilom. south of Khor Kera Diliai.

35. On the high ground about 1 kilom. north of Khor Kera Diliai. (There is an iron pipe in this beacon).

36. At the foot of Jebel Benaifer.

1922
26 dicembre

Done at Kassala, the 26th December, 1922.

A. W. SKRINE
Delegate of Anglo-Egyptian Sudan.

Dr. AGENORE FRANGIPANI
Delegate of the Government of Eritrea

LXXI.

31 dicembre 1922.

ROMA.

Scambio di note per la rettifica d'errori incorsi nel testo
dell'accordo commerciale italo-francese del 13 novembre 1922.

I.

IL MINISTRO DEGLI AFFARI ESTERI D'ITALIA
ALL'INCARICATO D'AFFARI DI FRANCIA.

Roma, 31 dicembre 1922.

Signor Incaricato d'affari,

Ho l'onore di informarla che il R. Governo riconosce
come pienamente giustificata la richiesta della Missione economica francese, intesa ad ottenere che alla
voce « ex 110 − *a*) » della lista *A*, annessa all'accordo
commerciale concluso il 13 novembre 1922 tra l'Italia e la Francia, venga aggiunta la parola « rhum »,
risultando dovuta ad errore materiale la omissione di
tale prodotto nella compilazione della suddetta lista.
Il Governo di S. M. il Re d'Italia provvederà pertanto
perchè anche al rhum, originario e proveniente dalla
Francia e dalle Colonie e possedimenti francesi, sia
applicato il dazio convenzionale stabilito per i « co-
gnacs ».

Nello stesso tempo il Governo di S. M. prende atto dell'intendimento espresso dal Governo della Repubblica francese, di provvedere perchè nella lista annessa alla lettera in data 13 novembre 1922, venga sostituita alla voce « ex 409 et ex 410 » – Velours fabriqués avec des fils écrus glacés, mercerisés », la voce seguente : « ex 411 – Tissus de coton pur, unis, croisés et coutils, fabriqués avec des fils écris glacés mercerisés et tissus de coton pur, brillantés ou façonnés, fabriqués avec des fils écrus glacés ou mercerisés », con la medesima riduzione del coefficiente da 5 a 4,5.

Voglia gradire, signor Incaricato d'Affari, gli atti, ecc.

1922
31 dicembre

MUSSOLINI

II.

L'INCARICATO D'AFFARI DI FRANCIA
AL MINISTRO DEGLI AFFARI ESTERI D'ITALIA.

Rome, le 31 décembre 1922.

Monsieur le Ministre,

Par sa lettre de ce jour, Votre Excellence a bien
voulu me faire savoir que le mot « rhum », qui a été
omis par suite d'une erreur matériel, dans la liste *A*,
annexée à l'accord commercial du 13 novembre 1922,
doit être ajouté à la suite du mot « cognac » dans l'article ex 110 que mentionne cette liste, et que le rhum
bénéficiera du droit conventionnel appliqué au cognac.

Votre Excellence ajoute que, suivant le désir exprimé par mon Gouvernement, le Gouvernement Royal
prend acte de notre demande tendant à substituer dans
la liste annexée à la lettre du 13 novembre 1922, à
l'article ex 409 et ex 410 « velours fabriqué avec des
fils écrus. glacés mercerisés », l'article ex 411 « tissus
de coton pur, unis croisés et coutils fabriqués avec
del fils écrus, glacés, mercerisés, et tissus de coton pur,
brillantés ou façonnés, fabriqués avec des fils écrus,
glacés ou mercerisés », en vue de la réduction du coef-
ficient de 5 à 4,5.

J'ai l'honneur d'accuser réception de cette communication à Votre Excellence en la remerciant de cette
obligeante décision, au sujet de laquelle je constate
le parfait accord des deux Gouvernements.

Veuillez agréer, Monsieur le Ministre, les assurances
de ma très haute considération.

Signé : CHARLES ROUX

INDICE PER STATI

DEGLI ATTI INTERNAZIONALI CONTENUTI
NEL PRESENTE VOLUME

Bulgaria.

Cecoslovacchia.

Francia.

Germania.

Gran Bretagna.

42

Romania.

Stato Serbo Croato-Sloveno (Jugoslavia).

662 INDICE PER STATI

Stato Serbo-Croato Sloveno

CONVENZIONE *Roma, 6 aprile 1922.*
tra Italia, Cecoslovacchia, Polonia, Romania, Stato Serbo-Croato-Sloveno, relativa agli investimenti in prestiti di guerra (N. 24 del Prot. fin. della Conf. di Roma) .... *pag.* 291

CONVENZIONE *Roma, 6 aprile 1922.*
tra Italia, Austria, Cecoslovacchia, Polonia, Romania e Stato Serbo-Croato-Sloveno concernente il ritiro dei crediti e deposito della gestione della Cassa Postale di Risparmio in Vienna (N. 25 del Prot. fin. della Conf. di Roma) .... » 295

VOTO *Roma, 6 aprile 1922.*
relativo alla Cassa di Risparmio Postale ed alla sistemazione della gestione dell'antica Regia Amministrazione Postale ungherese (N. 26 del Prot. fin. della Conf. di Roma) .... » 321

CONVENZIONE *Roma, 6 aprile 1922.*
concernente le gestioni della vecchia Amministrazione Postale austriaca e delle Amministrazioni Postali degli Stati successori (N. 27 del Prot. fin. della Conf. di Roma) .... » 323

CONVENZIONE *Roma, 6 aprile 1922.*
fra Italia, Austria, Polonia, Romania, Stato Serbo-Croato-Sloveno e Ungheria allo scopo di evitare la doppia imposizione (N. 28 del Prot. fin. della Conf. di Roma) .... » 336

CONVENZIONE *Roma, 6 aprile 1922.*
tra Italia, Austria, Cecoslovacchia, Polonia, Romania, Stato Serbo-Croato-Sloveno e Ungheria, relativa alle questioni che riguardano gli Archivi (N. 32 del Prot. fin. della Conf. di Roma) .... » 360

ACCORDO *Roma, 6 aprile 1922.*
fra Italia, Austria, Cecoslovacchia, Polonia, Romania, Stato Serbo-Croato-Sloveno e Ungheria, relativo alle fondazioni ed ai beni delle collettività e delle persone morali pubbliche (N. 33 del Prot. fin. della Conf. di Roma) .... » 375

Svizzera.

Ungheria.

ACCORDI COLLETTIVI.

INDICE PER MATERIA